사회복지와 인권

김수정
오선영
김은희
김대심
공 저

Human Rights and
Social Welfare

학지사

이 저서는 2020학년도 국제사이버대학교 연구비에 의하여 연구된 것임.

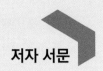

"인권은 왠지 무서워요.", "인권을 배우더니 사람들이 이상해졌어. 원래 당연히 그랬던 것들에 대해 문제 제기하고…….", "아, 정말 불편해졌어. 예전에는 안 그랬는데……." 사회복지사들에게 인권 교육을 하면 교육생들로부터 가장 많이 듣는 말들이다. 사회복지는 인권을 실현하는 중요한 제도 중 하나이고 사회복지사는 인권을 실현하는 실천가인데 왜 우리는 인권을 두려워하고 불편해할까? 그래도 과거에는 인권이라는 말을 쓰지 말자고 했던 경우들도 있으니 그때에 비해서는 좋아진 걸까?

인권 침해의 원인은 사회가 가지고 있는 구조적 결핍임에도 불구하고, 항상 마지막은 사람의 행위가 연결되므로 그동안 많은 부분에서 개인에게 그 책임을 물었던 것이 불편함의 원인 중 하나라고 생각한다. 어쩔 수 없이 그 사람이 그렇게 행동하도록 만들거나 방관한 구조를 알기 때문에 그 구조 속에서 일하는 나도 언젠가는 가해자가 될수 있을지 모른다는 불안함이 있기 때문일 것이다. 근본적으로 국가가 인권 책무를 제대로 이행하지 않았기 때문이고, 따라서 인권이 보장되는 사회복지 현장을 만들기 위해서는 국가가 역할을 제대로 하는 것이 필요하다.

인권 책무를 다하기 위해 국가는 무엇을 해야 하는가? 그리고 사회복지사들은 무엇을 해야 할까? 이 교재는 이러한 질문에 대한 해답을 찾는 과정으로 구성되었다. 먼저, 인권에 대한 논의와 역사를 통해 이해를 돕고자 하였으며, 국가의 인권 책무뿐만 아니라 공공 영역으로서 사회복지 시설 및 사회복지사의 인권 책무를 알아보았다. 그리고 인권보장은 단일 국가가 아닌 전 세계적인 노력이 필요한 것이기 때문에 국내 인권보장 체계뿐만 아니라 국제 인권보장 체계를 통해 현재 인권보장 체계를 점검해 보았다. 인권 이슈는 다양하지만 지면상 다 다룰 수가 없어서 사회복지 이슈와 밀접한 관계가 있는 문제 위주로 한국 상황과 연결하여 살펴보았으며, 실천과 시설 운영에 있어서 인권적 접근에 대한 논의도 시작하였다.

　인권을 공부하면서 솔직히 나는 많이 불편해졌다. 이 불편함은 어쩌면 내가 인식하지 못했지만 구조적으로 내게 주어졌던 특권들을 내려놓는 과정일 수 있다. 우리는 인권을 '이권'과 혼동하기도 한다. 그래서 자신이 누리는 이익이 없어지면 인권이 침해당했다고 생각하기도 한다. 따라서 그 이익이 잘못된 구조로 인해 누릴 수 있었던 것은 아니었는지에 대해 성찰하고, 불편하게 느껴질지라도 공동체 인권 실현을 위해 나아가려는 노력이 필요하다. 과거 자신의 경험에 안주해서 '원래 그랬어' 또는 '관행이야'라고 생각하지 말고, '원래 그랬던 구조를 바꾸기 위해 무엇을 할 수 있을까'를 생각해 보았으면 좋겠다. 그러면 인권이 실현되는 사회복지 현장이 만들어지는 데 많은 도움이 될 것 같다.

　인권 실현은 관계 속에서 권력이 평등해지고 자력화(empowerment)가 가능한 구조를 만드는 과정이다. 그러한 구조를 만드는 데 이 교재가 조금이나마 기여할 수 있기를 바란다.

저자들을 대표하여 김수정

차례

제1장

인권의 이해

Human Rights
and
Social Welfare

1. 인간의 존엄성 보장

인권(人權, Human-rights): 사람이 사람답게 살기 위해 보장되어야 할 권리

인권은 모든 인간의 존엄성을 보장하는 것을 근본 사상으로 하며, 이로 인해 모든 결정에 있어 사람을 중심에 놓도록 추구한다. 즉, 인권은 "인간의 존엄성은 침해될 수 없다(또는 되어서는 안 된다)."라는 공통의 보편적 가치에 근거한다. 이러한 공통의 보편적 가치는 국제적으로 인정된 여러 규범 및 기준과 함께 인간과 닿아 있는 모든 영역(국제적·국내적·지역적)에서의 인권보장 시스템 구축을 이끌어 내고 있다(국가인권위원회, 2019c, p. 28).

일상적으로 일어나는 일들, 언론에 보도되는 사회적 사건 속에서 '인권'이라는 단어를 접하거나 떠올리게 되는 순간이 점점 많아지고 있다. 더불어 쏟아지는 수많은 정보와 주장 속에는 인권의 개념과 가치를 오해하고 있는 내용들도 적지 않다. 문제는 이런 잘못된 정보나 주장은 우리 사회 인권의 기틀에 균열을 가하거나 모두의 존엄성을 지켜 내기 위한 인권의 진전을 가로막는다는 점이다.

따라서 먼저 인권의 개념을 좀 더 명확하게 이해하여 이러한 왜곡과 부작용을 예방할 수 있는 인권의 눈과 관점을 가질 수 있도록 돕고자 한다.

1) 인간의 존엄성: '존엄'이란 무엇인가

(1) 사람이라는 이유만으로 충분하다

인간이라면 누구나 존엄하고, 존엄을 보장받아야 한다.

인권은 인간의 존엄성을 보장하기 위하여 필요하고 보장되는 권리로, 수없이 많은 희생과 투쟁의 과정을 통해 획득되었으며, 지금도 획득되어 가는 과정에 있다(이는 우리가 익히 알고 있는 천부인권론과 다른 이야기라는 의문이 들 수 있는데, 이에 대하여는 뒤에서 자세히 설명하도록 한다).

인권이 존엄의 보장을 위한 권리라는 것은 규범적으로는 세계인권선언 전문의 시작과 제1조에서도 확인된다.

> ### 세계인권선언 전문
>
> *Whereas recognition of the inherent dignity and of the equal and inalienable rights of all members of the human family is the foundation of freedom, justice and peace in the world, ……*
>
> 모든 인류 구성원의 천부의 존엄과 동등하고 양도할 수 없는 권리를 인정하는 것이 세계의 자유, 정의, 평화의 기초가 됨을 인정하며 ……
>
> ### 세계인권선언 제1조
>
> *All human beings are born free and equal in dignity and rights. They are endowed with reason and conscience and should act towards one another in a spirit of brotherhood.*
>
> 모든 사람은 태어날 때부터 자유롭고, 존엄성과 권리에 있어서 평등하다. 사람은 이성 양심을 부여받았으며 서로에게 형제의 정신으로 대하여야 한다.
>
> ### 「대한민국헌법」 제10조
>
> 모든 국민은 인간으로서의 존엄과 가치를 가지며 행복을 추구할 권리를 가진다. 국가는 개인이 가지는 불가침의 인권을 확인하고 이를 보장할 의무를 진다.

「대한민국헌법」 제10조의 '모든 국민'이라는 주어에 대해서는 인권의 개념에 부합하게 '모든 사람' 또는 '모든 인간'으로 개정되어야 한다는 논의가 진행되고 있다. 독일 「연방기본법」, 프랑스 「헌법」 등에서는 국민의 개념을 쓰지 않는다.[1] 뒤에서 설명하겠지만 '모든 사람'에서 누군가를 배제하고 그저 '국민'이나 개별적인 '개인'으로만 인식할 경우, 인류가 지켜야 할 인권의 가치와 원칙은 무너진다.

지식채널e
「헌법」 제1조

인간 존엄에 대한 믿음, 그 실현으로서의 인권　　인간의 존엄성을 어떻게 정의할 것인지에 대하여는 많은 시도가 있었다. 특히 인간의 존엄에 대한 근거가 무엇인가에 대하여 다양한 의견이 있다. 그러나 세계인권선언문 작성 과정에서의 논의가 보여 주듯이

---

1) 독일 「연방기본법」 제1조 "인간의 존엄성은 불가침이다. 인간의 존엄성을 존중하고 보호하는 것은 모든 국가권력의 의무이다".

인간의 존엄성은 인류 공동체 전체가 믿고 있는 보편적 합의[2]로 왜 존엄한가에 대한 근거가 필요한 것이 아니다.

> "존엄성이 무엇인지 정의하지 말자. 정의하는 일에 연연하지 말되 인간이 서로 존엄하게 대우하고 존엄하게 표현해야 마땅한 방식이 있다고 보고 그것을 실천하겠다고 약속하자. 정작 중요한 문제는 어떤 사회적 조건과 국제 질서 속에서 비로소 인간이 존엄해질 수 있는가 하는 것이다. 선언에 그 조건과 권리를 답으로 담아 제시하자"(류은숙, 2019, p. 36).
> "Carozza는 지구적 인권보통법(global human rights ius commune)의 등장을 목도하면서, 그 근저에는 인간의 존엄성에 대한 믿음이 놓여 있다고 주장한다"(이상수, 2019, p. 114 재인용).

▶ 인간의 존엄성에 대하여는 그 근거나 내용이 입증되거나 정의되어야 하는 것이 아니라, 인간다운 존엄한 삶을 위하여 보장되어야 할 것이 무엇인지가 중요한 문제이다.

이러한 과정을 거쳐 세계인권선언에서는 인간이라는 존재만으로 그 존엄성이 인정된다는 것을 재확인하면서, 그 존엄성이 보장되어 인간의 존엄이 현실에서 제대로 구현될 수 있도록 인류 사회가 다 함께 실천할 것을 약속하고 있다. 세계인권선언 전문에서는 이와 같은 인류 사회 전체의 약속을 다음과 같이 쓰고 있다.

세계인권선언 전문

Whereas the peoples of the United Nations have in the Charter reaffirmed their faith in fundamental human rights, in the dignity and worth of the human person and in the equal rights of men and women and have determined to promote social progress and better standards of life in larger freedom,

국제연합의 모든 이들은 그 헌장에서 기본적 인권, 인간의 존엄과 가치, 그리고 남녀의

---

2) "정의하는 것이 불가능하다는 회의뿐만 아니라 그런 정의의 부작용을 염려하는 입장도 있다. 그래서 오히려 과제를 바꾸는 것이 현명하다는 입장이 등장한다. 어떤 속성으로 존엄성을 정의(定意, definition)하는 게 아니라 정의(正義, justice)를 위해 존엄성을 만들어 내는 편이 바람직하다는 입장이다"(류은숙, 2019, p. 33). 후자의 입장은 재판 규범으로 작용하는 인간의 존엄성의 내용이 구체화되지 않는다면, 역으로 반인권적 결정을 가능하게 할 수도 있다는 법학계 등의 주장(이상수, 2019)과도 궤를 같이하는 것으로 보인다.

동등한 권리에 대한 신념을 재확인하였으며, 보다 폭넓은 자유 속에서 사회적 진보와 보다 나은 생활 수준을 증진하기로 다짐하였고,

Whereas Member States have pledged themselves to achieve, in co-operation with the United Nations, the promotion of universal respect for and observance of human rights and fundamental freedoms, ······

회원국들은 국제연합과 협력하여 인권과 기본적 자유의 보편적 존중과 준수를 증진할 것을 스스로 서약하였으며 ······

(2) 존엄을 해치지 말라! 인간은 수단이 아닌 목적

"사람은 어떤 목적을 위한 수단이 아니라 그 자체가 목적으로 대우받아야 한다."

– 이마누엘 칸트

인간의 존엄성을 설명하는 말로 가장 많이 인용되는 이 말에는 어떠한 경우에도 사람을 수단으로 취급해서는 안 된다는 핵심적인 메시지를 담고 있다.

인간이 목적이 아닌 수단이 되는 순간, 상황, 조건 등은 무엇일까? 우리는 모든 사람의 존엄이 지켜지도록, 즉 인간이 수단이 되는 상황들이 발생하지 않도록 사회적 장치를 마련할 사명이 있다(세계인권선언 제29조 제1항). 그렇기 때문에 이 순간에도 끊임없이 인권을 배우고 가르친다.

수단화의 반인권성, 인간은 그 자체로 목적

"인간은 그 자체로서 궁극적 목적이자 최고의 가치로서 대우받아야 하며, 어떠한 경우에도 인간이 다른 가치나 목적, 법익을 위한 수단으로 취급되어서는 안 된다."[3]

인간이 존엄을 유지하며 살 수 있기 위하여 그 자신이 다른 무엇을 위한 수단이 되지 않아야 하는 것은 당연하다. 몇 년 전 방송에서 한 정치인이 이런 취지의 말을 했다. 앞

---

3) 헌법재판소, 2019. 4. 11. 2017헌바127 형법 제269조 제1항 등 위헌 소헌(낙태죄) 헌법불합치 결정의 위헌 의견 중.

의 칸트의 메시지를 염두에 두고 이 일화의 문제점을 생각해 보자.

"아니, 대한민국이 왜 헬조선이에요? 자꾸 헬조선 헬조선 하지 말자구요. 외국에 살던 제 지인이 얼마 전에 귀국을 했는데, 너무 좋다는 거예요. 가구든 뭐든 배달도 AS도 빠르지, 너무 살기 편하다고. 그러니 원더풀 코리아죠!"

알 수 없는 노릇이다. 누군가에게는 헬조선이라고 해야 할 만큼 (인간답게) 살기 힘든 사회를 누군가는 너무나 편리하고 좋다며 칭송한다니. 이런 온도의 차이는 어디에서 기인하고 우리 모두의 인권에 어떤 영향을 미치는 것일까.

저 편리함은 어디로부터 오는 것일까? 나에게 그 편리함이 있을 수 있는 것은 그 편리함이 나에게 오기까지의 여정에 수많은 이가 존재했기 때문이다. 현대 사회의 우리는 그 누구도 온전하게 독자적으로 살 수 없다. 인류는 눈에 보이게, 보이지 않게 끊임없이 연결된 존재다.

우리는 사람이라면 누구나 인간으로서 존엄과 가치를 가진다는 것을 확인했다. 그런데 지금 나의 '편리'에 연결되어 있는 끊임없는 그이들의 존엄성이 편리를 위해 손상되고 있는 것은 아닌가. 그렇다면 인정하기 싫지만 나의 편리에 누군가가 수단이 된 것이다. 일터에서의 존엄, 존엄한 일자리, 노동권의 보장은 바로 이와 같이 그 누구도 수단화된 삶을 살지 않도록 하는 중요한 인권의 장치이다.

다시 앞에서 소개한 일화로 돌아가 보자. 이제 그 온도차가 어디에서 기인하는지 보일 것이다. 그의 세계에는 편리함 뒤에 존재하는 '사람'들이 없다. 거기에 '사람'이 있다는 것을 인식하지 못한 탓에, 거기에 있는 사람들의 존엄하지 못한 상황에 대한 인식도 없다. 결과적으로, 의식적이든 무의식적이든 편리함 뒤에 있는 이들은 수단화된 셈이다.

더 문제는 말하는 이가 정치인이라는 점이다. 정치는 모든 사람이 인간답게 살 수 있게 조정하는 역할을 수행해야 한다. 그런데 지금 심각하게 수단화된 삶들을 읽어 내지조차 못하다 보니 오히려 그 상황을 더 곤고하게 만들고 있다. 이래서는 우리 모두의 존엄이 위험하다.

"누군가를 만난다."라는 무게감 있는 이 표현에는, 그를 하나의 주체로 보고 상대한다는 뜻이 담겨 있다. 내가 나름의 관점을 가지고 세상을 조망하는 것처럼 그도 세상을 보는 존재이며 따라서 그 자체가 목적으로 취급되어야 하는 존재라는 사실이다[페터 비에리, 『삶의 격』(2014), p 127].

타자화의 반인권성, 인간의 존엄성을 박탈하는 타자화　　이와 같이 존재하는 사람을 보지 않는 것을 타자화라고도 할 수 있다. 즉, 타자화는 그들을 동등하게 존엄한 존재로 인정하지 않는 것이다(류은숙, 2019, p. 72).

노예 제도가 바로 극단적인 예이다. 노예는 물리적인 공간으로서의 사회에서는 존재한다 해도 사람들의 눈에 (동등한) 사람으로 보이지 않는다(김현경, 2015, p. 40). 따라서 누군가가 존엄해야 할 '모든 사람'에서 배제당한다는 것은 노예 상태에 놓이는 것과 마찬가지이다. 타자화의 위험성은 바로 여기에 있다.

그런데 우리는 선언적으로는 "사람이라면 누구나 인권을 가진다."에 동의하면서도 구체적인 상황에서는 다른 입장에 동의하거나 심지어 다른 입장을 취하는 모순을 품고 있다.

당사자들로 하여금 '인간적 모멸'의 터널을 지나야만 하게 하는 어떤 복지 시스템[가난을 증명하여야만 최소한의 생존이나마 보장받는 일부 복지 시스템(예: 국민기초생활보장제도)]에서, 아동청소년의 시민권 행사에 있어서, 장애인의 인권을 위한 시스템 마련에서, 이주민의 인권을 바라봄에 있어서 등등 그들과 나를 구분하고 있지는 않은지 돌아봐야 한다. 구분 짓는 순간 타자화된 그들은 우리들과의 관계에서 더 이상 동등한 관계에 있는 존엄한 존재가 아니게 됨에 대하여 우리 스스로는 항상 긴장하고 각성해야 할 것이다.

그리고 여기서 궁극적인 문제는 무엇이 우리로 하여금 그러한 구분 짓기에 익숙하게 만드는가를 알아채고 이를 개선해 나가는 것이다. 근본적인 원인은 잘못된 제도일 수도 있고 잘못된 인식으로 만들어진 사회적 문화일 수도 있다. 따라서 이것을 알아채는 능력이 있어야 지속적으로 발생하는 인권의 문제들에 제대로 대응을 할 수 있다. 결국 이를 위해 우리는 끊임없이 인권을 배우고 익히는 노력을 기울여야 하며, 이를 통하여 세계인권선언 제29조 제1항의 공동체에 대한 사명을 다할 수 있어야 하겠다. 지금 이 교재를 통하여 인권을 익히는 시간과 노력도 그 시작일 것이다.

대상화의 반인권성, 인간의 자유 의지를 부정하고 굴복을 강요　　각국 헌법의 본연의 목적은 기본적 인권의 보장이며, 이를 위하여 국가권력을 통제할 수 있는 통치 구조를 설정하고 있다. 따라서 인간은 인권의 주체이지 통치의 대상일 수 없다. 그런데 역사적으로 인간이 통치의 대상, 즉 인권의 주체가 아닌 통치의 객체로 전락하는 수많은 인권 침해가 자행되었다. 인류 역사상 독재와 그 과정에서 벌어진 인권 침해도 이와 같은 맥락이다.

> "사람의 정신을 파괴하는 것은 자신이 맞는다는 사실 자체가 아니라, 자신의 자유 의지에 반해 굴복한다는 느낌 그 자체이기 때문이다. 고문 피해자분이 끝까지 털어놓는 것을 망설였던 기억이 뭔지 아느냐. 고문자들이 그분을 실컷 때린 후에 '나 담배 피우면서 쉬는 동안 노래나 불러 봐.'라고 했단다. 그분은 그때 자신이 얼마나 열심히 노래했는가를 털어놓으면서 괴로워했다. …… '심하게 때린 것도 아닌데', '간접 체벌인데'라는 식으로 폭력을 합리화할 수 없는 이유다."
>
> "맞은 흔적은 이미 수십 년 전에 사라졌지만, 자신의 자유 의지를 빼앗긴 채 굴종해야 했던 그 기억이 그의 인생에 깊은 트라우마를 남긴 것이다. 고문이나 체벌은 '굴종과 복종'을 요구한다는 점에서 똑같은 메커니즘을 갖고 있다. 체벌은 '잘못했습니다. 시키는 대로 하겠습니다.'란 말이 나오게 만드는 걸 목표로 한다. …… 사람의 정신을 파괴하는 것은 자신이 맞는다는 사실 자체가 아니라, 자신의 자유 의지에 반해 굴복한다는 느낌 그 자체이기 때문이다."[4]

서열화의 반인권성, 인간의 존엄을 능력에 따라 차별　　우리는 많은 순간 알게 모르게 대상이 되어 줄 세워지고 있다. 어떤 순간에는 그것이 부당하다고 거부하기도 하지만 어떤 순간에는 경쟁 사회에서의 공정한 기준이라고 받아들이기도 한다.

존엄한 존재이고, 수단이 아닌 목적인 인간이, 대상이 되어 줄 세워진다는 것은 모순이다. 나의 의사와 상관없이 그 서열화 어디쯤 놓이게 될까 조바심도 가져야 할 것이고, 서열화 어딘가에 놓인 결과로 수치스러울 수도 있다. 그 서열화에서 뒤처지지 않기 위해서 열심히 무언가를 해야 하는 나는 이미 내 의지에 의하여 살고 있지 않다. 조정당하는 삶을 산다. 존엄을 심각하게 손상당한 것이다.

세계인권선언은 "모든 사람은 태어날 때부터 자유롭고, 존엄성과 권리에 있어서 평

---

4) 정혜신 정신과 전문의의 '폭력 트라우마와 체벌 없는 교육' 강연회(2011. 3. 28. 경향신문) http://news.khan.co.kr/kh_news/khan_art_view.html?artid=201103281953075&code=940401#csidxc6184601fd9d657a45d93f5e4427e9b

등하다."(세계인권선언 제1조)라고 선언하고 있고, 「대한민국헌법」도 제11조[5]에서 평등의 원칙을 천명하고 있다. 모든 사람이 평등하고 존엄하다는 이 엄중한 문장들의 진정한 의미는 무엇일까.

최근 우리 사회의 화두인 '공정'을 생각해 보자. 무엇을 위한 공정이어야 하는가. 존엄한 삶을 위하여 경쟁하여야 하고, 그래서 그 경쟁이 공정하여야 한다는 것일까. 그런데 인간이라면 누구나 동등하게 자유롭고 존엄해야 하는데, 경쟁의 결과에 따라 자유과 존엄이 달라진다는 것이라면 우리는 이미 공정하지 않은 사회 속에 살고 있는 것이다. 경쟁이 공정해야 하는 것이 아니라, 경쟁과 상관없이 인간다운 존엄한 삶이 일반적으로 보장되어야 공정한 것이다.

그래야 인권의 본래 가치대로 '모든 사람'의 인간의 존엄성 보장이라는 인권의 가치가 지켜질 수 있다. 경쟁의 구도 안에서는 각자도생의 쳇바퀴에 갇혀 끊임없는 서열화를 강요당하고, 결국 수단화된 삶을 살게 된다.

(3) 관련 결정례 소개

인간의 존엄성 관련 헌법재판소 결정례

"헌법 제10조는 …… 모든 기본권의 종국적 목적이자 기본 이념이라고 할 수 있는 인간의 존엄과 가치를 규정하고 있다. 이러한 인간의 존엄과 가치 조항은 헌법 이념의 핵심으로서 국가는 헌법에 규정된 개별적 기본권을 비롯하여 헌법에 열거되지 아니한 자유와 권리까지도 보장하여야 하고, 이를 통하여 개별 국민이 가지는 인간으로서의 존엄과 가치를 존중하고 확보하여야 한다는 헌법의 기본 원리를 선언한 것이다"(헌재 2010. 2. 25. 2008헌가23).

"헌법 제1조에서 규정한 인간의 존엄과 가치는 헌법 이념의 핵심이다"(헌재 2010. 2. 25. 2008헌가23).

"인간의 존엄성은 최고의 헌법적 가치이자 국가 목표 규범이다"(헌재 2011. 8. 30. 2008헌마648).

"모든 국민은 인간다운 생활을 할 권리를 가지며 국가는 생활 능력 없는 국민을 보호할 의무가 있다는 헌법의 규정은 …… 입법부나 행정부에 대하여는 국민 소득, 국가의 재정 능력

---

5) 「대한민국헌법」 제11조 ① 모든 국민은 법 앞에 평등하다. 누구든지 성별, 종교, 또는 사회적 신분에 의하여 정치적·경제적·사회적·문화적 생활의 모든 영역에 있어서 차별을 받지 아니한다. ② 사회적 특수계급의 제도는 인정되지 아니하며, 어떠한 형태로도 이를 창설할 수 없다.

과 정책 등을 고려하여 가능한 범위 안에서 최대한으로 모든 국민이 물질적인 최저생활을 넘어서 인간의 존엄성에 맞는 건강하고 문화적인 생활을 누릴 수 있도록 하여야 한다는 행위의 지침, 즉 행위 규범으로서 작용이다"(헌재 1997. 5. 29. 94헌마33).

"직업 선택의 자유에서 '직업'은 헌법적으로 보호 가치가 있는 직업에 한정된다고 할 것이므로 '취업에 사용할 목적으로 부녀를 매매'하는 행위는 인간의 존엄성을 천명하고 있는 현행 헌법하에서 직업의 자유로 보호되지 아니한다"(헌재 2006. 5. 25. 2005헌바4).

"이동전화번호를 구성하는 숫자가 개인의 인격 내지 인간의 존엄성과 어떠한 관련을 가져 이러한 숫자의 변경이 개인의 인격 내지 인간의 존엄성에 영향을 미친다고 보기는 어렵다"(헌재 2013. 7. 25. 2011헌마63).

헌법학자들은 헌법재판소가 인간의 존엄성을 근거로 한 인격권의 내용으로, ① 자율적 결정권: 자기 운명에 대한 결정권, 즉 본인의 의사와 상관없이 다른 것, 특히 국가나 사회 관습 등에 의해서 자신의 삶이 규율되는 것에 대한 거부와 ② 모욕당하지 않을 권리: 인간이라면 심한 창피나 모욕을 받지 않을 권리를 제시하고 있다고 한다. 또한 '인간의 존엄에 상응하는 생활에 필요한 최소한의 물질적인 생활의 유지에 필요한 급부를 요구할 수 있는 구체적인 권리'를 인정하면서도 구체적인 사안에서는 그 수준을 매우 낮게 판단하고 있음을 문제로 지적한다(이상수, 2019).

인간의 존엄에 상응한다는 것은 '인간다운 삶을 영위'함에 필요한 조건, 즉 인간의 품격에 필요한 최소한 수준을 보장받는 것이다. 그리고 인간의 존엄은 오늘날 물질적인 측면뿐만 아니라 오히려 정신적ㆍ문화적 측면에서의 보장 역시 중요해지고 있다(정재황, 2002). 따라서 헌법재판소의 소극적인 판단은 「헌법」 제10조의 의미를 몰각한 것이며 제34조의 사회복지국가 원칙의 정신에도 어긋난다.

> **국가인권위원회법 제2조 제1호**
>
> 인권이란 「대한민국헌법」 및 법률에서 보장하거나 대한민국이 가입 비준한 국제인권규약 및 국제관습법에서 인정하는 인간으로서의 존엄과 가치 및 자유와 권리를 말한다.

「국가인권위원회법」은 우리 역사상 최초로 인권에 대한 정의를 규범적으로 규정하였다는 평가를 받는데, 이 법은 국가인권위원회라는 조직의 구성과 운영에 관한 법인 만큼 더 구체적인 내용을 담고 있지는 않다. 다만, 다음과 같이 국가인권위원회 결정문을 통하여 그 내용과 의미를 추론해 볼 수 있다.

인간의 존엄성 관련 국가인권위원회 결정례

경찰의 강제 집행 현장에서의 부작위에 의한 인권 침해(16진정0529401)

"이 사건 강제 집행 과정에서 '불법 용역'에 의하여 피해자들이 폭행을 당하는 사건이 발생하였음에도 피진정인 1이 정복 경찰관들을 현장에 배치하거나 용역들의 소속 등을 확인하고 건물 내부 상황을 경찰관들로 하여금 확인하게 하는 등 폭력 상황을 중지시키거나 해결하기 위한 최소한의 조치도 하지 않은 것은 「경찰관직무집행법」 제5조에 의한 피해자들의 생명·신체 보호를 위한 조치를 다하지 못한 것으로서, 「헌법」 제10조 및 제12조에서 보장하는 인간의 존엄과 신체의 안전을 부작위에 의해 침해한 행위로 판단한다. …… 법원의 명도 집행 과정에서 불법 동원된 용역 인력이 거주민을 폭행하는 일이 벌어졌음에도 경찰관들이 폭력 행위 등 중지 조치를 취하지 않은 것은 직무 부작위로 인간의 존엄과 신체의 안전을 침해한 행위이다."

정신병원에서의 밥상 미제공(11-진정-0680200)

"피진정병원에서 입원 환자에게 밥상을 제공하지 않아 환자들이 바닥에 식기를 놓고 식사하거나 임시방편으로 마련한 상자 위에 식판을 놓고 식사를 해야 하는 상황은 인간으로서의 보장받아야 할 존엄과 가치에 반하며, 「정신보건법」 제2조 제1항 및 제2항에서 규정하고 있는 「정신보건법」의 기본 이념에 위배되는 행위로 「헌법」 제10조에 보장된 인간의 존엄성과 행복추구권을 침해한 것으로 판단된다."

시설 및 처우와 관련한 인권 침해(03진인796)

"법무부는 위원회에 제출한 의견서에서 ○○교도소 징벌실의 면적은 155Cm×140Cm, 0.66평으로 대각선의 변은 210Cm 이상이 됨으로써 실제로 평균 신장의 수용자 1인이 대각선으로 취침할 시 다리를 뻗고 수면을 취할 수 있다고 하고 있으나, 일반인의 상식에 비추어 보더라도 정방형의 거실 내에서 대각선으로 취침하도록 하는 것 자체도 부자연스러운 것일 뿐 아니라, 나아가 징벌실 내에 2인 이상이 수용되는 경우 다리를 뻗고 수면을 취할 수 없음을 알 수 있다. 이는 국제사회가 피구금자의 최소한의 권리로 인정하고 있는 위 규칙에 부합하지 않는 것은 물론, 징벌처분자라 하더라도 최소한 정상적인 수면 자세는 가능하도록 하여야 할 것인 바, 「헌법」 제10조가 보장하고 있는 인간의 존엄과 가치를 침해하는 것으로 판단된다.”

　“구금 시설의 징벌실에 화장실 칸막이 등 아무런 차폐 시설을 설치하지 아니한 것과 3인 이상 수용되어 있는 소방에 50cm 정도의 낮은 가림막을 설치한 것은 구금의 목적과 교정 사고 예방 및 시설 내의 질서 유지를 위해 필요한 최소한의 합리적인 범위를 벗어나 징벌받는 수용자와 일반 수용자로 하여금 수치심과 굴욕감을 느끼게 할 뿐 아니라 같은 거실에 함께 수용되어 있는 다른 수용자들에게도 같은 감정을 느끼게 할 가능성이 매우 높으므로, 이는 「헌법」 제10조에 대한 침해라고 할 것이다”(02진인1089 등 결정).

　“수용자의 도주, 폭행, 소요, 자살 등 구금 목적을 저해하는 행위에 대한 예방 조치는 다른 모든 근무에 우선하여야 한다는 점을 고려할지라도 징벌실 내 화장실 칸막이를 설치하지 아니하거나 용변 시 신체의 노출을 막을 수 없는 낮은 가림막만을 설치한 것은 수용자로 하여금 기본적 품위를 지키지 못하고 인격적으로 수치심을 느끼게 하는 등 징벌받은 수용자의 행복추구권 및 기본적 인권을 침해하는 행위이다.”, “목욕은 조사실에 수용 중이라고 하여 이를 전면적으로 금지할 수 있는 대상이 아니고, 수용자가 최소한 행형법시행령 제95조가 정하고 있는 횟수 이상의 목욕이 실질적으로 가능하도록 되어 있으므로 「헌법」 제10조 인간의 존엄과 가치를 침해한 것이다”(03진인5055).

2) ‘모든 사람’의 권리

> “모든 사람을 위한 모든 인권(All Human Rights for All)”
>
> – 1993년 비엔나 세계인권대회 슬로건

(1) ‘모든 사람’의 권리로서의 인권

> “인권이 국적과 상관없이 모든 개개인의 권리를 나타내는 반면, 시민권[6]은 특정 국가의 국적을 가진 시민에게만 부여되는 권리이다”(국가인권위원회, 2019c, p. 42).

국제사회에서 논의되고 있는 인간 안보(human security)[7]에서는 “인권은 오늘날 공

---

6) 국민국가에서의 시민권의 한계에 대하여는 제2장의 시민혁명과 시민계급의 등장 참조.

7) 1994년 국제연합개발계획(UNDP)이 새로운 안보 개념으로 제시하였다. 군사 감축이나 군비 축소 외에도 인권, 환경 보호, 사회 안정, 민주주의 등이 기본적으로 보장되어야만 진정한 세계평화가 가능하다는 생각에서 출발한 개념이다[출처: 네이버 지식백과, 인간 안보(human security, 人間安保); 두산백과].

포와 결핍으로부터 해방된 세상으로 발전해 나가기 위한 가이드라인으로 기능한다."(국가인권위원회, 2019c, p. 28)라고 한다. 세계인권선언 전문의 "모든 인류 구성원의 천부의 존엄과 동등하고 양도할 수 없는 권리를 인정하는 것이 세계의 자유, 정의, 평화의 기초가 됨을 인정하며……."와 같은 맥락이다. 이는 모두 인권의 가치가 인류 전체적으로 보장될 때 세계 평화 역시 가능하다는 것을 확인하고 있다.

　이와 같이 인권에 있어서 인간, 개인은 누군가를 배제하지 않는 '모든 사람'이어야 한다. 즉, 인간의 존엄성은 인류 전체가 공유하는 인간의 공통된 지위인 것이다(류은숙, 2019, p. 46). 같은 맥락에서 인간의 존엄성 보장은 단일 국가에서만의 과제가 아니며, 인간 본성의 보장이라는 점에서 세계 보편적인 과제라고 한다(정재황, 2002).

모든 사람。

人 + 權

인권。인간이라면 누구나.

[그림 1-1] 인권의 개념-1

출처: (사)인권정책연구소(2019). 인권대화.

　'모든 사람'의 권리로서의 인권의 가치가 깨질 경우 인류 전체의 안전이 위협받는다. 그 누군가의 존엄성이 다치게 된다면 우리의 존엄성도 함께 손상되는 것이지 그만의 존엄성이 손상되는 것이 아니다.

　가까이에서는 안전하지 않은 일터로 내몰려 생명을 잃는 이들이 있고 지구 저편에서는 기아로 생명을 잃는 이들이 있는데, 그저 나는 존엄하다고 할 수는 없는 노릇이다. 그러한 사실을 알면서도 그저 살아가야 하는 나의 모습이 존엄하지 않을 뿐만 아니라, 인류는 상상할 수 없을 정도로 복잡하지만 매우 밀도 있게 연결된 존재이기 때문에 그 손상은 결국 내 몸의 일부인 것처럼 고스란히 와닿는다. 무서울 만큼이나 한 치의 오차도 없이 그대로, 혹은 그보다 더 아프고 무섭게 말이다.

> **"지자체 재난 긴급 지원금 정책에서 외국인 주민을 배제하는 것은 평등권 침해"**
>
> 국가인권위원회는 국내외 사례 조사, 「헌법」과 「지방자치법」 등 국내 법령, 코로나19 재난 상황에서 취약 계층 보호를 위한 유엔과 국제사회의 결정 등을 기준으로 하여, ○○시와 △△도가 재난 긴급 지원금 정책에서 주민으로 등록되어 있는 외국인 주민을 달리 대우하고 있는 것은 합리적 이유 없는 차별로, 「헌법」 제11조, 인종차별철폐협약 등 국제인권규범에 위반되고, 「국가인권위원회법」 제2조 제3호(평등권 침해의 차별 행위)에 해당한다고 판단하였다 (2020. 6. 11. 국가인권위원회 보도 자료 참조).

평등권 침해: 재난 긴급 지원금

(2) 모든 사람의 인권이 아닌 상태, 차별!

만일 누군가 이 존엄한 사람에 포함되지 못하고 있다면, 이것은 차별이 발생했다는 신호이다. 즉, 모든 사람이 그 주체로 포함되어야 할 인권이 제대로 작동하지 않고 있다는 것이다.

우리는 지금도 누군가 그 존엄을 보장받고 있지 못한 현실을 수시로 듣고 보곤 한다. 심지어 이윤 추구 등 조직의 목적 아래 도구화된 수많은 우리를 발견하기도 한다. 여전히 장애는 사회가 아니라 장애인 당사자가 극복해야 할 그 무엇이고, 위험한 작업 환경에 그대로 노출되어 예견된 사고마냥 목숨을 잃고 있는 수많은 노동자가 있고, 사회적으로 극소수만이 통과할 수 있는 시험 제도에 희생되는 아동청소년들과 학교, 미래와 노후가 존엄할 것이라는 확신을 가질 수 없어 극한의 경쟁과 각자도생의 투쟁의 현장에서 자기소외적 삶을 살고 있는 지금, 우리는 어떠한 인권의 역사를 만들어 가고 있는 것일까?

이 차별의 문제는 그동안 우리가 합리적이라 여겨 왔던 수많은 제도에 대한 끊임없는 의심을 통하여 '모든 사람'의 인권을 만들어 가는 인권의 역사를 진행해 가는 과정과 연관이 있다.

「국가인권위원회법」 제2조 제3호에서는 평등권 침해의 차별 행위와 관련하여 19가지 차별 사유를 예시하고 있는데, 우리 사회가 주로 맞닥뜨리기 쉬운 대표적인 차별 사유를 예로 들고 있다. 사회의 복잡성에 의해 현존하는 차별 사유를 일일이 규정하는 것은 법기술상 불가능하다. 또한 사회의 변화 발전에 따라 예상하지 못한 차별 사유도 발생하고 있다. 이러한 문제에서 동 규정의 차별 사유는 다음과 같이 "~ 등을 이유로……"라고 규정하였다.

> 「국가인권위원회법」 제2조 제3호
>
> '평등권 침해의 차별 행위'란 합리적인 이유 없이 성별, 종교, 장애, 나이, 사회적 신분, 출신 지역(출생지, 등록기준지, 성년이 되기 전의 주된 거주지 등을 말한다), 출신 국가, 출신 민족, 용모 등 신체 조건, 기혼·미혼·별거·이혼·사별·재혼·사실혼 등 혼인 여부, 임신 또는 출산, 가족 형태 또는 가족 상황, 인종, 피부색, 사상 또는 정치적 의견, 형의 효력이 실효된 전과(前科), 성적(性的) 지향, 학력, 병력(病歷) 등을 이유로 한 다음 각 목의 어느 하나에 해당하는 행위를 말한다. 다만, 현존하는 차별을 없애기 위하여 특정한 사람(특정한 사람들의 집단을 포함한다. 이하 이 조에서 같다)을 잠정적으로 우대하는 행위와 이를 내용으로 하는 법령의 제정·개정 및 정책의 수립·집행은 평등권 침해의 차별 행위(이하 '차별 행위'라 한다)로 보지 아니한다.

[그림 1-2] 국가인권위원회법 제2조 제3호의 차별 사유 예시

이 규정에서 주목해야 할 또 하나의 내용은 "다만, 현존하는 차별을 없애기 위하여 특정한 사람(특정한 사람들의 집단을 포함한다. 이하 이 조에서 같다)을 잠정적으로 우대하는 행위와 이를 내용으로 하는 법령의 제정·개정 및 정책의 수립·집행은 평등권 침해의 차별 행위(이하 '차별 행위'라 한다)로 보지 아니한다."라는 단서의 내용이다. 이는 보통 '적극적 우대 조치(affirmative action)'라고 한다. 대표적인 예로는 미국의 대학 입

학 시 흑인 정원 할당 제도, 우리의 경우 과거 외무고시 등에 있어 여성 할당제(잠정적 조치의 목적 달성으로 지금은 폐기), 현재 시행되는 장애인 고용 할당제 등을 들 수 있다.

> "적극적 평등 실현 조치(affirmative action)라 함은 역사적으로 사회로부터 차별을 받아온 일정 집단에 대하여 그러한 차별로 인한 불이익을 보상해 주기 위하여 그 집단의 구성원이라는 이유로 취업이나 학교 입학, 기타 사회적 이익을 직접 또는 간접으로 부여하는 정부의 정책을 말한다. 적극적 평등 실현 조치는,
> ① 기회의 평등보다는 결과의 평등 · 실질적 평등을 추구하는 정책이고,
> ② 개인보다는 집단에 초점을 맞춘 개념이며,
> ③ 항구적 정책이 아니라 구제(救濟)의 목적을 달성하게 되면 종료하게 되는 잠정적 조치라는 특성을 가지고 있다"(인권용어사전, 국가인권위원회 홈페이지).

적극적 평등 실현
조치

2. 인간으로서 존엄할 '권리'

1) 권리와 인권

세계인권선언문 제30조

Nothing in this Declaration may be interpreted as implying for any State, group or person any right to engage in any activity or to perform any act aimed at the destruction of any of the rights and freedoms set forth herein.

이 선언의 어떠한 규정도 어떤 국가, 집단 또는 개인에게 이 선언에 규정된 어떠한 권리와 자유를 파괴하기 위한 활동에 가담하거나 또는 행위를 할 수 있는 권리가 있는 것으로 해석되어서는 아니된다.

인권이라고 할 수 있으려면 인간다운 삶을 살아가기 위해 누구에게나 인정되는 '정당한' 권리여야 한다. 여기서 정당하다는 의미는 무엇일까? 이는 앞의 세계인권선언 제30조에서 그 답을 찾을 수 있다. 이는 "주장하는 권리의 내용이 다른 사람의 권리를 침해하지 않고, 다른 사람을 지배하지 않으면서도 승인될 수 있어야 한다."라는 의미

이다(류은숙, 2019). 즉, 모든 권리가 인권인 것은 아니다. 우리가 쓰고 있는 '인권'이라는 말은 불어의 'Droits de l'Homme', 영어의 'Human Rights'를 번역한 것이다. 'Droits', 'Rights'의 사전적 의미를 찾아보면 '정당한, 올바른'의 개념이 들어 있다. 여기서 인권이 사람이 사람답게 살기 위해 마땅히 보장받아야 할, 그래서 그 '정당성'이 인정되는 권리를 의미함을 확인할 수 있다(인권정책연구소, 2012).

다른 사람의 존엄을 부정하는 권리는 인권이 아니다　앞에서 살펴본 인권의 개념을 통해 우리는 다른 사람의 존엄과 인권을 부정하는 권리는 인권이 아니라는 것을 알 수 있다. 즉, 혐오와 편견, 차별을 발산하기 위한 권리는 인권이 아니다.

모든 권리 주장이 인권 ？

人 ＋權

Rechts
Rights ：정당한, 올바른

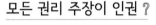

차별의 의도와 편견을 담기 위한 권리 ≠ 인권

[그림 1-3] 인권의 개념-2

출처: (사)인권정책연구소(2019a). 인권대화.

다음에 나오는 〈그림 1-4〉의 사례에 대하여 한편에서 "무슨 소리냐, 나라면 이혼한 사람의 집이라면 계약하지 않을 것이고, 그래서 집을 사려는 입장에서는 그 집주인의 이혼 여부를 알 권리가 있다."라고 주장한다면 어떨까. 집을 사려는 사람은 A의 이혼 사실에 대한 '알 권리'라는 인권이 있고 집주인 A의 프라이버시권과 갈등 관계인 건가. 따라서 인권과 인권이 충돌하는 상황이라는 논리가 가능한 것일까.

앞에서 설명한 바와 같이 인권은 인간으로서의 존엄을 보장받기 위해 필요한 권리이므로 다른 사람에 대한 편견과 차별을 발산하기 위한 권리를 인권이라 할 수는 없음이 분명하다. 즉, 이 사례에서 매수인의 알 권리는 인권이 아니다.

마찬가지로, 누군가의 인간의 존엄을 부정하거나 해하는 말과 행동은 인권의 내용으로 인정될 수 없다. 우리가 혐오 표현과 행동에 대하여 이를 멈추라고 주장할 수 있고 주장해야 하는 이유는 바로 여기에 있다. 즉, 우리는 표현의 자유가 보장되는 사회

〈사례〉 살던 주택을 매도하려던 A는 해당 주택의 등기부등본에 자신의 이혼 사실이 기재되어 있음을 알고 당황하여 등기소를 찾아갔다. A는 전남편과 협의이혼하면서 재산 분할로 이 집을 넘겨받았고, 등기부의 소유권 이전 원인 기재란에 이러한 사실이 적혀 있었다.

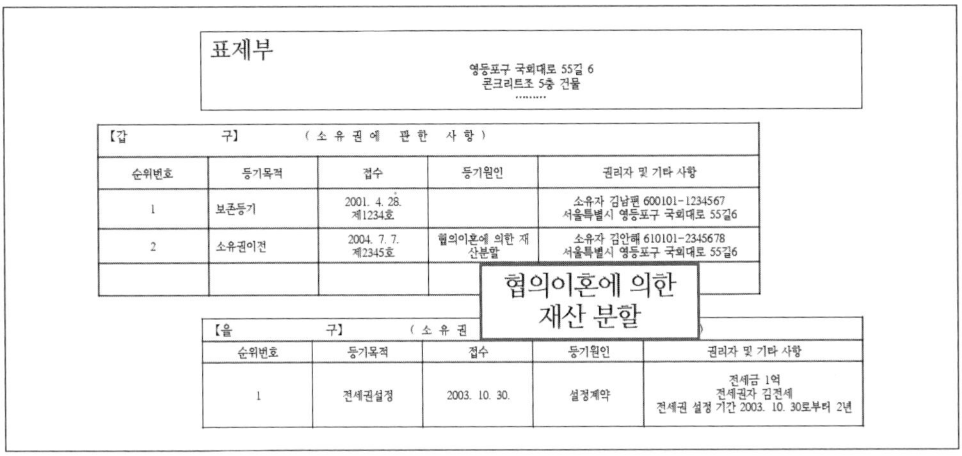

표제부

영등포구 국회대로 55길 6
콘크리트조 5층 건물
....

【갑 구】 (소유권에 관한 사항)				
순위번호	등기목적	접수	등기원인	권리자 및 기타 사항
1	보존등기	2001. 4. 28. 제1234호		소유자 김남편 600101-1234567 서울특별시 영등포구 국회대로 55길6
2	소유권이전	2004. 7. 7. 제2345호	협의이혼에 의한 재산분할	소유자 김안해 610101-2345678 서울특별시 영등포구 국회대로 55길6

【을 구】 (소유권 …)				
순위번호	등기목적	접수	등기원인	권리자 및 기타 사항
1	전세권설정	2003. 10. 30.	설정계약	전세금 1억 전세권자 김전세 전세권 설정 기간 2003. 10. 30로부터 2년

[그림 1-4] 등기부등본 예시

출처: (사)인권정책연구소(2019a). 인권대화.

니 혐오 표현도 문제없다는 식의 왜곡된 주장에 대하여 이것의 문제를 알아차리고 대응할 수 있어야 한다. 다만, 이러한 혐오 표현 등에 대한 대응 방법으로 행정 규제나 사법 처벌이 필요한 것일지의 문제는 별개의 문제이며, 현재 우리 사회도 이에 대한 논의가 진행 중이다. 이는 단순하게 답변될 문제는 아니다. 사회적 맥락과 상황에 따라 그 대응도 달라야 할 것이며, 궁극적으로 사회 전체의 인권 상황과 인권 의식 증진에 적합한 방법을 모색해야 한다. 다만, 그 제정이 지연되고 있는 「차별금지법」은 소수자의 인권 상황에 비추어 그 시급성을 강조하지 않을 수 없고, 차별에 대한 사회 전체의 인식 개선을 견인할 것으로 기대한다.

2) 인권에 있어 권리의 주체와 의무자[8]

인권보장 의무자는 국가 흔히 우리가 기억하는 인권의 역사의 출발점은 프랑스혁명일 것이다. 프랑스혁명은 '국가에게' 모든 사람의 존엄한 삶에 대한 책임을 물은 혁

8) 인권에 대한 국가의 의무를 다른 장에서는 책무라는 용어로 사용하였다.

명이기 때문이다(물론 프랑스혁명의 결과가 모든 사람의 인권을 보장하는 데까지 나아가지 못하는 등의 한계가 있다. 이 한계를 극복하며 점점 모든 사람의 권리로 가는 발걸음이 바로 인권의 역사이다).

이 대목에서 우리는 인권에 대하여 국가가 궁극적 의무자임을 알 수 있다. 즉, 모든 사람의 존엄을 보장하기 위한 이 인권은, '모든 사람'이 이를 권리로서 주장할 수 있는 권리주체이고, 이에 대한 의무자는 바로 국가와 국가권력인 것이다.

「대한민국헌법」 제10조	"모든 국민은 인간으로서의 존엄과 가치를 가지며, 행복을 추구할 권리를 가진다. 국가는 개인이 가지는 불가침의 기본적 인권을 확인하고 이를 보장할 의무를 진다."
비엔나선언문 제5조	"정치, 경제 및 제도적 체제와 차이에도 불구하고 모든 인권과 자유를 증진하고 보호하는 것은 국가의 의무이다."
독일「연방기본법」 제1조	"인간의 존엄성은 불가침이다. 인간의 존엄성을 존중하고 보호하는 것은 모든 국가권력의 의무이다."

단언컨대, 인권보장 의무는 이와 같이 국가의 몫이다. 앞에서 소개한 바와 같이 이것은 대부분 국가의 헌법에서도 명시하고 있다. 인권의 개념은 국가가 국민의 권리를 침해하지 말 것을 요구하는 데서 출발했기 때문이다. 물론 지금은 침해하지 말아야 할 뿐만 아니라 모든 사람의 존엄한 삶을 적극적으로 보장할 의무를 지고 있다. 우리 「헌법」제10조도 국가가 인권의 존엄과 가치를 적극적으로 보장할 의무를 지는 존재임을 확인하고 있다. 헌법재판소도 "국가권력은 인간의 존엄과 가치 및 이를 구체적으로 실현시키는 기본권을 보장하고 실현하기 위한 수단"이며, 존엄은 "국가와 국가권력의 정당성의 원천임"이라고 밝히고 있다.

즉, 인간의 존엄성 보장은 국가권력의 존재 이유이다. 따라서 국가권력은 인간의 존엄성 실현을 위한 수단이기 때문에 그 방향으로의 작용만이 정당한 것으로 인정될 수 있다.

3. 인권의 특성

인권의 기본적 성격: 1993년 비엔나 세계인권대회

"인권은 보편적, 불가분, 상호의존적, 상호연계적이다."
"발전 및 인권 존중은 상호의존적, 상호보강적이다."

[그림 1-5] 인권의 기본적 성격

출처: (사)인권정책연구소(2019a). 인권대화.

모든 사람을 위한 모든 인권(All Human Rights for All)   1993년 비엔나 세계인권대회는 "모든 사람을 위한 모든 인권(All Human Rights for All)"이라는 표어를 걸고, '인권의 보편성'과 '상호불가분성'의 원칙을 다시 한번 강조하였다.

1) 인권의 보편성(universality)

인권은 국적이나 신분 등 그의 정체성을 구성하는 그 어떤 조건과도 관계없이 모든 인간, 즉 사람이라면 누구에게나 인정되는 권리이다. 즉, 재력, 인종, 성별, 장애, 나이 등 어떠한 조건과도 관계없이 인간이라면 누구나 누려야 할 권리라는 점에서 보편성이 요구된다. 이는 '태어날 때부터 동등한 존엄의 보장'을 선언하고 있는 세계인권선언의 정신이기도 하다.

여기에는 문화적 다양성 인정과 포용(inclusion), 사회적 약자와 소수자 인권보장에 대한 인권적 가치가 내포되어 있다. 이를 통하여 사회, 나아가 인류의 인권보장 수준이 함께 증진될 수 있다.

2) 불가분성(indivisibility)과 상호의존성(interdependence)

인권의 불가분성 원칙이란 "인권은 분리할 수 없고 모든 권리는 동등하며 위계적 질서에 의해 순위와 우선성을 부여할 수 없음"을 의미하는 것으로, 자유권 vs. 사회권과 같은 인권의 이분법적 분리와 이를 바탕으로 한 우열 관계를 부정한다(손정인 외, 2016). 상호의존성·상호연관성 원칙이란 "하나의 권리 실현이 전체적 또는 부분적으로 다른 권리의 실현에 영향을 받음"을 의미한다(손정인 외, 2016, p. 141). 인권의 불가분성, 상호의존성, 상호연관성은 의미하는 바가 각기 다르지만, 권리의 기능적 측면에서는 연속된 개념이라 할 수 있다(손정인 외, 2016). 오늘날 인권은 다양한 방법으로 구분되어 설명되고 있는데, 우리에게 가장 익숙하고 대표적인 분류는 자유권으로 상징되는 시민적·정치적 권리와, 평등권 또는 사회권으로 상징되는 경제적·사회적·문화적 권리의 구분법일 것이다. 이와 관련하여 흔히 두 영역의 권리가 우선 관계 또는 상반 관계에 있는 별개의 권리인 것처럼 잘못 인식하는 경우가 많다.

그러나 인권의 불가분성, 상호의존성과 상호연관성은 시민적·정치적 권리규약과 경제적·사회적·문화적 권리규약의 각 서문에서 확인하고 있는 인권의 중요한 속성이다. 그리고 1993년 비엔나 세계인권대회와 1968년 테헤란에서 열린 세계회의에서도 인권의 내용과 영역들은 전체적으로 하나이며, 이를 따로 떼어 내서는 안 된다는 불가분의 원칙과 인권의 실현을 위해 서로 의존하고 있다는 상호의존성의 원칙을 재차 확인하였다(국가인권위원회, 2019c).

경제적·사회적·문화적 권리의 향유 없이는 시민적 정치적 권리의 향유가 불가능하고, 그 반대도 마찬가지이다(국가인권위원회, 2019c, p. 41). 자유권이 보장되지 않는 가운데 사회권이 증진될 수 없으며, 반대로 사회권이 보장되지 않은 상황에서의 자유권의 보장은 자유의 실질적인 향유를 불가능하게 한다. 인권을 인위적으로 구분하고 떨어뜨려 일부만을 보장한다는 것은 결국 진정한 인권의 보장이 아니다. 형식적인 보장에 그칠 뿐이며, 인권보장의 의무자에게 그 의무 이행에 대한 면책 사유를 제공할 여지를 준다.

예를 들어, 건강권은 (국가 행위에 의한 침해로부터의 보호를 의미하는) 자유권적 측면과 (국가의 적극적 행위에 의한 보장을 의미하는) 사회권적 측면을 모두 가진다. 그럼에도 한국 사회에서 건강권은 사회권으로 규정짓는 경향이 있다. 여기에 인간다운 삶의 보장이 아니라 그저 국가 재정 건전성을 앞세우는 국가주의적 관성과 사회권에 대한 국가의 이행 의무 수준을 낮게 판단하는 사법부의 입장 등이 작용한다. 이렇게 되면 건강권과 같이 사회권으로 구분되는 인권의 문제들은 국가가 반드시 보장해 내야 하는 것은 아닌 것처럼 받아들여진다.[9]

그러나 "도달 가능한 최고 수준의 건강에 대한 권리란, 건강권의 향유를 최대한 보장할 수 있는 일련의 사회적 장치들, 가령 규범, 제도, 법규, 가능한 환경 등을 요구할 수 있는 권리를 이른다"(WHO, 2002, p. 9). 따라서 건강권이 제대로 보장되기 위해서는 알 권리, 표현의 자유 등의 자유권적인 측면이 같이 작동하기 마련이다. 또한 건강의 보장은 개인의 다른 자유권적 권리(여행의 자유, 문화 예술의 자유 등) 향유에 영향을 미치기도 한다.

4. 사례와 토론

☑ '난쟁이[10] 던지기', 인간의 존엄에 대한 침해이므로 금지하면 될 것인가?

프랑스의 한 도시에서 '난쟁이 던지기'라는 오락이 행해졌는데 해당 시의 시장이 이를 금지하는 행정명령을 내렸고, 이에 이 오락에 던져지는 역할을 하던 마뉴엘 베켄하임은 시장의 조치가 부당하다며 행정소송을 제기하였다. 이 사건은 프랑스 최고법원을 거쳐 유럽인권위원회 제소까지 이르게 된다.

9) 그러나 메리 로빈슨(Mary Robinson, 전 유엔인권최고대표사무소 대표)은 "건강권은 정부와 공공기관이 가능한 한 가장 빠른 시일 내에 모든 사람에게 이용 가능하며 접근 용이한 보건 서비스를 제공할 수 있도록 하는 정책과 실행 계획을 이행하여야 한다는 의무를 부과한다."라고 하였다(WHO, 2002, p. 9).

10) '난쟁이'라는 용어는 왜소증 장애인을 비하하는 표현이기 때문에 적절하지 않다. 다만, 이 교재에서는 사례가 알려진 이름대로 쓰되 인용 부호를 달아 사용함을 밝혀 둔다.

✐ 길잡이 질문

☑ 던져지던 당사자인 베켄하임은 왜 이 오락의 금지가 부당하다고 하였는가?

→ 자기결정권이란 무엇인가? 인간은 자신을 둘러싼 환경과 조건을 떠나 자기결정권을 행사할 수 있는가?

→ 자유(자유권)와 평등(사회권)의 관계를 인권의 불가분성이라는 특성을 염두고 이해한다면, 법원은 어떠한 판단을 해야 하는 것인가?

※ 우리 「헌법」 제10조와 제34조를 염두에 두고 무엇이 당사자인 베켄하임과 인류의 존엄을 지켜낼 수 있는 진정한 방법일지 고민해 본다.

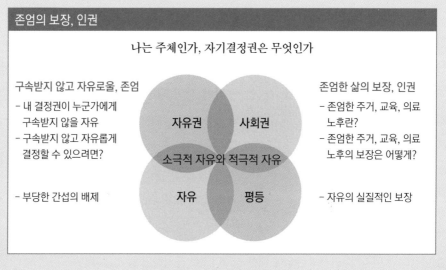

[그림 1-6] 소극적 자유와 적극적 자유

📖 참고

최고법원의 판단

프랑스 최고법원인 꽁세유데따(Conseil d' tat)는 '난쟁이 던지기'라는 오락은 신체적 장애가 있는 한 인격을 발사체로서 사용하도록 하기 때문에, "이런 종류의 오락은 인간의 존엄을 침해하는 것으로 간주된다"고 하였다(손제연, 2018).

유엔인권위원회 등의 판단

이에 베켄하임이 유럽인권위원회(the European Commission on Human Rights)와 유엔인권위원회(the Human Rights Committee of the United Nations)에 다시 판단을 청구했지만

모두 기각되었다. 유엔인권위원회에서 베켄하임은 이 '난쟁이 던지기'의 금지 조치가 자신의 직업의 자유를 박탈, 그의 존엄을 침해했다고 주장했다. 그러나 위원회는 이 금지 조치의 목적이 차별적이라 할 수 없으며 공공질서의 보호를 위해 필요한 것이라고 판단했다(손제연, 2018).

제2장

인권의 역사와 현재, 미래

Human Rights
and
Social Welfare

1. 인권의 역사

"인권 개념은 정치적 · 사회적 현실을 반영하고 있지만 동시에 정치 공동체가 추구해야 할 이상을 담고 있다. 오늘날 모든 사회 구성원의 모든 인권을 완벽하게 충족해 주는 국가와 사회는 지구상에 존재하지 않는다. 즉, 인권의 이상과 현실에는 큰 간극이 있다. 따라서 인권은 필연적으로 현실에 대하여 비판적이 되고 사회 변화를 이끌어 가는 힘과 도구의 역할을 한다. 역사적인 관점에서 볼 때 인류는 '태어나면서 부여받은' 인권을 정치적 · 사회적 투쟁을 통해 '성취'해 왔다고 할 수 있다"(이준일 외, 2015, p. 15).

" 존엄성은 '평가'가 아니라 '인정'을 요구한다"(류은숙, 2019, p. 50).

인간이라면 누구나 태어나면서부터 당연하게 가지는 존엄성을 인정하고, 이를 보장하는 것이 인권이다. 그러나 실제로 모든 사람이 당연하게 제도적으로 자신들의 인권을 보장받았던 것은 아니었고, 인권을 보장받지 못한 그 길목 길목을 넘고 넘어 오늘날까지 왔고, 지금도 또 다른 길목들을 지나고 있다. 그리고 그 길목은 '모든 인간'에 포함되어 그 존엄성을 인정받지 못하던 당사자들, 그리고 그들과 연대한 지지자들, 이 모든 이의 용기 있는 투쟁과 피 묻은 희생을 밟고서야 지나올 수 있었다. 인권이라는 것이 당연하게 처음부터 그냥 주어지지 않았다는 것, 지금 우리가 누리는 인권도 역사적

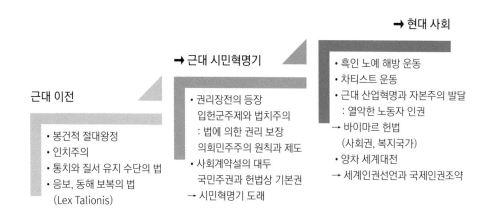

[그림 2-1] 서구에서의 인권의 발전 과정

출처: (사)인권정책연구소(2012). 인권 10강.

인 과정에서 이를 쟁취하기 위한 노력과 희생 위에서 주어진 것이라는 것과 아직도 모든 사람의 존엄을 위하여 제도적으로 더 확보되어야 할 수많은 인권이 있고, 우리는 이에 대한 인권의 역사를 써 나갈 사명이 있다.

인권의 역사를 왜 서구 중심으로 설명하는지에 대한 의문이 있을 수 있다. 여기서도 서구에서의 인권 개념의 형성과 발전을 중심으로 살필 것인데, 이는 현재 보편적으로 받아들여지고 있는 인권의 가장 중요한 규범 문서인 세계인권선언이 당시 세계적인 주도권을 가졌던 서구의 문화에 상대적으로 더 많이 근거하기 때문이다(이준일 외, 2015).

1) 시민계급과 법치주의의 등장: 근대 이후 1차 인권혁명

주요 근대 시민혁명(1차 인권혁명)

이는 왕권 중심의 중세 봉건제와 절대군주제를 타파하기 위하여 평등한 시민이 중심이 되어 신분제 폐지와 의회 중심의 민주 정체를 확보하기 위하여 투쟁한 혁명으로, 일반적으로 영국명예혁명, 미국독립혁명, 프랑스혁명을 주요 시민혁명으로 꼽는다.

영국명예혁명(1688)	미국독립혁명(1776)	프랑스혁명(1789)
국왕의 전제정치에 저항	영국의 부당한 식민 지배에 저항	불평등한 사회 구조에 저항
권리장전	독립선언문	프랑스 인권선언 (인간과 시민의 권리선언)

출처: 언론인권센터(2020), p. 9.

1215년 영국의 대헌장은 국왕으로 하여금 의회의 승인 없이는 세금을 걷을 수 없고, 법에 근거하지 않고는 체포 또는 감금할 수 없음을 문서로 명시하였다. 더 이상 왕권이 신권이 아니고, 왕의 권력은 이 권리장전에 의하여 통제받게 되었다. 이후 1689년의 권리장전(Bill of Rights)에 이르는 일련의 과정을 통하여 부당한 국가권력에 대한 저항권과 왕은 군림하되 통치하지 않는다는 입헌군주제가 자리 잡게 되었다(이준일 외, 2015). 이로써 신과의 관계 중심의 중세 사회가 무너지고 왕권은 통제받기 시작하였다. 처음에는 특권층인 귀족의 권리를 보장하기 위한 통제였으나 점차 의회에 의한 통제가 이루어지는 의회민주주의가 싹텄다. 이는 사회계약론, 인민 주권의 원칙, 권력분

립의 원칙 등의 태동으로 이어졌다. 특히 존 로크는 국가가 이러한 계약을 위반할 경우에는 시민이 그 권력을 다시 회수할 수 있다는 저항권을 인정하였다. 즉, 모든 사람이 자유와 평등의 권리를 가지며, 국가는 외부 침략을 막아 내고 이러한 인권을 보장하는 것이 사명이라는 사상은 시민혁명에 영향을 미쳐 근대 국민국가 형성의 이론적 기반이 되었다.[1]

미국독립혁명은 봉건체제에 대한 저항이 아닌 조지 3세 개인에 대한 저항으로 평가될 뿐만 아니라 그 결과물인 선언이 인민의 동의로 정부를 수립하는 데에만 주목하고 인간의 권리 보장으로 나가지 못하였다(조효제, 2007, pp. 70-73). 프랑스혁명은 근대 인권혁명의 전형으로 인정되고 있다. 그 혁명의 결과물인 '인간과 시민의 권리선언'은 (여성, 흑인, 무산계급 등을 배제하는 한계에도 불구하고) 인간의 권리에 대한 지향임을 분명히 한 점에서 미국독립혁명과 구별된다.

2) 시민혁명 이후 인권운동의 역사

시민혁명의 결과물인 선언문에 '인간'의 권리를 표방하였지만, 이 '인간'에 모든 사람이 포함되지는 못했다. 재산, 성별, 나이에 따라 인권을 누릴 수 있는 '인간'인지 여부가 달라진 것이다. 인간이 신이나 왕의 종속물로 취급되던 시대를 벗어난 의미는 있었으나 본래의 자유롭고 평등한 존재로서의 권리를 보장받지는 못하는 상황이었다.

'Déclaration des Droits de l'Homme et du Citoyen du 26 août 1789'. 프랑스혁명의 산물인 '인간과 시민의 권리에 대한 선언'의 불어 표기는 이와 같다. 당시 이를 영어로 옮기면서는 'rights of man'으로 표현하였다. 불어의 'Homme' 역시 본래는 남성을 의미하는데, 이 단어를 사람을 표현하는 데 일상적으로 사용한 탓에 이렇게 표기된 것이다. 즉, 당시에는 공적으로 사람이라는 의미를 사용함에 있어 여성을 배제한 'Homme', 'Man'을 사용했다는 것을 알 수 있다. 뿐만 아니라 인간과 시민의 권리에서 '시민'은 세금을 낼 수 있는 능력을 가진 이들만을 일컫는 것이고, 심지어 당시 프랑스에서 이런 능력을 가진 인구는 전체의 20%에도 못 미쳤다. 프랑스 인권선언의 이러한 한계는 다음에서 설명하는 인권의 역사를 이미 예견하고 있었던 것이다.

---

1) '천부인권론'도 시민혁명에 영향을 주었다. 다만 본래 이 천부인권론은 중세 신 중심의 사고가 지배하던 시기에 인권 역시 신이 부여해 준 것이라는 당위성을 주장하기 위한 것이라는 비판이 있다.

이러한 모순적인 상황을 타파하기 위하여 희생을 불사하는 투쟁들이 이어졌다. 프랑스혁명 이후 이와 같이 '모든 사람'의 권리로서의 인권을 향했던 주요 인권운동사를 크게 참정권 획득, 인종 차별 철폐 등을 중심으로 살펴보면 다음과 같다.

먼저, 참정권을 중심으로 살펴보면 다음과 같다. 미국의 독립혁명과 프랑스대혁명 후에도 일정 재산이 있는 남성에게만 선거권이 주어졌다. 프랑스의 경우 3일간의 일당에 해당하는 만큼의 세금을 납부하는 남성들만을 '능동적 시민'이라고 인정하고 선거권을 부여했다. 미국의 경우에도 마찬가지로 일정 정도의 재산이 있는 남성들에게만 선거권이 인정되었다. 19세기 들어 영국에서는 열악한 조건에 있던 노동자들이 현실을 개선하기 위해서는 정치적 참여가 필요하다는 것을 알게 되었다.[2] 이에 노동자들의 선거권 확보를 위한 운동이 일어났는데 이를 **차티스트 운동**이라고 한다(하승수, 2011). 이러한 노력으로 인해 1867년과 1884년의 선거법 개정을 통해 영국에서 남성들에 대한 보통선거가 정착되었다.

차티스트 운동

한편, 참정권과 관련한 여성 인권운동의 역사 또한 지난한 투쟁을 거쳤다. 1880년대부터 1910년대까지 영국 등 서구권에서의 여성 참정권 운동을 서프러제트 운동이라 한다. 여성 참정권 보장은 여성 당사자들의 죽음을 불사한 투쟁을 통해서야 가능했다. 1983년 세계 최초로 뉴질랜드에서 여성 투표권이 인정되었고, 미국도 1920년이 되어서야 여성 투표권이 보장되었다. 영국은 1928년, 일본은 1945년, 프랑스는 1946년부

여성 참정권

[그림 2-2] 1차 인권혁명 후 인권운동 역사의 주요 흐름

2) 인권운동사의 중요한 부분이 노동권 보장인데, 이것은 제4장 '사회복지와 인권', 제9장 '노동과 인권'을 참고하기 바란다.

터 여성이 투표할 수 있게 되었다. 스위스는 1971년, 쿠웨이트는 2005년에 이르러 여성이 투표하고 선거에 나설 수 있는 권리를 법적으로 인정하였다. 최근인 2015년에는 사우디아라비아에서 여성 참정권이 인정되었다.

　인종 차별과 관련한 인권운동사는 노예제 폐지 운동으로 거슬러 간다. 1848년 노예제도의 폐지를 주장한 북부와 링컨이 미국 남북전쟁에서 승리하면서 노예제는 폐지되었다. 그러나 흑백인 분리 정책의 미명 아래 여전히 흑인에 대한 차별이 유지되었다. 이 흑백인 분리 정책에 의해 학교와 식당, 버스에서의 흑백인의 공간을 구별하고 분리하였는데, 이러한 정책과 제도는 '몽고메리 버스 보이콧'을 계기로 촉발된 흑인 민권운동과 '브라운 판결' 등을 거치면서 점차 사라졌다.

몽고메리 버스 보이콧 사건과 브라운 vs. 토페카 판결

몽고메리 버스 보이콧(Montgomery bus boycott) 사건

　1955년 12월 미국 앨라배마주(州) 몽고메리에서 로자 파크스(Rosa Parks)라는 흑인 여성이 시내버스에서 백인 좌석에 앉았다가 '시내버스에서의 흑백 분리'를 규정한 몽고메리 시법(市法)을 위반했다는 죄목으로 체포되었다. 이 사건을 계기로 흑인들은 이 법의 폐지를 요구하는 시내버스 이용 보이콧 운동을 벌였다. 시가 요구를 거절하면서 시위는 장기전이 되었고 흑인들은 직장을 잃거나 운전 면허증 말소, 보험 취소 등의 불이익을 받았다. 결국 1956년 6월 연방지방법원, 같은 해 12월 대법원에서 시 당국의 행위가 위헌이라는 결론이 나면서 시위는 종결되었다. 이를 계기로 미국 남부 지역에서도 조직적인 흑인 시위가 일어나기 시작하는 등 흑인 민권운동이 촉발되었다(네이버 지식백과, 두산백과).

　☞ 참고할 동영상 지식채널-e '조용한 자부심' (https://youtu.be/gpqljFvPsxs)

몽고메리 버스 보이콧

조용한 자부심

브라운 vs. 토페카 판결

　"공립 교육에서 '분리하되 평등'이라는 원칙은 더 이상 존재할 여지가 없다는 결론을 내린다. 분리된 교육 시설은 본질적으로 불평등하다."

　캔자스주의 토페카 시에 거주하는 흑인 올리버 브라운(Oliver L. Brown)의 초등학교 3학년 딸 린다는 집에서 가까운 학교인 섬너 초등학교(Sumner Elementary)가 아닌 집에서 6블록을 걸은 후 다시 버스로 1마일을 가야 하는 먼로 초등학교(Monroe Elementary)를 다녀야 했다. 린다는 흑인이고 섬너 초등학교는 백인 전용 초등학교이기 때문이었다. 브라운은 같은 흑인 부모들과 함께 토페카 교육위원회를 대상으로 이 문제에 대한 소송을 제기했다.

1952년 미국 연방대법원은 기존의 '분리하되 평등(Separate but Equal)'하다는 원칙(피부색을 이유로 분리시켜 교육을 하더라도 제공 시설이 동등하면 차별이 아니라는 것)을 폐기하고, 피부색을 이유로 하여 학생들의 교육을 분리하거나 차별하는 것은 헌법에 어긋난다고 판결했다.[3]

참고: 나무위키, 브라운대 교육위원회.

3) 양차 대전 이후 세계인권선언과 2차 인권혁명

인류는 제1, 2차 세계대전이라는 비극을 경험한다. 전쟁으로 인한 무참한 파괴와 무차별적 대량 학살은 가히 충격적이었다. 이에 인권에 관한 인류 전체의 보편적 합의가 필요하다는 공감대가 형성되었고, 이를 바탕으로 1948년에 모든 사람을 위한 보편적 인권의 개념을 담은 세계인권선언이 만들어졌다.

당시 회원국들은 세계인권선언이 유엔 시스템의 필수적 요소라는 데 합의하였다. 사회주의 국가와 남아프리카 8개국의 기권이 있기는 하였지만 세계인권선언을 거부하는 국가는 없었고, 이로써 세계인권선언은 국제관습법의 한 부분으로 받아들여졌다(국가인권위원회, 2019c). 이후 이 세계인권선언은 국제적으로는 관련한 국제인권조약 등을 통해 그 구체적 실효성을 확보해 나가고 있고(자세한 내용은 제5장 '국제 인권보장 체계' 참조), 국내적으로는 헌법에 그 대부분의 내용이 수용되어 있다(인권정책연구소, 2012).

세계인권선언

세계인권선언 전문

인류 가족 모든 구성원의 타고난 **존엄성과 평등**하고도 양도할 수 없는 권리를 인정하는 것이 전 세계의 자유와 정의와 평화의 기초이며, 인권에 대한 무시와 경멸이 인류의 양심을 짓밟는 야만적 행위로 귀착되었으며, 인류가 언론의 자유와 신념의 자유를 누리고 공포와 궁핍으로부터 자유로운 세상은 보통 사람의 지고한 열망으로 천명되었고, 인간이 폭정과 억압에 대항하는 마지막 수단으로서 반란에 호소하도록 강요받지 않으려면, 인권이 법에 의한 통치에 의해서 보호되어야 함이 필수적이며 ……

3) https://namu.wiki/w/%EB%B8%8C%EB%9D%BC%EC%9A%B4%20%EB%8C%80%20%EA%B5%90%EC%9C%A1%EC%9C%84%EC%9B%90%ED%9A%8C

　이러한 세계인권선언 이후부터 지금까지 진행되고 있는 인권의 진전을 제2차 인권
혁명이라고 한다. 조효제 교수는 전후 세계인권선언 이후의 이러한 제2차 인권혁명은
반식민, 냉전과 그 종식, 지구화 등을 거치면서 제1차 인권혁명과 다른 다음 〈표 2-1〉
과 같은 특징을 가진다고 하였다(조효제, 2007). 한국 사회에서는 이를 민주화 이후의
인권의 패러다임으로 볼 수도 있는데, 주로 1987년 6월 항쟁으로 기점으로 이전의 국
가 폭력 문제 중심의 인권의 이슈에서 한 발 나아가 지금과 같은 모든 사람의 존엄을
위한 삶의 질 확보, 차별에 대한 사회적 인식 확산, 사회권 보장을 통한 실질적 자유 보
장 등의 이슈들이 본격적으로 나오기 시작했다고 볼 수 있다.

〈표 2-1〉 인권의 패러다임 변화

	특징	내용
1	인권의 토대	자연법(1차) → 권리는 인간의 창조물로 인간이 직접 디자인
2	평등주의의 강조	소유와 자유의 강조 → 조건의 평등(불평등한 사회 구조에 주목, 물질의 분배)
3	인권의 패러다임	'탄압 패러다임' → '웰빙 패러다임(불평등에 대한 정치적 개입, 복지국가)'
4	인권의 이념	고전적 자유주의 → 자유주의적 사회주의에 바탕을 둔 휴머니즘
5	인권 보호 의무의 주체	국가 → 각종 비국가 행위자들(특히 기업)
6	개인주의적 인권 퇴조	개인의 문제 → '집단의 권리'가 중요해짐(연대권-3세대 인권)
7	인권의 국제적 확산	'시민권적인 권리(한 국가의 시민권)' → '모든 인간의 권리'
8	보편주의 비판	보편적이지 않은 보편 인권에 대한 비판(예: 서구 남성 중심주의, 자본주의, 기독교)

출처: 이 표는 조효제 교수의 설명(조효제, 2007)을 키워드 중심으로 저자가 요약하여 정리함.

2. 인권의 내용 이해

1) 인권의 내용 이해에서 반드시 유의할 점

사람들은 인권의 내용에 대하여 손에 잡히는 구체적인 설명을 해 주길 원하는 경우가 많다. 그래서 많은 인권 교재가 인권의 목록, 분류, 영역 등을 정리해 제시하는데, 이는 인권의 내용을 이해하는 것을 돕는 목적이지 그것이 인권의 내용 전부는 아니라는 점에 각별히 유의하여야 한다. 인권의 내용은 인간의 존엄한 삶을 지키기 위해 마땅히 보장되어야 할 권리의 내용들을 의미하는 것인 만큼 그 내용적 범주는 매우 광범위하고 복잡해서 이를 전부 꺼내서 보여 준다는 것은 불가능하다. 즉, 규범에서 규정하고 있는 목록 외에도 일반적인 원칙 등을 통하여 인권의 내용을 유추, 도출해야 하는 경우도 많다(조효제, 2007, p. 113).

특히 인권의 내용에 대한 쉬운 이해를 돕고자 제시한 것임에도 인권의 특성인 불가분성과 상호의존성에 기반하여 설명하거나 이해하지 않게 될 경우 오히려 반인권적인 이해를 낳는다는 점에 각별히 유의한다(이에 대하여는 제1장 '인권의 개념과 이해' 부분을

그렇다면 국제인권장전은 왜 인권의 내용을 나누어 규정하고 있는가?

인권의 내용들이 본래 하나이며 이를 따로 분리해서는 안 된다는 '인권의 불가분성(indivisiblility)'이 인권의 속성이고 두 규약이 공유하고 있는 같은 내용의 서문에서도 인권의 상호불가분성과 상호의존성이 강조되어 있을 정도인데, 왜 굳이 시민적·정치적 권리규약(B 규약, 자유권 규약)과 경제적·사회적·문화적 권리규약(A 규약, 사회권 규약)으로 나누어져 있는 것인가?

이는 인권이 유엔을 통하여 국제법으로 성문화되는 과정에 법적인 사고가 주도적이었던 결과이기도 하다고 한다. 또한 당초 세계인권선언에 망라되어 있던 인권의 내용을 좀 더 구체화된 규범으로 정립하던 막바지인 1960년대 냉전 시대의 정치적 영향을 받았다고 한다. 미국은 시민적·정치적 권리를 강조하고 소련은 경제적 권리를 강조하면서 시민적·정치적 권리규약(B 규약, 자유권 규약)과 경제적·사회적·문화적 권리규약(A 규약, 사회권 규약)으로 나누어진 것이다. 즉, 두 규약으로 나누어 정립된 것은 이념과 정치적인 이유 때문이었지 인권과 관련한 본질적인 철학에 기반한 구분이 아니었다(조효제, 2007, pp. 119-120).

다시 확인하기 바란다).

　또한 인권의 내용은 그 시대적·공간적 상황이 반영될 수밖에 없어 그 구체적 모습 또한 획일적일 수 없다는 점에도 반드시 유의하여야 한다.

　이에 본 교재에서는 이와 같은 점에 유의하면서 기존의 인권의 내용에 대한 여러 설명을 소개한다. 즉, 카렐 바작(Vasak, K.)의 인권 세대론, 국제인권장전상 주요 인권 영역에 따른 인권의 내용 구분과 인권 목록 등을 살펴본 후, 존엄한 삶을 위하여 보장되어야 할 권리로서의 인권의 내용을 이해할 수 있는 유의미한 방법은 무엇일지 제시하여 인권의 가치와 내용의 이해를 돕도록 한다.

2) 바작의 인권 세대론: 자유-평등-연대

　프랑스의 법학자 카렐 바작(Vasak, K.)은 인류의 희생과 투쟁의 결과 사회제도 안에 받아들여지고 규범으로 확인된 권리들을 각각 1세대, 2세대, 3세대 인권으로 분류하여 이론화하였다(권혜령, 2018). 역사적 발전 단계에 따라 인권의 확장과 발전의 추이를 도식화한 설명이라고 할 수 있다.[4]

[그림 2-3] 바작의 인권 세대론

---

4) 이러한 카렐 바작의 3단계 인권론에는 다음과 같은 문제점이 있음을 알아야 한다. 첫째, '세대(generation)'라는 개념을 사용함으로써 자유권과 사회권, 연대권이라는 인권이 연대적으로 순차적으로 형성된 것처럼 사실 관계를 오해하게 한다. 그러나 모든 '세대'의 인권의 핵심적 내용은 이미 18세기 혁명기 권리 문서(미국 독립선언문, 프랑스 인권선언문 등)에서 찾아볼 수 있다(권혜령, 2018). 특히 대표적인 사회권으로 소개되는 노동권과 관련해서는 국제노동기구인 ILO가 이미 1919년에 설립될 정도로 결코 사회권이 반드시 자유권에 뒤따라 형성된 것은 아니다. 둘째, 자칫 이러한 3단계 인권론은 인권의 발전사는 논리적으로 본질적으로 자유권-사회권-연대권의 순서를 밟는 것이 당연하고 옳다는 오해를 불러일으킨다. 인권의 불가분성이라는 인권의 본질적 속성을 망각하게 하여 결국 인권에 반하는 이해를 가지게 한다. 심지어 신자유주의 물결에 의하여 '자유' 우선의 논리로 악용되어 자유 만능 또는 우월주의로 변질되기도 하는 등 자유 개념이 인권적 정당성의 문턱을 넘어서기까지 한다.

인권의 세대 구분과 인권 영역 및 인권 목록을 정리하면 다음 〈표 2-2〉와 같다.

〈표 2-2〉 인권의 세대 구분과 인권 영역 및 인권 목록

구분	영역 분류	주요 인권 목록	핵심 가치-권리 성격-발전 배경
1세대 권리	시민적 · 정치적 권리 (자유권)	신체의 자유, 사상의 자유, 참정권	'자유'-소극적 권리 -서구 자본주의 국가
2세대 권리	경제 · 사회 · 문화적 권리 (사회권)	노동권, 사회보장, 교육권, 주거권, 의료권	'평등'-적극적 권리 -사회주의 국가
3세대 권리	집단적 권리 (연대권)	자결권, 문화유산권, 발전권, 평화권, 환경권	'박애'-국제적 협력의 중요성 -제3세계 국가

출처: 이준일 외(2014), p. 19 참조 재작성.

카렐 바작(Vasak, K.)의 인권론에서 우리가 주목해야 할 것은 3세대 인권인 연대권(발전권, 평화권, 환경권)을 강조한 점이다. 특히나 1세대 인권(자유), 2세대 인권(평등) 역시 연대권에 의하여 그 보장과 실현이 실질적이고도 지속 가능하다는 점에서 더 그러하다. 현재 인류 사회가 마주한 시급한 인권의 문제들, 기후 변화와 인권, 지속적인 테러와 인종 차별적 폭력, 인권을 위협하는 국제 개발 등의 문제는 개별 국가의 인권보장 몫으로만 맡겨 놓을 수 없는 문제들이다. 즉, 이러한 지구적으로 발생하는 구조적 인권 침해 문제에 대응하기에 기존 인권 개념은 한계가 있다(권혜령, 2018). 발전권, 평화권, (별도의 선언이 존재하지는 않지만) 환경권을 포함한 3세대 인권인 연대권, 집단권은 인권 침해적 문제들에 대한 구조적 인식을 확장시켜 인권 실현을 위한 근본 조건에 다가가고 있다는 점에서 의미가 크다.

유엔 발전권 선언(Declaration on the Right to Development, 1986)

전문 중 발전을 "포괄적인 경제적 · 사회적 · 문화적 · 정치적 과정으로서, 발전과 이로부터 산출되는 이익의 공정한 분배에 있어서의 자유롭고 적극적이며 의미 있는 참여의 기초 위에서 전 인구와 모든 개인의 복지의 부단한 향상을 목표로 하는 것"이라고 정의함.

〈제1조 제1항〉 모든 사람과 모든 인민이 모든 인권과 기본적 자유가 완전히 실현될 수 있는 경제, 사회, 문화 및 정치적 발전에 참여하고 기여하고 향유할 수 있도록 부여된 양도 불가능한 인권이다.

〈제2조 제2항〉 모든 인간은 …… 그들의 인권과 기본적 자유에 대한 충분한 존중의 필요를 고려해 개인적으로, 그리고 집단적으로 발전을 위한 의무를 가진다.

〈제2조 제3항〉 국가들은 발전과 그로 인한 이익의 공정한 분배에 대한 전 인구와 모든 개인의 적극적이고 자유롭고 의미 있는 참여의 기초 위에서 그들의 복지의 부단한 향상을 목표로 한 적절한 국가적 발전 정책을 공식화할 권리와 의무를 가진다.

〈제3조 제1항〉 국가들은 발전권 실현에 우호적인 국가적·국제적 조건을 형성하는 데 일차적 책임이 있다.

▶ 인간을 발전의 대상이 아닌 중심적 주체로 설정하고, 발전을 위해서는 참여가 필수적임을 강조하고 있다. 이러한 발전을 위하여 국가는 사회 부정의와 불공정한 국제 질서를 개선하고, 모든 인권의 실현이 가능한 발전의 조건을 조성할 것이 요구된다(이주영, 2017a).

유엔 평화권 선언(71/189. Declaration on the Right to Peace, 2016)

〈제1조〉 모든 사람은 모든 인권이 증진, 보호되고 발전이 충분히 실현되는 평화를 향유할 권리가 있다.

〈제2조〉 국가는 평등과 비차별, 정의 및 법의 지배를 존중, 이행 및 장려해야 하며, 사회 내외의 평화를 구축하기 위하여 공포와 결핍으로부터의 자유를 보장해야 한다.

〈제3조〉 국가, 유엔, 특별 기구들은 이 선언을 이행하기 위해 적절하고 지속 가능한 수단을 채택해야 한다.

▶ 전쟁이 없는 상황을 의미하는 소극적 평화뿐 아니라, 정치적 탄압, 사회 불평등 및 차별 등 폭력을 일으키는 구조적 요인과 폭력을 재생산하는 문화적 기제를 극복하는 적극적 평화(Johan Galtung, 1994)의 개념에 기반하고 있다(이주영, 2017a).

이 이론은 자칫 인권의 불가분성이라는 인권의 핵심적 특성을 몰각시켜 반인권적인 사고를 하게 할 우려가 크다는 등의 비판이 있는 만큼 유의해 활용해야 한다. 특히 앞의 도표에서 보여 주고 있는 소극적 권리와 적극적 권리의 구분법 역시 단순한 도식화로 인한 오류가 있다. 이에 대하여는 조효제 교수가 그 문제점을 잘 설명하고 있는데, "모든 세대의 권리는 각각 적극적 차원(자원 투입과 구체적인 정책이 필요)과 소극적 차원(의도적으로 침해하지 않을 것)을 지닌다. 시민적·정치적 권리를 보장하기 위해서 국가가 적극적으로 개입해야 하는 경우도 많고(예: 사법 개혁, 선거 제도 개선, 과거사 정리, 공직자 인권 교육, 경찰 처우 개선 등), 경제적·사회적 권리를 보장하기 위하여 국가가 차별하지 않아야 하는 소극적 의무를 지는 경우도 있다."라는 것이다(조효제, 2006).

3) 국제인권장전의 주요 권리 영역별 분류

인권의 내용을 설명하는 데 주로 통용되는 국제인권장전에 근거한 인권의 분류와 내용은 다음 〈표 2-3〉과 같다.

〈표 2-3〉 국제인권장전에 따른 인권의 분류와 내용   * ㉮ 사회권 규약, ㉯ 자유권 규약

인권의 분류	개별 인권의 내용
경제적 권리	1. 적절한 생활 수준을 획득하고 유지할 권리 - 배고픔으로부터 자유로울 권리(㉮ 제11조 제2항) - 적절한 식량 의복 주거를 포함하는 적절한 생활 수준에 대한 권리(㉮ 제11조 제1항) 2. 노동권(㉮ 제6조) 3. 공정하고 유리한 노동 조건에 대한 권리(㉮ 제7조) 4. 노동조합을 형성하고 가입할 권리, 파업할 권리(㉮ 제8조)
사회적 권리	1. 사회보장에 대한 권리(㉮ 제9조) 2. 가족, 임산부, 아동의 권리(㉮ 제10조) - 가족에 대한 보호, 혼인의 자유(㉯ 제23조), 아동의 권리(㉯ 제24조) 3. 육체적·정신적 건강에 대한 권리(㉮ 제12조)
문화적 권리	1. 교육권(㉮제13조) - 기초 의무 교육에 대한 권리(㉮ 제14조) 2. 문화적 생활에 참여할 권리와 자유로운 과학적 진보로부터 이익을 향유할 권리(㉮ 제15조) 3. 소수자의 권리(㉯ 제27조)
시민적 권리	1. 법 앞에 인간으로서 인정받을 권리(㉯ 16조), 법의 평등한 보호를 받을 권리(㉯ 제26조) 2. 생명권(㉯ 제6조), 고문 금지(㉯ 제7조), 처벌 제도의 기본적 원칙(㉯ 제10조) 3. 공정한 재판에 대한 권리, 변론권의 보장과 무죄 추정의 원칙(㉯ 제14조), 계약 불이행으로 인한 구금 금지(㉯ 제11조) 4. 이동의 자유에 대한 권리(㉯ 제12조) 5. 의사 표현의 자유에 대한 권리, 사생활의 자유와 보호(㉯ 제17조), 사상·양심·종교의 자유(㉯ 제19조), 전쟁과 차별에 대한 선전 금지(㉯ 제20조)

정치적 권리	1. 평화로운 집회의 자유(㉔ 제21조)
	2. 결사의 자유(㉔ 제22조)
	3. 정치에 참여할 권리(㉔ 제25조)

출처: 이준일 외(2015), p. 17 참조 재작성.

　대체로 인권으로 보장되는 권리들이 주요하게 어떠한 것인지에 대한 기초적인 숙지에 도움을 받을 수 있을 것이다. 다만, 내용을 좀 더 잘 이해하고자 하는 이에게는 혼란스러울 수도 있다.

　예를 들어, 사회적 권리의 분류에 속해 있는 '3. 건강권'이 대표적인데, 육체적·정신적 건강을 위해서는 앞의 경제적 권리로 분류하고 있는 '1. 적절한 생활 수준을 획득하고 유지할 권리'가 확보되어야 할 뿐만 아니라, 건강 시설 접근권과 사람들과의 교류를 위한 이동의 자유(시민적 권리의 4.)도 보장되어야 한다.

　이렇게 인권의 내용들은 끊임없이 연결되어 있다 보니 굳이 영역별 분류가 필요한지 혹은 그 구분이 자의적인 것은 아닌지 의문이 들 수 있다. 요컨대, 이는 인권의 불가분성과 상호의존성 및 상호연계성 특성으로 인해 인권이 본래 구분 지어질 수 없기 때문에 오는 혼란이다. 따라서 이러한 분류를 정답 지향으로 받아들여서는 안 된다.

　오히려 인간의 존엄한 삶을 위하여 사회적으로 어떠한 제도들이 필요한지, 이것을 구체화하여 요구하고 보장받기 위해서는 어떤 권리들로 주장할 수 있는지의 참고 자료라고 생각하면 된다. 이러한 분류 안에서의 인권들이 어떻게 연결되는지를 생각하면서 그 목록들을 이해하고 스스로 보완해 본다면 인권에 대한 이해가 한층 풍부해질 수 있다.

　이에 대하여는 다음의 역량 이론에 기반한 인권의 내용과 '인권 꾸러미' 개념을 통하여 더 잘 이해할 수 있을 것이다.

4) 존엄한 삶에 필요한 '인권 꾸러미'

　조효제 교수는 기존의 경제 개발과 성장주의의 맹목적 개발주의가 현대 사회의 정치, 경제, 교육 위기와 출산율 저하, 사회 통합 해체의 원인임을 지적하면서, '지속가능 발전' 개념에서의 발전권으로서 지향을 주목한다. 특히 발전권의 개념으로부터 '통합적 인권'에 대한 상상이 시작되었다면서, 다양한 개별 권리들의 '인권 꾸러미'라는 대안적 개념을 제시한다. 이 개념은 기존의 인권에 대한 구분들이 인권의 불가분성을 도외시하여 심지어 인권의 가치를 부정하는 위험성을 낳고 있음을 경계하며 이를 극복할 수 있도록 돕는다.

> "기본 욕구를 충족하고 공중 보건과 양호한 의료를 통해 건강하게 오래 살 수 있도록 해 주는 권리 꾸러미, 권력과 고정 관념의 부당한 간섭 없이 자신의 재능과 생각과 정체성을 키우고 꽃피울 수 있게 해 주는 권리 꾸러미, 전쟁, 내전, 범죄 그리고 인종 차별, 계급 차별, 성차별, 동성애 혐오, 외국인 혐오와 관련된 구조적 폭력 없이 살 수 있게 해 주는 권리 꾸러미가 있어야 한다고 본다. 새로운 발전권이 우리에게 시사하는 바는 크다. 기존의 경제 개발과 성장 논리로는 절대로 풀리지 않는 고질적 문제를 해결할 단초를 제공한다. 생활고를 비관한 가족의 극단적 선택, 탈북민의 아사, 심각한 노인 빈곤 문제를 보라. 이런 사람들에게 굴욕감 없이 자신을 표현할 수 있는 발언권과, 여성주의 시각으로 문화와 환경을 지킬 권리와, 필요한 다면적 욕구를 패키지로 제공받을 수 있는 권리를 보장해 주었어야 했다. 신자유주의에서는 자본 이동과 자유무역과 소비지상주의가 곧 발전을 뜻했다. 하지만 우리는 그것이 어떻게 귀결되었는지 잘 안다. 이제 21세기형 발전권을 다시 불러올 시간이다"(조효제, 2019).[5]

개별적 인권 영역이 아니라 통합적으로 보장되어야 하는 인권 꾸러미에 대한 이해는 마사 너스봄(Martha Nussbaum)의 '핵심적 역량'과 세계인권선언의 내용을 비교한 〈표 2-4〉를 통해 더 구체적으로 상상할 수 있을 것이다. 즉, 인간이 존엄한 삶을 영위하기 위해 필요한 핵심적인 역량에 대한 권리가 보장되어야만 하는데, 이는 개별적이 아니라 통합적으로 보장되어야 한다.

---

5) [조효제의 인권 오디세이] 경제 개발에서 발전권으로. http://www.hani.co.kr/arti/opinion/column/915045.html#csidxfc8b470270c3cc8a5579c32aeec29b9 (최종 접속일: 2020. 3. 6.)

〈표 2-4〉역량 이론과 세계인권선언(조효제, 인권의 문법)

핵심적 역량	핵심적 역량의 내용	세계인권선언
① 생명	• 정상적인 생애 주기 동안 생존 • 생존할 가치가 없을 정도로 열악한 조건에 놓이지 않기	제3조: 생명권
② 신체의 건강	• 재생산권을 포함한 건강 • 적절한 영양 • 적절한 주거	제25조: 건강과 안위에 적합한 정도의 생활 수준을 누릴 권리
③ 신체의 보존	• 이동의 자유 • 폭력으로부터의 자유 • 성적 욕구 충족 • 재생산 선택권	제3조, 제4조, 제5조, 제13조(그러나 1948년 당시에는 가정폭력, 성적 충족, 재생산권 개념 없었음)
④ 지각, 상상력, 사고	• 감각 기관 사용, 활용, 개발, 사유할 능력 • 문자 해독, 기초적 수리 능력 • 상상력의 경험 및 표출 • 의사 표현의 자유: 정치, 예술, 종교 • 기쁨의 경험 • 고통의 회피	제18조: 사상, 양심, 종교의 자유 제26조: 교육받을 권리 제27조: 문화 활동 참여 관리
⑤ 감정	• 타인과 관계 형성 • 사랑, 보살핌 • 희로애락 표현 • 감정 발달에 대한 억압 없애기	제12조: 프라이버시 권리 제16조: 결혼 권리(그러나 핵심적 역량에 비해 미약함)
⑥ 삶에 대한 비판적 성찰	• 선악의 개념 • 자기 삶의 계획 • 양심과 종교	제18조: 사상, 양심, 종교의 자유
⑦ 결속 욕구	A. 타인과 교류 • 사회적 상호작용 • 정의와 교우 • 사회적 결속을 가능케 하는 제도 • 결사의 자유 • 의사 표현	제1조: 형제의 정신 제18조: 사상과 양심의 자유 제19조: 의사 표현의 자유 제28조: 평화로운 집회 및 결사 제29조: 공동체에 대한 의무, 타인의 권리 존중
	B. 존중 • 자기존엄성 • 가치 있는 존재로 대우받기 • 차별 없이 살기	제1조: 평등한 존엄성과 평등한 권리 제2조: 차별 금지
⑧ 인간 외 존재	• 동식물, 자연과 더불어 살아가기	제28조: 권리를 실현하는 것이 가능한 사회 체제에서 살 권리(함축적으로만 표현됨. 세계인권선언에 부족한 내용

⑨ 유희		• 웃음 • 놀이 • 여가	제24조: 휴식과 오락 권리
⑩ 자기 상황에 대한 통제력	A. 정치적	• 삶에 영향을 주는 정치적 과정에 참여 • 정치적 선택권 • 결사의 자유, 발언할 자유	제21조: 정치참여권 제19조: 의사 표현의 자유 제20조: 집회 및 결사의 자유
	B. 물질적	• 소유할 수 있기(동산과 부동산) • 직업을 갖기 • 이유 없이 자기 물건을 압수당하지 않기	제17조: 소유권 제23조: 일할 권리 제12조: 프라이버시 보호

출처: 조효제(2007), pp. 126-127.

인권 감수성은 구조적 인권 침해에 대한 문해력!

여기서 흔히 쓰는 '인권 감수성'이란 무엇인지에 대하여 반드시 확인할 필요가 있다. 현재 확장되고 있는 인권 교육 대부분이 '인권 감수성'이라는 타이틀로 운영되곤 한다. 그런데 무엇을 '인권 감수성'이라고 규정하고 있는지에 따라 그것이 인권 교육인지 아니면 다른 내용의 교육인데 인권 교육이라고 오해하고 있는 것인지가 달라진다.

'인권 감수성'은 인권에 대한 눈치 챔의 능력일까. 그렇다면 그 눈치 챔은 어디까지여야 하는 것일까. 나의 행동이 인권 침해이고 차별일 수 있다는 것을 알아채고 조심하기만 하면 되는 것일까. 물론 내가 나보다 약자인 사람의 인권을 침해하는 행동을 하지 않아야 하는 것은 당연하다. 그런데 나와 너만 인권 침해적 행동을 하지 않는다면 충분한 것인가.

조효제는 인권 침해를 일회성·우연성·비정상성·무작위성으로 파악하는 관례적 접근은 인권 사안을 단편적으로만 바라보고 단편적 해결책만을 제시하게 하거나, 혹은 개인적인 주의 노력의 선에서 멈춰 개인의 인성에 모든 것을 맡기게 된다고 경고한다(조효제, 2016). 인권 침해에 근본 원인, 즉 궁극적 책임은 사실 그 상황을 가능하게 하는 사회 구조와 제도이다. 따라서 책임 있는 구조와 제도, 이의 유지에 이해관계가 있는 힘의 세력을 규명하지 않는다면 인권 문제가 진정하게 해결될 수 없다. 즉, 다시 반복되거나 확장되거나 심화될 것이다. 인권 침해가 가중되는 것을 막지 못한, 아니 막지 않은 셈이다.

따라서 인류에게 필요한 인권 감수성과 실천이란, "인권을 구조와 조건의 맥락에서 파악할 수 있게 하는 구조적 인권 침해에 관한 문해 능력을 키우고 이에 합당한 행동에 나서는 것이다"(조효제, 2016, pp. 117-119).

3. 인권과 관련한 착시 현상과 그 진실

1) '인권의 충돌'이라는 착시

인권과 인권은 충돌하기 마련인가? 그래서 '인권의 주체'들의 '인권에 대한 양보'의 미덕만이 사회 유지의 방법인가? 그렇다면 이는 인권의 불가양성(인권은 양보하거나 포기할 수 없다)과 모순되는 것 아닌가?

이 문제를 정확히 이해하기 위해서는, 먼저 인권보장 책무자인 국가와 지방정부 등이 그 의무를 다했는지부터 검토해야 한다.

> 〈사례 1〉 A 지역에 있던 차량 기지가 분진과 소음, 지역 분할의 문제로 민원이 끊이지 않자, 국가는 이를 인근의 B 지역으로 이전할 계획을 발표한다. B 지역 주민들은 자신들의 건강권 등을 위협할 수 있음을 주장하며 계획 추진에 반대하였으며, 2차적으로 이전이 불가피하다면 분진과 소음 등을 최소화할 수 있도록 국내외 사례를 참조한 지하화 등의 대안을 마련할 것을 요구하였다. 그러나 국가는 비용상의 문제로 불가능하다는 입장이다.

사례에서 처음 보이는 것은 A와 B 지역이 서로 차량 기지 이전과 관련해서 다투는 모습이다. 그러나 이 다툼이 왜 발생했는지 그 원인의 시작을 찾아보면 국가가 나타난다. 차량 기지 관리에 대한 책임을 제대로 하지 못하여 A 지역 시민의 인권이 침해되는 결과를 낳은 것은 국가이기 때문이다. 이렇게 살펴보지 않으면 표면적으로는 각 지역 시민의 인권이 충돌하는 민민(民民) 갈등의 상황으로 비춰질 수 있다. 인권보장의 책무자가 국가임에도, 인권의 문제가 시민 간 양보할 문제로 전환된 것이다. 다시 말하지만, 인권은 양보해야 하거나 할 수 있는 문제가 아니며 국가는 그 모든 인권을 보장해야 할 책임자이다.

또한 경제적 비용을 이유로 인권을 뒤로 미루는 것은 인권보장 책무자로서의 국가의 존재 이유를 몰각한 것이다. 비용이 더 들더라도 가능한 것이라면 인권보장의 책무자로서 시민의 인권보장 의무를 다하기 위하여 재정을 확보하는 것이 본연의 임무다. 시민의 인권을 경제적 가치로 환산하고 선택의 문제로 판단하는 것이야말로 사람을 목적이 아닌 수단, 대상으로 만드는 반인권적인 행정이다.

정리하면, 이 사례는 인권보장이 부족한 상황인 것이지 인권의 충돌 상황이 아니다. 그런데 이런 경우를 인권의 충돌이라고 말하는 순간, 이는 개인 간 갈등의 문제로 보이기 십상인 것이다. 즉, 인권의 문제가 민민(民民) 갈등이 되어 버린다. 이러한 민민 갈등으로의 왜곡은 지금 우리 사회가 맞닥뜨리고 있는 양극화 문제를 심화시키기도 한다. 즉, 민민 갈등이라고 하는 순간 이미 사회적인 힘을 더 가진 사람이 유리하게 되기 때문이다. 그래서 우리는 이러한 경우를 그저 단순하게 인권과 인권이 충돌하니 서로 양보하고 살자 하거나 힘의 논리대로 진행되도록 둘 것이 아니라, 힘의 균형을 맞춰 주고 모두의 인권을 보장해야 할 국가와 지방정부가 자신의 책무에서 도망가지 않도록 부족한 인권을 채울 것을 요청해야 한다.

인권과 인권은 본래 충돌하지 않는다 작은 것이라도 나눠 먹는 것이 인권이 아니라, 작은 것을 우리 모두의 인권보장에 맞게 키워 나가는 것이 인권의 실현이다. 그리고 인권보장의 책무자인 국가와 지방정부가 그러한 소임을 다하는지 지켜보고 견인하는 것은 우리의 사명이다.

> "때로는 책무자인 국가의 사정이 여의치 않아 모든 이들의 인권을 원형대로 보장하지 못하는('않는'이 아님) 불가피한 상황도 생깁니다. 이 경우, 국가는 그 인권보장 의무를 이행하지 않음에 대한 설명 책임(accountability)을 이행해야 합니다."
>
> – 이주영, 사회권의 재판 규범성, 2018년 한국인권학회 동계학술대회

〈사례 2〉 C 기관의 기장관이 기관의 업무를 이용한 비위를 저질렀다는 제보가 접수되어 수사 당국이 수사에 나서는 등 사회 전체가 충격에 빠졌다. 언론에서는 이 사건을 연일 앞다퉈 보도하였다. 장관 비서실 관계자, 관련 업무 국장 등이 검찰의 참고인 조사를 받는데, 비서실 직원 D의 참고인 조사 정보를 입수한 언론이 D의 검찰 출입을 촬영하여 얼굴과 실명을 그대로 보도하였다.

언론이 공익성과 선정성 두 영역의 경계에서 혼란을 겪고 있는 경우를 생각보다 많이 목도하게 된다는 것이다. 공익성의 경계를 넘는가의 중요한 기준은 그 보도로 인하여 보도 대상의 인권을 부당하게 침해할 우려가 있는가이다. 그러한 우려를 감수한 보도는 이미 공익성이 아닌 선정성을 향해 달리는 것이다. 그럼에도 언론은 이런 경우에

도 대부분 '국민의 알 권리'를 방패로 꺼내 든다. 대중이 알고 싶어 하기 때문에 언론으로서의 취재와 보도의 의무가 있고, 대중의 알 권리와 피해자의 인격권이나 프라이버시권 등[6]의 인권이 충돌하는 상황에서 대중의 알 권리 보장이 더 중요하다는 논리이다 (김은희, 2018).

하지만 인권의 개념에 대한 정확한 인식을 시도할수록 진정한 인권 간의 충돌이 있을 수 있을까라는 의문을 지울 수 없다. 대중이 자신의 존엄을 보장받기 위하여 참고인의 신원과 얼굴을 알아야 할 정당한 이유란 있을 수 없다. 단순한 호기심을 자극, 충족할 뿐이다. 범죄 수사를 위하여 불가피한 조치도 아니다. 그런데 참고인 D는 이로 인하여 자신과 가족의 삶이 파괴되는 인권 침해를 당한다. 쉽게 "알 권리를 위해 어쩔 수 없다."라고 내뱉을 것이 아니라, 다른 사람의 인권을 침해하는 결과를 가져오는 사안에 대하여 왜곡된 인식이 개입된 알 권리를 방패로 하는 경우는 아닌지에 대한 긴장감이 항상 필요하다.

2) 의무와 책임이 먼저라는 착시

인권을 보장받으려면 너의 의무와 책임부터 다하라? 권리에는 의무가 따른다, 네 권리를 주장하려면 의무부터 다해라. 이런 말은 우리가 자주 쓰고 듣는 말이다. 개인 간의 계약에 따라 발생하는 권리에는 맞는 말일지 모르나 인권에서는 이 말이 참 많은 모순과 위험으로 작용한다. 인권을 보장받으려면 의무부터 다하여야 한다고 하는 순간, 인권은 의무의 범위 안에서만 보장된다(김형완, 2020). 이것은 국가가 부여하는 의무에 대한 개인의 이행 능력에 따라 그 개인이 누릴 수 있는 인권도 달라진다는 이야기가 되고 만다. 이렇게 되면 결국 모든 사람은 존엄한 삶을 보장받기 위한 의무 능력(?)을 가지기 위해 각자도생의 무한 경쟁적 삶을 살아가게 된다. 능력이 없으면 주어진 의무를 다할 수 없고, 의무를 다하지 못하였으니 보장받는 인권도 없거나 능력만큼만이다.

이는 앞에서 확인한 인간의 존엄성은 서열화를 금지한다는 취지에 반한다. 모든 사람에게 부여된 태어나면서부터 동등한 존엄이라는 인권의 가치가 깨진다. 사회적 약자의 인권을 시혜적인 것으로 만드는 왜곡된 인식도 바로 여기서부터 시작된다. 인권은 의무의 이행 여부와 상관없이 모든 사람에게 인간답게 살 수 있는 권리로 보장되어

야 한다. 앞의 인권의 개념과 이해에서 확인한 것처럼 이는 국가의 존재 이유이고 국가의 궁극의 사명이다.

정리하자면, 인권은 사람이라는 이유 하나만으로 보장되어야 할 권리이며, 이를 위한 조건이나 자신의 존엄에 대한 증명이 필요한 것은 아니다. 이것이 바로 모든 사람의 인권을 이야기하는 '인권의 보편성'이다.

3) 사회적 합의가 없으니 인권이 아니라는 착시

인권의 문제에 있어서 사회적 합의가 필요하다는 정치인들의 발언을 자주 목격하곤 한다. 2016년 서울시 시민인권헌장이 시민들의 지난한 공동숙의 과정을 통하여 성안되었음에도, 시는 성소수자 인권에 대한 사회적 합의가 이루어지지 않았다는 이유로 공포를 거부했다. 선거철이면 후보자 토론에서 상대방을 공격하기 위해 성소수자 인권에 대한 입장을 표명할 것을 요구하는 장면이 연출된다. 성소수자 인권을 정쟁의 도구로 삼는 악의적인 질문이다. 그런데 많은 후보자가 '사회적 합의'를 운운하며 자신의 의견을 내놓지 못한다.

앞에서 확인한 것처럼 인권의 역사는 인권을 보장받지 못한 이들의 투쟁의 산물이다. 본래 인정되고 보장되어야 할 인권인데, 그렇지 못한 현실로 인해 투쟁과 희생에 내몰리는 사회적 소수자와 약자가 지금의 인권의 역사에도 존재한다. 그런데 정치인들의 이러한 태도는 사회적 소수자, 약자들로 하여금 자신들의 인간으로서의 존엄성 자체가 부정당하는 근본적인 인권 침해 상황에 놓이게 한다.

누군가의 인간으로서의 존엄성을 인정하고 보장하는 데 사회적 합의가 필요하다는 말은 어떤 의미인지 혼란스럽다. 그러나 누군가의 인간으로서의 존엄성은 사회적 합의에 의해 인정되고 안 되고 할 문제가 아니다. 그럼에도 우리 사회가 가진 여러 편견과 고정 관념 등이 이를 가로막고 있는 것이 현실이기도 하다.

"민감한 인권 문제는 사회적 합의를 기다릴 수 없다. 인권은 여론으로 결정하는 것이 아니다"

－2015. 11. 대한민국 정부에 대한 유엔자유권위원회 심의 중 Nigel Rodley 위원

Nigel Rodley 위원은 인권을 여론으로 결정하는 것이 아니라고 조언한다. 인권은 민

주 시민이 함양해야 할 기본적인 가치와 원칙이다. 더욱이 정치인이라면 주도적으로 사회 곳곳에서 인권의 가치와 원칙이 지켜지도록 노력할 의무가 있다. 사회적 편견과 고정 관념이 인권보장에 걸림돌로 작용하고 있다면 이를 걷어 내야 할 의무가 있다. 이런 점에서 앞에서 제시한 정치인들의 '사회적 합의'를 내세운 회피는 분명한 책무의 방기이자, 민주주의의 기본 가치를 이해하지 못한 안타까운 처사일 따름이다.

민주주의는 인권 실현에 가장 적합한 정치 형태로 선택된 것이다. 그럼에도 사회적 합의를 들먹이며 누군가의 존엄과 인권을 부정하다니! 수단과 방법은 이루고자 하는 목적과 가치에 부합해야 한다. 즉, 사회적 합의는 인권의 가치를 주류화하기 위한 방법일 뿐인 것이다. 따라서 인권에 대한 인식 개선과 설득은 국가의 의무이다(김형완, 2018).

이 점에서 인권보장 책무자들의 역할은 무엇인지 다시 한번 확인할 필요가 있다. 사형제나 양심에 따른 병역 거부, 성소수자 인권, 이주민과 난민의 인권 문제에 있어서 국가는 지금 무엇을 해야 하는 것일까? 인권의 가치를 사회 구성원들에게 소통하고 설명하는 전 방위적 노력을 통하여 국가의 인권보장 의무를 다해야 할 것이다.[7]

그 과정은 결코 쉽지 않을 것이며 단시간 내에 그 성과가 나타나지 않을 수 있다. 그렇기 때문에 인권에는 장기적인 호흡이 필요하다. 그 길목에 수없이 많은 사회적 소수자와 약자의 투쟁이 있을 것이며, 이들에 대한 사회적 지지의 힘만이 투쟁에 따르는 희생을 최소화할 수 있다.

4) 사회적 약자의 문제일 뿐이라는 착시

"인간은 누구든 삶의 곤경에 취약한 존재이며, 이로부터 인간을 보호해 줄 수 있는 것은 인간 자신이라는 것 …… 삶에 예외 없는 존중을 운영 규칙으로 하는 기획이 인권이다"(류은숙, 2019, p. 76).

---

7) 대중과 소통하는 중요한 채널이 언론이므로, 이 과정에서 언론의 역할은 매우 중요하다. 따라서 국가는 인권의 가치를 확산하기 위한 언론의 역할을 확인하고 그 임무를 다할 수 있는 언론 생태계를 지원하여야 할 것이다. 현재 국가인권위원회가 언론보도준칙을 만들어 배포했고, 근래 확산되고 있는 인권 경영이 공기업에 적용되면서 공영 언론에서의 인권 경영이 의무화되었다. 그러나 아직 출발선에 서 있는 것이라 사회 각계가 관심을 가지고 지지하고 견제하는 노력이 필요하다.

인권은 왜 맨날 사회적 약자의 인권만 이야기하나   인권과 관련한 일을 하다 보면 자주 받는 질문이다. 사실 이런 질문을 받을 때마다 놀라곤 하는데, 사실 이 질문 뒤에는 "나는 절대 사회적 약자가 아니다."라는 의미 또는 "나는 사회적 약자가 되어서는 안 돼." 즉, 사회적 약자가 될 경우의 두려움이 숨어 있다.

앞에서 구조적 인권 침해에 대한 문해력을 이야기했었다. 즉, 인권 침해는 사회 구조가 가지고 있는 모순과 부족이 우리 삶의 현실에서 반영되어 나타난 것이다.

> 그런데 이러한 사회 구조는 공동체의 의사 결정 과정을 통해 만들어진다. 그러니까 우리가 만든 사회 구조라는 뜻이다. 그런데 문제는 이미 취약한 구조에서 살고 있는 탓에 공동체 의사 결정 과정에서 자신의 목소리를 낼 수 없거나 목소리가 들리지 않는 이들인 사회적 약자들이 있고, 사회 구조 불완전의 문제로 만들어지는 이 인권 침해는 이 사회의 가장 약한 고리인 사회적 약자에게 가장 쉽게 들러붙는다는 반인권적 아이러니이다(인권정책연구소, 2019a).

때문에 불완전한 우리 사회 구조의 문제점을 찾아내고, 이를 개선하기 위한 방법을 찾아내는 것은 공동체 구성원으로서 우리의 사명이지 않을 수 없다. 이것이 바로 세계인권선언 제29조 제1항("모든 인간은 그 안에서만 자신의 인격이 자유롭고 완전할 수 있는 공동체에 대한 사명을 진다.")의 공동체에 대한 연대의 권리이자 사명이다.

4. 민주주의와 인권

세계인권선언은 전문에서 "인간이 폭정과 억압에 대항하는 마지막 수단으로서 반란을 일으키도록 강요받지 않으려면 법에 의한 통치에 의하여 인권이 보호되어야 하는 것이 필수적이며"라고 하면서, 이를 위하여 "모든 사람과 국가가 성취하여야 할 공통의 기준"으로서 이 세계인권선언을 선포한다고 밝히고 있다. 한편, 세계인권선언 제29조 제1항에서는 "모든 인간은 그 안에서만 자신의 인격이 자유롭고 완전할 수 있는 공동체에 대한 사명을 진다."라고 하여 공동체의 인권보장 수준 확보를 위한 모두의 사명을 언급하고 있다. 이는 전문에서 제시하는 바와 같은 폭정과 억압이 불가능하도록 항시적인 감시와 견제, 인권보장 촉구 등 우리의 사명을 다할 것을 요구하는 것이다.

인권의 주체들에게 보장되는 인권 교육에 대한 권리 역시 이와 관련되는 것이다. 즉, 인권 교육을 통하여 인권을 배우고 익혀 인권적 상황에 대하여 인식하고, 문제가 있을 경우 문제의 구조적 원인을 진단하고 개선을 요구할 수 있는 인권 역량을 함양할 수 있어야 한다.

우리가 이러한 인권 역량을 가지지 못하였다는 것은 민주 시민으로서의 역량이 없음을 의미한다. 앞에서 살핀 것처럼 민주주의는 인권을 보장하기에 가장 적합한 정치 형태이기에 우리가 이를 수호할 가치가 있다. 따라서 민주 시민 역량의 기본은 인권의 가치와 원칙에 대한 이해와 실천이다. 현재 우리 사회 각계에서 인권 교육의 중요성이 부각되는 것도 이러한 이유에서이다.

인간은 자신이 자연스럽고도 당연하게 자신이 놓여 있는 사회 구조의 일부가 된다. 따라서 우리는 우리가 살아가는 사회 구조가 악의 구조로 만들어지지 않도록 지켜 내야 한다. 이것은 나의 존엄을 지키는 동시에 나와 살고 있는 모두의 존엄을 지키는 일이다. 다시금 확인하지만 다른 이가 인간으로서의 존엄을 보장받지 못하는 상황에 눈을 감아야 하는 나는 이미 존엄하지 않다. 존엄은 이렇게 철저하게 한 덩어리이다.

이렇게 본다면 인권 교육에서 우리가 다루어야 할 것들, 습득해야 할 것들이 무엇인지가 조금 선명해진다. 예를 들어, 그저 이러한 행동과 말은 차별이라는 것을 알려 주는 차원에서 그칠 것이 아니라, 왜 그러한 차별의 현상들이 반복되고 확장되고 있는지를 파악할 수 있는 생각의 힘을 심어야 한다.

교육을 통하여 인권에 대하여 알고, 내재화(태도로 형성됨)하고, 실천하는 개인이 되어야 한다. 이때 중요한 것은 우리가 알고 실천해야 하는 것은 다른 사람을 차별하거나 그의 인권을 침해하지 말자가 다여서는 안 된다는 것이다. 우리는 왜 우리들이 누군가를 구분 지어 '모든 사람'으로부터 소거하는 습성을 가지게 되는지를 파악하고 이를 개선하자고 주장하고 행동해야 한다.

"정말 깨달음이 있는 인간이라면, 법이나 인권 상황의 위기를 놓고, 먼저 그 진원지를 찾아야 하고 구조적인 원인 자체를 점검해야 한다. 그렇지 않고 권력에 대한 순응과 맹목적 추종으로써 안일을 탐하여 '자유로부터의 도피'라는 손쉬운 길을 택하게 되면 항복자로서의 행복만 남게 된다. 아무리 천부의 인권이라 한들 그 향유의 주체가 되는 인간 각자 스스로 이것을 지켜 나갈 결의가 없으면 모처럼의 자유도 권력자의 배급품으로 변하고 만다"(한승원, 2014).

이와 같은 민주주의와 인권의 관계에서 본다면 다수결로 인권의 문제를 정할 수 없음이 더욱 분명해진다. 다수결은 민주주의 운영 방식의 하나에 불과하지, 이것이 목적이거나 지켜 내야 할 가치가 아닌 것은 너무나 당연하다.

5. 사례와 토론

인권의 가치를 부정하는 이들의 대표도 인권위원회에 참여하여야 한다?

A시는 A시 인권 조례에 근거하여 자문기구로 A시 인권위원회를 구성하여 운영하고 있다. 그런데 얼마 후 A시 인권 팀으로 민원 전화가 한 통 걸려 왔다. 다양한 이의 의견을 반영하여야 하는 민주주의의 원칙상 인권 조례에 반대하는 자신들 역시 인권위원으로 참여하도록 하여야 한다는 내용이었다. 거센 항의에 담당 공무원 B 씨는 곤혹스럽다.

토론하기

☑ 민주주의는 무엇을 위하여 지켜져야 하는 것인가?

☑ 지방자치단체는 인권보장에 있어 어떠한 위치에 있는가?

☑ 담당자는 어떠한 답변을 하여야 하는가?

제3장

인권보장의 책무

Human Rights
and
Social Welfare

1. 인권 관점에서의 책무성

1) 국가의 책무성(obligation)[1]

인간이면 누구나 자유와 권리를 누려야 할 자격이 있고, 이를 보장하기 위한 인권기준은 이에 상응하여 권한과 권력을 행사하는 주체가 부담해야 하는 의무들을 설정해 주고 있다. 왜냐하면 인권은 본질적으로 개인과 국가 또는 권한 당국과의 관계를 지배하는 규범과 관습 체계이기 때문이며, 그래서 책무성은 인권 체계의 초석이 된다. 인권 관점에서 책무성이란 "정부의 정책 입안자와 정책 결정 및 행위에 영향을 받는 권리 보유자에 대응하는 다른 의무 부담자와의 관계"를 말한다(국가인권위원회, 2014d).

책무성은 오랜 기간 동안 여러 분야에서 관심사였고 대부분 공공 정책 맥락에서 이야기해 왔다. 인권에 대한 국가의 일반적 책무는 지난 1980년대 후반부터 여러 학자에 의해서 림버그 원칙 및 마스트리히트 원칙, 나아가 사회권규약위원회의 논의 과정에서 논의되었다. 사회권위원회 일반 논평을 비롯한 국제 인권 관련 여러 문서에서는 국가의 책무를 3개의 측면으로 제시하고 있다. 이것은 존중(Respect), 보호(Protect), 실현(fulfil)으로, 존중은 국가 스스로 인권을 침해하지 않는 것을 의미하고, 보호는 국가가 제3자(개인, 단체, 조직 등)에 의한 침해로부터 보호하는 것이며, 실현은 완전한 인권의 실현을 위해 국가가 적극적인 조치를 취할 것을 요구한다.

좀 더 자세히 살펴보면 다음과 같다(국가인권위원회, 2007b). 존중의 책무는 국가가 개인의 완전성을 침해하는 관행적·정책적·법률적 조치를 이행 및 지원 혹은 묵인하는 것을 금지하도록 요구한다. 존중 책무는 국가의 자의적인 간섭으로부터 사람들을 보호해 준다. 모든 형태의 차별로부터 자유로울 권리 보장, 법률과 정책에 영향을 줄 수 있는 참여권, 교육·의료·기타 서비스의 접근으로부터 자의적으로 배제되지 않을 권리와 관련 있다. 보호 책무는 제3자가 권리를 침해하는 경우, 국가가 또 다른 침해를 배제하기 위한 행위를 해야 하고, 희생자에 대한 법적 구제 조치의 접근을 보장해야 한다. 그리고 인종, 차별, 괴롭힘, 서비스의 철회로부터 모든 사람을 보호하기 위한 적

---

1) 유엔 사회권 규약 관련 문서에서는 obligation이라는 용어를 사용하는데, 이는 계약상에 근거한 의무라는 뜻으로 다른 곳에서는 의무로 번역하는 곳도 있으나, 본 저서에서는 사회적 책임까지 강조하는 의미로 '책무'라는 용어를 사용하고자 한다.

극적인 조치를 취하는 것도 여기에 해당된다. 마지막으로, 실현의 책무는 인권의 실현이 성공적이지 못할 경우 국가가 적극적인 조치를 취할 것을 요구한다. 이는 공적 지출, 행정적 경제 규칙, 기본적 서비스와 제반 시설의 제공, 세금 및 기타 재분배적인 경제 조치와 같은 수단을 수반할 수 있다. 인권의 실현을 목적으로 하는 구체적인 일정과 재정상 요건이 포함된 발전적 행동 계획 및 전략의 수립, 입법적 · 정책적 인식의 확립, 사회적 약자들에 권리 충족을 위한 우선적 전략 수립 등이 여기에 포함된다. 이러한 책무의 예는 다음과 같다(OHCHR, 2008b).

〈표 3-1〉 국가 책무의 예

	존중	보호	실현
일에 대한 권리 (The right to work)	국가는 강제 노동을 시키거나 정치적 반대자들의 취업을 거부해서는 안 된다.	국가는 공공 및 민간 부분의 고용주가 최저 임금을 지불하도록 보장해야 한다.	국가는 교육 및 정보 프로그램을 통해 대중의 인식을 고취함으로써 일에 대한 권리를 향유하도록 해야 한다.
물에 대한 권리 (The right to water)	국가는 적법 절차를 따르지 않고 개인에 대한 물 공급을 차단해서는 안 된다.	민간 부문이 물에 대한 서비스를 운영하거나 통제하는 경우, 국가는 적절한 요금이 책정된 가격 규정을 민간이 준수하게 해야 한다.	국가는 모든 사람이 안전한 식수 공급원에 연결될 수 있도록 점진적인 조치를 취해야 한다.
건강에 대한 권리 (The right to health)	국가는 건강 시설에 대한 접근을 차별적으로 거부해서는 안 된다.	국가는 공공 또는 민간 공급 업체가 판매하는 의약품의 품질을 통제해야 한다.	국가는 (예를 들면) 아동을 위한 보편적인 예방접종 캠페인을 수립하여 건강에 대한 권리를 누릴 수 있도록 해야 한다.
교육에 대한 권리 (The right to education)	국가는 자녀의 학교를 선택할 수 있는 있는 부모의 자유를 존중해야 한다.	국가는 부모를 포함한 제3자가 소녀들이 학교에 가지 못하게 하는 것을 막아야 한다.	국가는 교육이 소수 민족과 원주민에게 문화적으로 적합하고 모든 사람이 양질의 교육을 받을 수 있도록 긍정적인 조치를 취해야 한다.

2) 점진적 실현(progressive realization)과 자원 가용성(resource available)

점진적 실현이라는 개념으로 국제인권조약에 따른 사회권과 관련된 국가 책무의 중심 측면을 설명할 수 있다. 점진적 실현의 핵심은 가용할 수 있는 자원을 최대한 활용하여, 사회권을 완전히 실현하기 위하여 적절한 조치들을 취해야 한다는 것이다. 유엔 인권조약에서의 점진적 실현 조항은 다음과 같다(OHCHR, 2008b).

> ### 경제적 · 사회적 및 문화적 권리(사회권)[2])에 관한 국제 규약
>
> 〈제2조 1〉 이 협약의 각 당사국은 특히 입법 조치의 채택을 포함한 모든 적절한 수단에 의하여 이 규약에서 인정된 권리의 완전한 실현을 점진적으로 달성하기 위하여 개별적으로 또한 특히 경제적 · 기술적인 국제 지원과 국제 협력을 통하여, 자국의 가용 자원이 허용하는 최대한도까지 조치를 취할 것을 약속한다.
>
> ### 아동권리협약
>
> 〈제4조〉 당사국은 이 협약에서 인정된 권리를 실현하기 위하여 모든 적절한 입법적 · 행정적 및 여타의 조치를 취하여야 한다. 경제적 · 사회적 및 문화적 권리에 관하여 당사국은 가용 자원의 최대한도까지, 그리고 필요한 경우에는 국제 협력의 테두리 안에서 이러한 조치를 취하여야 한다.
>
> ### 장애인권리협약
>
> 〈제4조 2〉 각 당사국은 경제적 · 사회적 및 문화적 권리와 관련하여, 국제법에 따라 즉시 적용 가능한 이 협약에 규정된 의무를 손상하지 아니하면서 이러한 권리의 완전한 실현을 점진적으로 달성하기 위하여, 필요한 경우 국제적 협력의 틀 내에서, 가용 자원이 허용하는 최대한도까지 조치를 취할 것을 약속한다.

progressive를 '점진적'으로 해석하면서 이것을 국가가 일정한 경제 개발 수준에 도달한 경우에만 사회권이 실현될 수 있다는 의미로 잘못 사용되는 경우들이 있다(국가인권위원회, 2007b). 하지만 이는 잘못된 이해로, 점진적이라는 의미는 다음과 같다(박

---

2) 본 장에서는 경제적 · 사회적 및 문화적 권리를 사회권으로 통칭하도록 하겠다.

찬운, 2006). 예를 들면 공정한 재판을 받는 권리는 즉각적으로 이행되어야 할 책무(책무의 존중 혹은 보호의 측면)이다. 그러나 이를 실효성 있게 보장하기 위해서는 적절한 법률가가 양성되어야 하고 법률 부조 제도가 정비되어야 하며, 더 나아가 국민에 대한 인권 교육(규약의 주지 등)도 필요하다. 이러한 것들은 국가 실현의 책무이며 이것이 점진적으로 이루어져야 한다는 의미이다. 더불어 현재 수준보다 더 떨어지게 역행해서는 안 된다는 의미가 함께 있기 때문에 '점진적'이라는 표현 대신에 '진보적·전향적'으로 번역되어야 한다는 주장이 확산되고 있다(인권정책연구소, 2012).

'자원 가용성'[3]도 국가가 충분한 자원을 확보할 때까지 사회권을 보호할 필요가 없는 것처럼 때때로 잘못 해석되기도 한다. 오히려 이와 달리 사회권 규약은 사회권의 완전한 실현을 향한 적절한 조치를 취해야 할 즉각적인 의무를 부과하고 있다. 자원의 부족은 이러한 권리를 이행하기 위한 적절한 조치를 취하지 않거나 그러한 활동의 무기한 연기를 정당화할 수 없다(OHCHR, 2008b).

이를 정부 예산과 관련하여 설명하면 다음과 같다. 점진적 실현을 위해서는 조건을 지속적으로 개선할 의무와 고의적으로 역행하는 조치를 취하지 않을 두 가지의 보완적인 의무가 수행된다. 역행적 조치란 권리 향유에 부정적인 영향을 미치는 법률 또는 정책을 채택하는 것과 예산 감축으로 악영향을 받는 사람들을 보호하는 적절한 보상 조치가 없는 부당한 감축을 말한다. 따라서 역행적 조치가 정당화되기 위해서는 다음의 조건들이 충족되었음을 국가는 입증해야 한다(OHCHR·IBF, 2017).

- 모든 자원(국제적 지원 포함)을 사용하기 위해 모든 노력을 기울였음
- 우선순위에 따라 특별히 최소 핵심 의무를 이행하기 위해 모든 노력을 기울였음
- 취약 계층에 특히 주의를 기울였으며, 정부는 취약 계층이 겪을 수 있는 불리한 결과를 예방하거나 개선하기 위한 조치를 취했음을 입증함
- 자원 제약이 사라지고 경제가 회복되면, 제한적 조치를 철회하고 취약한 인구 대상에 대한 악영향을 복구해야 함

한편, 사회권의 완전한 실현을 위하여 "가용 자원이 허용하는 최대한도까지"라는 요건은 예산과 세출에 대한 정부의 결정에 영향을 준다. 예를 들어, 국가가 공공자금을

---

3) 가용 자원은 한 국가 내에서 자원과 국제 협력과 원조를 통해 국제 공동체로부터 얻을 수 있는 자원을 모두 포함한다(림버그 원칙 26).

지출할 때 국가는 재량적 자금 지원에 있어 우선적으로 사회권에 관한 국제 규약상의 의무를 충족하도록 요구되어진다. 또한 국가가 부과될 세금의 수준을 결정함에 있어, 국가는 모든 이에게 필수 서비스를 제공하고 생존 요건의 충족을 보장할 수 있는 충분한 세입의 조달을 보장해야 한다(국가인권위원회, 2007b). 그리고 유엔의 사회권권리위원회에서는 적절한 조치를 취할 의무에 대한 국가의 준수 여부를 이러한 자원 가용성에 비추어 평가하고 있다(OHCHR, 2008b). 따라서 정부 예산에서 '가용할 수 있는 자원을 사용해야 하는 의무'는 자원 사용에 있어 사회권에 우선순위를 부여해야 함을 의미한다. 또한 예산 지출이 효율적이어야 한다는 것을 의미하는데, 지출의 낭비는 가용할 수 있는 자원을 최대한 활용하지 못하는 것이기 때문이다(OHCHR · IBF, 2017). 이런 의미에서 횡령은 자원을 최대한 활용하지 못하는 것으로 인권 책무를 다하지 못하는 것이다.

3) 즉각적으로 시행되어야 하는 의무[4]

사회권에 있어 보유한 자원과 상관없이 국가는 다음의 5가지 영역에서는 즉각적인 조치를 취해야 한다(OHCHR, 2008b).

(1) 차별 철폐
예를 들면, 보건 의료(health care), 교육 및 직장에서의 차별을 즉시 금지해야 한다. 그리고 인종, 피부색, 성별, 언어, 종교, 정치적 또는 기타 의견, 국적 또는 사회적 출신, 재산, 출생, 장애 또는 기타 지위에 근거한 차별은 금지되어야 한다.

(2) 점진적 실현의 영향을 받지 않는 경제, 사회 및 문화적 권리
사회권 중 일부는 많은 자원을 필요로 하지는 않는다. 예를 들어, 노동조합을 결성하고 파업할 권리를 보장할 의무와 경제적 및 사회적 착취로부터 어린이와 청소년을 보호할 의무는 상당한 자원을 요구하지 않으며 즉시 존중되어야 한다. 또 어떤 권리들은 점진적 실현의 영향을 받지 않으며 즉각적으로 실현할 수 있도록 공식적인 자원이 투입되어야 한다. 예를 들면, 국제 규약은 당사국으로 하여금 모든 사람에게 무료 및

---

4) 이곳의 내용은 OHCHR(2008b, pp. 15-17)의 내용을 중심으로 정리하였다.

의무적 초등 교육을 제공하기 위한 행동 계획을 개발하고 2년 이내에 이를 채택하도록 하고 있다.

사회권 규약(Part III)에 따른 즉각적 보호를 받는 권리의 예

- 노동조합을 결성하고 파업할 권리(제8조)
- 아동과 청소년을 경제적·사회적 착취로부터 보호할 의무(제10조 제3항)
- 종류의 구별 없이 동등한 가치를 가진 일에 대한 동등한 보상[제7조(a)]
- 모든 사람을 위한 무상 및 의무 초등 교육 제공[제13조 제2항(a)]
- 과학적 연구와 창조적 활동에 필수 불가결한 자유를 존중할 의무(제15조 제3항)

(3) "단계적인 조치를 취할 것(take steps)"에 대한 의무

점진적 실현의 책무에서 국가는 사회권의 향유를 향상시키기 위해 지속적으로 노력해야 한다. 이는 전체 실현은 점진적으로 달성될 수 있지만, 그 목표를 향한 단계는 합리적으로 짧은 시간 내에 이루어져야 한다는 것을 의미한다. 이러한 조치는 특히 입법 조치의 채택뿐만 아니라 모든 적절한 수단을 사용하여야 하며 의도적이고 구체적이며 가능한 한 명확하게 목표를 설정해야 한다.

점진적인 실현을 위해 국가가 취해야 하는 단계적 조치의 예

- 사회권 향유 상태 평가: 관련성 있고 적절한 구별된(성별, 사회적 특성 등) 데이터를 수집하고 평가하기 위한 적절한 메커니즘이 보장되어야 함
- 지표와 시간 목표를 통합한 전략과 계획의 수립: 지표와 시간 목표는 현실적이고 달성 가능하며 권리 실현의 진행 상황을 사정하기 위해 설계되어야 함
- 적절한 재정 확보: 필요한 법률과 정책을 채택하고 계획과 전략을 실행하기 위함
- 계획과 전략 이행 과정의 정기적인 모니터링과 평가
- 이의 제기 메커니즘(구제 제도) 구축: 국가가 책임을 이행하지 않을 경우 개인이 이의를 제기할 수 있도록 함

(4) 비역행적 조치

국가는 역행적 조치에 대한 강력한 정당성이 없다면 사회권에 대한 기존 보호가 악

화되는 것을 허용해서는 안 된다. 예를 들어, 이전에 무상이었던 중등 교육에 학비를 도입하는 것은 고의적인 후퇴 조치가 된다. 이를 정당화하려면 국가는 모든 선택 사항을 신중하게 고려하고 역행적 조치의 영향을 평가하며 최대 가용 자원을 완전히 사용한 후에 이 조치를 채택했음을 입증해야 한다.

(5) 최소 핵심 의무

국가 각 부분에서 최소 필수 수준을 충족시킬 것을 보장하기 위한 최소 핵심 의무를 갖는다. 예를 들어, 상당수의 국민이 필수적인 식량이나 기본 의료, 주거, 가장 기초적인 형태의 교육을 받지 못하고 있는 국가는 사회권 규약에 있는 의무를 이행하지 않는 것으로 추정한다(일반 논평 3). 최소 핵심 의무는 기본적인 필수 수준의 사회권을 충족시키기 위해서 즉각적인 효력이 있는 것으로 간주되는 의무이다.

국가가 가용 자원의 부족으로 최소 핵심 의무를 이행하지 못했다고 주장하기 위해서는, 우선적으로 이러한 최소 핵심 의무를 이행하기 위해 스스로 처분할 수 있는 자원을 활용하는 데 모든 노력을 다했다는 것을 증명해야 한다(일반 논평 3). 국가가 처분할 자원이 불충분하다면, 제한된 자원을 효율적이고 효과적으로 사용하기 위하여 가장 도움을 필요로 하는 사람들을 지원하는 저비용의 목표 프로그램을 도입해야 한다.

최소 핵심 의무의 예

- 특히 소외 계층, 즉 소외된 개인과 집단의 고용에 대한 접근권을 보장하여 존엄한 삶을 살 수 있게 해야 한다.
- 굶주림으로부터의 자유를 보장하기 위해 모든 사람이 적절하고 안전하며 영양 있는 최소한의 필수 식품에 접근할 수 있도록 해야 한다.
- 기본 대피소, 주거 및 위생 시설, 안전한 식수 공급에 대한 접근성을 확보해야 한다.
- WHO 행동 프로그램에 정의된 필수 의약품을 제공해야 한다.
- 모든 사람에게 무상 및 의무적인 초등 교육을 보장해야 한다.
- 최소한의 필수적인 보건 의료, 기본 보호소 및 주택, 수자원 및 위생, 식료품 및 가장 기본적인 교육 형태를 포괄하는 최소 필수 수준의 혜택을 제공하는 사회보장제도에 대한 접근을 보장해야 한다.

4) 책무 위반과 재판(사법적 구제)

국가가 책무를 위반하는 경우에 사법적인 접근이 가능하다. 그러므로 인권의 사법 집행은 기본이며, 법원은 인권 보호를 위한 기본 메커니즘으로, 법원은 절차와 증거에 관한 고정된 규칙에 따라 사법적으로 행동하고, 사건에 대한 구속력 있는 결정을 하며, 강행적인 구제와 제재를 부여한다(국가인권위원회, 2007b). 물론 사법 집행이 인권을 보호하는 유일한 방법이거나 실제로 최선의 방법은 아니지만, 사법적 집행은 인권에 대한 이해를 발전시키고, 명확한 위반의 경우 구제책을 마련한다. 또한 관련된 사례에 대한 결정을 제공하여 향후 권리 침해를 방지하기 위한 체계적인 제도적 변화를 초래할 수 있는 역할을 한다(OHCHR, 2008b).

그동안 자유권적 권리에 대한 사법적 구제는 가능해도 사회권적 권리에 대한 사법적 구제는 어렵다는 것이 일반적 생각이었다(박찬운, 2006). 그러나 사회권 규약의 이행을 위해 당사국은 규약 제2조 제1항에 따라 '법적 조치의 채택을 포함해, 모든 필요한 조치'를 취해야 할 의무가 있다. 따라서 '모든 필요한 조치'에는 규약상의 권리가 침해되었을 때 피해를 입은 개인에 대해 사법적 구제를 포함한 적절한 구제 수단을 제

〈표 3-2〉 경제적 · 사회적 및 문화적 권리 위반의 예(OHCHR, 2008b)

권리 위반의 예	권리
집에서 사람들을 강제 퇴거	적절한 주택에 대한 권리
국유 시설 폐기물로 인한 물 오염	건강에 대한 권리
적절한 생활을 유지하는 데 충분할 만큼의 최저임금을 보장하지 못하는 경우	일에 대한 권리
전국의 모든 지역에서 기아를 예방하지 못함	굶주림으로부터의 자유
성 및 재생산 건강과 관련된 정보 및 서비스에 대한 접근 거부	건강에 대한 권리
장애아동을 주류 학교에서 제도적으로 분리	교육에 대한 권리
고용주가 채용 시 차별하지 못하도록 하지 않음(성, 장애, 인종, 정치적 견해, 사회적 기원, HIV 상태 등)	일에 대한 권리
지위를 이유로 사람들에게 사회적 지원 거부(예: 고정 거주지가 없거나 망명 신청을 하지 못한 사람)	사회보장에 대한 권리
공공 및 민간 단체가 경작지와 물과 같은 식량과 그 근원지를 파괴하거나 오염시키는 것을 금지하지 않음	식량에 대한 권리
일하는 산모의 출산 휴가를 보장하지 않음	가족 보호 및 지원

공하는 것, 정부의 책무성을 물을 수 있는 시스템을 마련하는 것이 포함된다(이주영, 2017b). 그러므로 사회권 침해 역시 사법적 구제를 받을 수 있다. 한편, 사회권위원회는 2008년 사회권 규약 선택의정서를 채택하여 사회권 침해를 당한 사람들이 국제적으로 구제를 받을 수 있는 방안을 열어 놓았다.

한국에서는 1994년 '생계 보호 기준 위헌 확인' 등의 사건을 통해 사회권의 사법 구제를 실시하고 있으나, 국가가 의무를 위반하였다고는 판단하지 않는 한계를 보이고 있다.[5] 즉, 국가의 광범위한 입법 재량을 인정하여 「헌법」상 사회권의 보장에 대한 실질적인 심사를 기피하는 태도를 동시에 보이고 있다(박찬운, 2006; 이주영, 2017b).

5) 국가 책무성과 관련된 문제

국가는 인권을 존중하고 보호하며, 실현한 책무를 가지고 있다. 그러나 다음과 같은 문제들은 국가의 책무 수행을 어렵게 할 수 있다(국가인권위원회, 2014e).

첫째, 국내 정책 일관성 부족이다. 많은 행정적 단계에서 부처별 일괄성 및 조정의 부족은 많은 문제를 제기해 왔다. 즉, 정책 영역 간 상호연관성에 대한 낮은 이해와 인식, 사회ㆍ경제ㆍ재정 정책을 책임지는 부처 간 인권기준에 대한 인식 차이, 부처 간 노골적인 경쟁은 책무성뿐 아니라 국가 정책 일관성에도 영향을 주고 있다. 결국 인권은 모든 관계 부처 간의 문제를 해결하는 것과 관련되며, 인권에 대한 정치적 의지와 리더십이 필요하다.

둘째, 지방분권과 관련된 문제이다. 많은 필수적인 사회서비스가 지방정부로 이양되고 있기에 지방정부는 인권을 촉진시키고 보장하는 데 있어 중요하다. 행정, 재정, 정치 권력의 양도는 적절히 설계되고 이행되고 감시되면, 인권 책무성을 잠재적으로 증진시킬 수 있다. 분권화된 권력은 차별과 지역 불평등을 개선할 수 있고 국가 통계가 은폐하는 사회적 배제를 찾아낼 수 있다. 그러나 충분한 권한을 부여받지 못하거나 재정이 부족한 경우, 또는 지방정부의 일을 모니터링하고 공개 조사를 보장하는 중앙정부의 책무성 메커니즘이 없다면 오히려 분권화는 책무성을 약화시킬 수 있다.

셋째, 취약한 조세 재정이다. 조세 정책은 이용 가능한 자원을 동원하는 핵심 수단이 되며, 사회ㆍ경제적 불평등을 바로잡고 국가와 국민 간의 책무성 유대를 신장시키

----

5) 판례의 내용은 제4장 '사회복지와 인권'의 내용을 참고하기 바란다.

며 연대감과 사회계약 형성에 매우 중요하다. 유능하고 책임감 있는 조세 당국의 점진적이고 비차별적인 조세 정책은 상당한 세수를 창출할 수 있고 국가 역량의 핵심 조력자가 될 수 있다. 이러한 공정한 세수 확보는 사회권을 점진적으로 실현하기 위해 가용 자원을 최대한 활용하여야 하는 국가 의무의 중요한 측면이 된다. 탈세를 막는 것도 중요한데, 탈세는 세입의 만성적인 유출을 초래해서 국가가 권리 실현을 하지 못하도록 막기 때문이다.

마지막으로, 정부 예산 과정이다(OHCHR · IBF, 2017). 모든 인권의 완전한 실현을 위해서는 정부가 자원을 다양한 수준으로 사용해야 한다. 모든 권리의 실현은 최소한 이행에 적극적으로 헌신하는 기능적 국가를 전제로 하기 때문이다. 따라서 모든 정부는 기관(법원, 입법 기관, 국가 인권 기관), 정책 및 프로그램(기본 교육의 일반 계획 또는 안보 훈련 프로그램), 서비스(무료 법률 원조, 필수 보건 의료), 인프라(적절한 구금 시설, 학교, 공공 여가 시설), 인력(행정 및 기술 직원), 절차 및 시스템(공정한 재판, 출생 등록, 전염병 예방 접종)의 네트워크를 생성, 구현 및 유지하기 위하여 자원을 할당해야 하며, 이러한 곳에 예산을 투입하여야 한다. 정부는 예산을 수립하고 실행하고 감사하는 모든 과정에서 어떤 개인이나 집단도 차별하지 않아야 하고, 가용 자원은 최대한 활용할 수 있도록 많은 주의를 기울여야 한다.

그리고 예산 과정에서 정부는 인권 책무와 관련해 다음의 사항을 기억해야 한다(OHCHR · IBF, 2017). 정부는 예산 과정의 모든 단계에서 시민사회와 대중이 의미 있는 발언을 할 수 있는 적절한 메커니즘과 포괄적인 과정을 수립해야 한다. 이를 위해 주요 예산 문서는 시의적절하게 공개되어 시민사회와 대중이 예산 과정에서 필요한 정보를 얻고 영향력 있는 활동을 할 수 있도록 해야 한다. 또한 주요 예산 정보는 일반인이 예산을 이해할 수 있는 형식과 언어를 사용하여 제작해야 한다.

2. 책무성의 주체

1) 사회적 책무자

국가가 인권을 존중, 보호, 실현하는 책무를 가지고 있지만 국가가 책무를 잘 이행하도록 지원 활동을 하는 다양한 주체가 있는데, 이들을 사회적 책무자라고 할 수 있다.

이들에 대해 간단히 살펴보면 다음과 같다(OHCHR, 2008b).

(1) 국가 기관

① 입법부: 의회는 국민에 의해 선출된 대표로서 의원들은 정치적 책무성에서 중요한 위치를 차지한다(국가인권위원회, 2014e). 입법부는 많은 국가에서 인권과 관련된 조약을 포함하여 국제 조약의 비준을 승인하는 역할을 한다. 또한 인권에 관한 국제 규범을 준수하도록 국내 법률 및 규정들을 입법하고 정비한다. 그뿐만 아니라 입법부는 국가 예산을 승인하는 역할도 하고 있으므로 최대한의 가용 자원이 인권을 이행하는 데 쓰이도록 할 수 있다. 또한 당을 떠나 여러 정당의 의원들이 인권에 관해 공부하는 연구 모임을 만들고 포럼을 운영할 수 있다.

② 행정부: 행정부는 입법부의 업무를 보완하여 적절한 정책과 프로그램으로 입법을 지원하고 예산을 올바르게 준비하고 실행하며 사용을 감사하는 데 중요한 역할을 한다. 공공 행정은 정부, 사회, 민간 및 개발 파트너와 같은 다른 파트너와의 다양한 부문의 조정을 촉진하여 인권을 증진하고 보호하기 위해 힘을 합친다. 또한 지방정부는, 특히 교육이나 건강과 같은 기본 서비스 제공이 분산되어 있을 때 모든 인권을 보장할 책임이 있다. 행정적 책무성은 공무원이 목적에 부합하는 정책을 실행하도록 보장하는 것을 돕는데, 인권기준을 고려하여 공무원에 준수하는 수행 기준과 서비스 제공 기준, 행정 절차 등을 내부적으로 마련해야 한다(국가인권위원회, 2014e).

③ 사법부: 사법부는 국가와 개인이 인권을 존중하도록 보장하는 역할을 하며, 권리가 침해될 경우 구제책을 제공한다. 또한 특정 국가 상황에서 사회권의 법적 내용을 구체화하는 데 중요한 역할을 한다. 그러나 소송 비용, 소송 지연, 재판 결과의 불확실성은 사람들에게 소송을 단념하도록 하고 법률 제도가 부패하거나 권력층에 취약한 경우에는 법에 대한 불신이 생겨 사법접근권을 막는 장벽이 된다(국가인권위원회, 2014b).

④ 국가인권기구: 옴부즈맨, 국가인권위원회와 같은 국가인권기구(NHRI)는 인권을 장려하고 감시하기 위해 노력하고 있다. 각 나라마다 규정된 것에 따라 다르지만 국가인권기구는 인권 침해 시 불만 처리, 조사 수행, 관련 국제인권조약 이행 모니터링, 국제 조약의 국내 적용에 대한 정부 자문, 정책 변경 권고, 교육 제공 등 다양한 방법으로 인권을 보호하고 장려할 수 있다.

(2) 국가 기관 외 행위자

민간 영역은 점점 국가 경제의 구조를 형성하고 있으며, 이 구조는 개별 국가에서 개발을 위한 자원 동원, 노동 기준 보호, 부패 및 아동 노동 금지 노력, 생산적 사회 기반 시설의 개발, 공공 서비스 확대, 민주적 개혁, 정책 결정 과정에 참여와 책무성에 기여할 수 있다(국가인권위원회, 2014b).

한국 기업과 인권 권고

① 기업: 기업, 특히 다국적 기업의 수가 증가함에 따라 이들도 인권과 관련된 기본 재화와 서비스를 제공하고 있다(OHCHR, 2008b). 민관 협력은 많은 국가에서 서비스 전달의 일반적 방법이 되고 있고 효과적일 수 있으나, 규제가 약해진 곳의 민관 협력은 서비스의 최소 기준 보장을 어렵게 하고 있다. 또한 정부 기능의 민영화는 국가의 필수적인 감독 및 규제 역할을 약화시키고 있다. 더욱이 기업 스스로 심각한 인권 침해를 야기하거나 연류되는 경우들이 발생하고 있는데, 아마존의 채굴 기업의 운영으로 원주민에 대한 대규모 인권 침해와 환경 파괴 등이 그 예이다(국가인권위원회, 2014b). 그래서 2011년 유엔인권이사회에서 기업과 인권에 관한 이행 원칙을 채택하는 등 기업의 책무성에 대한 국제 기준들이 제시되고 있다.[6]

② 언론: 언론은 인권에 대한 공개 토론과 정보 보급 및 인권에 대한 인식 제고를 위한 포럼을 제공할 수 있다. 동시에, 현대 세계에서는 영향력이 강력하기 때문에, 그들이 전파하는 정보와 이미지가 인권 문제, 규범 및 표준에 민감하지 않으면 인권에 실질적으로 부정적인 영향을 줄 수 있다(OHCHR, 2008b).

③ 국제협력기구: 인도적 지원, 개발 원조 및 기타 국제 협력을 위해 국가에서 활동하는 국제협력기구는 국제법 또는 국내법에 따라 부과되는 인권 의무를 준수해야 한다. 예를 들어, 유엔헌장에 명시된 바와 같이 유엔 및 유엔기구의 모든 회원국은 국제 협력에 있어 차별 없이 모든 사람의 인권과 기본 자유를 존중하고 준수해야 한다. 또한 수혜국은 국제법 및 국내법에 따라 수용한 인권 책무를 존중해야 한다. 국제협력기구들은 협력이 사회권을 포함한 인권을 실현하려는 수혜국의 노력을 훼손하지 않아야 하며 그러한 노력을 이상적으로 촉진하고 지원해야 한다. 또한 직원, 계약자 또는 자신이 관리하는 다른 사람들의 행동이 해당 인권

---

6) 이와 관련해서는 제14장 '사회복지시설 운영과 인권' 부분을 참고하기 바란다.

규범 및 표준을 준수하는지 확인해야 한다(OHCHR, 2008b).

④ **시민사회단체:** NGO, 사회 운동, 지역사회 기반 단체, 인권옹호자, 전문 협회(예: 변호사협회, 보건전문가협회, 교사협회), 노동조합, 학계 및 종교 기관과 같은 시민사회의 다양한 행위자도 중요한 역할을 한다. 개인 및 단체와 함께 인권을 장려하고 정부가 인권을 실현할 책임을 지도록 압박한다(OHCHR, 2008b). 이렇듯 시민사회로부터의 적절한 모니터링과 압박은 아래로부터의 접근을 통해 사회적 책무성 활동을 강화시킨다(국가인권위원회, 2014b).

2) 시민사회 주역

"인권을 위해서 활약하는 시민사회 주역의 결의와 진실성은 저와 당신에게 겸손함, 우리들이 입고 있는 훌륭하고 강력한 은혜, 모든 인간의 평등하고 양도할 수 없는 존엄성과 권리를 위해 노력하는 의지를 가져다줍니다."

－ 자이드 알 후세인, 유엔인권최고대표, 2014년 10월

OHCHR은 시민사회 주역을 유엔의 목적(평화 및 안보 유지, 개발 인식, 인권의 증진 및 존중)과 적합한 공통된 관심, 목적 또는 가치를 위해 시민 참여 및 행동을 자주적으로 취하는 개인 또는 단체로 정의하고 있으며, 다음과 같은 단체와 사람이 포함된다(OHCHR, 2016). 온라인 운동가를 포함한 인권 활동가, 인권 단체(NGO, 협회, 피해자 지원 단체), 연합 및 네트워크(예: 여성 인권, 아동 인권 또는 환경 문제, 토지 권리, 성적 소수자 등), 장애인 및 장애 단체 대표, 지역사회단체(토착민, 소수 집단, 농촌 집단), 종교단체, 협회(노동조합, 저널리스트협회, 판사 및 변호사협회, 학생회와 같은 전문적인 협회), 사회 운동(평화 운동, 학생 운동, 민주화 운동), 인권과 직접적 연관이 있는 전문가(예: 인도주의 활동가, 변호사, 의사, 의료 종사자), 인권 침해 피해자의 친척 및 관계자, 인권을 증진하는 것을 목표로 활동하는 공공기관(학교, 대학, 연구 단체) 등이다.

인권 이슈들은 기후 변화에 대한 대응 등 초국가적 협력을 요구하는 사항이 많으며, 국내 정치적 구조 등으로 인해 국내 상황에서는 개선이 어려울 경우에 국제사회의 지원과 협력이 필요하기 때문에, 시민사회의 주역들은 초국가적 연대 활동을 하게 된다. 또한 당사국들이 국제인권협약에 비준하고 준수하여 국내 인권 상황을 개선하도록 만드는 데도 시민사회 주역들의 국제적 연대 활동이 중요하다(정진성, 2019).

유엔인권기구와 함께 일하는 것은 시민사회 주역들에게 활동할 수 있는 영역을 보호해 주고, 개별 국가에서는 시민사회 주역들이 그들의 활동으로 권위 있는 결과(정부에게 법적·행정적 및 기타 방법으로 국제 판결 및 권고)를 만들어 낼 가능성을 제공해 준다. 즉, 보편적 정기 검토의 권고, 유엔 보고서 및 연구 등 조사 결과와 권고는 시민사회 주역들의 지역 활동을 지원하고 옹호에 있어 강력한 도구가 될 수 있다. 시민사회 주역들은 다음과 같이 활동할 수 있다(OHCHR, 2016).

- 유엔 인권 시스템으로부터 받은 권고를 실행하기 위해 중앙 및 지역 정부와 함께 일하기
- 지역사회에서 국내 인권 실천의 국제 분석 및 요구에 대한 인지도 높이기
- 중앙 및 지역 단위에서 정부의 대응 및 조치를 감시 및 평가
- 권위적이고 객관적인 언어, 효과적인 전략 및 좋은 실천 해결책을 통해 현존하는 옹호 자료 강화
- 시민사회단체 및 공공 단체 내에서 의견 결집
- 파트너십 구축
- 정부 관계자와의 대화의 질 향상
- 정책 결정에 기여
- 법적 조치/소송 고안
- 인권기구의 후속 절차에 기여
- 유엔인권기구에 항의할 개인에 대한 기술 자문 평가 및 제공

3. 사회복지사의 책무

1) 인권 보유자(주체)와 책무자

대한민국 「헌법」 제10조에 명시된 것처럼 인권보장의 궁극적 책무자는 국가(및 지방정부)이다. 「사회복지사업법」 제4조 제1항에서도 "국가와 지방자치단체는 사회복지 서비스를 증진하고, 서비스를 이용하는 사람에 대하여 인권 침해를 예방하고 차별을 금지하며 인권을 옹호할 책임을 진다."라고 인권보장의 책무자로서 국가 및 지방정부를 다시 확인하고 있다. 많은 경우, 「사회복지사업법」 제34조의 규정처럼 사회복지사업은

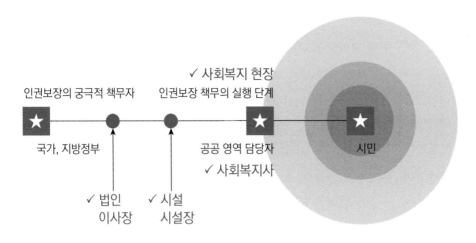

✓ 사회복지 현장
인권보장 책무의 실행 단계

인권보장의 궁극적 책무자

국가, 지방정부

✓ 법인
이사장

✓ 시설
시설장

공공 영역 담당자
✓ 사회복지사

시민

[그림 3-1] 인권보장 책무의 실행 단계

국가와 지방자치단체의 사업을 법인이 위탁하고 법인 산하의 시설에서 사회복지사 등의 인력이 활동하여 운영된다.

　이러한 관계를 중심으로 사회복지 현장의 인권보장 책무의 실행 단계를 알아보면 [그림 3-1]과 같다. 즉, 인권의 보유자인 시민(이용자)에 대하여 인권보장의 궁극적 책무자는 국가와 지방정부(대통령, 지방자치단체장)이고, 그다음 실행 단계에서는 이들의 사업을 위탁받은 법인(이사장), 사업을 직접 운영하는 시설(시설장), 그리고 공공 영역의 담당자인 사회복지사가 단계별 책무자가 된다. 그러므로 "사회복지사의 인권이 먼저인가? 이용자의 인권이 먼저인가?"를 묻거나 "사회복지사의 인권은 이용자들이 보장해 줘야 한다."라는 표현은 잘못된 것이다.

2) 사회복지 현장의 인권 문제 유발 구조

　그렇다면 왜 이와 같은 질문들이 나오게 된 것일까? 그것은 한국의 사회복지 현장이 인권 문제를 유발하는 구조를 가지고 있어서 인권보장 책무가 왜곡되었기 때문이다. 이러한 인권 문제 구조는 크게 세 부분으로 나누어진다(김수정, 2019b).

　첫째, 국가가 인권보장의 책무를 소홀히 하고 있기 때문이다. 인권보장을 위해서는 국가가 가장 큰 역할을 해야 하는데 오히려 소홀히 했기에 사회복지 현장의 인권 문제를 가져왔다. 특히 서비스의 최종 전달자인 사회복지종사자들이 인권 침해의 가해자가 될 수 있는 구조를 만들었다. 형제복지원 사건을 예로 들면, 아시안게임과 올림픽

형제복지원 사건

을 앞두고 사회 정화라는 목적으로 시민들을 강제로 형제복지원에 수용시킬 수 있었던 근거는 내무부 훈령이었고, 경찰은 실적을 위해 협조하였고 부산시는 방관하였다. 인권보장의 책무를 지닌 국가(중앙정부, 지방정부)가 오히려 인권을 침해하도록 만든 것이다.

둘째, 부족한 예산과 인력의 문제이다. 사회복지사업은 법령에 근거하여 수행되며, 국가나 지방자치단체로부터 사업 수행에 필요한 비용을 보조받기도 한다. 그리고 「사회복지사업법」 등에 근거한 서비스 최저 기준을 준수해야 하며, 시설 평가 등을 통해 성과를 점검받고 평가 결과가 반영되어 지원금이 달라지기도 한다. 문제는 양질의 사회복지사업이 수행되기를 원하면서 실제로 지원되는 사업비와 인력은 부족하기에 그 간극을 사회복지종사자의 무급 노동으로 채우고 있으며, 이러한 구조는 이미 이용자와 종사자의 인권을 보장할 수 없게 하고 있는 것이다. 서울시 사회복지사협회(2018)에 따르면 사회복지종사자가 인식하는 가장 위험한 업무 장소는 '클라이언트 가정(44.5%)', 가장 위험한 업무 유형은 '가정 방문(35.4%)'이었다. 이는 2인 이상이 함께 가정 방문을 해야 하는데, '버디(buddy) 시스템(예: 가정 방문 시 2인 1조로 편성)'이 36.8%에 불과한 등 예산 및 인력 부족으로 혼자 방문하는 경우가 많기 때문이다. 24시간 거주인을 돌보는 생활 시설의 인력 예산도 2001년에서부터야 2교대 예산으로 지원되는 등 처우가 열악하였다. 이와 같은 상황에서는 종사자들이 이용자들에 대하여 직접적인 폭력이나 폭언은 하지 않을지라도 이용자의 욕구나 필요에 민감하게 대응하기 어렵다.

셋째, 비민주적인 사회복지 현장의 문제이다. 이 문제는 수십 년 동안 지속적으로 제기되어 왔던 문제로, 국가인권위원회 실태 조사(2013)에서도 사회복지시설 내 시설장의 자의적이고 독단적인 운영으로부터 비롯된 문제, 사회복지시설의 인사 승진 문제, 사회복지시설 평가 및 운영의 부조리한 관행과 위법적인 행정 운영 문제 등을 제기했다. 특히 지금의 평가 제도는 평가를 통해 시설들을 서열화시키고 경쟁하게 만들 뿐 인권보장이 가능한 사회복지 현장을 만들기 어렵게 하고 있다. 평가 제도[7]가 사회복지시설의 인권 침해 및 비민주적 운영을 개선하기 위해 도입된 만큼 사회복지시설들이 스스로의 점검을 통해 인권에 기반한 평가 제도를 만들기 위한 노력이 필요하다.

그리고 사회복지시설과 법인에서 발생하는 횡령 등 정당한 곳에 쓰여야 하는 예산이 다르게 사용되는 것도 인권 문제를 유발한다. 예를 들면, 이용자들의 식비를 빼돌

---

7) 1996년 장애인 거주 시설의 인권 침해 사건이 크게 드러남에 따라 사회복지사업의 전문화와 민주화를 위해 1997년 「사회복지사업법」 개정으로 평가 제도가 도입되었다.

려 부당하게 사용한다면 부실한 식사 제공으로 인해 그 즉시 이용자들의 생존에 나쁜 영향을 주는 것이 된다. 또 4명의 인건비를 지원받는데 실제로는 3명을 채용하고 1명의 인건비를 빼돌린다면, 3명이 4명이 해야 할 일을 감당하며 일의 과도한 부담이 생기면서 종사자의 노동권 침해 및 이용자에 대한 서비스 제공이 부실해질 수 있다. 한편, 부당한 채용의 문제도 있다. 자격이나 실력이 되지 않는 사람을 부당하게 채용하는 것은 그 자체로도 문제지만, 그 사람이 일을 하지 않은 만큼 다른 직원들이 그 일을 해야 하므로 이 역시 앞서 말한 직원들의 업무 과부화로 인한 인권 문제가 발생할 수 있는 환경이 만들어진다.

3) 인권옹호자로서의 사회복지사

사회보장 시스템에서 사회복지사는 모든 사람들을 포용(inclusion)하고 품위와 존중으로 대우하며 인권과 사회정의를 보장하는 시스템 개발에 지역사회의 연대와 참여를 촉진하는 역할을 한다. 그래서 사회복지사는 소외되고 배제된 개인뿐만 아니라 사회복지의 기술, 지식 및 전문 지식을 가져와 사회보장 시스템이 구조적·사회적 및 문화적 장벽을 긍정적으로 해결하도록 돕는다. 결국 사회복지사의 역할은 국가 서비스와 가족 공동체 시스템을 매개하여 가족과 공동체가 스스로 지속적인 관리를 할 수 있도록 역량을 강화하고 필요한 경우에 사회보장제도(사회 보호 시스템)에 접근할 수 있는 능력을 강화하는 결과를 달성하는 것이다(IFSW, 2016).[8]

인권옹호자로서 사회복지사가 역할을 다할 수 있도록 구조적인 환경을 만들기 위해서는 다음과 같은 노력들이 필요하다.

첫째, 개인적 노력으로는 무엇보다도 인권을 자신의 경험을 통해 내재화를 해야 한다. 이를 위해서 인권에 대한 학습을 많이 하고, 이를 통해 현재 사회복지 현장에서 인권 문제를 유발하는 구조에 대한 문제 제기를 스스로 하고 그 대안을 찾는 노력을 해야 한다(김수정, 2019b). 구조적인 문제 해결이 없으면 인권 문제는 계속 반복될 위험에 노출될 수 밖에 없다. 그리고 인권의 국제적 기준으로 한국의 상황을 점검하여 필요한 제도적 개선을 요구해야 한다. 또한 인권 이슈는 구조적인 이유로 발생하는 것이기 때문에 구조 개선을 위해서는 사회복지사의 사회적 책임과 사회 연대를 강화해야 한다.

---

8) https://www.ifsw.org/the-role-of-social-work-in-social-protection-systems-the-universal-right-to-social-protection/ (최종 접속일: 2020. 1. 29.)

그동안 전문가주의에 치중해서 소홀히 했던 사회적 책임을 다하도록 노력하고 사회 연대를 강화해야 할 것이다. 이런 노력 속에서 사회복지사는 이용자들뿐만 아니라 더 나아가 억압된 사회 구조 속에 있는 사람들의 문제에도 관심을 갖게 되어 해결책을 찾고자 노력하게 될 것이다. 기존의 방어적이고 소극적이었던 모습이 아니라 적극적으로 사회복지의 확대를 위해 노력하고 사회의 불합리를 개선하려는 모습을 사회복지사는 보여 주어야만 한다. 따라서 사회복지사는 이용자들에 대한 직접적 인권옹호뿐만 아니라 최저임금의 상향 조정, 건강보험의 보장성 강화, 친고용적 공공 부문의 개혁과 같은 부분에도 관심을 가지고 시민사회단체, 노동단체, 타 전문가 단체 등과의 연대 활동에 지속적으로 참여할 수 있어야 한다(김수정, 2015).

둘째, 인권보장 체계를 갖추기 위한 사회복지시설 및 법인 차원에서의 노력이 필요하다.[9] 인권보장을 개인적 문제로 간주하지 않고 사회복지시설 및 법인의 인권 책무를 다하기 위한 노력과 환경을 만들어야 한다. 이러한 책무의 예는 [그림 3-2]와 같다. 그리고 이런 인권 관련 문제가 발생했을 경우, 무엇보다도 이에 대한 구제 절차를 마련하여 운영해야 한다.

한편, 사회복지사업은 국가나 지방자치단체의 위임을 받아 보조금 지원에 의해 진행되는 경우가 많으므로 실질적인 사용주는 중앙정부나 지방정부가 된다는 것을 감안하여 이들의 정책 활동에 대해서 지속적인 모니터링과 견제 역할을 해야 하는데, 이는 개인 또는 개별 시설이 하기는 어렵다. 따라서 사회복지사협회, 사회복지시설협회 등

존중	• 스스로가 인권 침해를 하지 않는 것을 의미	• 이용자 서비스 제공 시 비차별, 배제하지 않음 • 정보 접근, 종사자 노동 환경 보장
보호	• 제3자(사람, 조직 등)에 의한 인권 침해로부터 보호함	• 빈곤 포르노로부터 보호 • 자원봉사자(제3자) 등의 폭력으로부터 보호 • 구제 제도 마련
실현	• 인권 실현을 위한 적극적 조치를 취함: 인식 제고 노력(교육), 제도 제공 등	• 인권 교육, 지역사회 인식 개선 홍보 운영 규정 등 제도 마련, 민주적 운영 참여 기회 제공, 법제 개정 활동

[그림 3-2] 사회복지법인과 시설의 인권 책무

9) 관련된 내용은 제14장 '사회복지시설 운영과 인권' 부분을 참고하기 바란다.

의 활동이 중요하고 국제인권기준의 적용과 국제적 연대 활동은 이 부분에서도 도움이 된다. 예를 들면, 유엔에서의 여러 정책의 국가별 검토 시 시민 단체로서 이에 대한 활동에 참여할 수 있다. 현재 사회복지 관련 단체들은 시설장이 대표를 선출하는 간접 선거 방식을 유지하고 있는데, 이는 정치적 자유 부분에 있어서도 문제이며, 사회복지 현장의 모든 의견을 반영할 수 없다는 한계를 가진다. 따라서 사회복지 단체들의 선거 방식도 직접선거로 바뀌어야 할 필요가 있다.

마지막으로, 국가적 차원에서 노력할 내용은 다음과 같다. 먼저, 사회복지시설이 민주적으로 운영되고 인권이 보장될 수 있는 인권보장 체계를 구축하고, 이를 모니터링할 수 있도록 지도 점검이 내실화되어야 한다. 현재 중앙 및 지방 정부에서는 보조금 자부담, 후원금 적정 사용 여부, 이용 관리 실태 및 프로그램 운영 전반 실태, 종사자 복무 관리 실태, 인건비 지급 현황, 식생활 실태, 시설 안전 관리 등 시설 운영 전반에 대한 지도 점검을 정기적으로 실시하고 있다. 하지만 이와 같은 지도 점검이 대부분 시설의 예산 집행과 이용자 인권 보호에 초점이 맞춰져 있어 구조 개선까지는 나아가지 못하고 있다. 특히 중앙정부는 사회복지사 등의 부당 노동 행위를 막기 위하여 직원 채용 단계부터 차별 금지 및 기본 노동권 보장 및 안전에 대한 방침을 강화하여 지방정부에 시달하여야 할 것이다. 그리고 사회복지시설에서 인권보장 체계를 잘 갖출 수 있도록 평가 제도 개선, 정책적 지원 등을 국가 정책으로 실시할 필요가 있다.

4. 사례와 토론

복지 시설서 12억 원 횡령했어도 집행유예 …… 시민 단체 "솜방망이 처벌"

대구지방법원 서부 지원 제1형사부(부장판사 안종렬)가 지난 19일 사회복지시설의 운영비·생계비를 횡령하고 인건비 보조금을 편취한 대구 북구의 S재단 전 이사장 부부에게 각각 징역 3년과 징역 1년 6월에 집행유예 3년을 선고하자 시민 단체들이 반발하고 나섰다.

23일 대구지법에 따르면 이들 부부는 아동 복지 시설과 어린이집, 노인 시설을 운영하는 사회복지법인 S재단의 이사장으로 있으면서 아동 복지 시설에 소위 유령직원을 등재하는 방식으로 2011년 2월경부터 2017년 6월경까지 3억 6,000만 원 상당의 보조금을 편취(사기)했다. 또 이사장 A 씨는 2010년 총 12회에 걸쳐 아동 복지 시설 원생들의 학비 900만 원 상당과 노인 시설 운영비 7억 6,100만 원을 횡령했으며 어린이집 운영비 1,600만 원을 개인 용도로 사용했다. 남편 B 씨 또한 아동 복지 시설에 근무하지 않음에도 허위로 근무한 것처럼 자신의 인건비 보조금을 신청해 2016년 4월부터 2016년 9월까지 2,600만 원을 편취했고, 개인적으로 키우던 강아지 사육 비용 76만 원을 임의로 사용해 횡령했다.

검찰은 사기와 횡령 금액 16억 3,500만 원 상당을 기소했지만 재판부는 편취금 3억 원과 횡령금 8억 원 등 약 11억 8,000만 원에 대해 유죄를 인정했다. 검찰은 인건비 보조금을 가로챈 혐의로 기소된 S재단 전 이사장 A 씨에게는 징역 8년, 남편 B 씨에게는 징역 7년을 각각 구형했었다. 하지만 재판부는 범행 수법이 불량하고 죄질은 매우 나빠 엄중한 처벌이 필요하다고 지적하면서도 오랜 기간 사회복지시설을 운영한 공로와 노인 시설 설립에 개인 재산을 출연한 점, B 씨의 소극적 공동 범행 등을 참작해 양형했다고 밝혔다.

이에 대해 우리복지시민연합은 "7여 년에 걸쳐 오랜 기간 12억 원의 횡령과 사기 사건을 벌여 왔고 내부 제보자들에 의해 드러나지 않았을 경우 지금까지 범죄 행위를 저지를 것이 분명한데도 재판부는 사회복지시설을 운영한 공로 등을 인정해 솜방망이 판결을 내린 것에 놀라지 않을 수 없다."라고 비판했다. 우리복지시민연합은, 특히 "공동정범인 B 씨에 대한 집행유예 판결은 너무나 관대한 봐주기 판결"이라며 "이들 부부가 벌인 죄질에 비해 형량이 너무나 가벼워 재판부의 이번 판결을 강력히 규탄한다."라고 주장했다.

이어 "사법부의 온정적 판결로는 계속되는 사회복지 재단의 비리를 끊고 투명성을 회복할 수가 없다."라며 "솜방망이 판결에 깊은 유감을 표하며 S재단 전 이사장 부부가 엄중히 처벌받도록 검찰은 즉각 항소할 것을 촉구한다."라고 밝혔다.

출처: http://www.newsis.com/view/?id=NISX20191223_0000869072&cID=10899&pID=10800(뉴시스, 2019. 12. 23.)

토론하기

☑ 사회복지시설의 횡령은 어떻게 인권 침해 구조를 만드는가?

☑ 사회복지시설의 횡령은 왜 지속되는 것인가?

☑ 국가는 어느 부분에서 책무를 다하지 못하는가?

☑ 사법부는 책무를 다하고 있는 것인가?

☑ 사회복지시설의 횡령 문제를 없애기 위해 우리는 무엇을 해야 하는가?

제4장

사회복지와 인권

Human Rights
and
Social Welfare

학문과 실천 영역으로서의 사회복지 그 자체는 사회문화적 환경과 시대적 발전에 따라 다양하게 변화되어 왔지만, 사회복지가 일관성 있게 표방해 온 가치는 인간의 존엄성, 평등, 자유, 권리, 사회정의 등이었다. 이러한 가치에 기반한 사회복지는 인권의 이상을 여러 형태로 실현하여 보장해 주는 분야이며(국가인권위원회 · 사회복지연구회, 2008; 김형식, 2008에서 재인용), 특히 사회권을 현실에서 제도적으로 실현하고 있는 것이 사회복지라고 할 수 있다.

1. 사회권의 현실적 실현: 사회복지제도

1) 사회권의 개념

사회권은 사회적 평등을 기초로 하여 가치의 생산과 자원의 분배에서 형평성을 보장받는 권리로서 모든 사람이 자신이 속한 공동체에 대해 사람답게 살 수 있는 삶을 보장할 것을 요구하는 권리이다(국가인권위원회, 2018d). 자유권이 '~로부터의 자유'라면 사회권은 '~을 요구할 자유' 또는 '사회적 결핍으로부터 자유'를 의미하며, 능동적이며 적극적인 권리로 국가의 적극적인 개입을 요구한다.

세계인권규약 중 '경제적 · 사회적 · 문화적 권리에 관한 국제 규약(International Covenant on Economic, Social and Cutura Rights: ICESC)'을 사회권 규약으로 부른다. 이 규약과 세계인권선언 제22~27조가 사회권을 포괄적으로 규정하고 있다.

사회권 규약 제1조에서, 모든 인민은 "그들 자신의 목적을 위하여 그들의 천연의 부와 자원을 자유로이 처분할 수 있다. 어떠한 경우에도 인민은 그들의 생존 수단을 박탈당하지 아니한다."라고 명시하고 있다. 그리고 국가는 이 규약의 "각 당사국은 특히 입법 조치의 채택을 포함한 모든 적절한 수단에 의하여 이 규약에서 인정된 권리의 완전한 실현을 점진적으로 달성하기 위하여, 개별적으로 또한 특히 경제적 · 기술적인 국제 지원과 국제 협력을 통하여, 자국의 가용 자원이 허용하는 최대한도까지 조치를 취할 것을 약속한다."라고 하여 사회권 달성을 위한 국가의 책무를 제시하였다.

2) 역사적 실현

　　사회권의 실현을 다음과 같이 사회복지제도의 역사를 통해 알아보도록 하겠다. 여기서 사회복지제도는 시민혁명 이후에 법으로 규정되어 권리로 인정받는 법적 청구권이 보장된 이후를 다루도록 하겠다.

　　사회복지의 역사에서 현대적 의미의 사회복지제도, 즉 국가의 개입이 입법으로 보장된 시초는 19세기 말 독일의 사회보험 제도이다. 사회보험은 통제되지 않은 자본주의 경제의 불평등으로 인한 노동자 계급의 문제를 해결하면서 노동자를 보호하고, 사회주의 확산에 따른 체제 전복의 위험을 예방하기 위한 목적으로 도입되었다. 당시 집권자였던 비스마르크는 사회주의 확산을 막기 위해 「사회주의 진압법」으로 노동자 계급을 억압하면서 한편으로는 사회보험을 입법함으로써 노동자 계급을 보호하여 자본가 계급에 맞설 수 있도록 하였던 것이다(김수정, 2019a). 사회보험 제도는 20세기 자본주의 확산과 함께 전 세계로 확대되었으며 국가는 사회보험을 통해 노동자들이 겪는 사회문제에 대응하는 책임을 맡게 되었다(윤홍식 외, 2019).

　　미국은 1860년대에 산업 자본이 확립되고 빈부 격차가 심해졌으나 자유방임주의 또는 사회적 진화론의 영향으로 중앙 및 주 정부의 개입은 미미하였다(문병기 · 유범상, 2012). 그러나 1929년 대공황으로 인해 빈곤 등 사회적 문제에 중앙(연방)정부가 적극적으로 개입하게 되는 방향 전환이 일어났다. 즉, 빈곤을 개인의 책임으로 인식해 왔던 것을 지역사회 전체가 관심을 가지고 해결해야 하는 것으로 인식이 전환되었다. 비록 의료보험은 도입되지 않았지만 1935년 「사회보장법」 제정으로 미국의 공공 부문 사회복지제도의 틀이 마련되었다.

　　현대 사회복지제도의 기반을 만든 것은 비버리지 보고서에 바탕을 둔 영국의 사회복지제도이다. 전쟁 후 사회 재건을 위한 청사진을 제시한 비버리지 보고서는 제2차 세계대전 중인 1942년에 제출되었다. 이 보고서는 대중의 많은 관심을 끌었고 전쟁 후 집권한 노동당 정부에 의해 그 내용이 실현되었으며, 세계적으로 복지국가의 틀을 마련했다. 비버리지 보고서에서는 영국의 진보를 막는 5가지의 사회적 해악이 있으며, 이를 제거하기 위해 사회보험 제도와 공공부조를 중심으로 하는 사회보장 체계의 구성을 제시하였다. 5가지 해악은 불충분한 수입으로 인한 궁핍(want), 충분하지 않고 질 나쁜 교육 기회로 인한 무지(ignorance), 불충분한 의료 서비스로 건강이 악화되는 질병(disease), 열악한 주거 환경으로 인한 불결(squalor), 일할 기회가 없어 실업 상태인 나태(idleness)이다. 비버리지 보고서는 사회권에 대한 추상적 논의를 구체적으로 전개하여 제시하였다고 할 수 있다(국가인권위원회, 2018d).

3) 인권과 관련된 사회복지의 철학적 가치

역사적으로 사회복지는 인권을 옹호하고 보장하면서 발달해 왔기에, 사회복지사 역시 인권과 가장 밀접한 일을 하고 있다. 실천 현장에서 사회복지사가 직면하는 많은 문제는 근본적인 가치 위기에서 비롯되는데, 인권과 관련하여 사회복지사가 가져야 하는 철학적 가치는 다음과 같다(OHCHR, IFSW & IASSW, 1994; 배화옥 외, 2015).

① 생명(Life)
생명은 모든 인권 활동에서 가장 중요한 요소로, 사회복지사는 단순히 인권 침해에 저항하는 것뿐만 아니라 모든 생명을 증진하고 육성하는 활동을 적극적으로 지원해야 한다. 신체적 건강은 생명의 가치와 삶의 질에서 중요한 부분으로, 환경 악화, 오염을 비롯한 물 부족, 건강 프로그램의 축소는 생명을 위협하는 주요 요인 중 일부이다. 많은 나라에서 사회복지사는 이러한 요인들의 영향을 받고 있는 사람들과 협력해야 한다. 또한 피임, 낙태 또는 말기 질병 관리와 같은 문제와 관련하여 고통받는 사람들과 만날 때 심각한 딜레마에 직면하기도 한다. 이때 생명의 가치와 질에 대한 고려는 사회복지사의 활동에 도움을 줄 수 있다.

② 자유로운 존재와 자유를 누릴 권리(Freedom and Liberty)
세계인권선언의 첫 두 문장에 있듯이 "모든 인간이 자유롭게 태어났다."라는 원칙은 생명과 더불어 인간의 존엄성과 가장 밀접한 가치이다. 자유는 다른 사람들의 자유를 침해하지 않는 원칙하에서 향유된다. 한편, 자유로워지고 자유를 누릴 권리는 물질적 및 기타 제약으로 인해 종종 줄어든다. 그리고 사회복지사는 종종 자유 투쟁의 최전선에 있다. 자유가 없는 곳에서 자유 투쟁을 위해 일하기 때문에 사회복지사는 억압을 받기도 한다.

③ 평등과 비차별(Equality and Non-Discrimination)
평등은 세계인권선언 제1조에 규정되어 있으며, 사회복지사에게는 개인적인 가치관과 전문적인 직업관을 형성하는 데 중요한 개념이다. 또한 평등은 생물학적 요인, 심리적 · 사회적 · 문화적 · 영적 욕구, 다른 사람의 복지를 위한 자신의 행위에 있어 무엇이 정의 또는 부정의인지, 평등 또는 불평등인지에 대해 진지하게 모색하게 해 준다.

평등의 원칙이 인정되면, 어떤 개인이나 집단을 차별하는 것이 불가능해진다. 차별은 인간을 기능, 질, 의견으로 감소시켜 사람이 더 이상 자신의 고유한 다양성과 완전성으로 인식되지 않도록 만들 수 있다. 모든 국제기구에 명시되어 있는 차별의 근거 이외에도 새로운 차별의 근거들(예: 성적 지향, HIV/AIDS 감염)이 끊임없이 나타나고 있다. 평등과 비차별의 가치를 지속적으로 자각해서 사회복지사는 새롭게 나타나는 차별의 근거에 저항해야 한다.

④ 정의(Justice)

구성원의 존엄성을 지지하고 사람들의 안전과 무결성을 보장하기 위해서는 법, 사회, 경제 및 기타 다양한 측면에서 정의를 고려해야 한다. 유엔은 특히 자유를 박탈당하지 않고 사생활을 침해당하지 않을 권리를 법으로 보장하는 것에 대한 원칙과 구속력 있는 약속을 제시했다. 법을 위반하는 경우에는 객관적인 사법 당국에 의해 신속하고 공정한 재판이 보장되어야 한다. 사법에서의 공평성은 취약한 사회 구성원의 권리를 보호하는 중요한 도구이며, 사회복지사는 이에 대해 잘 알고 있어야 한다. 사회정의는 기본적인 인간의 욕구에 대한 만족과 물질 자원의 공평한 분배가 포함된다. 이것은 건강 및 교육 분야의 기본 서비스, 기회의 평등에 보편적으로 접근하도록 하는 것과 불우한 개인 또는 단체를 보호하는 것을 목표로 한다.

⑤ 연대(Solidarity)

연대는 인간의 고통을 이해하고 공감하는 것뿐만 아니라, 고통의 원인을 파악하고 고통받는 사람들의 편에서 지지하는 가치이다. 사회복지사는 고군분투하는 사람들을 위해 활동할 뿐만 아니라, 어떤 형태로든 정치적 · 시민적 · 사회적 · 경제적 · 문화적 또는 영적 권리를 박탈당한 사람들에 대해 말이나 행동으로 연대를 표현해야 한다. 연대는 개인을 넘어 가족, 그룹, 커뮤니티, 인구 및 전체 인종 또는 민족 그룹을 위해서도 확대될 수 있다. 사회복지사는 전 세계 어디에서나 폭력, 고문 또는 자유를 제한당한 희생자와 동일시해야 한다. 빈곤, 굶주림, 기아, 홈리스, 생계 수단의 거부는 아마도 충분히 인식되지 않은 가장 큰 인권 침해일 수 있으며, 이렇게 고통이 크고 널리 퍼져 있지만 숨겨져서 보이지 않는 곳에서의 연대가 더 요구된다. 사회복지사와 인권 침해의 피해자 및 이들을 지지하는 사람들의 공고한 연대는 피해자의 결의를 강화하고 고립을 완화함으로써 변화를 가져올 수 있다.

⑥ 사회적 책임(social responsibility)

사회적 책임은 고통을 겪고 있는 사람과 희생자의 편에 서서 그들을 지지하고 돕는 일을 하는 것으로, 사회적 책임은 연대를 이행하는 수단이라고 할 수 있다. 사회적 약자를 위해 일하는 것이 사회복지사의 존재 근거이기 때문에 사회적 책임은 사회복지 전문직의 주요 원칙이 된다.

⑦ 진화(Evolution), 평화(Peace), 비폭력(Non-Violence)

이 세 가지 가치는 인권의 개념을 뒷받침하는 기본 가치일 뿐만 아니라 인간관계의 질을 결정하는 요소이기도 하다. 평화는 단순히 조직적 갈등이 없는 것을 의미하는 것이 아니라 개인이 자아, 다른 사람들과, 그리고 환경과 조화를 이루는 것을 궁극적인 목표로 하여 양성할 수 있도록 노력해야 한다. 인간관계의 갈등은 불가피하고 이를 해결하는 방법은 평화롭거나 폭력적일 수 있으며, 건설적이거나 파괴적일 수 있다. 혁명적인 방법은 빠른 결과를 가져오지만 많은 고통을 가져오기도 했기에, 꾸준히 지속하는 진화적인 방법이 보상이 적지만 더 오래 지속되므로 효과적일 수 있다. 이것은 사회복지사가 갈등을 해결하기 위해 자주 선택하는 접근법이기도 하다. 인내하는 저항이나 비폭력적 압력은 지속 가능한 결과를 가져온다는 점을 생각해야 한다.

⑧ 인류와 자연과의 관계(Relation between humankind and nature)

사람들은 20세기 말 무렵부터 사람이 아닌 다른 종들에 대한 존중과 자연과의 조화에 대해 의식하기 시작했다. 환경 악화뿐만 아니라 모든 자원, 원자력, 산업 및 기타 오염 및 소비 패턴과 관련하여 세계 경제 질서, 잘못된 개발 모델, 불평등으로 인해 지구는 심각한 곤경에 처하게 되었다. 공식 및 비공식 및 옹호 캠페인을 포함한 포괄적인 환경 보호 프로그램을 통해 환경 파괴를 예방하고 중단하며, 복구하기 위한 포괄적인 정책을 마련해야 한다. 사회복지사는 다양한 집단과 연계함으로써 이 과정에서 중요한 역할을 한다.

2. 사회복지, 사회보장, 사회적 보호의 개념

인권을 현실 제도로 표현한 것이 사회복지제도인 것을 앞서 알아보았다. 그런데 사회복지제도와 관련한 용어 사용이 각 국가마다 달라서 사회복지(social welfare), 사회보장(social security)이 혼용되고 있으며 최근 유엔을 비롯한 국제사회에서는 사회적 보호(social protection)란 용어를 많이 사용하고 있다. 이 곳에서는 각 용어의 개념에 대해 정리해 보도록 하겠다.

사회복지학에서는 사회복지란 용어를 주로 사용하고 있는데, 1991년 미국 사회복지사협회(National Social Workers: NASW)는 사회복지(social welfare)를, "첫째, 사회 유지에 기본이 되는 사회, 경제, 교육, 건강의 욕구를 충족해 주는 프로그램, 급여, 서비스에 대한 국가 체계의 하나이며, 둘째, 공동체 또는 사회의 집합적 안녕의 상태"로 정의했다(김상균 외, 2005). 이러한 사회복지를 실천하는 방법으로 직접적으로 대상자에게 프로그램 및 서비스를 전달하는 사회복지 실천(social work practice)과 법 및 제도 형성에 참여하는 사회복지 정책으로 구분하고 있다.

이때 누구를 사회복지의 대상으로 할 것인가에 따라 사회복지를 다시 협의 및 광의의 개념으로 나눌 수 있다. 협의적(잔여적) 개념으로는 대상을 사회적 약자로 한정하여 이들을 위한 구제와 보호를 위한 활동만을 의미하고, 이것이 예전에 사회복지를 바라보던 시각이었다. 광의적(보편적) 개념은 모든 사람을 대상으로 하여 생활상에 나타나는 문제들을 사회 구조의 문제로 보고 구조적 책임과 변화를 요구하고 있으며, 최근에 광의의 개념으로 사회복지를 받아들이고 있다. 그러나 이 두 개념을 분리하기보다는 모든 사람의 욕구 충족이라는 광의적 개념을 중심으로 두고, 모든 사람을 대상으로 하되 특별히 중점을 두어야 하는 대상자에 대한 개입은 더 관심을 기울여야 한다는 의미의 협의적 개념을 포함하는 것으로 사회복지를 이해해야 한다(문병기 · 유범상, 2012).

사회보장(social security)은 미국 「사회보장법」 제정 이후에 국제사회에 정착된 개념으로 앞서 살펴본 사회복지의 개념과 비슷하다. 이것은 미국에서 복지(welfare)를 무능함과 나태한 인간의 속성을 드러내는 부정적 용어로 쓰이는 경향이 크기 때문에 복지 대신 보장이라는 용어를 사용한 것(김영화 외, 2015)으로 보인다. 국제사회에서 사회적 보호(social protection)란 용어를 사용하기 전에는 사회보장이라는 용어를 주로 사용했다. 대표적으로 1952년 ILO 협약 102호인 '사회보장(최저 기준) 협약[The ILO Social

Security(minimum standards) Convention」은 9개의 주요 사회보장 분야를 제시하였다. 즉, 의료보험, 상병급여, 실업급여, 노령급여, 업무상 재해급여(산재급여), 가족급여, 모성급여, 장해급여, 유족급여이다. 이를 비롯한 국제인권규범에 규정된 사회보장은 소득 지원(질병, 장애, 출산, 산업재해, 실업, 노령, 가족의 사망의 이유로 인한 소득의 결여에 대한 지원), 의료 서비스 결여에 대한 지원, 아동과 부양가족에 대한 지원, 일반적인 빈곤과 사회적 배제에 대한 보호를 확보하기 위하여 현금 또는 현물 등의 급여를 제공하는 모든 조치를 포함하고 있다(ILO, 2014).

　사회적 보호(social protection)는 인권이며, 전 생애에 걸쳐 빈곤과 취약성을 줄이고 예방하기 위해 고안된 일련의 정책과 프로그램으로 정의된다(ILO, 2017). 사회적 보호는 사회보장(social security)과 혼용되어 사용되기도 하지만, 사회적 보호라는 용어는 노동과 관련하여 국제사회에서 최근에 많이 사용하고 있다.[1] 이는 사회적 보호가 기존의 개별 국가 중심인 사회보장을 재확인하면서 이를 더 확장시킨 개념이기 때문이다. 사회적 변화, 즉 지속되는 빈곤, 세계화의 영향, 비공식적이고 불안한 일자리의 증가 등으로 인해 많은 노동자가 기존의 사회보험에서 배제되고 있다. 왜냐하면 사회보험은 안정적인 고용으로 기여금을 내는 노동자를 중심으로 설계되었기 때문에 이러한 새로운 사회적 흐름에서 노동자들을 보호하기 어려운 부분이 있기 때문이다. 따라서 사회적 보호는 기존 사회보장제도로는 혜택을 받지 못하는 사람을 보장하는 정책과 모든 사람을 위한 사회보장의 확대가 필요하다는 것과 함께, 이를 해결하기 위해서는 한 나라만이 아니라 전 세계적인 협력이 필요하다는 내용을 담고 있다.

　사회복지, 사회보장, 사회적 보호는 완벽히 구분되는 개념이라기보다는 상황 및 강조하는 내용에 따라 선호되어 사용되는 것으로 보인다. 즉, 사회보장과 그 확대된 개념인 사회적 보호는 국제적인 기준과 영역 및 국가의 책무에 대한 내용을 중심으로 논의할 때 사용하고, 사회복지는 실천적인 내용과 한국에서 학문적인 내용을 중심으로 할 때 사용을 많이 한다.

　한편, 한국에서 법적인 용어로는 사회보장을 사용하고 있다. 「헌법」 제34조에서는 "제1항, 모든 국민은 인간다운 생활을 할 권리를 가진다. 제2항, 국가는 사회보장·사회복지의 증진에 노력할 의무를 진다."라고 하면서 사회보장과 사회복지라는 용어를 다 사용하고 있지만 「사회보장기본법」 제3조 정의에서 "사회보장이란 출산, 양육, 실

---

1) ILO의 World Social Protection Report 2017-19에서도 social security or social protection이라고 사용하고 있다(ILO, 2017).

업, 노령, 장애, 질병, 빈곤 및 사망 등의 사회위험으로부터 모든 국민을 보호하고 국민 삶의 질을 향상시키는 데 필요한 소득 · 서비스를 보장하는 사회보험, 공공부조, 사회 서비스를 말한다."라고 하면서 사회보장의 사용을 공식화했다.

3. 사회복지 관련 국제인권규범

1) 사회보장에 대한 권리

사회보장에 대한 권리는 대부분의 국제인권기구들에 의해 인식되고 지역 협약에 의해 강화되고 점점 더 국내법에 반영되는 기본적인 인권이다. 사회 보호 정책 및 프로그램의 설계, 구현 및 평가에서 이 권리를 존중, 보호 및 실현하기 위한 요구 사항이 권장되고 널리 인식되고 있다.

사회권 규약 일반 논평 19(2007)에서는 사회보장에 대한 권리를 다음과 같이 소개하고 있다.

(1) 기본 내용

사회권 규약에 명시된 권리를 실현하고 향유할 능력을 박탈당한 상황에 처했을 때는 모든 인간의 존엄성을 보장하기 위한 사회보장권이 가장 중요하다. 사회보장은 재분배 형태를 통해 빈곤 감소와 경감에 일조하고 사회적 배제를 방지하고 사회적 포용을 증진시키는 데 중요한 역할을 한다.

사회보장제도는 기여 방식으로 이루어지는 사회보험(노동자, 고용주, 때로는 국가가 의무적인 비용을 부담한다), 비기여 방식으로 이루어지는 제도, 사적으로 운영되는 제도 및 공동체 기반 형식의 보장 제도를 모두 포함한다. 여기서 비기여 방식은 특정 위험이나 위급한 상황을 겪는 사람들에게 제공되는 보편적인 제도(예: 아동 수당)와 수혜 대상이 정해진 공공부조 제도를 모두 포함한다.

(2) 사회보장권의 요소

사회보장권을 구성하는 요소는 다양할 수 있으나, 사회보장은 사회적 가치로 여겨져야 하며 단순히 경제적 또는 재정적 정책의 주요 수단으로만 여겨져서는 안 된다.

① 가용성(Availability-social security system)

사회보장에 대한 권리가 보장되기 위해서는 단일 제도이든 다수의 제도로 구성되었든 제도를 이용할 수 있어야 하고 관련된 사회위험이나 우발 사태에 급여 제공을 보장할 수 있는 적절한 제도가 있어야 한다. 국내법에 의해 제도가 구축되어야 하며, 공공당국은 제도의 실효성 있는 행정이나 감독에 대해 책임을 져야 한다. 현재뿐만 아니라 미래 세대 역시 권리를 실현하기 위해서 연금 관련 제도를 포함해 사회보장제도들은 지속 가능해야 한다.

② 사회위험과 우발 사태

사회보장제도는 ILO 핵심 협약에서 제시한 의료 지원 서비스, 질병, 고령, 실업, 산업재해, 가족 및 아동 지원, 출산, 장애, 유족과 소년소녀가장 등 아홉 가지의 주요 내용을 제공해야 한다.

③ 적절성(Adeguacy)

급여는 현금이든 현물 형태이든 가족을 보호하고 지원할 수 있는 권리를 실현하고, 적절한 수준의 생활을 유지하며, 적절한 의료 지원에 접근할 수 있도록 금액과 기간 면에서 적절하게 보장되어야 한다. 또한 국가는 규약 전문에 명시된 바와 같이 인간 존엄성의 원칙, 차별 금지 원칙을 온전히 지켜, 제공되는 급여의 정도와 형태에 대한 어떠한 역효과도 방지할 수 있도록 해야 한다. 적절성 판단을 위해 급여 수령인(수급인)들이 규약이 보호하는 권리를 실현하는 데 있어 필요한 물품과 서비스를 구매하기에 충분한지, 이 혜택이 제대로 보장되는지 정기적으로 점검되어야 한다. 만약 소득이 중단되어 사회보장제도 급여를 받아야 할 때 본인 부담금을 내야 한다면 소득과 본인 부담금, 급여 금액이 합리적으로 고려되어야 한다.

④ 접근성(Accessibility)

● **보장 적용 범위**: 모든 사람은 사회보장제도를 보장받아야 하고, 특히 가장 불우하고 소외된 집단에 속한 개인들은 규약의 제2조 제2항에 명시된 차별 금지 근거에 따라 차별 없이 보장받아야 한다. 사회보장제도의 보편적 적용을 보장하기 위해서는 비기여식 사회보장제도가 필수적이다.

● **적격성(자격)**: 급여를 받을 수 있는 자격 조건은 합리적이고 균형 있으며 투명하게

설정되어야 한다. 사회보장제도 급여 철회, 급여 절감, 급여 중단은 국내법에 명시된 근거를 기반으로 시행되어야 하며 정당한 법 절차에 따라야 한다.

● **감당 가능성**: 만약 사회보장제도가 급여 당사자의 기여를 요구한다면 본인 부담금에 대한 내용이 사전에 규정되어 있어야 한다. 보험료와 연관된 직접적이고 간접적인 비용과 부담금은 모두가 감당할 수 있는 정도여야 하며, 규약이 명시하는 다른 권리들의 실현을 저해하는 수준이어선 안 된다.

● **참여와 정보**: 사회보장제도 수급인들은 사회보장제도 집행 과정에 참여할 수 있어야 한다.[2)] 사회보장제도는 국내법에 의거해 구축되어야 하며 사회보장 급여에 대한 모든 정보를 명확하고 투명하게 찾고, 받고, 나눌 수 있는 개인과 조직의 권리를 보장해야 한다.

● **물리적 접근**: 급여는 시기적절하게 제공되어야 하고 수급인들은 급여와 정보에 접근하고 본인 부담금 기여 시에도 사회보장 서비스에 대한 물리적 접근이 가능해야 한다. 장애인, 이주민, 외지 혹은 재해가 일어나기 쉬운 지역 거주자뿐만 아니라 무장 분쟁이 발생하는 지역 거주자들에 특별한 주의를 기울여 그들 역시 이러한 사회보장제도에 접근할 수 있도록 보장한다.

(3) 특별 적용 주제

① 비차별과 평등

국가는 사회보장에 대한 권리를 남녀 모두가 평등하게 차별 없이 향유하도록 보장할 의무가 있다. 규약은 사회보장에 대한 권리의 동등한 향유 및 행사를 무효화하거나 저해하는 결과를 낳거나 그런 의도를 가지고 인종, 피부색, 젠더,[3)] 연령,[4)] 언어, 종교, 정치적 성향, 국가 혹은 사회적 출신 , 재산, 출생, 신체적 혹은 정신적 장애,[5)] 건강 상태(HIV/AIDS 포함), 성적 지향, 시민적 · 정치적 · 사회적 혹은 다른 지위 등을 근거로

---

2) 사회보장에 관한(최소 기준) 국제노동기구(ILO) 협약 제102호 (1952년)의 제71조, 72조는 유사한 요구 조건을 명시.

3) 경제적 · 사회적 · 문화적 권리를 향유할 수 있는 남성과 여성의 동등한 권리에 관한 일반 논평 제16조(2005년) 참조.

4) 일반 논평 제6호 참조. 위원회는 연금 수급 자격과 같이 연령을 기반으로 일부 구분이 이루어질 수 있다는 점을 강조. 주요 기본 원칙은 어떠한 차별 근거도 상황에 따라 합리적이고 정당하게 제시되어야 함.

5) 일반 논평 제5호 참조.

자행된 어떠한 차별도 금지한다. 또한 국가는 개인이 적절한 사회보장에 대한 접근을 할 수 없게 하는 차별 금지 근거에 해당하는 사실상의 차별을 제거해야 한다. 이를 위해 국가는 법안, 정책, 시행 프로그램, 자원 분배 등으로 모든 사회 구성원들의 사회보장 접근을 촉진시킬 수 있도록 보장한다.

　모두가 사회보장에 대한 권리를 지니지만, 국가는 전통적으로 이 권리를 행사하는 데 어려움을 겪는 집단, 특히 여성, 실직 노동자, 불충분한 사회보장 지원을 받는 노동자, 비공식 경제 노동자, 질병이 있거나 상해를 입은 노동자, 장애를 가진 사람들, 노인, 아동, 성인 부양가족, 국내 노동자, 재택근무자,[6] 소수 민족 집단 구성원, 난민, 비호 신청자, 국내 실향민, 귀향자, 비시민, 수용자, 피구금자 등과 같은 개인 혹은 집단에 특별한 주의를 기울여야 한다.

② 성 평등(젠더 평등)

　남성과 여성 모두의 의무적 정년퇴직 연령을 평등화하고, 여성이 공공 및 민간 연금 보험 모두로부터 동등한 혜택을 받고, 여성을 위한 적절한 수준의 출산 휴가, 남성과 여성 모두를 위한 육아휴직이 보장되어야 한다. 납부한 보험금 액수에 따라 보장 정도가 달라지는 보험의 경우, 평등하게 보험료를 낼 수 없는 상황, 예컨대 가족 돌봄으로 인한 경력 단절과 불평등한 임금 수준 등을 방지해야 한다. 또한 연금 수급액과 관련하여 자녀 양육 또는 성인 부양가족을 돌보기 위한 기간 등 사회보장제도 설계 과정에서 이와 같은 요소들을 고려해야 한다. 남성과 여성의 평균 수명의 차이는 복리 후생 제공 시(특히 연금의 경우) 직간접적 차별로 이어질 수 있기 때문에 사회보장제도 설계 과정에서 고려되어야 한다. 무기여식 사회보장제도 역시 여성이 남성보다 빈곤하게 살 가능성이 높고 종종 단독으로 육아 책임을 맡게 된다는 점도 고려해야 한다.

③ 사회보장제도로부터 불충분한 보호를 받는 노동자들(시간제 노동자, 임시 노동자, 자영업자 및 재택근무자)

　시간제 노동자, 임시 노동자, 자영업자, 재택근무자 등을 포함해 사회보장제도로부터 충분한 보호를 받지 못하는 노동자들을 위해 국가는 최대 가용 자원을 활용해 이들이 사회보장 보호를 받을 수 있도록 해야 한다. 이러한 노동자들을 위한 사회보장제도

---

6) 재택근무자는 고용자 혹은 유사 기업체 혹은 활동에 대한 급여를 받기 위해 집에서 근무하는 이들을 뜻한다. 재택근무에 관한 국제노동기구(ILO) 제177호 협약 참조.

는 직업 활동에 기반을 두거나 정규직 노동자가 누리는 혜택에 상응하는 조건들로 조정되어야 한다. 업무상 재해를 당한 경우를 제외하고 이러한 조건들은 근무 시간, 개인 분담금, 소득 등의 비율을 고려하거나 다른 적절한 방법을 통해 결정되어야 한다. 직업 기반의 사회보장제도 범위 내에서 이러한 노동자들이 보호받지 못하는 경우, 국가는 보완적인 조치를 도입해야 한다.

④ 비공식 부문 노동자

사회보장제도로부터 충분한 보호를 받지 못하는 비공식 부문의 노동자들에 대해 국가는 가능한 한 자원을 최대한으로 활용해 보호를 받을 수 있도록 보장해야 한다. 국제노동회의에서는 비공식 경제(비공식 노동 시장)를 "법적으로나 실제로 공식적인 협약 보장 범위에 포함되지 않거나 불충분한 보장을 받는 노동자 및 경제 단위의 모든 경제 활동"으로 정의해 왔다. 공식적인 고용 관계, 사업 단위 혹은 등록 거주지에 기반한 사회보장제도의 경우 이들에 대한 당사국의 책무는 특히 더 중요하다.

국가가 취할 수 있는 조치에는 다음의 사항들이 포함될 수 있다. 비공식적 사회보장 제도에 접근을 저해하는 방해 요소들 제거하기, 위험 및 우발 사태에 대한 최소 수준의 보장과 시간 경과에 따른 점진적 지원 확장, 그리고 소액 보험 및 기타 소액 신용 관련 제도와 같은 비공식 경제 내에서 개발된 사회보장제도를 존중하고 지원한다. 비공식 경제의 규모가 큰 국가들에서 모든 사람에게 적용될 수 있는 보편적인 국민연금 및 의료보험 제도와 같은 사회보장 프로그램을 채택하는 것은 이러한 조치들의 예가 될 수 있다.

⑤ 토착민 및 소수 집단

국가는 토착민과 소수 민족 및 소수 언어를 구사하는 집단이 직접 혹은 간접적인 차별, 특히 불합리적으로 제시된 자격 조건 혹은 불충분한 정보 제공 등의 차별로 인해 사회보장제도로부터 소외되지 않도록 각별한 주의를 기울여야 한다.

⑥ 비시민(이주 노동자, 난민, 비호 신청자, 무국적자)

국적에 근거한 차별을 금지하며 이주 노동자를 포함한 비시민들이 사회보장제도에 가입해 보험료를 냈을 경우 급여를 받을 수 있어야 하고 출국 시 납부한 보험료를 환급받을 수 있어야 한다. 이주 노동자는 근무 지역 변동에 상관없이 사회보장제도의 보호를 받을 자격을 지닌다. 비시민들은 소득 보조금에 대한 무기여식 사회보장제도에 접근할 수 있어야 하고, 의료 지원 및 가족 지원에 대한 접근 역시 감당할 수 있는 수준이어야 한다. 신청 기간을 포함한 제약은 무엇이든지 균형적이고 합리적인 근거에 기반해야 한다. 국적, 거주 지역, 이주 상황과 관계없이 모든 사람은 우발 사태 발생 시 의료 지원을 받을 자격을 지닌다. 난민, 무국적자, 비호 신청자 및 그 외 소외 계층은 국제 기준에 상응하는 의료 지원과 가족 지원을 포함해 무기여식 사회보장제도를 동등하게 향유할 수 있어야 한다.

외국인 주민 긴급
생활비 지원

⑦ 국내 실향민 및 국내 이주자

국내 실향민은 차별 없이 사회보장제도를 향유할 수 있어야 하며, 국가는 거주 지역을 한정하지 말고 이주한 곳에서 관련 서비스를 제공하는 등 사전 예방적 조치를 취해 이들이 사회보장제도에 접근할 수 있도록 보장해야 한다. 국내 이주자들은 거주 지역에서 사회보장제도에 접근할 수 있어야 하며, 등록되지 않은 다른 지역으로 이전한 개인들이 거주지 등록 제도로 인해 사회보장제도 접근에 제약을 받아서는 안 된다.

(4) 국가의 책무

① 존중의 책무

국가는 사회보장권 향유에 국가가 직간접적으로 간섭하지 않도록 요구된다. 예를 들어, 적절한 사회보장에 접근하는 것을 거부하거나 제한, 사회보장을 위한 자조 모임이나 공동체 기반으로 관례적 · 전통적으로 조직된 모임들에 임의적이거나 비합리적으로 간섭, 개인 혹은 법인 단체에 의해 설립된 기관을 자의적이거나 비합리적으로 간섭하는 관행과 행위를 지양하도록 한다.

② 보호의 책무

국가는 제3자가 사회보장권 향유를 방해하지 않도록 해야 한다. 제3자라 함은 개인, 단체, 기업, 기타 기관뿐만 아니라 그들의 위임을 받아 활동하는 주체들을 포함한다. 보호의 책무를 지키기 위해서는 실효성 있고 필수적인 법안 및 다양한 조치를 채택하여야 한다. 예를 들어, 제3자에 의해 시행되는 혹은 다양한 기관이 시행하는 사회보장제도에 동등한 접근을 하지 못하도록 제약을 부과하거나, 불합리한 자격 조건을 부과하거나, 자의적 또는 부당하게 사회보장제도와 동등한 자조 모임 및 공동체 기반으로 관례적·전통적으로 조직된 모임들을 간섭하거나, 사회보장제도 내에서 피고용자들에게 법적으로 지급하게 되어 있는 수당이나 급여를 지급하지 않는 행위 등을 지양해야 한다.

기여식 사회보험이든 아니든 사회보장제도가 제3자에 의해 시행되거나 관리되는 경우, 국가는 국가 사회보장제도를 관리하고 사적 행위자들이 감당할 수 있으며 접근 가능하고 적절한 사회보장제도에 동등하게 접근하는 것을 보장하며 사회보장 가입을 타협의 대상으로 삼지 않도록 보장한다. 그리고 오용을 방지하기 위해 법 체계, 독립적인 감시 체계, 참여 제도 마련, 불이행에 대한 벌금 부과 등을 포함하는 규제 제도가 구축되어 즉각적인 효력이 발생할 수 있도록 한다.

③ 실현의 책무

국가는 사회보장권의 완전한 실현을 지향하는 사회보장제도의 이행을 포함하여 필요한 조치를 채택해야 한다. 이는 증진 및 제공의 책무로 세분될 수 있다.

● 증진의 책무

국가는 개인 및 공동체가 사회보장권을 향유할 수 있도록 조력하는 조치들을 취해야 한다. 되도록 법적 이행을 하는 방식으로 국가의 정치 제도 및 법 제도 내에서 권리를 충분히 인정하고, 권리 실현을 위해 국가 사회보장제도에 대한 전략 및 시행 제도를 채택하며, 사회위험과 우발 사태 발생 시 적절하고 접근 가능한 사회보장제도의 혜택을 받도록 보장한다. 적절한 교육, 사회보장제도에 대한 인식 제고를 보장하는 조치를 취하고, 특히 지방이나 도심 외곽 혹은 소수 언어, 민족 집단에 대한 교육 및 인식 제고를 보장해야 한다.

● 제공의 책무

국가는 개인이나 집단이 자신이 스스로 어찌할 수 없는 형편이라 간주되는 합리적인 이유에 근거해 기존 사회보장제도 내에서 권리를 스스로 실현할 수 없을 때, 자유롭게 사회보장제도에 접근할 수 있는 수단이 보장되어야 한다. 국가는 보호받기 위한 충분한 기여를 할 수 없는 개인과 집단에 지원하기 위해 무기여식 제도나 기타 사회 지원 대책을 수립해야 한다. 예를 들면, 자연재해가 발생한 경우 혹은 그 후의 상황이나 무력 충돌 및 흉작 등 비상사태 시, 사회보장제도의 혜택을 받을 수 있도록 하는 각별한 주의가 필요하다.

사회보장제도는 특히 세입 및 수급인의 분담금으로도 사회보장제도를 감당하기에 무리가 있는 소외 계층 및 집단을 보호할 수 있어야 한다. 사회보장제도에 가입하지 않아도 즉시 혜택을 받을 수 있는 저비용 및 대안적 제도를 마련할 수도 있으며, 이러한 대안은 향후 정기적인 사회보장제도로 통합될 수 있어야 한다. 또한 비공식 고용 형태로 인해 사회보장 접근에서 배제된 사람들을 점진적으로 포함시키기 위한 정책이나 입법 체계가 채택되고 도입될 수 있다.

2) 사회적 보호

사회적 보호는 사회보장권에 대한 인식을 높이면서 빈곤과 사회적 배타 및 불평등을 줄이며, 사회적 보호의 확대는 경제 회복 및 발전에 중요한 역할을 수행한다(이지은, 2014). 2012년 ILO 총회에서는 185개 회원국과 노사 대표들의 만장일치로 '사회적 보호 최저선 권고 202(Social Protection Floor Recommendation 202)'가 채택되었다. 그리고 총회에서는 모든 사람이 자신의 거주지에 관계없이 기본적인 최저 보호를 보장받아야 한다는 점에 아무런 이의도 없이 합의하였다. 이 권고는 세계인권선언 제22조, 25조, 사회권 규약 제9조, 10조, 11조를 규범적 토대로 하고 있음을 명시적으로 언급하고 있다. 그리고 기존의 ILO 사회보장 기준을 보완하고, 포괄적 사회보장제도의 일환으로 국내 상황과 발전 수준에 맞는 사회적 보호 기반을 구축함에 있어 당사국(회원국)들에게 지침을 제공하고 있다(김성미, 2014).

이 권고안은 회원국들에게 두 가지 전략을 통해 종합적인 사회보장 시스템을 확립하고 유지하도록 요구한다. 즉, 국가는 먼저 모든 거주인과 아동들에게 필수 의료 서비스 관리와 기본 소득을 보장하는 국가별 사회적 보호 최저선을 구축하고 유지해야 하며, ILO 사회보장 기준(102호 협약 및 그 보다 더 높은 기준)에 따라 더 높은 수준의 보호를 점진적으로 보장해야 한다.[7]

권고에 따르면 사회적 보호 최저선은 다음의 기본 사회보장 방안을 포함해야 한다.

7) https://socialprotection-humanrights.org/key-issues/social-protection-systems/social-protection-systems-and-social-protection-floors/ (최종 접속일: 2020. 1. 24.)

> **사회적 보호 최저선(social protection floors)이 요구하는 기본 사회보장 방안**
>
> 1. 가용성, 접근성, 수용성 및 질적 기준을 충족하는 모성 보건 관리 등 필수 의료 서비스에 해당하는 국내에서 정한 일련의 상품과 서비스에의 접근
> 2. 아동에게 영양, 교육, 돌봄 및 기타 필요한 상품과 서비스에 접근할 기회를 제공하도록 국내에서 정한 최저 수준 이상의 기초소득 보장
> 3. 질병, 실업, 출산 및 장애의 경우로 충분한 소득을 확보할 수 없는 생산 활동 연령에 해당하는 사람을 위한 국내에서 정한 최저 수준 이상의 기초소득 보장
> 4. 고령자를 위한 국내에서 정한 최저 수준 이상의 기초소득 보장
>
> ➤ 국내법령이 정하는 바에 따라 이 권고에서 언급된 기초 사회보장 방안을 적어도 모든 거주자와 아동에게 제공하여야 한다.

ILO 102호 협약을 비롯하여 여러 국제 규범이 제시한 내용을 기반으로 사회적 보호 시스템을 권리 기반 접근 방식으로 설계하고 구현하기 위한 원칙들을 제시하면 다음과 같다.[8]

> 1. **필수적 가입**: 사회적 보호 시스템을 구성하는 다양한 제도와 프로그램으로 모든 사람이 보호될 수 있도록 각 시스템들은 제휴되어야 한다.
> 2. **정부의 책임**: 당사국 정부는 정기적인 보험 수리적 평가를 통해 재정적 지속 가능성 확보를 포함한 사회보장제도의 적절한 관리를 보장할 전반적인 책임이 있으며, 급여가 정당하게 제공되도록 보장할 의무가 있다.
> 3. **집합적 자금 조달(collective financing)**: 사회보험 기여금이나 세금 또는 둘의 혼합을 사용하든지 간에, 복지 비용 및 모든 복지 제공 관리와 관련된 비용은 사회 연대와 응집력을 보장하기 위하여 사회의 모든 구성원이 분담하여야 한다.
> 4. **운영 참여**: 제도에 의해 보호되는 사람들의 이해가 적절하게 고려되도록 하기 위하여, 보호받는 사람들의 대표자들은 제도 운영에 참여하거나 협의해야 한다.
> 5. **적절한 절차**: 사회보장제도에 의해 보호받는 사람은 급여의 거부 또는 급여의 질 또는 양에 대한 불만의 경우에 항소할 권리가 있어야 한다.

---

8) https://socialprotection-humanrights.org/key-issues/social-protection-systems/ (최종 접속일: 2020. 1. 24.)

6. **정지 사유**: 사회보장 급여가 완전히 금지된 것은 아니지만 정지로 이어지는 경우는 다음의 세 가지 유형으로 제한한다. ① 급여 자격을 취득한 국가의 영토에서 수급인의 부재, ② 수급인이 공공 비용 또는 사회보장 기관이나 서비스 비용으로 생활이 유지되거나 기타 이익이나 배상을 받는 경우, ③ 수급인의 개인적인 행동과 관련된 경우, 예를 들면 부정 청탁이나 고의적인 위법 행위를 하는 경우 등.

7. **주기적 조정**: 노령 연금과 같이 장기적으로 제공되는 급여는 시간이 지나도 구매력을 유지할 수 있도록 생활비의 변화에 따라 주기적으로 조정되어야 한다.

세계의 사회적 보호 실태를 파악하기 위하여 ILO는 2012년부터 『세계 사회적 보호 보고서(World Social Protection Report)』를 발간하고 있다. 2017년 발간된 보고서(World Social Protection Report 2017-19: Universal social protection to achieve the Sustainable Development Goals)에서는 사회적 보호 최저선을 포함하여 사회적 보호 시스템의 최근 동향에 대한 개요를 제공하고 있다(ILO, 2017). 그리고 생애 주기적 접근에 따라 아동, 여성, 노동 연령의 여성과 남성, 노인 등을 위한 현재 사회적 보호 통계 분석 내용을 포함하고 있다. 보고서의 주요 내용은 다음과 같다. [그림 4-1]과 같이 전 세계 인구의 45.2%가 사회적 보호 급여를 받을 수 있는 반면에, 나머지 54.8%(40억 명)는 보호되지 않고 있다. 세계 여러 지역에서 사회적 보호의 확장은 상당한 진전이 있었음에도 불구하고 사회보장에 대한 인권은 아직 세계 인구의 대다수에게는 현실이 아닌 채로 남아 있다.

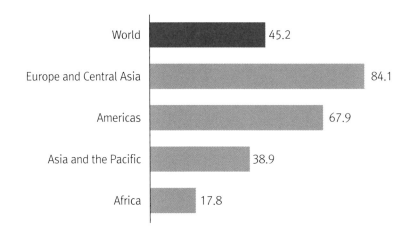

[그림 4-1] 1개 이상의 사회적 보호 급여를 적용받는 인구(%)

출처: http://www.social-protction.org

ILO의 추정에 따르면, 전 세계 인구의 29%만이 아동 및 가족 수당에서 노령 연금에 이르기까지 모든 급여를 포함하는 포괄적인 사회보장 시스템에 의해 보장되고 있으며, 대다수(71% 또는 52억 명)는 보호되지 않거나 부분적으로만 보호되고 있다. 이러한 보호의 격차는, 특히 아프리카, 아시아 및 아랍 국가와 같이 사회적 보호에 대한 투자가 심각하게 낮은 것과 관련이 있으며, 사회적 보호가 결여되어 있는 사람들은 전 생애에 걸쳐 빈곤, 불평등, 사회적 배제에 취약하여 경제적·사회적 발전에 큰 걸림돌이 되고 있다고 보았다. 따라서 사회적 보호에 대한 투자가 저조한 아프리카, 아시아 및 아랍 국가에서 사회적 보호 범위를 확대하려면 공공 지출 수준을 늘려야 한다. 비공식 경제에 있는 사람들에게 사회적 보호 범위를 확대하고 공식 경제로의 전환을 촉진하는 것은 존엄한 일(decent work)을 장려하고 빈곤을 예방하기 위한 중요한 열쇠이다. 그리고 포괄적인 사회적 보호 시스템을 구축하려면 사회적 보호 시스템을 인구 통계학적 변화, 직업 세계의 진화, 이주, 취약한 상황 및 환경 문제에 맞게 조정해야 한다고 하였다.

4. 한국의 사회복지와 인권

1) 한국의 「헌법」과 법률에서의 인권

한국 사회보장제도
변천사

먼저, 「헌법」상 사회권의 성격을 알아보면 다음과 같다. 대한민국 「헌법」은 '제31조 (교육을 받을 권리), 제32조(근로의 권리), 제34조(인간다운 생활을 할 권리), 제35조 제3항 (주거권), 제36조 제2항(모성 보호), 제36조 제3항(보건권) 등 사회권을 명문으로 보장하고 있다(국가인권위원회, 2019a). 그러나 「헌법」이 보장하는 사회권의 범위가 사회권 규약보다 좁은 점, 사회권을 포함하여 「헌법」상 권리가 국민에게만 해당된다는 점에 대하여 사회권위원회는 한국 정부의 제3차 정부 보고서에 대한 최종 견해에서 우려를 표하였다.

그리고 「헌법」상 사회적 기본권이 개인이 국가에게 주관적으로 주장할 수 있는 주관적인 권리라는 점은 인정되고 있으나, 사회권에 대한 실질적인 심사는 이루어지지 않고 있는 문제도 있다. 즉, 국가의 광범위한 입법 재량을 인정하여 「헌법」상 사회권의 보장에 대한 실질적인 심사를 기피하는 태도를 동시에 보이고 있는 것이다(박찬운,

2006; 이주영, 2017). '1994년 생계 보호 기준 위헌 확인' 「헌법」 소원 판례에서, 사회권은 "입법부나 행정부에 대하여는 국민 소득, 국가의 재정 능력과 정책 등을 고려하여 가능한 범위 안에서 최대한으로 모든 국민이 물질적인 최저생활을 넘어서 인간의 존엄성에 맞는 건강하고 문화적인 생활을 누릴 수 있도록 하여야 한다는 행위의 지침, 즉 행위 규범"이자, 「헌법」재판에 있어서는 다른 국가 기관, 즉 입법부나 행정부가 국민으로 하여금 인간다운 생활을 영위하도록 하기 위하여 객관적으로 필요한 최소한의 조치를 취할 의무를 다하였는지를 기준으로 국가 기관의 행위의 합헌성을 심사하여야 한다는 통제 규범"이라 하였다.[9] 그래서 "입법부 또는 입법에 의하여 다시 위임받은 행정부 등 해당 기관의 광범위한 재량"을 심사 기준으로 택한다. 따라서 헌법재판소는 "생계 보호 수준이 일반 최저생계비에 못 미친다고 확인했음에도 그것만으로는 「헌법」에 위반되거나 인간다운 생활을 할 권리를 침해한 것으로 볼 수 없다."라고 하였다. 이 같은 태도는 2002년 국민기초생활보장 최저생계비 위헌 판례[10]에서도 이어지고 있다. 여기에서도 "장애인가구에 지급되는 생계급여가 최저생계비에 못 미친다 하더라도 생활 능력이 없는 장애인가구 구성원의 인간다운 생활을 할 권리가 침해되었다고 할 수 없다."라고 결정하였다. 향후 인간 존엄의 보호로서 사회권 실현을 위해서는 이와 같이 사회권을 보장하지 않고 있는 국가 행위의 정당성을 쉽게 인정해 주는 사법 태도에 대한 재검토가 필요하다(이주영, 2017).

「헌법」 다음으로 사회복지와 관련된 법률은 「사회보장기본법」이다. 「사회보장기본법」은 "사회보장에 관한 국민의 권리와 국가 및 지방자치단체의 책임을 정하고 사회보장 정책의 수립·추진과 관련 제도에 관한 기본적인 사항을 규정함으로써 국민의 복지 증진에 이바지하는 것"을 목적하고 있다. 이러한 목적 규정은 「헌법」 제34조 제1항에 있는 인간다운 생활을 할 권리와 제2항의 국가의 의무를 구체화하려는 규범적 목적을 분명히 하고 있다(윤찬영, 2010).

「사회보장기본법」에서는 "사회보장이란 출산, 양육, 실업, 노령, 장애, 질병, 빈곤 및 사망 등의 사회위험으로부터 모든 국민을 보호하고 국민 삶의 질을 향상시키는 데 필요한 소득·서비스를 보장하는 사회보험, 공공부조, 사회서비스를 말한다."라고 하여 광의의 사회복지 개념을 나타내고 있다. 여기서 사회위험으로 규정하고 있는 것들은 사회위험 중 특별히 개입하고자 하는 의지를 나타낸 것이라고 할 수 있는데, 국제 규범

---

9) 헌법재판소 1997. 5. 29. 선고 94헌마33.
10) 헌법재판소 2004. 10. 28. 선고 2002헌마328.

에서 중요하게 보장되어야 하는 기준으로 제시하고 있는 산업재해가 빠져 있다. 물론 「산업재해보상보험법」으로 산업재해에 대한 급여가 제공되고 있으나 국제 규범에서 제시하는 기준에는 미치지 못하고 있다. 이와 같이 사회복지와 관련된 많은 국제 규범의 기준들이 구체적으로 입법되지 못하여 보장받지 못하고 있다. 또한 사회적 보호에 대한 적용도 아직까지는 많이 반영되지 않고 있어서 향후에는 사회적 보호를 중심으로 사회복지제도를 보완하려는 노력들이 필요할 것으로 보인다. 이는 다음의 사회권 규약 정기 보고서에 대한 최종 견해를 통해 더 자세하게 알아보도록 하겠다.

2) 국제 기준의 적용

한국은 1990년에 사회권 규약에 가입, 비준하였으며 사회권 규약 가입 당사국으로 2001년, 2006년, 2009년, 2016년에 걸쳐 사회권 규약의 이행 상황에 관한 정부 보고서를 제출했다. 2016년 사회권 규약 4차 정기 보고서에 대한 최종 견해를 중심으로 사회복지 관련 내용을 정리하면 다음과 같다.

먼저, 부양의무자 기준으로 인해 사회보장 혜택을 필요로 하는 개인과 가정이 혜택을 받지 못하는 문제가 있어, 사회보장 급여의 적격성 기준으로 부양의무자 기준을 완전히 폐지하여 필요한 사람들이 실제로 사회보장 혜택을 누릴 수 있도록 보장할 것을 촉구하였다. 또한 특정 사회보장 급여의 액수가 부족하다는 것을 우려하며, 충분한 액수의 사회보장 급여, 특히 국민기초생활보장제도에 의한 혜택을 보장할 것을 권고하였다.

국민건강보험에 대해서는 제한적인 보장 범위로 인해 개인 의료 비용과 고가의 민간 보험료가 가계에 큰 재정적 부담을 초래한다는 점에 대하여 우려하였다. 한국의 국민건강보험 보장률은 광범위한 비급여 항목 등으로 인해 63%대 수준에 머물러 국민의 의료비 부담이 해소되지 않으며, 중증 질환의 발병 등 높은 의료비가 발생하는 경우 국민건강보험만으로 의료비 지출을 감당하기 어렵다는 인식이 확산됨에 따라 민간 의료보험에 의지하는 사례가 늘어나고 있다. 게다가 소득이 낮은 계층은 보험료 부담으로 인해 민간 의료보험의 가입이 저조하며, 그 결과 고액 의료비 부담에 더욱 취약한 상태에 놓이게 되었다(이동우, 2017). 그래서 특히 소외된 집단들이 의료 서비스를 감당할 수 있도록 국민건강보험 보장 범위의 적절성을 보장할 것을 촉구하였다. 이를 위해 위원회는 비전염성 질병을 포함하여 질병 및 건강 상태에 대한 예방 및 치료 서비스를 건강보험 범위에 포함시킬 것을 권고하였다. 또한 국민건강보험과 의료 급여 시스템에서 적격성에 대한 장애를 제거함으로써 보편적 보장 범위를 보장할 것을 촉구하였다.

노인과 관련해서는 고령 인구의 복지가 당사국의 최우선 과제임에 주목하면서, 노인 빈곤의 만연과 요양 시설에서의 학대를 포함한 노인 학대 보고에 대하여 우려했다. 그래서 노인들이 존엄하고 안전한 환경에서 살 수 있도록 조치를 취할 것과, 특히 다음의 내용을 권고하였다. ① 국민연금 자격 요건의 적절성과, 노인들이 적절한 생활 수준을 누릴 수 있도록 수령 액수를 보장할 것, ② 노인들이 가능한 한 오랫동안 집에 머물 수 있도록 하고, 지역사회 기반 돌봄을 보장할 것, ③ 노인 학대의 근본 원인을 확인하고 조치를 취할 것, ④ 요양 시설 모니터링의 획기적인 강화와 노인 학대 신고 시스템 강화 등의 조치를 포함하여 학대를 방지할 것 등이다.

아동과 관련해서는, 먼저 가족 내 아동 학대가 증가하고 있다는 점과, 특히 부적절한 보고 및 피해자 보호 시스템에 관하여 우려하였고 다음의 내용을 권고하였는데, ① 아동과 접촉하는 전문가가 신고 의무자로 지정되도록 하고, 아동 학대를 의심하는 개인에게도 신고의 의무를 도입하는 것을 고려할 것, ② 아동 학대 피해자가 가해자로부터 격리되도록 하기 위하여 법적 규정 및 인프라가 마련되도록 할 것, ③ 학대아동 피해자를 위한 가족 유형 대체 돌봄을 홍보할 것 등이다.

주거에 있어서는 주거 정책이 노숙인에 대한 장기적 해결책을 제공하고 있지 않다는 점을 우려하였다. 또한 적절하지 않은 주거지에 거주하는 개인과 가구의 숫자가 많다는 점, 주택 부족으로 인한 경우를 포함한 높은 주거비용, 강제 퇴거에 대한 적절한 세입자 보호 장치 부족에 대하여도 우려하였다. 그래서 다음과 같은 주택 정책을 고안할 것을 권고하였는데, ① 노숙의 근본 원인을 다루고 노숙인을 위한 장기적인 해결책을 추구할 것, ② 사회 주택을 포함하여 적절하고 부담 가능한 주택의 이용 가능성을 증가시킬 것, ③ 불합리한 주거비용을 포함하여 민간 부문에서 치솟는 주거비를 규제하는 메커니즘을 도입하고, 임차인의 더 오랜 계약 기간을 보장하기 위하여 임대차 계약 갱신을 제공할 것, ④ 협의권, 적절한 절차상 보호 장치, 적합한 대체 주택에 대한 접근권 또는 적절한 보상을 포함하여, 법률이 모든 집단에게 퇴거에 대한 적절한 보호를 제공하도록 보장할 것 등이다.

자살에 대한 부분을 주목하여 권고한 점도 인상적이다. 『자살예방백서』(2019)에 따르면, 한국의 자살률은 외환 위기 시기인 1998년에 급격히 증가한 이후 지속적인 상승 경향이 관찰되었으며, 카드 대란 사태가 있었던 2003년과 글로벌 금융 위기 직후인

2009년을 기점으로 더욱 가파르게 증가하면서 유럽발 금융 위기가 발생한 2011년 최고치(31.7명)를 기록했다. 2017년 자살률은 24.3명으로 OECD 국가 중 2위를 차지하고 있다. 또한 연령대가 높을수록 자살률이 높은 양상을 보이는 것이 특징이다. 최종 견해에서는 높은 자살률의 근본적인 사회적 원인을 다루기 위해 취해진 조치에 관한 정보의 부족을 유감스럽게 생각하며, 교육 및 노동에서의 과도한 스트레스, 노인 빈곤, 그리고 성소수자와 같은 특정 집단이 겪는 차별과 증오 발언 등 사회적 근본 원인을 다루는 것을 포함하여 자살 예방 노력을 강화할 것을 권고하였다.

정신건강과 관련해서는 정신건강 서비스를 이용할 수 있는 정신질환을 가진 사람의 비율이 매우 낮은 점을 우려하였다. 그래서 정신건강 서비스의 가용성과 접근성을 확대하고, 특히 지역사회 기반의 진료를 장려하고 정신건강 서비스에 더 많은 예산을 할당하는 것을 권고하였다.

성 및 재생산 건강의 권리에서는 낙태의 범죄화를 우려하며 여성의 성 및 재생산 건강과 존엄성 보호의 권리를 보장하고 성 및 재생산 건강 서비스가 모든 사람에게 제공되고 접근 가능하도록 보장하길 촉구하였다. 한국은 2019년 4월 헌법재판소가 낙태죄에 대해 「헌법」 불합치 결정을 내리면서 이에 대해서는 보장 방안을 마련하고 있다.

HIV/AIDS 감염인의 의료와 관련해서도 권고를 했는데, HIV/AIDS 감염인에 대한 의료 행위를 거부하는 의료인에 대한 보고에 우려하였다. 그래서 HIV/AIDS 감염인이 의료에 차별 없이 접근하고 치료를 받음으로써 건강권을 향유하도록 보장할 것을 촉구하였다.

세계 에이즈의 날
'Hiv-Fi 패스워드'
캠페인

5. 사례와 토론

> **복지부, 미성년자 건강보험료 납부 의무 폐지 인권위 권고 '불수용'**
>
> 미성년자에 대한 건강보험료(건보료) 연대납부 의무를 폐지하라는 국가인권위원회(인권위)의 권고에 대해 보건복지부(복지부)가 수용하지 않는다는 입장을 밝혔다. 앞서 인권위는 "생계를 위해 근로를 해야 하는 미성년자에게 건강보험료 납부 의무가 있어 이로 인한 경제적 부담이 미성년자에게 가해지고 있다."라며 복지부에 제도 개선을 권고한 바 있다.

인권위는 26일 "지역 가입자 미성년자에 대한 건강보험료 연대납부 의무를 폐지하라는 인권위의 권고에 대해 복지부가 지난 8월 불수용 의사를 회신했다."라고 밝혔다. 복지부는 "모든 지역 가입자 미성년자에 대한 연대납부 의무 면제는 도덕적 해이 등 부작용 발생이 우려된다."라며 불수용 이유를 밝혔다. 아울러 복지부는 "재산 및 소득이 없거나 소득이 연 100만 원 이하인 미성년자는 이미 예외적으로 보험료 납부 의무를 면제하고 있고, 이에 따라 미성년자 지역 가입자의 97%가 납부 의무를 면제받고 있다."라고도 했다.

그러나 인권위는 복지부의 조처가 미성년자에 대한 보호가 국가의 의무임을 강조하는 「헌법」의 정신에 어긋난다고 주장했다. 인권위는 "(인권위 권고는) 미성년자가 취약 계층임에도 불구하고 이들에게 다른 성년인 세대원과 동일하게 연대납부 의무를 부과하는 현행 규정을 개선하는 데 의의가 있다."라며 "미성년자에 대해 납부 의무를 예외적으로 면제해 주는 것이 아니라, 지역 가입자 미성년자의 연대납부 의무는 폐지돼야 한다."라고 강조했다.

아울러 인권위는 복지부가 제기한 도덕적 해이 우려에 대해서도 "우리나라와 유사한 부과 체계를 가지고 있음에도 미성년자에 대해 납부 의무를 부과하지 않는 국외 사례 등을 참고해 추가적인 제도적 개선 방안을 마련할 문제"라고 판단했다. 인권위는 또 "국민건강보험공단의 연간 보험료 수입을 고려할 때 현재 납부하고 있는 전체 보험료 수입 중 3%인 미성년자의 보험료 수입은 건강보험 재정에 큰 영향을 미치지 않고, 미성년자에게 건강보험료의 연대납부 의무를 부과하는 국외 사례가 발견되지 않는 점 등에 비춰 봐도 제도 개선의 필요성이 있다."라고 덧붙였다.

앞서 인권위는 "국민건강보험공단이 그룹홈 등 사회복지시설에 거주하는 만 8살의 아동에게 부모의 체납 보험료에 대한 독촉장을 보내는 등 미성년자에 대한 건강보험료 납부 의무 부과와 관련된 진정이 여러 건 접수됐다."라며 보건복지부 장관에게 지역 가입자 건강보험료 납부 의무 부과 대상에서 미성년자를 제외할 것을 권고했다.

출처: http://www.hani.co.kr/arti/society/society_general/911009.html#csidxac15fcda63763fb8c7bbab4daacc08c
 (한겨레, 2019. 9. 26.)

토론하기

☑ 국민건강보험제도의 목적은 무엇인가?

☑ 지역 가입자 미성년자에 대한 건강보험료 연대납부는 인권적 측면에서 무엇이 문제인가?

☑ 미성년자에 대한 연대납부 의무 면제는 어느 부분에서 도덕적 해이를 가져오는가?

☑ 국민건강보험제도는 인권보장을 위해 무엇을 해야 하는가? 이를 위해 우리는 무엇을 해야 하는가?

제5장

국제 인권보장 체계

Human Rights
and
Social Welfare

국제 인권 체계는 [그림 5-1]과 같이 유엔 기준과 지역 기준(대륙 기준)으로 분류할 수 있다. 이번 장에서는 유엔과 지역의 인권기준과 관련 제도를 살펴보고 한국의 이행 노력과 사회복지사의 역할을 포함한 NGO의 역할에 대해서도 살펴보고자 한다.

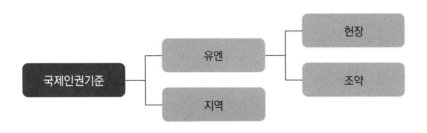

[그림 5-1] 국제인권기준 분류

1. 유엔 인권 체계

유엔은 제2차 세계대전에 대한 반성의 결과로 1945년 설립되었다. 유엔은 주권국가를 대표하는 정부가 회원으로 참여하는 정부 간 기구(Inter-Governmental Organization)이자, 세계 주요 NGO(Non-Governmental Organization, 시민 단체)가 모이는 장이기도 하다(정진성, 2019, p. 6).

유엔은 헌장 전문에(1945년) "기본적 인권, 인간의 존엄과 가치, 여성과 남성의 평등한 권리에 대한 신념을 재확인"하고, 제1조 제3항에 "인종, 성별, 언어, 종교와 관계없이 모든 인간의 인권과 기본적 자유의 존중을 증진하기 위한 국제 협력 달성"을 규정함으로써 유엔을 중심으로 한 인권 논의의 확고한 토대를 마련하였다. 따라서 유엔헌장의 정신에 따라 유엔의 모든 기관은 인권보장의 의무를 지닌다(이준일 외, 2105, p. 30). 유엔의 인권보장제도는 [그림 5-2]와 같이 유엔헌장을 근거로 한 헌장기구와 인권조약에 근거한 조약기구로 구분할 수 있다. 두 제도는 상호보완적인 역할을 수행한다. 유엔의 인권보장제도 중 대표적인 헌장기구는 인권이사회이고, 대표적인 조약기구는 9개의 인권조약 이행을 모니터링하는 위원회다.

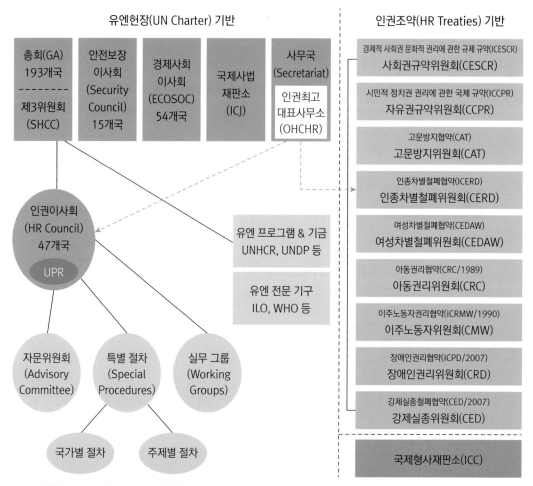

제1위원회(정치위원회), 제2위원회(경제위원회), 제3위원회(사회·문화 위원회), 제4위원회(신탁통치위원회), 제5위원회(행정·예산 위원회), 제6위원회(법률위원회), 특별위원회 등 7개 위원회 ICJ-유엔 회원국들 사이에 법적 분쟁 조정 ICC-대량 학살죄, 반인도적 범죄, 전쟁 범죄를 저지른 개인이나 국가에 대한 재판(로마 규정 비준국, 안보리 회부 시 적용)

[그림 5-2] 유엔 인권 체계

출처: 오선영 외(2009), p. 19; 정진성(2019), p. 86 재구성.

1) 유엔헌장에 근거한 인권기구

유엔헌장에 따라 유엔의 모든 기관은 모든 사람의 인권과 기본적 자유에 대한 존중을 촉진하고 장려하는 인권보장의 의무를 갖는다. 유엔헌장에 근거한 인권기구로는 총회, 경제사회이사회, 인권이사회, 안전보장이사회와 자문위원회와 이들의 사무국 역할을 하는 유엔인권최고대표사무소 등이 있다.

유엔

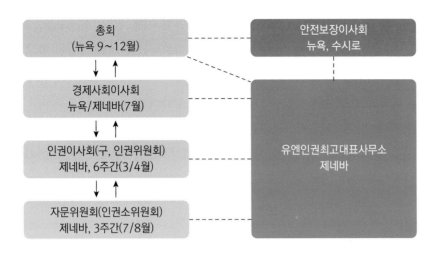

[그림 5-3] 유엔헌장에 근거한 인권기구

출처: 이준일 외(2015), p. 45.

(1) 총회

총회(General Assembly)는 1945년 유엔이 창설될 당시 유엔 회원국의 최고 의결 기관으로 설치되었다. 총회는 193개의 모든 유엔 회원국으로 구성되며, 각 회원국은 1개의 투표권을 가진다. 총회는 유엔헌장 제10조의 규정에 따라 국제 평화와 안전의 유지, 국제 협력의 촉진 등 헌장의 범위 내에서 국제적 사안에 대해 심의하고 국가에 게 권고할 권한을 갖는다. 헌장 제15조에 근거해서 총회는 안전보장이사회, 경제사회 이사회, 인권이사회 등 다른 기관으로부터 관련 보고를 받아 심의할 수 있다. 이런 심의를 통해 인권 문제를 국제적으로 공론화하고 국제사회의 해결을 촉진하는 역할을 해 왔다. 이와 같이 총회는 인권 문제를 논의하고 인권 관련 조약, 문서, 정치적 선언 등을 채택하거나 결의문을 채택함으로써 유엔 회원국과 국제사회의 인권보장에 기여해 왔다. 뿐만 아니라 총회는 유엔기구들의 활동을 관장 또는 감독하는 역할을 수행하기도 한다(국가인권위원회, 2017d, pp. 43-44). 총회는 원래 심의 기관으로 유엔 산하의 모든 활동과 관련된 의제를 토의하는 지위와 역할을 수행했으나 오늘날에는 의제의 수가 많기 때문에 이사회나 위원회가 구체적인 토의를 진행한다(박재영, 2007, p. 217).

유엔 인권 보호 체계

총회는 2000년 새천년선언(Millennium Declaration)과 2005년 세계정상회의 결과 문서인 새천년발전목표(Millennium Development Goals: MDGs), 2015년 채택된 새천 년발전목표의 뒤를 이어 2016년부터 2030년까지 달성하기로 한 지속가능발전목표

(Sustainable Development Goals: SDGs),[1] 기업과 인권 이행 원칙(UN Guiding Principles on Business and Human Rights: UNGPs) 등을 통해 회원국들의 지속 가능한 발전과 평화, 안보 및 군축, 기업을 포함한 이해관계자들의 인권 책무를 확장하고 인권 실현을 위한 구체적인 목표를 설정하고 이를 모니터링하며 달성하려는 의지를 구체화하고 있다.

유엔은 평화, 발전, 인권이라는 세 가지 목적을 이루기 위해 존재하며, 유엔총회와 더불어 안전보장이사회, 경제사회이사회, 인권이사회라는 세 기구를 두고 각 목적을 위해 활동하도록 하고 있다.

(2) 안전보장이사회

안전보장이사회(Security Council: SC)는 유엔헌장 제24조 제1항에 따라 "국제 평화와 안전의 유지를 위한 일차적 책임"을 이행하는 기구로, 유엔헌장 제24조 제2항에 따라 유엔의 목적과 원칙에 따라 활동해야 한다. 유엔의 목적과 원칙 안에는 헌장 제1조에 의거하여 "모든 사람의 인권과 기본적 자유에 대한 존중을 촉진하고 장려"하는 것이 포함된다. 즉, 유엔 산하의 모든 기관은 인권과 자유 증진을 위해 활동해야 한다. 안전보장이사회의 인권 증진을 위한 역할 중 하나는 헌장 제39조, 제41조, 제42조에 따라 "평화에 대한 위협, 평화의 파괴 또는 침략 행위"로 인하여 발생하는 인권 침해에 대해 헌장 제7장의 규정에 따라 강제적인 집행 조치를 취할 수 있다(국가인권위원회, 2017d, pp. 44-45).

(3) 경제사회이사회

경제사회이사회(The Economic and Social Council: ECOSOC)의 역할은 유엔헌장 제62조에서 제66조에 규정되어 있으며, 유엔의 경제적·사회적·인도적·문화적 활동을 지휘하고 조정하는 것이다. 경제·사회·문화·보건 및 관련 사항에 관해 연구 및 보고

---

1) 빈곤, 기아, 퇴치, 불평등 감소, 기후 변화 대응, 육상, 해상 오염 저감, 혁신적 기술 개발과 경제 성장 등을 포함한 17개 지속가능발전목표(Sustainable Development Goals: SDGs)는 2015년 제70차 유엔총회에서 만장일치로 채택되었고, 2030년까지 전 세계가 함께 추구하는 인류 공동의 목표라고 할 수 있다. UNDP, UNEP, World Bank 등 모든 국제기구도 SDGs 달성을 기관의 미션으로 설정하고 있고, 세계 모든 나라도 각국의 상황에 맞게 SDGs를 달성하기 위해 노력을 기울이고 있다. 기업들도 SDGs 달성에 기여하기 위해 노력 중이다. 우리나라도 국제사회의 책임 있는 일원으로서 국제사회의 공동 목표 달성에 기여하고 한국 사회에 처한 여러 문제를 해결하기 위해 한국형 지속가능발전목표, 즉 K-SDGs를 수립하였다. 모두가 사람답게 살 수 있는 포용 사회 구현, 모든 세대가 누리는 깨끗한 환경 보전, 삶의 질을 향상시키는 경제 성장, 인권 보호와 남북 평화 구축, 지구촌 협력과 같은 5대 전략을 세웠다. 그리고 이를 실천하기 위한 17개 목표와 122개 세부 목표, 214개의 지표들을 설정하여 정부 기관은 물론 지자체와 시민 단체, 전문가, 이해관계자 그룹 등 다양한 집단에서 노력하고 있다(http://ncsd.go.kr/ksdgs).

를 하거나 제안할 수 있으며, 이와 관련하여 총회, 회원국, 관련 전문 기구에 권고할 수 있다. 또한 유엔헌장 제71조에 의거하여 관련이 있는 비정부기구(NGO)와의 협의를 위해 적절한 약정을 체결할 수 있다[2](박재영, 2007, p. 242). 경제사회이사회는 2006년 인권이사회가 설립되기 전까지 산하에 유엔인권위원회(Commission on Human Rights: CHR)를 두고 유엔 내에서 인권 문제를 직접적으로 다루는 기관이었다(국가인권위원회, 2017d, p. 45).

(4) 인권이사회

유엔인권이사회(Human Rights Council: HRC)는 2006년 3월 15일 유엔총회 결의 제60/251를 통해 유엔총회 산하 기관으로 설립되고, 2006년 6월 19일 공식 출범하였다. 유엔인권이사회는 전 세계의 인권 증진과 보호를 강화하고 인권 침해 상황을 해결하며, 이에 대한 회원국의 인권 책무 이행을 촉구하는 유엔기구이다. 유엔인권이사회가 설립되기 이전에는 경제사회이사회 산하 기관인 유엔인권위원회(Commission on Human Rights: CHR)에서 전 세계의 인권 상황을 모니터링하고 인권 침해 사건을 조사하고 인권 기준을 마련하는 등 유엔의 인권 관련 과제를 수행했다. 유엔인권이사회는 유엔인권위원회의 모든 업무를 위임받았으며, 유엔총회에 직접 보고한다. 유엔인권이사회는 유엔인권위원회보다 한 단계 높은 차원에서 인권 체계의 효과성을 증진하고자 유엔 혁신의 일환으로 설립되었다(국가인권위원회, 2019c, pp. 50-51; 국가인권위원회, 2017d, pp. 22-23)

유엔인권이사회는 47개국의 이사국으로 구성되며, 이사국은 지역에 따라 분배하여 선출한다. 아프리카 지역에서 13개국, 아시아지역에서 13개국, 동유럽 지역에서 6개국, 중남미와 카리브해 지역에서 8개국, 서유럽과 그 외의 지역에서 7개국이 선출되며, 총회에서 비밀투표로 진행되고 전 회원국의 과반수 이상의 득표를 얻어야 하며, 의석수에 따라 상위의 득표를 얻은 국가가 선출되고, 임기는 3년이다(김중섭 외, 2018, pp. 26-27). 유엔인권이사회는 년 3회 정기 회의를 개최하고 수시로 특별 회의를 개최하는 준상설 기구로 유엔인권위원회가 운영한 특별 절차와 인권소위원회의 여러 포럼 및 실무 그룹까지 더해 강력한 인권기구의 역할을 수행한다. 2007년 6월 18일 제9차

[2] 경제사회이사회는 1946년 'NGO'를 "정부 간 합의에 의해 만들어지지 않는 모든 국제 조직"으로 정의를 내리고 NGO 협의지위를 받을 수 있도록 규정했다. 이후 지속적인 변화가 있었고 1996년 이후에는 협의지위의 범위를 일반협의지위, 특별협의지위, 명부상 협의지위로 구분하였다. 국내 기관으로는 굿네이버스가 일반협의지위의 NGO이며, 참여연대, 환경운동연합 등은 특별협의지위의 NGO이다(정진성, 2019, p. 63).

인권이사회 정기 회의에서는 국가별 정례 검토 제도, 특별 절차, 새로운 진정 절차 및 전문가 자문 체계 등 '유엔인권이사회 제도 구축'이 결의되었다. 유엔인권최고대표사무소는 유엔인권이사회의 사무국 역할을 수행하고 있다(정진성, 2019, pp. 89-93)

① 국가별 인권 상황 정기 검토(Universal Periodic Review: UPR)

국가별 인권 상황 정기 검토는 세계인권선언과 비준한 인권조약을 기반으로 모든 유엔 회원국의 인권 의무 및 약속에 관한 이행 상황을 정기적으로 검토하는 제도이다. 설립 당시 기준으로는 192개(현재는 193개 회원국) 모든 회원국의 인권 상황을 국제적 기준에 비추어 정기적으로 검토하는데, 1년에 3회(2, 5, 12월), 회의당 2주간 16개국씩, 총 4년에 한 번 검토하기로 했다. 이 제도는 경제사회이사회 산하 인권위원회(CHR)에서 당시 인권 침해 문제를 다루는 데 있어 주로 약소국의 인권만을 다룬다는 선별성, 이중 기준, 정치화 논란을 불식시키고 각 조약별 국가 보고서 심의를 보완하는 차원에서 설립되었다(국가인권위원회, 2019c, pp. 51-52; 정진성, 2019, p. 92)

검토 보고서는, Ⓐ 검토 대상이 되는 당사국 정부가 제출하는 보고서, Ⓑ 유엔최고대표사무소가 준비하는 보고서, Ⓒ NGO를 포함한 이해 당사자들이 제출한 보고서를 유엔최고대표사무소가 요약한 보고서로 구성된다. 이 검토 보고서를 토대로 인권이사회 47개 이사국으로 구성된 실무 그룹이 제네바에서 심사 대상 국가에 대해 해당 시간(3시간 30분) 동안 건설적인 '상호 대화(Interactive dialogue)'를 실시한다. 이 논의에는 이사국 외의 국가들도 참여하여 발언할 수 있지만, NGO는 참석할 수 있지만 발언권은 제한된다(국가인권위원회, 2017d, pp. 61-62).

② 특별 절차(Special Procedures)

유엔인권이사회는 특정 국가 또는 특정 주제에 관한 인권 문제를 조사, 감시, 권고, 분석하여 유엔에 보고서를 작성하는 임무를 수행하는 제도인 특별 절차(Special Procedures)를 운영하고 있다. 특별 절차는 인권위원회 시기부터 시행된 제도로 시민적·정치적·경제적·사회적·문화적 권리 전반을 총괄하는 유엔의 중요한 인권 제도이다. 특별 절차는 특별 보고관(Special Rapporteur), 사무총장의 특별 대표(Special Representative of the Secretary-General), 독립 전문가(Independent expert)와 같이 독립된 인권 전문가 또는 보통 5명으로 구성되는 실무 그룹(Working Group)에 의해 수행된다(국가인권위원회, 2017d, pp. 63-65).

현재(2020년 2월 기준) 44개의 주제별 특별 절차의 주제는 아프리카 인종(차별), 알비니즘, 자의적 구금, 초국적 기업과 인권, 문화적 권리, 발전권, 장애인, 강제 실종, 교육, 환경권, 자의적 처형, 식량권, 외채, 표현의 자유, 평화적 집회와 결사의 자유, 유해물질, 건강, 주거, 인권 활동가, 사법 독립, 원주민, 국내 실종자, 민주적이고 공정한 국제 질서 증진, 국제 연대, 나병, 용병, 이주 노동자, 소수민, 노인, 빈곤, 사생활, 인종주의, 종교, 아동 인신매매, 성적 지향 및 성정체성, 노예, 테러리즘, 고문, 인신매매, 진실과 정의 재발 방지, 일방적 강제 조치, 여성 폭력, 물/위생, 여성의 권리이고, 11개국의 나라별 특별 절차가 진행되는 국가는 벨라루스, 캄보디아, 중앙아프리카, 북한, 에리트레아, 이란, 말리, 미얀마, 팔레스타인, 소말리아, 수단이다(www.un.org, 2020).

③ 진정 절차(Complaint Procedures)

진정 절차는 인권 침해 구제 절차로 인권조약 내에 개인통보 제도와 달리 개인의 인권 침해가 아니라 특정 국가 내의 인권 침해 상황을 다루었다. 심각한 침해가 지속적으로 이루어진 경우 침해의 피해자, 그 가족 및 관련 비정부기구는 해당 국가를 상대로 비공개적으로 인권이사회에 통보하는 제도이다(국가인권위원회, 2017d, p. 65; 이준일 외 2015, p. 55).

(5) 유엔인권최고대표와 유엔인권최고대표사무소

유엔인권최고대표 제도는 1993년 '비엔나 세계인권대회(World Conference on Human Rights, Vienna)'의 권고로 신설된 제도로, 유엔의 인권 관련 업무 및 활동을 총괄하는 제도이다. 유엔인권최고대표[3]는 모든 인권의 증진과 보호, 인권 증진과 보호를 위한 국제 협력의 강화, 유엔인권최고대표사무소의 전반적인 감독의 수행, 발전권[4]을 포함한 모든 시민적·정치적·경제적·사회적 및 문화적 권리의 보호 증진, 인권 실현에 장애가 되는 요소들의 제거 및 예방, 인권기구와 조약 감시기구 지원 등의 업무를 수행

[3] 현재 인권최고대표(High Commissioner for Human Rights)는 미첼 바첼레트(칠레 제39대 대통령)로 칠레의 외과 및 소아과 의사였고 칠레 최초의 여성대통령으로 2018년에 퇴임했다. 인권최고대표의 임기는 4년이며, 1회 연임이 가능하다. 유엔사무총장은 단일 후보를 선정하여 총회에 추천하고, 총회는 이를 승인 또는 거부의 양자택일만을 할 수 있다. 인권최고대표 선임은 유엔사무총장의 고유 권한이다.

[4] 1986년 유엔총회에서 발전권 선언(Declaration on the Right to Development)이 채택되었다. "발전권이란 모든 인간이 모든 인권들과 기본적 자유를 최대로 실현하는 경제적·사회적·문화적·정치적 개발에 참여하고(participate in), 기여하고(contribute to), 향유(enjoy)할 수 있도록 부여된 양도 불가능한 인권"이다(발전권 선언 제1조 제1항).

한다. 또한 인권 침해가 문제될 때 초기 단계에서 유엔의 통합적인 의사 결정을 유도하여 효율성을 극대화하는 역할을 수행하며, 인권이사회와 경제사회이사회에 자신의 임무에 대한 연차보고를 할 의무가 있다(이준일 외, 2015, p. 48).

유엔인권최고대표와 함께 설립된 유엔인권최고대표사무소(OHCHR)는 유엔사무국의 일원으로 유엔 내의 인권 업무를 주로 담당하는 기관으로 국제인권조약을 모니터링하기 위해 설치된 조약기구와 인권이사회의 특별 절차 등을 포함한 유엔 인권 체계의 업무를 지원하는 역할을 한다. 또한 유엔 인권교육 및 인권 정보의 공개, 발전권 증진 등을 통해 유엔 체계 전반에 걸쳐 인권을 강화한다.

유엔인권최고대표부는 1993년 인권 상황에 문제가 있는 나라 또는 지역에 사무소를 설치하였다. 현재 아프카니스탄, 보스니아-헤르체코비나, 캄보디아, 콜롬비아, 과테말라, 아이티, 코소보, 몬테네그로, 시에라리온, 수단과 유엔인권사무소(서울)를 운영하고 있다. 유엔인권사무소(서울)는 북한(조선민주주의인민공화국)의 인권 침해에 대한 책임 규명을 위해 조선민주주의인민공화국 내 인권 상황 감시 및 증거 보존 역할을 강화하고, 모든 관련 국가 및 시민사회, 이해관계자의 참여 및 역량을 증대하며, 지속적인 소통과 옹호 및 교류를 통해 조선민주주의인민공화국 인권 상황의 가시성을 유지하기 위한 목적으로 2015년에 설치되었다(www.seoul.ohchr.org).

유엔인권사무소

2) 조약에 근거한 인권기구

유엔의 핵심 국제인권조약(협약)은 총 9개이다.[5] 다음 표는 조약과 조약기구에 대한 설명이다.

5) 용어 설명(조약, 협약, 선택의정서)[출처: 외교부(mofa.go.kr)]
   조약이라 함은 "단일의 문서에 또는 둘 또는 그 이상의 관련 문서에 구현되고 있는가에 관계없이 또한 그 특정의 명칭에 관계없이 서면 형식으로 국가 간에 체결되며, 또한 국제법에 의하여 규율되는 국제적 합의"를 말한다("조약법에 관한 비엔나협약" 제2조 참조). 조약의 대표적인 유형과 명칭은 아래와 같다.
   (1) 조약(Treaty): 가장 격식을 따지는 정식의 문서로서 주로 당사국 간의 정치적·외교적 기본 관계나 지위에 관한 포괄적인 합의를 기록하는 데 사용됨. 이 형태의 조약으로는 평화, 동맹, 중립, 우호, 방위, 영토 조약 등이 있으며 대개 국회의 비준 동의를 요함. 체결 주체는 주로 국가임.
   (2) 협약(Convention): 양자 조약의 경우 특정 분야 또는 기술적인 사항에 관한 입법적 성격의 합의에 많이 사용되며, 예컨대 "영사관계에 관한 비에나협약"의 경우와 같이 특정 분야를 정의하고 상술하는 데 사용됨(체결 주체는 주로 국가임). 국제기구의 주관하에 개최된 국제 회의에서 체결되는 조약의 경우에도 흔히 사용됨.
   (3) 의정서(Protocol): '의정서'라는 명칭은 기본적인 문서에 대한 개정이나 보충적인 성격을 띠는 조약에 주로 사용되나, 최근에는 전문적인 성격의 다자 조약에도 많이 사용됨.

〈표 5-1〉 유엔인권조약 및 조약기구

협약명 국문	협약명 영문 (약어)	채택/가입국 수 대한민국 비준/가입	조약기구 (영문/약칭)	임기와 임원 수	보고서 제출	연례 회의
인종 차별철폐협약	International Convention on the Elimination of All Forms of Racial Discrimination(ICERD)	• 1965. 12. 21. • 182개국 비준 • 한국 1978년 12월 5일 가입	인종차별철폐위원회 (Committee on the Elimination of Racial Discrimination: ICERD)	4년/ 18명	2년	2회
경제·사회· 문화적 권리에 관한 국제규약 (사회권 규약)	International Covenant on Economic, Social and Cultural Rights(ICESCR)	• 1966. 12. 16. • 171개국 비준 • 한국 1990년 4월 10일 비준	사회권규약위원회(The Committee on Economic, Social and Cultural Rights: CESCR)	4년/ 18명	5년	2회
시민·정치적 권리에 관한 국제규약 (자유권 규약)	International Covenant on Civil and Political Rights(ICCPR)	• 1966. 12. 16. • 173개국 비준 • 한국 1990년 4월 10일에 비준	자유권규약위원회(United Nations Human Rights Committee: CCPR)	4년/ 18명	5년	3회
여성에 대한 모든 형태의 차별 철폐에 관한 협약	Convention on the Elimination of All Forms of Discrimination Against Women(CEDAW)	• 1979. 12. 18. • 189개국 비준 • 한국 1984년 12월 27일 비준	유엔여성차별철폐위원회 (Committee on the Elimination of All Forms of Discrimination Against Women: CEDAW)	4년/ 23명	4년	2회
고문 및 그 밖의 잔혹한, 비인도적인 또는 굴욕적인 대우나 처벌의 방지에 관한 협약 (고문방지협약)	Convention against Torture and Other Cruel, Inhuman or Degrading Treatment or Punishment(CAT)	• 1984. 12. 10. • 171개국 비준 • 한국 1995년 1월 9일 비준	고문방지위원회 (Committee against Torture: CAT)	4년/ 10명	4년	3회
아동권리협약	United Nations Convention on the Rights of the Child(UNCRC)	• 1989. 11. 20. • 196개국 비준 • 한국 1991년 11월 20일 비준	아동권리위원회 (Committee on the Rights of the Child: CRC)	4년/ 18명	5년	3회
이주노동자권리 협약	International Convention on the Protection of the Rights of All Migrant Workers and Members of their Families(ICMW)	• 1990. 12. 18. • 56개국 비준 • 한국 비준하지 않음	이주노동자권리위원회 (Committee on Migrant Workers: CMW)	4년/ 14명	5년	2회
장애인권리협약	Convention on the Rights of Persons with Disabilities(CRPD)	• 2006. 12. 13. • 182개국 비준 • 한국 2008년 12월 11일 비준	장애인권리위원회 (Committee on the Rights of Persons with Disabilities: CRPD)	4년/ 18명	4년	2회

강제실종방지협약	International Convention for the Protection of All Persons from Enforced Disappearances(CED)	• 2006. 12. 20. • 63개국 비준 • 한국 비준하지 않음	강제실종위원회 (Committee on Enforced Disappearances: CED)	4년/ 10명		2회

출처: www.un.org, 대한민국 외교부 http://www.mofa.go.kr/

유엔 인권 체계

조약기구는 당사국의 조약 의무 이행을 모니터링하는 기구를 두고 있다. 고문방지협약에는 소위원회가 설치되어 있어 이를 포함하면 현재 9개의 핵심 인권조약에 대해 10개의 조약기구가 설립된 상태이다. 보통 '인권위원회'라고 칭하며 10~23명의 위원들이 활동하며, 임기는 보통 4년이다. 위원들은 당사국이 추천하고 선출한 인권 전문가로 구성되며, 정부 대표가 아닌 개인 자격으로 일한다. 고문방지소위원회를 제외한 모든 위원회는 당사국들이 4~5년마다 정기적으로 제출하는 국가 보고서를 접수하고 당사국 정부의 법률을 검토하고 보고서를 심의하고 당사국이 인권협약상의 의무를 보다 잘 준수할 수 있도록 조언한다. 그리고 각 정부의 협약 이행 상황에 대한 심의 내용을 토대로 우려와 제안을 담은 최종 견해(권고 사항)를 각 정부에 전달한다(이준일 외, 2015, pp. 46-47).

3) 유엔 프로그램 및 전문 기구, 국제노동기구

유엔에는 헌장기구와 조약기구 이외에도 유엔 사업, 기금, 전문 기구 및 관련 기구 등으로 구성된다. 유엔의 모든 기관은 인권과 직·간접적으로 관련되어 있다. 그 예로 국제노동기구(ILO), 국제교육과학문화기구(UNESCO), 세계보건기구(WHO), 유엔개발계획(UNDP), 유엔아동기금(UNICEF) 등이 있다.

유엔디피 서울정책센터

(1) 유엔 사업 및 기금

● 유엔개발계획[United Nations Development Programme: UNDP(유엔디피)]은 개발도상국의 경제, 사회적 발전을 위한 프로젝트를 만들거나 관리하는 일과 자금이나 기술 원조를 주기 위한 조사도 진행하는 기관이다. 소득 향상이나 건강 개선, 또는 민주적인 정치, 환경 문제와 에너지 등 모든 개발에 관한 프로젝트가 주로 다루진다.

● 유엔아동기금[United Nations Children's Fund: UNICEF (유니세프)]은 1946년 12월 11일 제2차 세계대전 당시 피해아동 구제를 위해 설립되었다. 유니세프는 156

유니세프
한국위원회

개 국가의 굶주리는 어린이를 위해 활동한다. 긴급 구호, 영양, 예방 접종, 식수 문제 및 환경 개선, 기초 교육 등과 관련된 일을 하고 있다. 개발도상국의 어린이와 여성을 돕기 위한 기금이다. 한국은 1950년부터 약 43년간 유니세프의 도움을 받다가 1994년 유니세프한국위원회가 설립되어 이제는 도움을 주는 나라로 전환되었다.

(2) 유엔 전문 기구

● 세계보건기구(World Health Organization: WHO)는 유엔의 전문 기구로 세계 인류가 가능한 한 최고의 건강 수준에 도달하는 것을 목표로 1946년에 허가되었

으며 1948년 4월 7일에 정식으로 발족하였다. WHO는 규약에 의거하여 국제 보건 사업의 지도와 조정, 회원국 간의 기술 원조 장려를 담당하고 있다. 예를 들면, 유행성, 풍토성 등의 질병을 근절하도록 지원하거나 영양, 주거, 위생, 직장 등의 환경에 대한 위생 상태 개선을 장려하고 보건에 관련된 국제 협정 및 협약을 건의하는 역할을 담당한다.

● 국제노동기구(International Labour Organization: ILO)는 노동 문제를 다루는 유엔의 전문 기구로서 자유롭고 평등하고 안전하게 인간의 존엄성을 유지할 수 있는 노동을 보장하는 것을 목표로 한다.

주요 유엔 전문 기구

• 유엔난민기구(United Nations High Commissioner for Refugees 또는 UN Refugee Agency: UNHCR): 각국 정부나 유엔의 요청에 의해 난민들을 보호하고 돕기 위해 설립한 유엔 전문 기구

• 식량농업기구(Food and Agriculture Organization of the United Nations: FAO): 인류의 영양 상태 및 생활 수준의 향상, 식량(농산물)의 생산 및 분배 능률 증진을 목적으로 설립, 세계 식량 안보 및 농촌 개발에 중추적 역할을 수행하는 기구

> • 유엔세계식량계획(United Nations Food Programme: WFP): 식량 원조를 통해 개발도상
> 국의 경제, 사회 발전을 도모하기 위하여 설립한 유엔기구
> • 유엔교육과학문화기구(United Nations Educational, Scientific and Cultural Organization:
> UNESCO): 국가 간 교육, 과학, 문화 교류를 통한 국제사회 협력을 촉진하기 위해 설립된
> 기구
> • 기타 유엔인구기금, 유엔환경계획, 유엔여성, 유엔인간정주계획 등

2. 지역 인권 체계

유엔인권기준 외에도 각 지역(대륙)별 인권규범과 인권보장 시스템이 존재한다. 지역 인권보장 체계는 공통의 역사와 문화적 배경을 가진 국가들로 구성된 지역에 적합한 인권 내용과 기준에 기초해 만들어졌다. 지역 인권보장제도는 인권의 보편성과 문화 다양성의 조화라고 할 수 있다. 1950년대 초 유럽에서 가장 먼저 만들어졌는데, 현재는 미주와 아프리카도 인권보장 체계가 마련되었다. 지역 인권보장 체계는 인권보장과 이행 측면에서 한층 더 높은 기준을 제공하며, 인권보장 요구에 보다 효과적으로 대응한다(국가인권위원회, 2019C, pp. 55-56; 김중섭 외, 2018, p. 96; 이준일 외, 2015, p. 51).

1) 유럽

유럽의 인권 체계는 유럽평의회(2020년 2월 기준 47개 회원국), 유럽 안보 협력기구(2020년 2월 기준 57개 회원국), 유럽연합(2020년 2월 기준 27개 회원국)으로 구성된다. 유럽 인권 체계는 제2차 세계대전에서 발생한 인권 침해에 대한 대응으로 발전해 왔고 지역 체계 중 가장 먼저 만들어졌다. 사법적 · 절차적 측면에서 가장 발달되어 있다. 유럽 인권 체제의 결정이 각 국가에서 적극적으로 수용된다. 유럽 인권 체계로 유럽평의회의 인권 체계를 살펴보고자 한다(국가인권위원회, 2019C, p. 56; 국가인권위원회, 2017d, pp. 91-102).

유럽평의회(Council of Europe)는 1949년 범유럽 정부 간의 협력을 위하여 설립되었으며 인권과 민주주의의 수호, 법의 지배의 실현 등을 기구의 목적으로 한다. 유럽평의회에서 채택된 유럽인권협약(European Convention on Human Rights)은 유럽평의회의

유럽 인권 보호 기준의 근본을 이루고 있다.

유럽인권협약은 1950년 서명되어 1953년 그 효력이 발효되었다. 유럽인권협약은 기본 권리와 자유(생명권, 고문 금지, 노예 및 강제 노동 금지, 자유와 안전에 대한 권리, 공정한 재판에 대한 권리, 법치주의, 개인 및 가족 생활, 사상의 자유, 양심 및 종교에 대한 존중의 권리, 표현의 자유, 집회 및 결사의 자유, 결혼할 권리, 효과적인 구제 권리, 차별 금지)에 대한 내용으로 구성되어 있다(https://europa.eu/). 유럽인권협약에는 16개의 추가 의정서가 있다. 주요 의정서로는 사형제 폐지를 다룬 6호, 13호가 있으며, 기존의 유럽인권위원회와 유럽인권재판소를 상설 기구인 유럽인권재판소로 대체하고 재판 절차를 가속화한 추가의정서 11호와 14호가 있다(국가인권위원회, 2019C, p. 56).

1961년 재정된 유럽평의회 조약인 유럽사회헌장(European Social Charter 1961, 1996년 개정)도 유럽평의회의 중요한 인권규범이다. 유럽사회헌장은 유럽인권협약에 빠져 있던 경제적 · 사회적 권리를 추가하고자 마련되었다. 그 밖에도 고문 및 비인도적인 또는 굴욕적인 대우나 처벌의 방지를 위한 유럽협약(1987년) 등이 있다(국가인권위원회, 2019C, p. 57).

유럽평의회는 당사국 관할권 내에 있는 모든 사람에게 권리와 자유를 위한 유럽인권재판소(스트라스부르, 프랑스 소재)를 설립하였다. 유럽인권재판소는 개별 및 국가 간 청원을 처리한다. 사건 당사자는 법원의 판결을 준수하고 이를 준수하기 위해 필요한 모든 조치를 취해야 하며, 각료위원회는 심판의 집행을 감독한다. 유럽평의회 사무총장은 자국의 국내법이 협약의 효과적인 이행을 보장하는 방식에 대한 설명을 당사국에게 요청할 수 있다. 또한 유럽평의회 장관위원회의 요청에 따라 법원은 협약 및 그 의정서의 해석에 관한 자문 의견을 제공할 수 있다. 장관위원회는 또한 판결의 해석을 법원에 요청할 권한이 있다(국가인권위원회, 2019C, p. 59; 국가인권위원회, 2017d, pp. 92-93).

2) 미주

미주 인권 체계는 1948년 미주기구(Organization of American States: OAS)헌장과 함께 채택된 '인간의 권리와 의무에 대한 미주 선언'에서 시작되었으며, 1978년에는 미주인권협약이 채택되었다. 미주 기구의 주요 조직은 미주인권위원회와 1979년 설립된 미주인권재판소가 있다. 미주인권위원회는 개인, 집단 또는 시민 단체로부터 진정을 받아 해당 국가에 관련 정보를 요청할 수 있다. 미주인권재판소는 미주인권위원회가

126

제소를 결정한 사안에 대해 다룬다(국가인권위원회, 2019C, pp. 64-65; 국가인권위원회, 2017d, pp. 102-103).

3) 아프리카

아프리카 인권 체계는 아프리카 단결기구(Organisation of African Unity: OAU)에서 1981년 아프리카인권헌장이 채택되면서 시작되었다. 1986년에 아프리카인권헌장이 발효되고 1987년에 인간과 인민의 권리에 관한 아프리카위원회가 설치되었다. 아프리카 연합 조직을 승계해 2001년에 만들어진 아프리카연합(AU)의 회원국(수단 제외)은 아프리카인권헌장에 모두 비준했다. 아프리카위원회는 국가 정기 보고서를 검토하여 국가별 인권 상황을 모니터링하고, 개인 또는 단체, 국가의 진정을 접수하며 인권 피해자들을 대변할 수 있다. 위원회는 진상 조사 업무도 수행한다(국가인권위원회, 2019C, pp. 66-68; 국가인권위원회, 2017d, pp. 103-105).

4) 아랍

아랍 지역의 인권 논의는 1990년 이슬람협력기구(Organisation of Islamic Cooperation: OIC)가 만든 카이로 인권선언으로부터 시작하지만, 이 선언은 공식적으로 채택되지 못한다. 이후 1994년에도 아랍연맹에 의해 아랍인권헌장이 채택되지만 비준국이 적어 발효되지 못한다. 2004년에 이르러서야 새로운 헌장이 채택되고 2008년 8개국이 비준하므로 효력을 갖게 된다. 2011년 이후 이슬람협력기구의 자문기구로 독립상설인권운영위원회가 활동하고 있다(국가인권위원회, 2019C, p. 68).

5) 아시아

일반적으로 지역(region)은 역사적·정치적 혹은 문화적 공통성을 가진 국가들의 그룹을 뜻한다. 그러나 아시아는 서로 상이한 역사와 지리적 광대함, 지역적 다양성과 이질성이 존재한다. 그런 이유로 인해 현재 아시아의 인권을 포괄적으로 규범하는 인권규범이나 인권기구, 이행 체계는 없다. 최근 아시아 지역의 다양한 변화들은 잠재적인 인권 체제가 성장하고 있다고 말할 수 있다(국가인권위원회, 2019C, p. 69; 백태웅, 2012, p. 17).

3. 국제인권기준과 한국

1) 한국이 비준한 국제인권기준

한국은 유엔의 9개의 핵심 인권기준 중 7개를 비준했으며 자세한 내용은 다음과
같다.

⟨표 5-2⟩ 한국의 주요 국제인권조약 가입 현황

협약명	협약 채택 (발효)	대한민국 비준/발효	
		가입서/비준서 기탁일	발효일
모든 형태의 인종 차별 철폐에 관한 국제 협약	1965. 12. 21. (1969. 1. 4.)	1978. 12. 5.	1979. 1. 4.
경제적 · 사회적 및 문화적 권리에 관한 국제 규약	1966. 12. 16. (1976. 1. 3.)	1990. 4. 10.	1990. 7. 10.
– 선택의정서	1966. 12. 16. (1976. 1. 3.)	미가입	
시민적 및 정치적 권리에 관한 국제 규약	1966. 12. 16. (1976. 3. 23.)	1990. 4. 10.	1990. 7. 10.
– 제1 선택의정서[개인진정]	1966. 12. 16. (1976. 3. 23.)	1990. 4. 10.	1990. 7. 10.
– 제2 선택의정서[사형제 폐지]	1966. 12. 16. (1976. 3. 23.)	미가입	
여성에 대한 모든 형태의 차별 철폐에 관한 협약	1979. 12. 18. (1981. 9. 3.)	1984. 12. 27.	1985. 1. 26.
– 선택의정서	1999. 10. 6. (2000. 12. 22.)	2006. 10. 18.	2007. 1. 18.
고문 및 그 밖의 잔혹한 · 비인도적인 또는 굴욕적인 대우나 처벌의 방지에 관한 협약	1984. 12. 10. (1987. 6. 26.)	1995. 1. 9.	1995. 2. 8.
– 선택의정서		미가입	
아동의 권리에 관한 협약	1989. 11. 20. (1990. 9. 2.)	1991. 11. 20.	1991. 12. 20.

대한민국이 가입
한 국제인권규범
리스트(외교부)

– 제1 선택의정서[아동의 무력 충돌 참여]	2000. 5. 25. (2002. 2. 12.)	2004. 9. 24.	2004. 10. 24.
– 제1 선택의정서[아동 매매 · 성매매 · 음란물]	2000. 5. 25. (2002. 1. 18.)	2004. 9. 24.	2004. 10. 24.
– 제3 선택의정서[개인진정]		미가입	
장애인권리협약		2008. 12. 11.	2009. 1. 10.
– 선택의정서		미가입	
이주노동자권리협약		미가입	
강제실종협약		미가입	

출처: http://www.mofa.go.kr/(2020. 2. 20. 기준)

2) 국제법의 국내 효력

한국이 비준한 국제법의 국내법적 효력은 「헌법」 제6조 제1항[6]과 인권규약이 조약법에 관한 비엔나협약상 신의 성실의 원칙 등을 근거로 국내법과 같은 효력을 가진다. 국제 조약에 의해 약속된 인권에 관한 국가의 의무는 「헌법」이나 다른 국내법에 의해 침해받을 수 없다. 사실, 국제 조약의 당사국이 된다는 것은 그 국가의 국내적 질서(헌법, 법률, 예산, 집행 등)가 조약의 기준에 부합하도록 법의 문제를 다루겠다고 약속한 것이다. 국내법이나 집행에 있어서 그 국가가 동의한 인권의 기준을 충족시키지 못한다면, 그 국가는 국제법적 의무를 위반하는 것이다. 이에 대법원과 헌법재판소는 한국이 비준한 「국제인권법」은 우리 국민에게 직접 적용되는 법률에 해당하며, 국제인권기준을 적용함에 있어 협약 채택 당시 문헌에 구속되지 않고 시대정신에 맞게 이를 해석하여야 한다고 판시하고 있다(법률신문, 2016. 12. 05.).

6) 「헌법」 제6조제1항은 '「헌법」에 의하여 체결 · 공포된 조약과 일반적으로 승인된 국제 법규는 국내법과 같은 효력을 가진다'고 규정되어 있다. 여기서 국내법과 같은 효력이 있다고 함은 내용적 합헌성과 절차적 합헌성을 구비한 조약은 국내법의 일부로 간주된다는 것을 의미한다.

3) 유엔과 대한민국

(1) 유엔인권이사회 이사국으로 활동

대한민국은 2019년 10월 유엔본부 총회 회의장에서 실시된 유엔인권이사회(Human Rights Council) 이사국 선거에서 2020~2022년까지 임기로 활동하는 이사국에 당선되었다. 대한민국은 2006년 유엔인권이사회 초대 이사국으로 진출한 이래, 5번째(2006~2008년, 2008~2011년, 2013~2015년, 2016~2018년) 이사국의 역할을 수행하고 있다(외교부 사이트, 2020).

대한민국은 제24차 인권이사회(2013. 9. 26.)에서 48개국이 공동 제안국으로 참여한 '지방정부와 인권 결의안'이 만장일치로 채택되도록 주도적인 역할을 했다. 뿐만 아니라 대한민국은 제41차 인권이사회에서는 78개국이 공동 제안국으로 참여한 '신기술과 인권(New and emerging digital technologies and human rights)' 결의(2019. 7. 11.)안이 채택되도록 주도적인 역할을 했다.

지방정부와 인권 결의안은 유엔인권이사회에서 '지방정부와 인권'을 주제로 처음으로 채택된 결의로서, 전 세계적으로 지방정부의 역할이 확대되고 있는 가운데 인권 보호 분야에서 지방정부의 역할을 심도 있게 연구하고 인권 증진에 기여할 수 있는 방안을 모색해 볼 수 있는 계기가 마련된 것으로 평가된다. 신기술과 인권에 관한 결의안은 인공지능, 빅데이터 등 신기술과 그 파급 효과에 대한 국제적 관심은 증대되고 있으나 신기술 전반이 인권에 미치는 광범위한 영향을 다룬 결의는 없었던 만큼, 동 결의는 신기술 분야의 기업과 전문가를 포함한 다양한 행위자가 참여하는 총체적·포용적·포괄적 논의를 위한 유엔 차원의 기반을 처음으로 마련한 것으로 평가된다.

(2) 대한민국의 인권 이슈

① 조약기구 권고로 살펴보는 인권 이슈

대한민국 정부는 조약위원회에 각 조약의 이행 상황을 보고하고, 이에 다음과 같은 권고를 받았다.

〈표 5-3〉 조약기구의 주요 권고

협약명	모니터링 시기 (국가 보고서 심의)	주요 권고
모든 형태의 인종 차별 철폐에 관한 국제 협약	• 1차 심의(1981년) 〜 • 17/18/19차 심의 (2018년) • 20차/21차/22차 통합 보고서 제출 예정 (2022년 1월 4일)	• 인종주의적 혐오 발언에 대한 강력한 대응 권고 • 인종 차별에 대한 법적 정의를 만들고, 이를 금지하는 포괄적인 법률 제정 • 인종 차별에 기인한 범죄를 가중처벌할 수 있도록 형법 개정 • 이주민의 사회보장에 대한 접근 • 이주 노동자 관련 법령 개정(가족 결합 용이, 사업장 변경 제한 폐지, 체류 기간 연장, 다른 비자 종류 취득 허용 등) • 출생 등록, 교육접근권 보장
경제적·사회적 및 문화적 권리에 관한 국제 규약	• 1차 심의(1995년) 〜 • 4차 심의(2017년) • 5차 보고서 제출 예정 (2020년 10월 31일)	• (특히 해외에 진출한) 한국 기업의 인권 침해 문제 대응 • 포괄적 차별금지법 제정 • 모든 노동자를 위한 노조할 권리 전면 보장 및 ILO 결사의 자유 협약 비준 • 재분배적 재정 정책을 포함한 사회 지출 증액 가속화 • 이주 노동자 보호 • 모든 아동의 보편적 출생 등록 제도 보장 • 국민기초생활보장 등 사회보장 급여 요건으로의 부양의무자 기 준 완전 폐지 • 낙태의 비범죄화 등 • 노인 학대와 아동 학대를 위한 대책 마련 • 홈리스 문제를 위한 장기적 해결책 마련, 사회주택 등 부담 가 능한 주택 증가, 주거비 규제, 강제 퇴거에 대한 보호 제공 등 주 거권 보호 방안 • 자살 예방 노력 강화 • 정신보건 서비스 가용성과 접근성 확대 및 예산 증가 • HIV/AIDS 감염자에 대한 차별 없는 건강권 보장 • 소외 계층을 특별히 고려한 감당 가능한 양질의 교육에 대한 평 등한 접근권 • ODA 증액을 가속화하고, 최빈국에 대한 무상원조 비율 확대
시민적 및 정치적 권리에 관한 국제규약	• 1차 심의(1992년) 〜 • 5차 보고서 제출 (2019년)	• 인종, 성적 지향 및 성별 정체성에 따른 차별 금지를 포함하는 포괄적 차별금지법 제정 • 성소수자들에 대한 차별 철폐 • 평화로운 집회 결사의 자유 보장 • 북한이탈주민센터(전 합동신문센터)에서의 구금 시간, 변호인 의 조력, 신문 방법 및 시간을 인권에 부합하도록 개선할 것 등 • 고용허가제로 입국한 모든 이주 노동자가 자유롭게 사업장을 변경할 수 있어야 함

여성에 대한 모든 형태의 차별철폐에 관한 협약	• 1차(1987년) 〜 • 8차(2018년) • 9차 보고서 제출 예정 (2022년 3월)	• 온라인 플랫폼과 온라인 사업자가 성폭력 콘텐츠를 삭제, 차단하지 못할 경우 상당한 벌금을 부과하는 처벌을 검토해 온라인 성폭력 같은 새로운 형태의 여성 성폭력을 범죄화하는 입법 • 방송통신심의위원회가 성폭력 콘텐츠를 피해자가 요청하는 즉시 삭제, 차단할 것 • 「가정폭력범죄의 처벌 등에 관한 특례법」의 주요 목적을 가족의 안정보장으로 개정 및 적용 범위 확대 • 가정폭력과 관련해 상담이나 교육을 조건부로 한 가정 보호 사건에 대한 기소유예 제도를 폐지하고, 이러한 사건에서 화해 및 조정 제도의 사용도 금지 • 동일노동 동일임금 원칙 이행, 동일노동 동일임금 원칙 위배에 대한 제재를 엄격히 부과하고 공공 기업, 민간 기업 대상 '임금 공시 제도' 도입
고문 및 그 밖의 잔혹한·비인도적인 또는 굴욕적인 대우나 처벌의 방지에 관한 협약	• 1차 심의(1996년) 〜 • 5차 심의(2020년) • 6차 보고서 제출 예정 (2021년 5월)	• 일본군성노예제 생존 피해자들에게 보상의 권리와 명예 회복, 진실 규명, 배상과 재발 방지 약속을 포함한 구제가 이루어질 수 있도록 2015년 12월 28일, 한일 간 합의 수정 권고
아동의 권리에 관한 협약	• 1차 심의(1996년) 〜 • 5/6차 심의(2019년) • 7차 보고서 제출 예정 (2024년 12월)	• 제40조 (2)항(b)(v)의 유보 철회 • 아동 최선의 이익에 부합한 낙태 관련 법률 검토 • 아동 관련 정책 및 전략이 협약의 모든 영역을 아우르고, 계획의 이행, 모니터링 및 평가를 위한 충분한 인적·기술적·재정적 자원 할당을 보장하도록 권고 • 포괄적인 차별금지법 제정 및 전략을 시행하고, 취약하고 소외된 상황에 있는 아동에 대한 차별 방지 및 근절을 위한 대중 캠페인을 시행 • 당사국 영토 내에 있는 모든 아동이 동등하게 출생 시 등록되고, 보육 시설(childcare facilities), 교육, 보건, 복지, 여가 그리고 국가 지원에 접근할 수 있도록 보장할 것 등
장애인권리협약	• 1차 심의(2014년) • 2/3차 통합 보고서 제출(2019년)	• 「장애인복지법」이 장애에 대한 의료적 모델을 참고하고 있는 것에 대해 우려하며 당사국이 「장애인복지법」을 재고하여 이를 협약에서 채택하고 있는 인권에 기반한 장애접근법과 조화를 이루도록 할 것을 권고 • 현행 「장애인복지법」에 의한 장애 결정과 등급제 시스템을 재검토하여 장애인의 특성과 환경 및 욕구에 따라 개별화하고, 정신장애인들도 그들의 요구에 따라 복지서비스와 개인별 지원이 되도록 확장시킬 것을 권고 • 장애인권리협약의 선택의정서를 채택 권장 • 장애인 인권 모델에 기반하는 효과적인 탈시설화 전략을 발전시킬 것과 활동 보조 서비스를 포함하는 지원 서비스를 유의미하게 늘릴 것을 촉구

출처: CERD (2018); 이동우(2017); 이주영(2017b); 대한민국 정부(2018); 김남희(2017).

국가 인권 정책
기본 계획
(2018~2022)

국가인권위 국제
인권

대한민국 정부는 각 조약위원회로부터 받은 권고를 최대한 이행하기 위해 노력해야 한다. 대한민국 제3차 국가 인권 정책 기본 계획에도 이 권고를 이행하기 위한 계획들이 포함되어 있으며, 관련 부처는 이 권고를 효과적으로 달성하기 위해 노력하고 있다.

② 국가별 정례 인권 검토(UPR)로 살펴보는 인권 이슈

국가별 정례 인권 검토는 모든 유엔 회원국이라면 예외 없이 유엔의 3대 원칙 중 하나인 인권에 대한 상호 점검과 향후 개선 방향을 논의하는 제도이다. 국가별 정례 인권 검토의 첫 번째 주기는 2008년부터 2011년까지이며, 두 번째 주기는 2012년에서 2016년까지 진행되었고, 세 번째 주기는 2017년부터 2021년까지 진행되고 있다. 대한민국은 1차 주기에는 2008년도, 2차 주기에는 2012년도에 참여했으며, 2017년 세 번째 보편적 정례 검토에 참여해 총 218개의 권고를 받았다. 이주 노동자 인권에 대한 권고가 가장 많았으며, 병역 거부권 인권, 성소수자(LGBTI), 사형 제도 폐지에 대한 권고도 다수를 차지했다. 자세한 내용은 국가인권위원회 정책 정보 국제 인권 관련 정보를 참고하기 바란다.

③ 특별 절차로 살펴보는 인권 이슈

지금까지 대한민국에 방한한 특별 보고관은 〈표 5-4〉와 같다. 특별 보고관은 해당 국가에 방문하여 관련 이슈에 관련된 이해관계자들을 만나 현황을 파악하고 조사 분석하여 권고 사항을 포함한 주요 활동 내용을 총회에 보고한다. 특별 보고관의 권고는 법적 구속력을 갖지는 않지만 관련 조약위원회에서 국가 보고서 심의를 하거나 보편적 정례 검토에서도 인용될 수 있다.

〈표 5-4〉 대한민국에 방한한 특별 보고관

구분	방한 시기	특별 보고관 이름
표현의 자유 특별 보고관	1995년 6월	아비드 후사인(Abid Hussain)
	2010년 5월	프랭크 라 뤼(Frank La Rue)
이주민 인권 특별 보고관	2006년 12월	호르헤 부스타만테(Jorge Bustamante)
인권옹호자 특별 보고관	2013년 5월	마가렛 세카쟈(Margaret Sekaggya)
현대적 인종 차별 특별 보고관	2014년 9월	무토마 루티에르(Mutuma Ruteeère)
인권과 유해 물질 특별 보고관	2015년 10월	바스쿳 툰작(Baskut Tuncak)

평화적 집회와 결사의 자유 특별 보고관	2016년 1월	마이나 키아이(Maina Kiai)
인권과 다국적 기업 실무그룹	2016년 5월	마이클 아도(Michael K. Addo) 단테 페스(Dante Pesce)
적정 주거 특별 보고관	2018년 5월	레일라니 파르하(Leilani Farha)
사생활권 특별 보고관	2019년 7월	조셉 칸나타치(Joseph Cannataci)

지금까지 내한한 특별 보고관은 표현의 자유, 집회 결사의 자유, 인권옹호자의 권리, 현대적 인종 차별, 유해 물질, 기업과 인권, 주거권과 사생활에 관한 문제로 방문했다. 특별 보고관이 방문했다는 의미는 특별 보고관이 조사하는 인권 이슈가 국내에서 심각한 상황에 처해 있음을 의미한다. 내한한 특별 보고관의 활동을 살펴보면 다음과 같다.

〈표현의 자유〉

• 1995년 방문한 아비드 후사인은 "모든 형태의 구속과 구금 상태에 처해 있는 모든 사람의 인권에 관한 문제"로 내한했고, 「국가보안법」을 폐지, 세계인권선언과 시민적 및 정치적 권리에 관한 국제 규약에 따라 국가 안보를 보호할 대체 수단 마련, 의사와 표현의 자유에 대한 권리의 행사를 이유로 수감된 모든 재소자의 무조건적인 석방, 노동 분쟁과 단체 협상과 관련된 문제에 관해 노동자들이 집단적 의사 표현을 할 수 있도록 하는 것을 포함하여 합법적인 노조 활동을 용이하게 하기 위해서 「노동쟁의조정법」과 「노동조합법」 개정 등을 권고했다.

출처: Hussain, A. (1995).

• 2010년에 방문한 프랭크 라 뤼는 전 세계에서 가장 높은 수준의 광대역 인터넷 보급률을 달성한 한국을 방문하여 2008년 촛불시위 이후 정부와 다른 견해를 가진 인권 활동가들에 대한 사법 조치에 우려를 표명하고 모든 개인의 다양한 의견이 표현될 수 있도록 법적으로 보장하고 실질적으로 보장할 것을 권고했다. 표현의 자유를 제한하는 국내법은, ① 명확하고 명료해야 하며, ② 자유권 규약 제19조 제3항에 열거된 목적의 달성을 위해 필요하고 그 목적을 달성하는 명백한 효과가 있어야 하며, ③ 그 목표 달성에 비례하여야 한다는 기준을 충족하지 못하고 있다고 지적하고 국제인권기준에 부합하는 법적 조치를 취할 것을 권고했다. 보고서에는 명예 훼손, 인터넷상 의사와 표현의 자유, 선거 전 의사와 표현의 자유, 집회의 자유, 국가 안보를 근거로 하는 표현의 자유 제한, 공무원의 의사와 표현의 자유, 언론 매체의 독립성, 대한민국 국가인권위원회의 역할 등에 대해 초점을 두고 있다.

출처: Rue, F. L. (2011).

〈인권옹호자〉

- 2013년 방문한 인권옹호자 특별 보고관인 마가렛 세카쟈는 유엔 인권옹호자 선언의 내용을 한국어로 번역하여 그 내용을 국내에 알리고, 옹호자에 대한 공무원들의 인식을 제고해야 한다는 것과 사회에서 옹호자들의 역할이 얼마나 중요한지 공개적으로 인정하고 그에 대한 인식을 제고하며, 대화의 정신과 건설적 비판의 문화를 만들어 나가야 한다는 것을 권고했다. 옹호자 활동에 대한 범죄화와 과중한 처벌을 금하고, 의사 표현의 자유, 결사의 자유, 평화로운 집회의 자유권의 행사에 영향을 미치는 법과 규정이 국제 기준에 부합해야 하며, 인권옹호자들에 대한 폭력, 협박, 괴롭힘 및 사찰에 대한 혐의와 보고에 대해 합당한 조사를 진행하여 범법자에 대해서는 처벌이 이루어져야 하고, 경찰을 대상으로 집회 대응 시 합당한 물리력 행사 및 옹호자들의 역할에 대한 교육을 실시하고, 인권 침해에 대한 모든 혐의를 즉시 조사하며, 범법 행위가 있을 경우 그 관련자는 처벌해야 한다고 권고했다.

출처: Sekaggya, M. (2013). 유엔 인권옹호자 특별 보고관 공식 방한 결과 발표. 인권운동사랑방(https://www.sarangbang.or.kr/writing/3803).

〈평화적 집회와 결사의 자유〉

- 2016년에 방문한 마이나 키아이는 백남기 농민을 죽음에 이르게 한 물대포 사용에 대한 독립적이고 완전한 조사를 촉구하고, 물대포 사용이나 차벽 설치 등 집회 관리 전술을 재검토해 평화로운 집회에 대한 권리를 철저히 보장할 것을 권고했다.

〈이주민 인권〉

- 이주 노동자와 관련한 현대판 인종 차별에 대한 문제로는 2006년 방문한 호르헤 부스타만테와 2014년 무토마 루티에르 특별 보고관이 방문했다. 이주 노동자와 결혼 이주여성에 대한 인권 문제에 대해 다각적인 조사를 진행했고 다음과 같이 권고했다. 이주 노동자에 관한 국제인권협약에 비준할 것과 이와 따른 인권 증진 프로세스를 갖출 것, 이주민과 관련된 국제 포럼 등에 당사자의 참여를 가능하게 할 것과 이주 노동자들이 근로 사업장에서 차별받고 인권이 침해돼도 효과적으로 불만을 제기할 사법 메커니즘이 없어 출국하거나 불법 이주 노동자가 될 수밖에 없는 현실에 대해 문제 제기를 하고 외국인 근로자의 인권을 침해한 모든 고용주에 대해 신속히 사법 처리할 것 등을 권고했다. "산업연수생 제도(ITS)와 고용허가제(EPS) 모두 이주 노동자의 지위를 그들의 최초 고용주의 입장과 연계시켜 놓았기 때문에 이주 노동자의 지위를 취약하게 만들고 있다고 지적했으며, 이주 노동자의 가족 재결합의 기회 제공, 이주아동의 출생 등록 문제와 교육권 보장, 국제결혼 알선 업체와 사설 결혼 브로커로 인한 피해자들은 심사를 거친 후 '인신매매 피해자'로

분류해야 한다.”라며 관련 기관에 대한 규제를 촉구하기도 했다.

출처: 프레시안(2017. 3. 21). “유엔 ‘한국, 이주 노동자 인권 침해 고용주 처벌해야”’, http://m.pressian.
　　com/m/m_article/?no=83528#08gq

- 2014년 방문한 무토마 루티에르는 국내 이주민이 겪고 있는 인종 차별과 노동 착취의 실
상에 대해 우려를 표명하고 결혼 이주민의 권리 보장, 가정폭력, 성적 학대, 인신매매 또
는 다른 형태의 폭력 피해자들이 사법 절차에 접근할 수 있도록 권리를 보장할 것을 권고
했으며, 이주 노동자의 비자 종류가 복잡하고 다양한 점, 출신 국에 따른 차별이 발생하는
점, 이주 노동자의 사업장 변경이 제한되는 점 등 고용허가제에 대한 문제를 제기하고 이
에 따른 고용허가제를 개선하고 「근로기준법」 전면 적용 등을 권고했다. 특히 농업 분야
와 선박에서 일하는 노동자의 임금 문제도 언급했으며, 이 밖에도 인종적 차별과 혐오 행
위 차별에 대한 형사법의 개성과 인종 차별을 범죄로 규정하는 법률 제정을 권고했다.

출처: Ruteere, M. (2015); 이주민 방송(2015). UN 인권이사회 ‘인종 차별 특별 보고관 보고서’ 발표에 관
　　한 시민사회단체 공동 기자회견 열려(2020. 3. 2. 검색).

〈기업과 인권〉

- 기업과 인권 관련된 특별 보고관의 방문은 2015년 유해 물질 및 폐기물의 환경적으로 건
전한 관리 및 처리와 관련된 주제를 다루는 특별 보고관 바스쿳 툰작과 2016년에는 기업
과 관련 인권과 다국적 기업 실무 그룹이 내한했다. 바스쿳 툰작은 삼성전자 반도체 직업
병, 옥시 가습기 살균제 참사, 화학 물질 누출 사고 등에 대해 조사한 후, 국가는 유해 물
질 정보를 이용 · 접근 가능하도록 보장하고 이를 위해 현행 법률을 제대로 집행하고 필요
하다면 법률을 강화하라고 권고했다. 또한 삼성전자 반도체 직업병 보상 절차 등에 대해
서는 투명성과 모든 당사자의 참여가 결여되었음을 지적했다. 이후 삼성전자 내 별도의
기구가 만들어졌고 보상이 진행되었다.

출처: 한겨레(2016). 끝나지 않은 임무/바스쿠트 툰작, http://www.hani.co.kr/arti/opinion/column/76
　　1730.html

- 2016년 방문한 기업과 관련 인권과 다국적 기업 실무 그룹은 정부 기관, 공기업, 사기업
및 시민 단체들과 만나 한국의 상황을 파악했다. 일터에서의 안전, 공급망 관리, 기업 문
화와 여성에 대한 영향, 국외에서의 기업 활동, 이주 노동자들에 대한 차별 등의 문제를
도전 과제들로 확인했다. 그리고 정부는 기업과 인권에 관한 국가 인권 정책 기본 계획을
마련하고, 정부와 공기업을 포함한 기업은 유엔이행원칙에 따라 부정적 영향을 예방하고
처리할 책임을 인식하고 이를 이행할 역량을 강화할 것을 권고했다. 이에 정부는 기업의
인권 존중 책임에 대한 지침을 제공할 것도 당부했다.

출처: 기업과 인권 실무 그룹 보고서(2017).

〈적정 주거〉

• 2018년 방문한 적정 주거에 관한 특별 보고관인 레일라니 파르하는 인권기준에 미치지 못하는 홈리스, 주거 급여(주거비 적정성), 고시원 · 쪽방 · 비닐하우스 등 비공식 주거, 세입자의 권리(점유의 안정성), 도시 재개발과 재건축으로 인한 강제 퇴거, 여성 · 청년 · 노인 · 장애인 · 이주민 · 성소수자 등 취약 계층, 임대주택 등록제 등 한국의 주거 정책에 대해 심각한 우려를 표명했다. 대한민국 정부는 「주거기본법」이 「국제인권법」의 기준에 따라 개정할 것과 2030년까지 정부가 지키겠다고 약속한 지속가능발전목표(SDGs)의 11번 목표와 그 세부 목표인 11.1의 이행을 위해 홈리스 발생을 예방하고, 감소, 종식시키기 위한 긴급 조치를 취해야 하며, 홈리스가 장기간 머무를 수 있는 주거지에 대한 접근을 보장하고 정부 관료 및 공공기관, 사설 경비 용역을 포함한 모든 제3자들은 홈리스들을 존엄과 존중으로 대해야 하며, 폭력적인 방식으로 대하지 말아야 할 것을 당부했다. 뿐만 아니라 주거 급여의 인상, 전세 제도 단계적 폐지 등 거주 안정성을 위한 조치, 고시원, 쪽방 등 「국제인권법」상 최소 적정 주거 기준을 충족하지 못하는 모든 주거의 질과 안전성 향상을 위한 국가 전략 수립을 권고했다.

출처: Farha, L. (2019).

〈사생활 보호〉

• 가장 최근에 방문한 사생활 보호에 관한 특별 보고관인 조셉 칸나타치는 경찰 기관과 정보 기관의 활동 중 프라이버시를 침해하는 행위, 특히 감시사찰 조치가 법적 근거를 두고 이루어졌는지, 민주주의 사회에 걸맞은 비례성 및 필요성의 원칙에 부합했는지를 조사했다. 더불어 세월호 사건에 대한 과도한 개입과 유가족의 사찰에 대해서도 주목했다.

출처: Cannatac, J. (2019).

4) 인권 보호와 증진을 위한 NGO의 역할

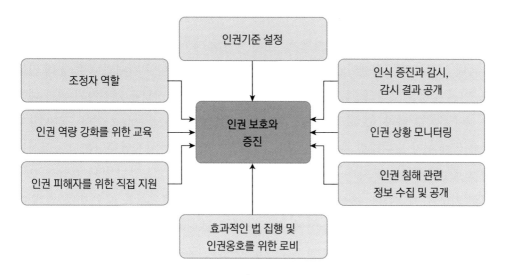

[그림 5-4] 인권 보호와 증진을 위한 NGO의 역할

출처: Marcinkutêe, L. (2011), p. 62 재구성.

　인권을 증진하고 보호하기 위한 국내외 NGO의 역할은 매우 광범위하고 열정적이며, 변화를 주도하고 있다. Lina Marcinkutė(2011)이 제시한 인권을 보호하는 NGO의 역할을 중심으로 살펴보자면, ① 인권기준 설정(국제 또는 국내), ② 인식을 증진시키기 위한 노력을 펼치는가 하면, 인권보장의 책무를 수행하고 있지 못한 책무자의 이름을 불러 창피를 주는 naming and shaming(네이밍 쉐이밍) 기법의 인권옹호 활동을 수행, ③ 국제 기준을 기준 근거로 인권 상황 모니터링, ④ 인권 침해에 관한 정보를 수집하고 알리는 역할 수행, ⑤ 효과적으로 당사국 정부가 정부의 인권적 책무를 이행하기 위해 정책에 영향을 미칠 수 있도록 로비를 하거나 정보를 제공하고 대안을 마련하는 일에 참여, ⑥ 인권 침해를 받은 피해자들에게 직접적인 지원을 제공, ⑦ 인권 이슈에 대해 교육, ⑧ 중재자의 역할을 수행하기도 한다.

　NGO(시민사회)는 유엔의 목적을 달성하기 위한 중요한 파트너 중 하나이다. 유엔인권기구의 업무는 시민사회의 참여에 기반하고 있다고 말할 수 있다. 국제 단위에서의 시민사회는 Lina Marcinkutė(2011)이 제시한 인권을 보호하는 역할을 전방위적으로 수행하고 있다. 인권 의식 함양을 위한 교육, 캠페인 등 다양한 활동을 수행하고 있고, 인권 침해 사건을 발견하고 조사하여 대안을 모색하기 위한 네트워크, 파트너십, 국제

회의 참여 등 다양한 활동을 통해 새로운 인권기준을 만들고 인권기구나 기관의 역할을 강화하는 데 기여하고 있다.

유엔의 회원국인 각 국가가 국제인권기준을 성공적으로 이행하기 위해서는 국내에서 활동하는 개인 및 단체(시민사회, NGO)의 역할도 매우 중요하다.

국내 시민사회는 유엔인권기준을 국내 시민사회에 교육이나 캠페인 등을 통해 알리고, 인권 상황을 모니터링해서 해당 정부에 문제를 알리고 상황을 개선하기 위한 대안을 촉구하기도 한다. 또한 국제 인권 모니터링 시스템에도 참여하고 있다. 국가가 비준한 국제 협약 모니터링 과정에는 NGO 보고서를 작성하여 제출한다. NGO 보고서는 국가 보고서에서 누락되거나 왜곡된 정보를 모니터링하여 기록하고 해당 협약의 모니터링 기구에 제출한다. 유엔 모니터링 기구에서는 NGO 보고서를 매우 비중 있게 다루며, 정부 보고서를 심의하기 전에 주요 NGO를 초대해서 각 당사국의 인권 이슈에 대한 사전 회의를 진행한다. 또한 NGO 활동가들은 국가 보고서를 심의받을 때는 발언 기회가 제한되기 때문에 로비 활동을 진행하기도 한다. 인간의 존엄성 증진과 삶의 질 향상을 최우선의 과제로 삼는 사회복지 영역에서도 NGO의 역할이 매우 중요하다고 볼 수 있다. 그러나 아쉽게도 유엔 인권 모니터링 과정에 사회복지 기관이나 단체의 참여는 매우 저조한 상황이다. 사회복지사들의 연대, 즉 한국사회복지사협회, 시설협회나 기관협회들의 참여가 적극적으로 요청되는 지점이다.

4. 사례와 토론

국제 인권보장 체계

다음은 유엔사회권규약위원회의 대한민국 제4차 정부보고서 심의 최종 견해 중 사회보장 권리에 관한 내용이다.

위원회는 일부 사회보장 급여에 대한 자격 기준으로 부양의무자의 적용을 점차적으로 폐지하려는 당사국의 의도에 주목함과 동시에, 현재 부양의무자 기준으로 인해 사회보장 혜택을 필요로 하는 개인과 가정이 혜택을 받지 못함에 우려한다. 위원회는 또한 특정 사회보장 급여의 액수가 충분치 않다는 것을 우려한다(제9조).

위원회는 사회보장 급여의 자격 기준으로의 부양의무를 완전히 폐지하여 필요한 이들에게 사회보장 혜택을 보장할 것을 촉구한다. 또한 위원회는 당사국이 충분한 액수의 사회보장 혜택, 특히 국민기초생활보장제도에 의한 혜택을 보장할 것을 권고한다. 위원회는 당사국에 사회보장 권리에 관한 일반 논평 제19호(2008)에 주목할 것을 요청한다.

유엔사회권규약위원회 제4차 대한민국 심의 최종 견해 자료집

토론하기

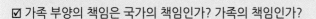

☑ 한국의 부양의무제도는 어떻게 변화되고 있는가?

☑ 가족 부양의 책임은 국가의 책임인가? 가족의 책임인가?

☑ 부양가족이 있다는 이유로 인권이 보장되지 못하는 시민을 위한 사회복지사의 역할은 무엇인가?

부양의무자 기준 폐지 관련

장애인돌봄에 관한 영상

제6장

국내 인권보장 체계

Human Rights
and
Social Welfare

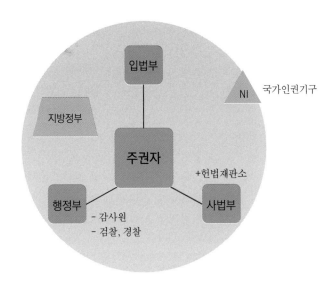

[그림 6-1] 인권보장이 궁극의 목표인 국가 조직 구성 체계

1. 인권보장 체계로서의 국가

1) 국가의 모든 시스템은 인권보장이 존재 이유이자 목적

국가가 존재하는 이유는 다름 아닌 '인권의 보장'이다. 따라서 현재 강조되고 있는 각 국가 업무에 있어서 '인권 중심'의 가치는 새로운 국가 목표가 아니라, 그간의 국가 구성과 운영에 있어 인권의 가치가 기본과 중심 방향이지 못했던 현실에 대한 반성과 각오라 할 것이다.

특히 근래 각 영역에서 시작되고 있는 인권영향평가는 이를 확인해 주고 있다. 현재 일부 지자체와 기관 등에서 본격적으로 인권영향평가의 운영 방안 모색과 도입 등의 노력이 진행되고 있다. 지자체의 경우에는 여기에 인권 기본 계획의 수립, 소속 공무원에 대한 인권 교육 등까지 지자체 행정 내에 인권의 주류화 가치를 회복하기 위한 다양한 노력을 기울이고 있다. 이에 대한 자세한 내용은 뒤에서 다루도록 하고, 여기에서는 인권보장을 위한 기본적 국가 조직으로서의 입법부(국회), 사법부, 행정부, 헌법재판소 등의 의미와 역할을 간단히 살펴본다.

⟨표 6-1⟩ 기본적 국가 조직과 그 인권적 역할

국회(입법)	• 보편적으로 승인된 인권은 정치적 타협의 대상이 아니라 사회 구성원 모두가 존중하고 준수해야 할 가치이자 규범인 만큼 국회에서 만드는 모든 법률에 반영되어야 한다. • 인권 관련 조약 동의권 행사를 통하여 인권조약들이 국내법적 효력을 갖도록 한다. • 유엔의 인권기구가 권고한 내용들을 국내에서 이행하는 데 필요한 법령을 제정한다.
법원(사법)	• 법원은 구체적 사건의 판단에 적용할 현행법의 내용을 국제인권기준 등 인권의 관점에서 적극적으로 해석하여 판결해야 한다. 이 점에서 현재 우리 법원은 대체로 소극적인 태도를 보이고 있어 인권보장 의무자로서의 역할을 다하지 못하고 있다는 비판이 있다.
행정(집행)	• 행정부는 국회가 제정한 법률을 집행함으로써 인권보장의 실행자로서 역할을 한다. 법기술상 구체화의 한계가 있기 때문에 대부분 행정에서 이를 해석하여 집행하여야 한다. 이때 법률의 본래의 취지에 벗어나지 않은 한도에서 최대한 인권이 보장되는 방향으로 해석하여 적용하여야 한다. 또한 인권 현장에서의 행정 경험을 바탕으로 필요한 법의 제정을 주도할 수도 있다(정부 발의 입법).
헌법재판소	• 헌법재판소는 「헌법」 해석과 적용을 통하여 인권 침해적 법률과 집행 작용을 무효화한다. • 헌법재판소에 대하여는 대한민국이 가입하거나 일반적으로 승인된 국제법규를 재판 규범으로 인정하고 적용함에 있어 좀 더 적극적이어야 한다는 지적이 있다.

출처: 이 내용은 이준일 외(2015)의 내용을 참조해 재구성함.

> ☞ 인권보장 시스템으로서의 사법부의 방향
>
> "법원은 헌법상 기본권을 해석할 때는 물론 법률을 해석할 때도 규약에 부합하도록 노력하여야 한다. 국제인권규약에 조화되도록 법률을 해석하는 것은 보편적 인권의 관점에서 사법부가 지켜야 할 책무이다."[1]
>
> "자유민주주의는 다수결에 따라 운영된다. 그러나 소수자와 인권의 보호는 다수결로 해결하기 어려운 측면이 있다. 소수자의 인권에 대한 관용과 포용 역시 자유민주주의의 기본 정신이다. 다수결로부터 자유로운 사법부로서는 인권의 보루라는 사명을 언제나 무겁게 받들어야 한다"(장태영, 2019).

---

1) 대법원 2018. 11. 1. 선고 2016도10912 전원합의체 판결, 100면.

2. 인권보장 체계로서의 국가인권기구

2) 인권보장 조치의 시점에 따라 사전 예방적-사후 구제적 인권 구제 절차

인권의 보장은 크게 사후적 방법(→ 사후 구제)과 사전적 방법(→ 사전 예방)으로 구분할 수 있는데, 사후적 방법으로는 민·형사 소송과 행정 민원, 그리고 국가인권위원회 진정 사건 조사를 통한 권리 구제 활동과 같은 것들을 들 수 있다.

피해가 이미 발생하고 나면 완전한 '원상회복'이라는 것은 불가능하기 때문에 사건 발생 이후 진행되는 구제는 '금전적인 보전(손해 보상이나 배상)'으로 진행된다. 그러나 인권의 문제를 금전적으로 대체한다는 것 자체가 이미 여러 부작용을 예견한다. 또한 원상회복이 불가능하기 때문에 심정적으로 물리적 제재 등에 대한 감정적 욕구가 더욱 높아진다. 결국 피해를 복구하지는 못하고 응보 감정으로 인한 손상만 더한다. 또한 사후 구제 절차라는 것은 피해자가 그 절차를 개시하고 지속시켜야만 가능한 것인 만큼 정신적·물리적 시간적으로 피해자의 고통이 더해진다.

따라서 가장 바람직하고 지속 가능한 인권의 실현 방법은 정책과 법 제도, 관행 등이 인권의 가치와 원칙에 부합하도록 개선하는 것이다. 이것이 바로 사전 예방적 인권 보장 시스템 마련이며, 국가인권기구의 인권 교육과 홍보, 관계 기관에 대한 정책 권고 등의 기능이 여기에 해당한다.

2. 인권보장 체계로서의 국가인권기구

1) 국가인권기구의 필요성과 역할

'국가인권기구'라 함은 헌법, 법률(law or decree)에 의거하여 정부가 설립하고, 인권의 증진과 보호를 위한 기능을 담당하는 기구를 의미한다(국가인권위원회, 2004).

(1) 국가인권기구 설립에 대한 국제사회 논의와 합의 등

국가인권기구의 문제는 유엔총회에서 세계인권선언을 선포하기 전인 1946년부터 논의되었다. 인권 보호에 대한 1차적인 책임자인 국가(당사국)의 인권 증진 및 보호를 지원하는 '조력' 체계로서의 국가적 기구가 필요하다는 판단이었다. 이러한 흐름은 1991년 1차 인권의 증진 및 보호를 위한 국가인권기구에 관한 워크숍에서 유엔인권위원회의 결의안에 의해 '국가인권기구의 지위에 관한 원칙(파리원칙)'으로 승인되었다 (국가인권위원회, 2004). 이 파리원칙은 국가인권기구가 헌법이나 법률에 의하여 인권 증진과 보호를 위한 권한을 가진 기구로 설치되어야 하며, 다음과 같은 책무를 맡아야 한다고 규정하고 있다.

〈표 6-2〉 국가인권기구의 지위에 관한 원칙('파리원칙')

권한과 책임	• 정부, 의회 그리고 기타 모든 관계 기관에 인권 문제와 관계있는 모든 사안 (법률 및 행정적 규정들, 그리고 모든 인권 침해 상황을 포함)에 관한 권고안 (recommendation), 제안(proposal), 보고서(report)의 제출 • 국내법과 관행들을 국제인권기준에 더욱 일치하도록 할 것 • 국제인권기준의 비준과 이행을 위하여 노력할 것 • 국제인권제도의 보고 절차에 기여할 것 • 인권 교육 및 연구 프로그램들의 마련과 시행을 지원하고, 정보 제공 및 교육을 통한 대중의 인권 의식 제고 • 유엔, 대륙별 인권기구, 그리고 다른 나라의 국가인권기구들과의 협력
구성의 독립성 다원성	• 인권의 보호와 향상에 관련된 (시민사회의) 다양한 사회 계층의 다원적 대표성 반영 • 특별히 적절한 재정 확보를 포함한 원활한 운영에 필요한 하부 구조 • 임기 보장을 통한 구성원의 안정적 역할 담보
활동 방식	• 그 권한에 속하는 모든 사안을 자유로이 심리 • 필요한 모든 사람의 진술과 어떠한 정보나 문서도 확보할 수 있어야 함 • 직접 또는 언론 매체를 통하여 여론에 호소하여 의견과 권고를 널리 전파 • 실무위원회와 지역 및 지방 조직을 구성 • 사법 기관 및 그밖에 인권의 보호 및 향상에 책임 있는 기관들과 지속적으로 협의 • 관련 민간단체와의 협력 발전
추가 원칙 준사법적 권한	• 조정 또는 구속력 있는 결정을 통해서 또는 비공개의 방법으로 우호적인 해결을 모색 • 당사자에게 특히 이용할 수 있는 구제 수단을 알려 주고 구제 수단에 대한 접근을 향상 • 법률의 범위 안에서 모든 고발과 진정은 직접 조사하거나 관련 기관에 이송 • 권한 있는 기관에 법률, 행정 입법이나 관행의 개정 또는 개혁을 권고

출처: 국가인권위원회(2004). 참조 구성.

이 '국가인권기구의 지위에 관한 원칙(파리원칙)'의 채택으로 국가인권기구 설립에 대한 보편적인 기준이 국제사회에서 합의되었고, 1993년 비엔나 세계인권대회에서 이 원칙을 재승인함으로써 국가인권기구의 설립이 본격적으로 확산되기 시작한다(이준일 외, 2015). 프랑스가 1947년에 국가인권기구를 설립하여 70년 이상 운영해 오고 있어 가장 오래되었다. 2021년 기준으로 117개의 국가인권기구가 있으며, 그중 107개가 1990년대 이후 설립되었다. 많은 국가인권기구가 1993년 파리원칙 발표 이후에 설립된 것으로 보인다(국가인권위원회, 2016).

(2) 국가인권기구의 역할

"국가의 인권보장 의무 이행에 대한 조력자."

국가인권기구는 사전적으로는 인권 침해가 발생하지 않도록 사회의 모든 제도와 정책을 점검하여 그 개선 방안을 제시하며, 사후적으로는 구체적 인권 사건에 원인으로 작용하고 있는 제도적·문화적 문제점을 규명하고 피진정인과 함께 그 개선 방안을 찾아가는 조력자이다. 엄격한 응징은 인권기구의 몫이 아니다.

(3) 국가인권기구의 독립성 확보 문제

국가인권기구에게 있어 독립성 확보는 그 역할과 기능상 필수적이다. 정부나 정당 정치 또는 그 밖의 영향력 있는 기관이나 상황들로부터 독립된 기구여야 한다(국가인권위원회, 2004). 이를 위해서는 다음과 같은 독립성이 보장되어야 한다.

〈표 6-3〉 국가인권기구 독립성 확보를 위한 조건

1. 독립적 지위와 운영의 자율성	• 정부의 특정 부문 또는 공공 및 민간 기구들로부터 간섭이나 방해를 받지 않고 기능을 수행하기에 충분한 법적 지위 필요 • 이를 위해 국가인권기구 설립법에서 독자적인 의사 결정을 내릴 수 있는 독립적이고 확실한 법인격을 부여받아야 함 • 일상적인 업무 절차에 대한 규정을 자체적으로 결정 • 진정에 대한 조사권과 정부 등 다른 기구의 협력 의무 규정 필요
2. 재정적 자율성	• 예산에 관한 사항 설립법에 명시 • 연간 예산 편성권, 의회에의 직접 제출과 승인(정부 부처의 예산과 연계되지 않을 것)
3. 임명 및 해임의 독립성	• 임명 방법과 기준, 임기, 재임 여부, 해임 사유와 해임권자, 특권과 면책에 대한 조건을 설립법에 명시
4. 구성을 통한 독립성	• 다원성과 다양성의 반영을 통한 진정한 대표성 확보

이러한 독립성 확보를 위한 조건들은 유엔인권최고대표부가 각국 정부의 인권기구 설립 및 운영에 대한 지원 과정에서 경험적으로 쌓아 온 기준들을 제시한 것이다. 대한민국 국가인권위원회의 설립 당시에도 이러한 기준에 입각하여 법을 구성하였는데 그 내용은 다음에서 소개하겠다.

2) 한국 국가인권위원회

(1) 설립 배경과 역사

- 1993. 6. 비엔나 세계인권회의에 참여한 '한국 민간단체 공동대책위원회'가 정부에 국가인권기구 설치를 요구하면서 국가인권기구 설치에 대한 국내에서의 논의 시작
- 1994. 7. ~ 1996. 11. 제3차 아태지역 인권 워크숍(서울), 국제심포지엄(서울), 아태지역 인권대회(뉴델리) 등을 통해 국가인권기구 설치의 필요성 꾸준히 제기
- 1997. 12. 김대중 대통령 후보가 '인권법 제정 및 국민인권위원회 설립' 대선 공약 발표
- 1998. 3. 김대중 정부 100대 국정 과제에 국민인권위원회 설립 포함
- 1998. 9. '인권법 제정 및 국가인권기구 설치 민간단체 공동추진위원회(공추위)' 결성 "법무부 산하 기관화 반대, 「헌법」 기관에 준하는 독립성과 자율성 보장 요구"
- 2001. 5. 「국가인권위원회법」 제정 공포(5. 24.)
- 2001. 11. 25. 「국가인권위원회법」 발효, 국가인권위원회 출범

출처: 국가인권위원회 홈페이지(설립 과정) 내용 참조.

국가인권위원회 설립 논의 초기 법무부는 국가인권기구를 법무부 산하 기관으로 설립하는 법안을 내놓았다. 그러나 국내뿐만 아니라 국제적으로도 실효성 있는 국가인권기구가 설립, 운영되기 어렵다는 우려들이 지속적으로 제기되었고, 1년이 넘는 논의 끝에 다시 지금과 같은 독립된 국가인권위원회를 설립하는 법안으로 진행되었다.

> **「국가인권위원회법」**
>
> 　제1조(목적) 이 법은 국가인권위원회를 설립하여 모든 개인이 가지는 불가침의 기본적 인권을 보호하고 그 수준을 향상시킴으로써 인간으로서의 존엄과 가치를 실현하고 민주적 기본질서의 확립에 이바지함을 목적으로 한다.
>
> 　제3조(국가인권위원회의 설립과 독립성) ① 이 법에서 정하는 인권의 보호와 향상을 위한 업무를 수행하기 위하여 국가인권위원회(이하 "위원회"라 한다)를 둔다. ② 위원회는 그 권한에 속하는 업무를 독립하여 수행한다.

☞ 인권기본법 제정을 요구하는 목소리

　「국가인권위원회법」 제1조의 목적을 보면, 이 법이 기본적으로 인권의 내용이나 기준에 대한 법률이 아니라 국가인권위원회라는 조직 구성과 운영에 대한 사항을 규정한 조직법임을 알 수 있다. 이러한 이유에서 현재, 인권의 내용과 기준 및 이의 보장을 위한 다양한 제도(지방정부 등의 인권 체계)의 내용과 운영 등에 대한 사항이 포함된「인권기본법」이 제정되어야 한다는 주장이 강력하게 제기되고 있다.

(2) 주요 업무와 역할

> 제19조(업무) 위원회는 다음 각 호의 업무를 수행한다.
>
> 1. 인권에 관한 법령(입법 과정 중에 있는 법령안을 포함한다)·제도·정책·관행의 조사와 연구 및 그 개선이 필요한 사항에 관한 권고 또는 의견의 표명
> 2. 인권 침해 행위에 대한 조사와 구제
> 3. 차별 행위에 대한 조사와 구제
> 4. 인권 상황에 대한 실태 조사
> 5. 인권에 관한 교육 및 홍보
> 6. 인권 침해의 유형, 판단 기준 및 그 예방 조치 등에 관한 지침의 제시 및 권고
> 7. 국제인권조약 가입 및 그 조약의 이행에 관한 연구와 권고 또는 의견의 표명
> 8. 인권의 옹호와 신장을 위하여 활동하는 단체 및 개인과의 협력
> 9. 인권과 관련된 국제기구 및 외국 인권기구와의 교류·협력
> 10. 그 밖에 인권의 보장과 향상을 위하여 필요하다고 인정하는 사항

정책	조사·구제	교육·홍보	국내·외 협력

국가인권위원회의 주요 업무와 역할은 앞에서 설명한 파리원칙에 입각하여 인권 정책 연구와 권고, 인권 사건 조사와 구제, 인권 교육과 홍보, 인권적 인프라 지원과 확산을 위한 국내외 협력 업무 등으로 구성된다.

정책	• 법령·제도·정책·관행의 조사·연구 및 개선 권고·의견 표명 • 국제인권조약 가입 및 조약의 이행에 관한 권고·의견 표명

국가인권위원회는 인권 보호와 증진을 위하여, 필요한 경우 관련 법령, 정책, 제도 등에 대한 조사·연구를 진행하여 그 개선을 권고하거나 의견을 표명하고(「국가인권위원회법」 제19조 제1호, 제25조 제1항), 국제인권조약 가입과 조약의 이행에 관한 권고와 의견을 표명한다(동법 제19조 제7호).

아울러 국가인권위원회는 인권의 보호와 증진에 중대한 영향을 미치는 재판이 진행 중인 경우, 법원 또는 헌법재판소의 요청이 있거나 필요하다고 인정하는 때에는 법원의 담당 재판부 또는 헌법재판소에 법률상의 사항에 관하여 의견을 제출할 수 있다(동법 제28조 제1항).

국가인권위원회 출범 이후 「국가보안법」 폐지와 양심적 병역 거부 대체복무제 권고, 호주제와 사형제 폐지 및 이라크 전쟁 반대 의견 표명 등 한국 사회 인권 수준의 진전을 촉진하는 중요한 역할을 수행하여 왔다.

▶ 주요 인권 정책 권고·의견 표명 사례
● 호주제 폐지 의견 표명
● 양심적 병역 거부 대체복무제 권고
● 외국인 노동자 고용 관련 법률 개선 권고

조사·구제	• 국가 기관, 지자체 또는 구금·보호 시설의 인권 침해 조사·구제 • 법인, 단체 또는 사인(私人)에 의한 평등권 침해의 차별 행위 조사·구제 • 성희롱 조사·구제 • 「장애인 차별 금지 및 권리 구제 등에 관한 법률」 및 「고용상 연령 차별 금지 및 고용 촉진에 관한 법률」에 따른 조사·구제

[그림 6-2] 국가인권위원회 진정 사건 처리 절차도(국가인권위원회 홈페이지 참조)

국가인권위원회
진정 접수

국가인권위원회는 인권 사건 조사·구제 업무를 담당하고 있다. 국가 기관, 지방자치단체 또는 구금·보호 시설의 업무 수행과 관련하여 인권을 침해당한 경우 이를 조사하고 구제한다(동법 제30조 제1항 제1호).

또한 법인·단체 또는 사인에 의한 평등권 침해의 차별 행위, 즉 합리적인 이유 없이 성별, 종교, 장애, 나이, 사회적 신분, 출신 지역, 출신 국가, 출신 민족, 용모 등 신체조건, 혼인 여부, 임신 또는 출산, 가족 상황, 인종, 피부색, 사상 또는 정치적 의견, 형의 효력이 실효된 전과, 성적(性的) 지향, 병력(病歷)을 이유로 차별 행위를 당한 경우 이를 조사·구제하고 있다(동법 제30조 제1항 제2호, 동법 제2조 제3호).

한편, 인권 침해나 차별 행위가 있다고 믿을 만한 상당한 근거가 있고 그 내용이 중대하다고 인정할 때에는 진정이 제기되지 않더라도 직권으로 조사할 수 있으며(동법 제30조 제3항), 구금·보호 시설의 경우 방문 조사도 할 수 있다(동법 제24조). 또한 공공기관 종사자, 사용자 등에 의한 업무 등과 관련한 성희롱 사건 조사와 구제를 담당한다(동법 제2조 제3호 라목).

제30조(위원회의 조사 대상) ① 다음 각 호의 어느 하나에 해당하는 경우에 인권 침해나 차별 행위를 당한 사람(이하 "피해자"라 한다) 또는 그 사실을 알고 있는 사람이나 단체는 위원회에 그 내용을 진정할 수 있다.

1. 국가 기관, 지방자치단체, 「초·중등 교육법」 제2조, 「고등 교육법」 제2조와 그 밖의 다른 법률에 따라 설치된 각급 학교, 「공직자윤리법」 제3조의2 제1항에 따른 공직 유관단체 또는 구금·보호 시설의 업무 수행(국회의 입법 및 법원·헌법재판소의 재판은 제외한다)과 관련하여 「대한민국헌법」 제10조부터 제22조까지의 규정에서 보장된 인권을 침해당하거나 차별 행위를 당한 경우

2. 법인, 단체 또는 사인(私人)으로부터 차별 행위를 당한 경우

제2조(정의) 이 법에서 사용하는 용어의 뜻은 다음과 같다.

3. "평등권 침해의 차별 행위"란 합리적인 이유 없이 성별, 종교, 장애, 나이, 사회적 신분, 출신 지역(출생지, 등록기준지, 성년이 되기 전의 주된 거주지 등을 말한다), 출신 국가, 출신 민족, 용모 등 신체 조건, 기혼·미혼·별거·이혼·사별·재혼·사실혼 등 혼인 여부, 임신 또는 출산, 가족 형태 또는 가족 상황, 인종, 피부색, 사상 또는 정치적 의견, 형의 효력이 실효된 전과(前科), 성적(性的) 지향, 학력, 병력(病歷) 등을 이유로 한 다음 각 목의 어느 하나에 해당하는 행위를 말한다. 다만, 현존하는 차별을 없애기 위하여 특정한 사람(특정한 사람들의 집단을 포함한다. 이하 이 조에서 같다)을 잠정적으로 우대하는 행위와 이를 내용으로 하는 법령의 제정·개정 및 정책의 수립·집행은 평등권 침해의 차별 행위(이하 "차별 행위"라 한다)로 보지 아니한다.

가. 고용(모집, 채용, 교육, 배치, 승진, 임금 및 임금 외의 금품 지급, 자금의 융자, 정년, 퇴직, 해고 등을 포함한다)과 관련하여 특정한 사람을 우대·배제·구별하거나 불리하게 대우하는 행위

나. 재화·용역·교통 수단·상업 시설·토지·주거 시설의 공급이나 이용과 관련하여 특정한 사람을 우대·배제·구별하거나 불리하게 대우하는 행위

다. 교육 시설이나 직업 훈련 기관에서의 교육·훈련이나 그 이용과 관련하여 특정한 사람을 우대·배제·구별하거나 불리하게 대우하는 행위

라. 성희롱[업무, 고용, 그 밖의 관계에서 공공기관(국가 기관, 지방자치단체, 「초·중등 교육법」 제2조, 「고등 교육법」 제2조와 그 밖의 다른 법률에 따라 설치된 각급 학교, 「공직자윤리법」 제3조의2 제1항에 따른 공직 유관단체를 말한다)의 종사자, 사용자 또는 근로자가 그 직위를 이용하여 또는 업무 등과 관련하여 성적 언동 등으로 성적 굴욕감 또는 혐오감을 느끼게 하거나 성적 언동 또는 그 밖의 요구 등에 따르지 아니한다는 이유로 고용상의 불이익을 주는 것을 말한다] 행위

입사지원서

▶ 주요 조사·구제 사례
● 크레파스 색상의 피부색 차별 시정
● 정신보건 시설 수용자 인권 개선
● 불법 체류자 강제 퇴거 개선 권고
● 입사 지원서 가족관계, 출신 학교 등 차별적 항목 개선

앞에서 살펴본 바와 같이 (국가)인권기구의 역할은 가해자에 대한 엄정한 응징이 아

닌 가해의 원인 규명과 개선 방안 제시이다. 이는 김원규의 다음의 글에서 잘 설명하고 있다.

> 파리원칙은 국가인권기구의 제1의 책임과 역할은 인권 문제에 대한 '**정책적 자문(Advisory)**'임을 확인하고 있다. 그러면서 '준사법적 권한을 갖는 위원회의 지위에 관한 추가 원칙들'에서 추가적으로 부수적으로 개별 구제 업무를 할 수 있음을 규정하고 있다. 그리고 이때의 자문은 국가와 지자체 등 **당국의 인권적 자력화(empoering)**와 당국으로 하여금 자신의 인권 침해 행위를 **스스로 돌아보게 하는 것(retrospecting)**을 포함한다(김원규, 2019, p. 88).

국가인권기구의 진정 사건의 조사와 권고라는 구제 절차는 가해자를 피해자와 대립시키고 가해 행위를 징벌하는 다른 구제 절차와 변별된다. 스스로 돌아보게 하고, 그 인권적 문제점을 찾을 수 있도록 지원하는 역할, 그리하여 결국 스스로 그 개선 방안을 실행할 수 있게 촉진하는 역할을 해야 한다. 따라서 그 조사 과정은 상호 소통의 방식으로 인권 침해적 상황에 이르기까지의 사유를 규명하고 이의 시정을 위하여 필요한 조치를 함께 강구하는 것이어야 한다. 이 과정을 통해서 인권 침해를 유발한 측도 문제의식을 공유하고 인권의 가치와 원칙을 내재화할 수 있다. 결과적으로 인권기구의 권고가 그 실효성을 가질 수 있게 된다. 이렇게 형성된 사회 전체의 인권 문화와 역량이야말로 국가인권기구가 여러 가지 사회적 외압에 흔들리지 않고 그 독립성을 보존할 수 있도록 지켜 주는 가장 유효한 장치이다.

교육 · 홍보	• 국민 의식 향상을 위한 교육 • 인권 문화 확산 및 홍보

국가인권위원회는 모든 사람의 인권 의식 향상에 필요한 인권교육과 홍보 활동을 한다(동법 제26조 제1항).

초 · 중 · 고등학교 및 대학 등 각 교육기관의 교육과정에서 인권교육이 이루어지도록 노력하고, 사회 전반에 있어 인권이 주요한 기준이 되도록 다양한 교육 활동을 펼치고 있다. 또한 출판, 문화 콘텐츠 개발 등을 통한 인권 의식 확산을 위하여 영화, 도서 등을 기획하거나 제작하여 배포하고, 인권에 관한 정보 제공을 위해 인권 전문 도서관인 인권자료실을 운영하고 있다.

☞ 주요 교육·홍보 사례

● 검·경 교도관 등 법 집행 공무원 인권 교육

● 정신장애인 시설 종사자 인권 교육

● 인권 교육 강사단 구성 및 인권 교육 센터 설치 운영

☞ 국가인권위원회 제작 인권 문화 콘텐츠

국가인권위원회
인권 문화 콘텐츠

국내·외 협력	• 국내 인권 단체 및 개인과 협력 • 인권 관련 국제기구 및 외국 인권기구와 교류·협력

국가인권위원회는 인권의 옹호와 신장을 위하여 활동하는 단체 및 개인과 협력하고 있다(동법 제19조 제8호). 국내 인권 단체 등과의 긴밀한 협력을 통해 역할이 필요한 인권 현장을 파악하고 자문을 받으며, 인권 실태 조사 등에 협력하며 국가인권위원회의 역할을 수행해 나가고 있다. 이를 통하여 상호 인권 역량의 증진이 도모되기도 한다.

나아가, 각국에 설치된 국가인권기구 등과의 협력을 통해 국제사회의 인권적 경험과 흐름을 국내 제도 운영 등에 반영하는 한편, 국제인권사회에 기여하는 등 국제 교류에 힘쓰고 있다(국가인권위원회 홈페이지 참조).

(3) 국가인권위원회의 성과와 과제

우리 사회에서 '인권'이라는 단어가 보통명사로 사용되기 시작한 것은 아마도 국가인권위원회라는 국가기구가 만들어질 즈음이 아닌가 한다. 이전에는 국가 폭력에 의한 인권 탄압의 상황에서만 떠올려지는 인권이라는 단어가 인권보장이라는 국가의 본래의 목적을 설명하는 제자리를 찾게 된 셈이다. 즉, "국가인권위원회의 설립으로 이제 한국 사회에서 인권은 특정 정권의 정치적 공약이 아니라 국가의 존재 이유이자 존립 목적임을 법적으로 재확인하고 제도적으로 보장하게 되었다"(이준일 외, 2015). 이러한 국가인권위원회의 설립은 인권 관련 법령, 제도, 정책, 관행 등 인권의 보호와 증진 모든 측면을 전면적으로 다루는 국가 기관의 등장으로 한국 사회 내 인권의 주류화가 형성되기 시작하였다는 의의가 있다. 또한 국제인권기준의 국내적 실행을 점검하고 견인하며, 입법·사법·행정 외에 국가권력을 인권적 관점에서 감시하고 견제하는 중요한 국내 인권보장 체제가 형성된 것이다.

2001년 11월 설립된 국가인권위원회는 2021년이면 20주년을 맞는다. 돌아보면 그

간 주어진 자리의 몫을 다하기 위하여 불철주야 달려왔던 시간도 있고, 인권의 가치에 대한 도전의 시절도 겪었다. 지금도 국가인권위원회의 독립성과 전문성에 대하여 따가운 시선으로 부족을 지적하기도 하지만, 사실 모두 애정에서 나오는 비판이라고 생각한다. 우리 사회에 그 존재가 너무나도 소중한 기관이라는 점을 그 누구도 부정할 수 없을 것이다. 다만, 20년 세월 동안의 인권 확장만큼이나 그 업무의 폭과 깊이도 더해질 필요가 있다. 따라서 이를 감당할 수 있는 조직적 규모와 내외적 인권 역량과 인프라가 구축되었는가를 돌아보고 부족한 지점을 함께 채워 지난 20년보다 더 바빠질 다음을 준비해야 할 것이다.

3. 지방정부의 인권보장 체계

1) 지방정부 인권보장 체계의 필요성과 역할

불과 몇 년 전까지도 굳이 지방정부 단위에서의 인권보장 체계가 할 일이 얼마나 되겠느냐는 의문이 많았다. 현재 지방정부 시대가 본격화되면서 그것이 얼마나 근시안적이었는지 알 수 있다. 더구나 COVID-19와 같은 재난 상황에서 지방정부에 기대되는 인권보장 역할은 급속히 커지고 있다. 지방자치 시대가 열린다는 것은 중앙정부에 의한 권위적 통치 방식에서 벗어나 주민 자치 역량을 바탕으로 한 인권보장 체계를 구성한다는 것을 의미한다. 근래 각 지자체의 주요 시정 또는 도정 목표를 살펴보면 하나같이 주민 자치의 기치를 내걸고 있다.

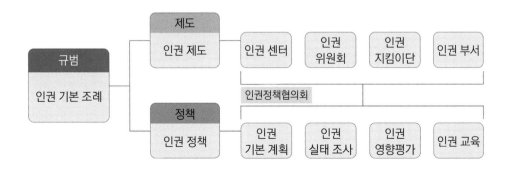

[그림 6-3] 지방정부 인권보장 체계(규범-제도-정책)

이에 지금과 같은 지방정부 인권보장 체계가 만들어지고 있으며, 이것이 체계적으로 책임 있게 구성 및 운영될 수 있는 규범, 제도, 정책이 필요하다. 지방정부라는 공적 체계 안에 정책이 추진되기 위하여 이를 뒷받침하는 제도가 있어야 하고, 제도를 만들기 위해 근거 규범이 필요하다. [그림 6-3]은 이를 도식화한 것이다.

지방정부 인권보장 체계의 의미가 이런 만큼 이를 구성하는 제도나 정책은 철저하게 인권의 기본적인 가치와 원칙에 부합하게 설계, 운영될 필요가 있다. 물론 우리 사회 인권 문화, 행정 관행 등의 한계로 당장 완벽한 인권적 구성과 운영은 어려울 수 있지만, 적어도 이 교재의 서두에 설명한 것처럼 인간은 그 누구도 다른 목적(그것이 인권보장일지라도!)을 위하여 수단화되어서는 안 될 것이다. 다른 무엇보다도 시민도, 행정 담당자도 대상화되거나 수단화되어서는 안 된다는 기본적인 원칙을 지키며 제도를 설계하고 정책을 운영하여야 한다.

2) 인권 기본 조례의 의미와 제정 상황

지자체마다 조례의 명칭에 혼선이 다소 있으나 가장 적합한 명칭은 '인권 기본 조례'이다. 다음의 규정들에서 알 수 있듯이 인권 조례가 지자체 내 다른 조례와의 관계에서 기본 조례로서의 위상을 가져야 하기 때문이다.

> 「서울시 인권 기본 조례」 제3조(다른 조례와의 관계)
> ① 시민의 인권과 관련한 다른 조례를 제정 또는 개정하는 경우에는 이 조례의 내용에 부합되도록 하여야 한다.
> ② 시민의 인권 보호 및 증진에 관하여 다른 조례에 특별한 규정이 있는 경우를 제외하고는 이 조례에서 정하는 바에 따른다.
>
> 「광명시 인권 보장 및 증진에 관한 조례」 제3조(다른 조례와의 관계) 광명 시장(이하 "시장"이라 한다)은 시민의 인권 보장 및 증진과 관련된 다른 조례를 제정 또는 개정하는 경우에는 이 조례에 부합하도록 하여야 한다.

국가인권위원회는 2012년 지자체 「인권 기본 조례 표준안」을 마련하고, 각 지방자치단체의 인권 기본 조례 제·개정을 권고했다.

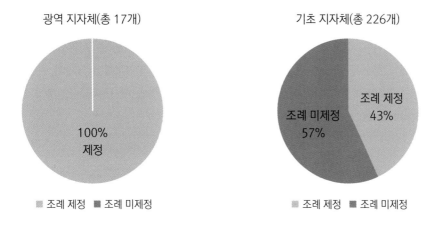

광역 지자체(총 17개)

100%
제정

■ 조례 제정　■ 조례 미제정

기초 지자체(총 226개)

조례 미제정
57%

조례 제정
43%

■ 조례 제정　■ 조례 미제정

[그림 6-4] 전국 지자체 인권 기본 조례 제정 현황(2019. 11. 기준)

광역 지자체의 경우 충청남도가 인권 조례 폐지라는 사태를 맞기도 하였으나 연내인 2018년 10월 1일 다시 「충청남도 인권 기본 조례」를 제정하였고, 2019년 1월 7일 인천광역시가 인권 조례를 제정하여 현재 전국 17개 광역 지자체 모두가 인권 기본 조례를 제정하고 있다. 한편, 기초 지자체의 경우에는 2019년 11월 기준 97개의 기초 지자체만이 인권 조례를 제정한 것으로 확인된다.

인권 기본 조례에서 주로 규율하고 있는 내용은 [그림 6-3]과 같으며, 최근에는 지자체 내 행정 체계에서 인권 정책 추진을 점검하기 위하여 지자체 장이 주재하는 년간 1~2회의 인권정책협의회 등도 포함하는 추세이다.

상위 '법률'의 근거가 없는 인권보장은 위법?

인권 기본 조례 제정에 대하여 간혹 '법률'적 근거가 없는 위법한 조례라거나, 주민의 인권 보장을 위하여 필요하지만 '법률'적 근거가 없다는 말을 들을 때가 있다. 이는 분명 뭔가 오해가 있는 주장이다. 다음의 「지방자치법」 제22조의 단서 조항을 잘 살펴볼 필요가 있다.

> 「지방자치법」 제22조(조례) 지방자치단체는 법령의 범위 안에서 그 사무에 관하여 조례를 제정할 수 있다. 다만, 주민의 권리 제한 또는 의무 부과에 관한 사항이나 벌칙을 정할 때에는 법률의 위임이 있어야 한다.

"다만, 주민의 권리 제한 또는 의무 부과에 관한 사항이나 벌칙을 정할 때에는 법률의 위임이 있어야 한다."라고 하고 있기 때문에, 주민의 인권을 보장하거나 그 의무를 줄이는 내용의 조례의 경우에는 상위 '법률' 없이도 제정이 가능하다. 인권보장은 국가와 지방정부가 추구하는 최고의 목표이자 존재 이유이고 최상위 규범인 「헌법」에서 이를 확인하고 있기 때문이다(김형완, 2020).

3) 지방정부 주요 인권 제도

[그림 6-5] 지방정부 주요 인권 제도

(1) 지자체 인권위원회

현재 국내 지자체 인권위원회는 모두 비상설의 심의 · 자문 기구로 운영되고 있고, 주로 지자체 내 인권에 관한 규범과 정책에 관한 조언 기능을 수행한다.

서울시 인권위원회는 「서울특별시 인권 기본 조례」 제17조 제2항 및 제20조 제1항에 근거해 2020년 6월 23일 "서울 시장은 서울시 산하 사회복지시설 내 괴롭힘이 발생하지 않도록 근본적인 제도 개선 방안을 마련해야 한다."라고 권고하였다. 이는 2019년 실시된 서울시 사회복지시설 직장 내 괴롭힘 실태 조사 결과를 토대로 한 것으로, 서울시의 지원을 받는 각종 복지 시설에서 발생한 직장 내 괴롭힘에 대해 ▲사전 대응 방안 ▲ 사후 구제 방안 ▲ 사회복지시설 내 괴롭힘 제도 개선 방안 마련 등 시정을 권고했다.

　　사전 대응 방안에 대해서는 △직장 내 괴롭힘 금지 교육 의무화 및 시설장 의무 이수 권장(서울시 복지 시설 소관 부서) △서울시 직장 내 괴롭힘 금지 및 대응 체계 등 홍보 강화(서울시 노동 정책 담당관) △서울시 시민 인권 보호관 인권 침해 신고 및 상담 홍보 강화(서울시 인권 담당관) △사회복지시설 직장 내 괴롭힘 금지 및 홍보 강화(복지 시설) △복지 시설 인권 존중 조직 문화 조성 위한 인권 경영 도입 검토(서울시 인권 담당관·복지 시설 소관 부서)를 권고했다.

　　사회복지시설 직장 내 괴롭힘 사후 구제 방안 마련을 위해 △종사자 10인 미만 시설 고충 상담 및 직장 내 괴롭힘 조사 등 신고 및 상담 등 구제 시스템 구축 △사회복지시설 직장 내 괴롭힘 상담 조사 매뉴얼 개발(서울시 복지 시설 소관 부서) △위탁 법인과 복지 시설에 피해자 심리 치료 및 피해자 지원 조치를 하고, 2차 피해 및 재발 방지를 위한 지도감독 등 피해자 회복 지원 체계 구축 및 지원 △가해자 무관용 원칙 등 처벌 규정 강화를 통한 가해자 재발 방지 체계 구축 등을 권고했다.

　　또 사회복지시설 내 괴롭힘 제도 개선 방안을 마련하기 위해 △시설 민주적 운영 노력 및 채용 공정성 확보(서울시 복지 시설 소관 부서·위탁 법인·복지 시설) △위탁 계약·인증·시설 평가 시 기관평가 지표에 반영(서울시 복지 시설 소관 부서·자치구) △복지 시설 지도 감독 시 직장 내 괴롭힘 금지 항목 포함(서울시 복지 시설 소관 부서·자치구) △사회복지시설 표준 취업 규칙 마련 및 표준 근로 계약서 시행 감독(서울시 복지 시설 소관 부서) △ 사회복지사 등의 처우 및 지위 향상에 대한 조례에 직장 내 괴롭힘 금지와 인권 보호 및 증진 조항 포함 개정(서울시 복지 시설 소관 부서)을 권고했다.

서울시 인권위원회 권고

(2) 지자체 인권 센터: 인권 구제 및 모니터링

인권 센터는 그 명칭에 맞게 정리하자면(행정청 내에서 인권 업무를 수행하는 인권 전담 부서가 아니라는 뜻), 본래 인권 보호(권리 구제, 제도 개선, 정책 제안)와 인권 증진(교육, 홍보, 협력)이 그 역할이다. 즉, 행정청의 인권 업무 수행을 견인하는 모니터링 기구의 역할을 하면서 인권 침해 사건에 대한 상담과 조사 등의 권리 구제, 인권 교육 및 홍보와 협력 업무를 담당한다. 구제 업무의 경우 대체로 인권 보호관(옹호관) 제도를 별도로 두고 센터 소속으로 활동하도록 하고 있다.

「충청남도 인권 기본 조례」 제19조(설치.운영) ② 인권 센터의 업무는 다음 각 호와 같다.
1. 인권 증진을 위한 법령 · 제도 · 정책 · 관행 등의 조사 · 연구 및 그 개선 방안 연구
2. 인권 침해 및 차별 관련 상담 조사 및 권리 구제
3. 인권 상황에 대한 실태 조사 및 인권영향평가에 관한 사항
4. 도민 인권 보호와 증진을 위해 활동하는 단체 및 개인과의 연대 · 협력
5. 인권 분야 정부 기관 · 비영리 민간단체 · 법인과의 교류 · 협력
6. 인권 증진 활동(상담 사례 등) 보고서 발간
7. 그 밖에 도민의 인권 보장과 향상을 위하여 필요하다고 인정하는 사항

그리고 이러한 업무의 속성상 독립성이 확보되어야 하므로 대부분의 인권 기본 조례에서는 인권 센터의 독립성 보장을 별도로 규정하고 있다. 지자체 내부에서 발생하는 인권 문제에 대한 조사 및 지자체 업무를 모니터링하는 만큼 조직 내외부로부터 간섭받지 않고 업무를 처리하는 것이 필수적이다.

「충청남도 인권 기본 조례」 제21조(직무의 독립성)
① 도지사는 인권 센터의 운영 및 활동에 독립성을 보장하여야 한다.
「광명시 인권 보장 및 증진에 관한 조례」 제17조(광명 시민인권센터 설치 · 운영)
③ 시장은 인권 센터의 운영 및 활동에 독립성을 최대한 보장하여야 한다.

한편, 조례상 인권 센터 설치 규정이 있다고 해도 모든 지자체가 인권 센터를 설치하고 있지는 못한 상황이며, 설치한 몇몇 지자체의 경우에도 대개 행정청 안에 설치, 운영함으로써 업무상 행정청 내의 인권 전담 부서와 뚜렷이 구별되지 않는 상태로 운영되고 있는 것이 현실이다.

(3) 지자체 인권 구제 절차의 의미와 역할
지자체 인권 보호관은 인권 센터와 더불어 지자체 내 인권기구에 해당한다. 따라서 국가인권기구에서의 조사와 마찬가지로 가해 · 피해의 구도 안에서의 엄격한 처벌이 목적이 아니다. 조사 과정을 통하여 행정의 관성을 깨고 잘못된 관행의 개선을 유인하는 제도이다. 따라서 개별 인권 진정 사건에 대한 조사에 그칠 것이 아니라, 궁극적으

로는 사건 안에 담겨 있는 행정 제도 등의 미흡 또는 왜곡을 바로잡는 것이 주요하고, 과정 또한 당사자가 스스로 이를 깨닫고 개선할 수 있도록 지원하는 모습이어야 한다.

(4) 인권지킴이단

최근 들어 조금씩 활성화되고 있는 제도로서 지자체 주민들이 지자체 내 인권적 문제들을 모니터링하면서 정책에 참여하는 인권지킴이단 제도가 주목받고 있다. 앞에서 설명한 바와 같이 지자체 인권보장 체계가 주목받는 이유가 지방정부 시대의 주민 자치 역량과 밀접한 관계임이 현실에서도 확인된다고 본다. 인권에 관심 있는 주민들이 모여 함께 인권 교육을 받고 자신들 지역에서의 인권 문제를 점검하고 토의하며 그 개선 방안을 모색하는 움직임이 조금씩 싹트고 확장되는 이러한 추세는 향후 여러 가지 인권 문제에 대한 지역 내 대응력을 키워 줄 것이다.

(5) 인권 부서

지자체 내 인권 제도와 정책을 실효성 있게 추진하기 위해서는 행정 내 인권 업무를 전담하는 부서가 필요하다. 이 인권 부서는 관련 부서와 협업하여 인권 실태 조사, 인권 정책, 인권 기본 계획, 인권영향평가, 인권 교육 등의 제도와 정책을 추진함에 있어 중요한 협의와 소통의 역할을 수행한다.

서울시, 충남, 경기도 등에서는 인권 전담 부서의 역할을 제대로 수행할 수 있도록 인권 부서를 과 단위로 확장해 운영하고 있기도 하다.

4) 지방정부 주요 인권 정책

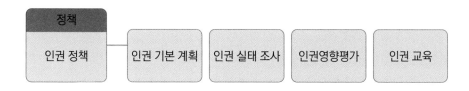

[그림 6-6] 지방정부 주요 인권 정책

(1) 지자체 인권 기본 계획과 인권 실태 조사

지방자치단체 인권 기본 계획의 의미와 역할

1. 선거에 의해 선출된 자치단체장의 임기와 무관하게 헌법이 명령하는 인권 행정을 보다 안정적이고 지속 가능하게 추진하도록 하며,
2. 인권 행정이 지자체의 일부 사무가 아니라 행정 전반에 걸쳐 실현되도록 종합하고,
3. 지자체의 각 부서별 사업들이 인권의 가치에 기반하여 서로 유기적으로 시행되는 청사진으로서의 의의를 가진다.

출처: 인권정책연구소(2019b) 참조 수정.

지자체 인권 기본 계획은 지자체 인권 행정의 청사진(master plan)으로서, 인권과 관련된 정책·제도·관행의 개선을 목표로 하는 인권 종합 계획이다. 지자체 인권 기본 계획은 당해 주민에 대한 인권보장 책무를 진 지자체가 그 의무를 다하기 위해, 실태 조사를 통한 주민의 인권 상황과 그 개선 조건에 대한 정확한 진단을 바탕으로 인권 정책의 목표와 추진 과제를 제시하는 것이어야 한다. 실태 조사 과정에서의 인권 시민사회 사전 의견 수렴 절차와 시민 참여, 행정 담당자들에 대한 소통형 인터뷰 등을 통하여 지자체 인권 역량 증진 효과를 유발하는 만큼 실태 조사는 필수적인 절차라 할 것이다. 또한 인권의 이름으로 진행되는 정책에 있어 그 누구도 수단화되어서는 안 되는 만큼 행정 담당자들과의 상호 소통과 설득의 과정을 통하여 지자체의 인권 역량을 촉진하면서 진행되어야 한다. 그런 만큼 전문가가 일방적으로 거창한 정책을 제안하는 것이 아닌, 현재의 정책이 그 내용과 과정, 효과에 있어 인권의 가치와 원칙에 부합하도록 재정렬하는 인권 기본 계획으로 수립, 추진되어야 한다(인권정책연구소, 2019b).

(2) 지자체 인권영향평가

인권영향평가(Human Rights Impact Assessment: HRIA)는 기관 업무의 인권적 영향을 점검하는 제도이다. 국내에 도입되는 과정에서 'Assessment'가 '진단 또는 점검'이 아닌 '평가'로 번역되면서 그 의미에 다소 혼동이 있는데, 이 제도는 업무 담당자와 인권의 주체인 (주민) 당사자에 의한 점검 또는 진단의 과정이 중심이다. 즉, 우리가 흔히 사용하는 평가인 'Evaluation'이나 모니터링과는 다소 다른 의미이다. 따라서 인권영향평가는 그 운영을 통하여 업무의 인권적 정합성을 점검, 개선하는 결과 지향적 목적뿐

만 아니라, 이 절차에 참여하는 담당자와 주민의 인권 역량 촉진을 통하여 기관과 지역 사회 내 인권 역량이 증진되는 것을 궁극적 목적으로 한다. 국내외 주요 인권영향평가 사례들도 과정 중심적 기획과 운영을 통해 이해관계자의 참여와 역량 증진을 도모하는 것을 중요하게 설정하고 있다. 따라서 인권영향평가 절차가 담당 부서의 자기 진단과 개선 계획 수립으로 수렴되는 경우가 많다(인권정책연구소, 2020b).

따라서 인권영향평가는 사업 시행 전에 진행할 수도 있고, 사업의 실시 중이나 이후에 실시할 수도 있다. 또한 지속적으로 진행되는 정책이나 사업에서는 지속적인 점검 · 보완 · 반영의 환류 형태로 발전한다. 인권영향평가는 사전과 사후 모두 나타날 수 있는 인권 침해를 사전에 예방한다. 따라서 사전적(인권 침해 발생 이전이라는 의미에서)으로 업무의 인권보장성을 확보해 준다. 또한 관련 분쟁을 사전에 방지함으로써 궁극적으로는 행정의 효율성을 높일 수 있는 제도이기도 하다(인권정책연구소, 2020b).

(3) 인권 교육

"지방정부의 인권 행정 구현을 위한 필수적인 기반 '인권 교육'."

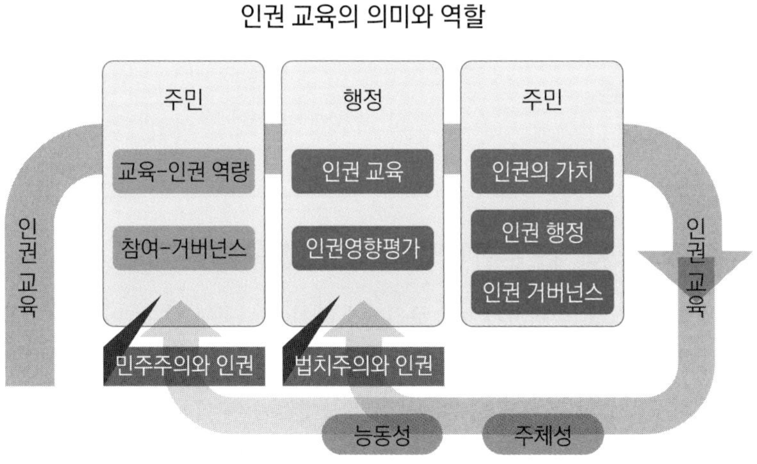

[그림 6-7] 지방정부에 있어서 인권 교육의 의미와 역할

출처: (사)인권정책연구소(2020a) 참조 수정.

인권 행정을 구현하기 위한 주민과 행정 담당자의 인권 역량 확보를 위하여 인권 교육은 필수적인 과정이다. 먼저, 인권과 민주주의 현장의 주체인 주민의 인권 역량 강화는 지자체 인권 거버넌스의 역동을 불러일으켜 인권 중심의 행정을 촉진하는 역할을 한다. 이것이 바로 인권과 민주주의 가치가 실현되는 지방자치의 바람직한 모델이다. 앞서 살펴본 바와 같이 법치주의는 행정이 다른 그 무엇이 아닌 모든 사람의 인권 보장을 위하여 작동하도록 하는 장치이다. 따라서 법치 행정이란, 주민의 인권을 보장하는 데 적합하도록 행정을 구성하고 운영하는 것이다. 이를 위해서 담당 공무원들이 인권의 가치를 충분히 내재화하여 자신의 업무의 본연의 역할을 잘 수행할 수 있도록 지원하는 인권 교육의 역할이 중요하다.

이에 인권 기본 조례에서는 지자체 장이 소속 직원에 대한 연 1회 이상의 인권 교육을 이행하는 것을 의무화하고 있으며(지자체 장의 의무임), 실제로 서울, 경기, 광주광역시, 충남, 전북 등 광역 지자체에서는 그 실행을 위한 다양한 노력을 기울이고 있고 광명시 등의 기초 지자체도 수년째 소속 공무원에 대한 인권 교육을 펼치고 있다. 이러한 공무원 인권 교육에 있어 유의할 점은 업무의 주체이자 인권보장 실행 의무자인 공무원들이 자신의 업무의 인권적 의미를 확인하고, 그 업무가 진정한 인권 행정이 되기 위하여 필요한 것은 무엇인지를 고민해 보는 기회를 제공, 업무에 대한 긍지와 책임감이 함께 살아나도록 지원하는 설계가 되도록 해야 한다는 점이다.

4. 사례와 토론

국가인권위원회의 권고 내용은 어떻게 구성되어야 했을까?

C항공사 여승무원 노조는 회사가 여승무원에게 치마 유니폼과 쪽 진 머리 등의 복장 규제를 하고 있는 것이 여성에 대한 차별이라고 국가인권위원회에 진정을 접수하였다. 국가인권위원회는 항공사 승무원의 본업은 안전 업무이고 이에 비추어 이와 같이 여성에게만 가해지는 지나친 복장 규제는 여성의 외모를 상품화하는 차별 행위이므로 향후 이러한 복장 규제를 폐지하도록 권고하였다.

해당 회사는 이후 여승무원에게 바지 유니폼을 선택할 수 있도록 내부 규정을 개정하였다. 그러나 이후 국가인권위원회의 점검 결과 실제 바지 유니폼을 선택하는 여승무원의 비율은 극히 적은 것으로 드러났다. 조사 결과, 여승무원들은 바지 유니폼을 선택할 경우 회사로부터 불이익을 받을 것을 우려하고 있었다.

출처: 김원규(2019) 참조 구성.

토론하기

☑ 국가인권위원회와 같은 인권기구의 역할은 무엇인가?

☑ 그러한 역할에 비추어 국가인권위원회의 권고에는 어떤 절차와 내용이 포함되었어야 할 것인가?

제7장

사회복지 실천과 인권[1]

||||||||||||||||||||||||||||||||||||||||

1) 오선영(2016). 세계 시민 첫걸음 필독서-국제 개발 협력 입문 (개정증보판)-제2장 개발협력-인권의 원고를 토대로 작성함.

Human Rights
and
Social Welfare

그동안 사회복지 실천은 가난하거나 질병이 있거나 일상생활을 하는 데 어려움이 있는 개인을 지원하는 데 초점을 두었다. '왜 가난한지?' 근본적인 원인을 파악하기 위해 묻고 답하기보다 일어난 현상에만 반응해 왔다.

인권 기반 접근은 현재의 빈곤이나 어려움 등 현상과 문제를 해결하는 것도 중요하지만 근본적인 원인에 집중하여 구조적 문제를 해결하는 것이 중요하다. 이런 관점에서 이번 장에서는 사회복지 실천 현장의 인권 기반 접근에 대해 알아보고자 한다(오선영, 2018. 9. 29).

인권 기반 접근(Human Rights-Based Approach: HRBA)은 사람들의 필요(Needs)와 문제점, 잠재력(potential)에 집중하여 어떠한 상황에서도 차별받지 않고 존엄성을 보장받을 수 있도록 상황을 개선하는 계획과 과정에 국제 인권의 규범과 원칙, 기준과 목적을 통합시키는 체계(framework)이다(DIHR, 2007, p. 9; UNHABITAT, 2017, p. 28).

인권 기반 접근은 가장 가난하고 사회적으로 배제되고 소외된 집단이나 사람에게 초점을 두어 도덕적 정당성을 강화한다. 인권 기반 접근은 인간의 존엄과 인간다운 삶, 평등과 연대 등 인권의 가치를 적용하며, 갈등을 예방하고 통합에 기여한다. 뿐만 아니라 평화적인 방법으로 문제 해결에 초점을 두며, 공동체성을 강화하는 데 기여한다.

인권 기반 접근이 사회복지 실천에서 활용되었던 기존 모델과 다른 접근은 아니다. 기존 사회복지 실천 모델인 문제 해결 모델, 욕구 기반 모델, 인지행동 모델, 임파워먼트 모델, 사회정의 모델, 시민 기반 모델들도 인권에 기반한 권리 보장의 관점을 함께하고 있다(배화옥 외, 2015, p. 122). 그러나 인권 기반 접근은 기존 모델의 한계를 넘어선 사고방식의 전환을 요구한다.

1. 인권 기반 접근의 필요성

기존의 사회복지 접근은 사회복지사가 인간의 욕구를 확인하고 그것을 충족시키는 활동이었다(Ife, J., 2001, p. 133). 그러나 그동안 사회복지사들이 욕구를 정의함으로 인해 사람들은 자신의 욕구를 스스로 정의할 수 있는 능력이 약화되고(무력화) 타인에게 의존하게 만드는 결과를 가져왔다고 비판을 받고 있다. 반면, 인권 기반 접근은 도움이 필요한 또는 불쌍하고 무력한(힘이 없는, 나약한) 존재로서의 인간이 아닌 자력화된

(스스로 힘을 가진, 문제 해결 능력이 있는) 존엄한 존재로서의 인간에 주목한다. 인권 기반 접근은 빈곤을 개인의 문제로 인식했던 기존의 사회문제를 재해석한다. 개인을 바라볼 때 무력화시킨 한계를 넘어 스스로 변화의 주체가 되고 존엄한 존재로 살아갈 수 있는 환경을 개선하는 등 자력화된 존재로 본다. 인권 기반 접근은 인권을 지향하는 접근법으로 불평등과 양극화로 고통받고 있는 사회가 보편적 복지 및 포용 국가를 지향하는 흐름 속에서 적극적으로 접목해야 하는 접근법이다.

인권 기반 접근에서는 인간의 욕구를 어떤 관점으로 보느냐가 매우 중요하다. 욕구(필요)를 사실 그 자체가 아니라 인권보장을 위한 목적을 달성하기 위한 수단, 즉 필요 조건으로 본다. 우리는 이제 그동안 늘 말하던 욕구(필요)의 이면에 깔려 있는 권리 문제를 들여다볼 수 있어야 한다(Ife, J., 2001, pp. 133-153). 권리는 욕구가 충족된 상태, 즉 결과로서의 권리 보장도 중요하지만 과정에서도 권리가 보장되어야 한다. 일반적으로 사회복지 현장에서 욕구를 정의 내리는 사람은 누구인가? 욕구를 정의 내리는 주체는 존엄한 존재로서의 각 개인이어야 하며, 각 개인의 자기 선택권과 결정권을 보장하는 것이 과정으로써 인권을 보장하는 것이다.

인권 기반 접근은 인간의 욕구(필요)의 결핍은 인권보장이 이루어지지 않은 상태로 본다. 예를 들어, 마실 수 있는 깨끗한 물은 인간이 생명을 유지하는 데 꼭 필요한 욕구(필요)이지만 인간으로서 가지는 기본적 권리이기도 하다. 인간이 살아가는 데 근본적

〈표 7-1〉 자선-욕구-인권 기반 접근의 비교

자선에 기반한 접근	필요(욕구)에 기반한 접근	인권에 기반한 접근
결과보다는 투입(input)에 집중	투입과 결과 모두에 집중	과정과 결과물에 집중
자선 행위의 증가를 강조	필요의 충족을 강조	권리 실현을 강조
부유층의 빈곤층에 대한 도덕적 책임을 인식	필요를 하나의 유효한 주장으로 인식	개인과 집단의 권리를 법적 도덕적 의무이행자를 향한 주장으로 인식
희생자로서의 개인	개입의 대상으로서의 개인	권리를 주장할 수 있게 자력화된 개인과 집단
개인들은 도움받을 자격이 있음	개인들은 도움을 받을 자격이 있음	개인들은 도움을 받을 권리가 있음
문제의 발현(發現)에 집중	문제의 직접적 원인에 집중	문제의 구조적 원인과 그것의 발현에 집중

출처: 이성훈(2016), p. 504.

으로 요구되는 필요(욕구)가 인권의 기본이라 하더라도 욕구(필요)와 권리 사이에는 명백한 차이가 있다. 권리는 기본적으로 권리를 주장하는 사람이 있으면 그 권리를 보장해 줄 누군가가 항상 존재한다. 그것에 반해, 욕구(필요)는 그렇지 않다. 권리는 권리보장의 책임을 누가 갖느냐에 대한 질문을 던지지 않고서는 다룰 수 없다. 결론적으로 인권은 항상 의무이행자(권리 보장의 주체)의 의무와 책임의 문제를 제기한다.

무엇을 필요로 하는 사람들의 욕구(필요)가 충족되었을 때는 그 필요를 충족시킨 것에 대해 감사함을 요구받는다. 그러나 권리가 충족되었을 시에는 그렇지 않다. 욕구(필요)의 관점에서는 누가 누군가를 돕는 시혜적 관계이지만, 권리의 관점은 동등한 인간이라는 관계로 본다.

인권 기반 접근은 〈표 7-1〉과 같이 자선이나 욕구에 기반한 접근과 비교하여 설명해 볼 수 있다. 빈곤에 대한 접근을 중심으로 설명해 보면 다음과 같다. 자선에 기반한 접근은 자선 행위 그 자체에 의미를 부여한다. 부유층에게 빈곤층에 대한 도덕적 책임을 자극하여 시혜적 방법으로 빈곤을 해결하는 방식이다. 이때 도움을 받는 사람은 동등한 존재가 아닌 도움이 필요한 낙오자, 불쌍한 존재로 인식된다. 욕구 기반 접근은 빈곤한 사람의 기본적 필요(욕구) 충족에 초점을 둔다. 빈곤한 사람을 동등한 존재로 인식하는 것이 아니라 도움을 필요한 사람으로 인식한다. 자선 기반에 비해서는 빈곤한 사람의 목소리를 반영하지만 빈곤 문제의 직접적 원인에 집중하는 한계가 있다. 인권 기반 접근에서는 빈곤을 부정의(不正義)한 것으로 인간 소외, 차별 그리고 착취는 곧 빈곤의 원인으로 인식한다. 따라서 완전한 권리 실현을 위한 사회복지 실천을 빈곤한 상황(현상)을 넘어 구조적 원인을 규명하고 의무이행자가 그 책임를 다할 수 있도록 하는 것에 초점을 두어야 한다(이성훈, 2016, p. 516; 오선영, 2018. p. 29).

2. 인권 기반 접근에 대한 공통 이해

인권 기반 접근은 1990년 이후 지역과 단체에 따라 다양한 방식으로 전개되었다. 2003년 스탬퍼드에 모여 각각의 유엔기구가 추진하고 있던 인권 기반 접근에 대한 개념과 원칙 및 적용 등에 대한 논의를 진행하고 '인권 기반 접근에 대한 공통의 이해(UN Common Understanding on the Human Rights-Based Approach)'에 다음과 같이 합의하였다(이성훈, 2016, p. 516).

> **공통 이해(Common Understanding)**
>
> 1. 모든 개발 협력, 정책, 기술 지원의 프로그램은 세계인권선언과 다른 국제 인권 장치들에 명시된 인권의 실현을 증진시켜야 한다.
> 2. 세계인권선언과 다른 국제 인권 장치들에 담긴 인권기준들과 이 장치들로부터 도출되는 원칙들은, 모든 영역과 모든 프로그래밍 과정의 단계들에 있어서 모든 개발 협력과 프로그래밍을 이끌어야 한다.
> 3. 개발 협력은 '의무이행자'들이 자신의 의무를 다하고 '권리주체자'들이 자신들의 권리를 주장할 수 있는 역량을 발전시키는 것에 기여하여야 한다.

다음은 유엔기구들이 제시한 인권 기반 접근에 있어 필수적이고 구체적이며 고유한 요소들이다(국가인권위원회, 2014d, p. 174).

① 권리주체자들의 인권 주장과 이에 상응하는 의무이행자의 인권 책무, 그리고 권리가 실현되지 못한 상황에 대한 즉각적 · 근원적 · 구조적 원인 규명을 위한 평가와 분석
② 권리주체자들이 자신들의 권리를 주장하고 의무이행자들이 자신의 의무를 다하기 위한 역량을 측정하고, 이러한 역량을 향상시키기 위한 전략 마련
③ 인권의 기준과 원칙에 따라 과정과 결과를 모두 모니터링하고 평가
④ 인권 기반 프로그래밍은 국제인권기구와 장치들의 권고 사항들로부터 얻은 정보 활용

인권 기반 접근에 있어서 필수적인 좋은 프로그램의 관행들이 갖는 특징들을 다음과 같이 13개로 제시하고 있다(국가인권위원회, 2014d, p. 175).

> • 사람들을 재화나 서비스의 수동적인 수혜자라기보다는 자신 스스로의 발전에 있어 주요 행위자로서 인식해야 한다.
> • 참여는 수단이자 목적이다.
> • 전략은 사람들을 무력화(disempowering)가 아니라 자력화(empowering)하는 것이다.

- 결과와 과정 모두를 모니터링하고 평가한다.
- 분석에 모든 이해관계자를 포함한다.
- 프로그램은 사회에서 소외되고, 혜택을 받지 못하고, 배제된 그룹들에 초점을 맞춘다.
- 현지 지역사회와 주민이 개발 과정에서 주인 의식을 가진다.
- 프로그램은 불균형/불평등(disparity) 감소를 목표로 한다.
- 시너지 효과를 위해서 하향식 그리고 상향식 접근 방법을 모두 사용한다.
- 개발 관련 문제의 즉각적 · 근본적 그리고 기본적인 원인들을 규명하기 위한 상황 분석을 한다.
- 프로그래밍에서 측정 가능한 목표와 세부 목표를 중요하게 다룬다.
- 전략적인 파트너십을 개발하고 유지한다.
- 프로그램은 모든 이해관계자의 책무성을 지원한다.

3. 인권 기반 접근의 실행 원칙[2]

인권 기반 접근을 적용할 때 OHCHR(유엔인권최고대표사무소)가 2005년 발간한 『빈곤 감소 전략에 대한 인권적 접근-원칙과 가이드라인』에서 제시하고 있는 PANEL(패널) 원칙을 주로 사용한다. 이후 유엔식량농업기구(FAO)가 PANEL을 보다 세분화하여 투명성(Transparency), 인간 존엄(Human Dignity), 법의 지배(Rule of Law)를 추가하여 총 7가지로 분류한 팬더(PANTHER) 원칙을 제시하기도 했다.

인권의 팬더 원칙

2) 오선영(2016). 세계 시민 첫걸음 필독서-국제 개발 협력 입문 (개정증보판)-제2장 개발 협력-인권. KOICA ODA 교육원, KCOC의 내용을 중심으로 재구성함.

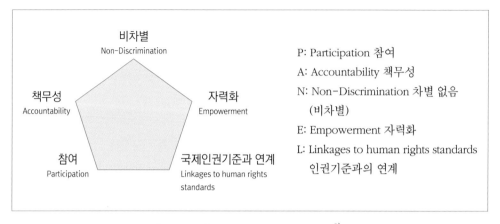

[그림 7-1] PANEL의 다섯 가지 원칙[3]

PANEL 원칙에 근거하여 인권 보호와 증진을 위한 사회복지사의 역할과 자세를 살펴보고자 한다.

1) P: 참여(Participation)

참여(participation)의 사전(표준국어대사전)적 의미는 '어떤 일에 끼어들어 관계함'이다. 모임이나 회의 자리에 참석하는 출석의 의미를 갖는 '참석'이나 '참가'와는 다른 보다 적극적인 의미이다. 참여는 그 일의 진행 과정에 개입해 자신의 목소리를 내고 행동하는 것을 의미한다.

사회복지시설에서 이용자들의 참여 정도가 어느 수준인가를 참여 사다리를 통해 살펴보면 다음과 같다.

참여 사다리는 참여의 수준을 8단계로 하며, 정보의 제공, 소통 방법, 결정권의 수준 정도를 기준으로 참여 단계를 구분한다. 1~2단계는 가장 낮은 수준의 참여 단계로, 이용자들에게 일방적인 교육이나 치료를 하는 단계이다. 교육이나 치료에 대한 결정은 사회복지사 또는 치료사들에 의해 결정된다. 이 과정은 전문가주의가 과도하게 작동하는 단계이다. 이 단계는 참여라고 할 수 없다. 참여는 정보에 접근할 수 있어야 시작된다. 3단계는 이용자가 정보에 접근하지만 의견을 표명하거나 결정권을 갖지는 못한다. 4단계는 의견과 견해를 표현할 수 있는 권리를 갖는 단계이다. 5단계는 이용자

3) 한국인권재단(2012b). RBA(인권에 기반한) 개발 협력 중급 과정. p. 54 내용을 그림으로 도식화함.

〈표 7-2〉 참여의 단계와 수준

	참여 효과	참여 수준(권한)	
8	시민 통제 Citizen Control	이용자가 스스로 문제 해결의 주체가 되어 스스로 제안-결정-집행-평가를 한다.	시민 권력 citizen power
7	권한 위임 Delegated Power	위임받은 이용자들이 높은 수준의 결정권을 가진다.	
6	공동 협력 Partnership	이용자가 의사 결정 과정에 직접 참여하고 의사 결정을 한다. 시민은 공통의 목표를 달성을 위한 명확한 역할, 책임 및 권한이 있다. 양방향 소통이 중요하다.	
5	회유 Placation	이용자의 의견 수렴, 아이디어 및 결과의 형성자로서 적극적인 역할을 수행하지만 최종 결정은 사회복지시설에게 남아 있다. 양방향 의사소통이 필수적이다.	명목적 참여 tokenism
4	협의 Consultation	다양한 방법으로 이용자의 의견과 견해를 파악할 수 있지만 최종 결정은 사회복지시설이 한다.	
3	정보 제공 Informing	이용자에게 진행 상황을 알리지만 스스로 기여할 기회는 제공받지 않는다. 일방적인 소통이 이루어진다.	
2	치유 Therapy	이용자는 일방적으로 교육, 치료를 제공받는다.	비참여 non-participation
1	조작 Manipulation		

출처: 최순옥(2017), p. 4 재구성.

의 의견과 견해를 표현할 권리를 보장하고 결정 과정에도 영향을 미치고 양방향의 소통이 진행되는 단계이다. 이 단계에서는 사회복지사의 영향력이 더 큰 상황으로 설득, 회유가 진행되는 단계로 사회복지기관에 유리한 결정으로 이끌 수 있다. 3~5단계는 명목상은 참여지만 실질적인 참여라고 하기에는 한계가 있다. 6단계는 이용자가 의사 결정 과정에 직접 참여하고 의사 결정에 실질적으로 영향을 미치는 단계로, 이용자는 공통의 목표 달성을 위해 명확한 역할, 책임 및 권한을 갖는 단계이며, 양방향의 소통이 중요해진다. 7단계는 위임받은 이용자가 실질적으로 주도하고 높은 수준의 결정권을 갖지만 최종 결정권은 사회복지사나 기관에게 있다. 비로소 8단계에 이르러서야 이용자가 스스로 제안하고, 결정하고 집행하고 평가하는 독립적이고 실질적인 참여에 이르게 된다.

참여는 존엄성의 구체적 표현으로서 인간이 스스로에게 영향을 미치는 논의 과정에 참여해서 선택 및 결정하고, 책임질 수 있도록 기회가 주어지는 것이다. 참여는 능동적인 시민권의 근간으로서 비판적으로 생각하고 자기결정을 할 수 있도록 촉진시키는 역할을 한다. 따라서 참여는 인권을 위한 수단인 동시에 목표라 할 수 있다.

실질적인 참여가 가능하려면 사람들이 자신의 권리에 대해서 알아야 한다. 그래야 자신들의 권리를 주장할 수 있다. 그리고 자신의 권리가 침해당했는지 그 여부를 판단할 수 있다. 참여가 가능하려면 자신과 관련된 사안에 대한 의사 결정 과정에 참여할 수 있는 기회가 제공될 뿐 아니라 효과적으로 참여할 수 있는 역량이 필요하다. 단, 반드시 역량이 있어야 참여가 가능하다는 것을 의미하지는 않는다. 예컨대, 참여가 가능해지려면 각 개인은 자신이 어떤 존재이며, 어떤 권리를 가지고 있는지 알고, 인권 침해가 무엇인지 알고, 그 침해로부터 자신을 보호하며, 누가 자신의 권리를 지켜 줄 수 있는지 알아야 자신의 권리를 주장할 수 있다는 의미이다. 그런 차원에서 역량을 강화하는 것이 중요하다. 참여할 수 있는 힘(Power)은 그 사회에 뿌리 깊게 존재하는 권력에 맞설 수 있는 용기와 역량을 의미한다. 참여는 자력화와 맞닿아 있는 지점이다.

시설의 운영위원회를 중심으로 참여의 예를 살펴보면 다음과 같다. 운영위원회는 시설 운영의 민주화를 위한 장치로, 위원회에 이용자 대표와 직원 대표가 참여해야 한다. 하지만 진정한 참여의 차원에서 직원 대표는 직원들의 선출로 해야 하고 이용자 대표도 이용자들이 대표를 선출할 수 있어야 하며, 이들의 참여는 필수여야 한다.

2) A: 책무성(Accountability)

책무성이라고 하면 책임과 의무의 복합어로, 설명할 수 있고 측정할 수 있고 또는 책임질 수 있는 상황을 의미한다. 이러한 측면에서 권리주체자는 자신의 권리를 인지하고 다양한 참여를 통해 의무이행자에게 주장하게 된다. 의무이행자는 권리를 지켜주어야 할 책임이 있고 그 책임을 다해야 한다. 뿐만 아니라 의무이행자는 권리주체자의 권리를 있는 그대로 존중해 주고 침해받지 않도록 보호해 주어야 하며, 모든 권리가 충족될 수 있도록 해야 한다. 법적 의무이행자는 법으로써 책무성을 부여받지만, 법 이전에 법적 의무이행자 스스로가 도덕적인 의무이행자라는 인식이 있을 때 보다 자율적으로 그 책임을 다할 수 있게 된다.

의무이행자가 권리주체자에 대한 책무성을 이행할 수 있도록 의무이행자의 역량을 강화하는 것 역시 필요하며 제대로 이행되는지를 모니터링하는 감시 시스템도 필

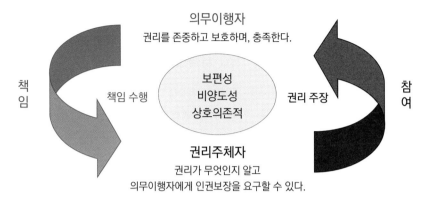

[그림 7-2] 권리주체자와 의무이행자의 관계

출처: Theis, J. (2004)를 재구성.

요하다. 인권의 관점에서 진전을 판단하기 위해 인권영향평가(human rights impact assessment)를 모든 계획, 제안, 정책, 예산 및 프로그램에 적용할 수 있다.

3) N: 비차별(Non-Discrimination)

차별은 기본적으로 평등한 지위의 집단을 자의적인 기준에 의해 불평등하게 대우함으로써, 특정 집단을 사회적으로 격리시키는 통제 형태이다. 즉, 어떤 사람이나 집단의 생각이나 특징이 다르다는 이유[성별, 종교, 장애, 나이, 사회적 신분, 출신 지역, 출신 국가, 출신 민족, 용모 등 신체 조건, 혼인 여부, 임신 또는 출산, 가족 형태 또는 가족 상황, 인종, 피부색, 사상 또는 정치적 의견, 형의 효력이 실효된 전과(前科), 성적(性的) 지향, 학력, 병력(病歷) 등]로 부당하게 대우하는 것을 말한다. 「국가인권위원회법」에서 모든 사람은 자신이 속한 공동체나 개인의 특징으로 인해 차별받아서는 안 된다고 규정하고 있듯이 비차별은 인권의 핵심적 가치이며 일반 원칙이다. 인권 기반 접근은 차별과 불평등으로 고통받는 사람들에 집중하며, 평등하게 권리 보장이 이루어질 수 있는 조건을 만들기 위한 노력들이 요구된다. 차별의 원인은 매우 복합적이며 인권 침해로 귀결되는 경우가 많기 때문에 비차별적인 태도와 행동의 변화를 이끌어 내는 것이 중요하다. 이를 위해서는 시민들의 인권 역량을 증진하기 위한 교육과 홍보, 법 개정 등이 필요하며, 이러한 이유에서 보편적 차별금지법에 제안되고 있기도 하다.

4) E: 자력화, 권한 강화(Empowerment)

임파워먼트(empowerment)는 역량 강화, 능력 고취, 세력화, 힘, 권한의 부여 등으로 해석되나, 정확하게 우리말로 규정된 용어는 없다. 사회복지 실천에서 자력화는 취약한 상황에 놓인 사람들이 자신들을 인권의 주체자로 스스로 인식하고 자신의 완전한 인권 실현을 위해 개인이나 조직, 정책의 변화를 이끌어 갈 수 있는 힘을 갖는 상태라고 정리할 수 있다. 여기서 힘이란 것은 원하는 것을 얻는 능력, 타인의 생각·행동·신념에 영향을 미치는 것, 가족·집단·지역사회 등 사회 체계 내의 자원 분배에 영향을 미치는 것, 법적이고 공적인 권위, 능력이나 권리, 자원, 기회에 일정한 통제력을 발휘하는 것 등으로 이해될 수 있다.

다시 정리하면, 임파워먼트는 개인 또는 집단의 역량을 증진함으로써 그들과 관련이 있는 일을 스스로 선택하고 그 선택을 자신들이 원하는 행동이나 결과물로 변화시킬 수 있는 힘이다. 권리주체자들이 자신들의 권리를 알고 그 권리를 주장하고 의사결정 과정에 참여할 있도록 힘(역량)을 키워야 하며 그 힘을 발휘할 수 있도록 기회를 만들거나 다양한 기회에 조건 없이 참여할 수 있어야 한다. 그런 의미에서 임파워먼트는 참여의 조건이자 결과이다. 권리의 주체자들에게 권한이 주어지려면(임파워먼트가 향상되려면) 우선적으로 권리를 알 권리가 보장되어야 하고, 권리를 배울 수 있고 주장할 수 있는 방법이나 기회도 열려 있어야 한다. 또한 임파워먼트는 의무이행자들에게도 적용된다. 즉, 의무이행자들이 자신의 책무를 인식하고 그 책무를 이행할 수 있도록 권한이 강화되어야 한다.

5) L: 인권기준과의 연계(Linkages to human rights standards)

인권기준과의 연계란 국내 및 국제적으로 승인·실행 중인 인권기준과 인권 기반 접근의 목표를 연계해야 한다는 것을 의미한다. 인권 기반 접근(HRBA)은 주요 국제 인권 원칙에 기반하고 있으므로 국내·외의 인권 체계에 대한 인식이 바탕이 되어야 한다. 인권기준은 인권 규범과 제도를 포함하여 국내적 기준과 국제적 기준으로 나눌 수 있다. 국내적 기준은 「헌법」의 기본권 조항과 인권 관련 법률과 규정 그리고 판례와 결정례를 말하며, 국제적 기준은 앞에서 설명한 국가가 비준한 「국제인권법」과 「국제관습법」 및 관련 제도를 말한다.

[그림 7-3] 인권보장의 주체와 근거

최근 지자체는 국제인권기준과 국내인권기준을 이행하기 위해 인권 기본 조례를 제정하고 이를 위한 인권 정책을 수립하고 시행하고 있다. 2020년 서울시 인권위원회는 사회복지시설에 인권 경영을 도입할 것을 권고하고 있다. 뿐만 아니라 사회복지시설 평가에도 인권 규정과 이용자의 권리 등에 관한 지표들이 포함되어 있다. 사회복지시설이 인권 경영을 시행할 때 근거가 되는 것이 바로 사회복지시설의 인권 규정이다. 제14장에서 자세하게 언급하겠지만, 2019년 서울시 사회복지협의회에서는 사회복지시설 운영 규정 표준안을 발간했고 인권 규정도 포함하고 있다. 이제 사회복지시설 운영에 있어 국내외 인권기준을 근거로 사회복지시설을 운영하고 사회복지 실천을 해야 하는 것은 필수가 되었다.

4. 인권 기반 접근의 프로그래밍

사회복지시설의 존재 이유는 사회적으로 취약한 상황에 놓인 사람들이 온전한 삶을 살아갈 수 있도록 변화를 모색하는 실천하는 장이라고 할 수 있다. 덴마크 인권위원회(DIHR)는 인권에 기반한 활동을 하는 조직을 다음과 같이 설명한다. 권리주체자들의 삶에 실질적인 변화를 위해 권리주체자들과 함께 의무이행자들에게 자신의 권리 보장을 요구할 수 있도록 지원하고, 의무이행자들이 권리주체자의 인권보장에 관한 자신

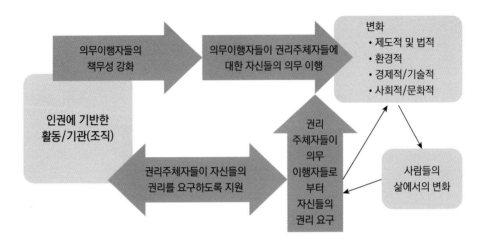

[그림 7-4] 인권 기반 조직

출처: DIHR(2007), p. 12.

의 책무를 명확히 알고 제대로 이행함으로써 제도적·법적, 환경적, 경제적, 기술적, 사회·문화적 변화를 이끌어 낼 수 있도록 의무이행자의 역량 강화를 지원하는 일을 하는 조직이다. 바로 사회복지시설의 존재 이유라고 할 수 있다.

사회복지 현장의 인권 기반 프로그램은 사회복지 현장에서 수행되고 있는 모든 형태의 사업에 적용 가능하며, 프로그램, 사업, 프로젝트, 사례 관리 등 다양한 용어로 표현될 수 있고 적용될 수 있다. 사회복지 현장에서 수행하는 프로그램의 구조와 단계는 기관 및 상황에 따라 차이를 보이겠지만, 이를 감안하여 일반적인 단계를 나눠 살펴보고자 한다. 1단계는 사업 준비 및 기획, 2단계는 상황 분석, 3단계는 사업 설계, 4단계는

〈표 7-3〉 인권 기반 사회복지사업 프로그래밍 단계

단계	주요 과제
1단계: 사업 준비 및 기획	사업 지역 및 대상 선정 사전 지역 조사
2단계: 상황 분석	문제 규명, 원인 분석, 역할 분석, 역량 분석
3단계: 사업 설계	목표, 세부 목표 및 지표 설정 실행 전략 및 활동 계획
4단계: 실행, 모니터링 및 평가	사업 실행, 모니터링과 평가

사업 실행과 모니터링 및 평가로 구분한다.

각 단계별 주요 과제는 1단계 사업 준비 및 기획에서는 사업 지역과 대상을 선정하고 사전 조사를 실시하는 단계이고, 2단계 상황 분석에서는 문제를 규명하고, 원인을 분석하고, 관련된 이해관계자의 역량과 역할을 분석하는 단계이며, 3단계 사업 설계에서는 목표를 명확히 하고, 성과를 측정할 지표를 설정하고, 실행 전략을 수립하는 단계이다. 4단계는 실제 프로그램을 실행하는 단계이며, 과정 모니터링이 진행되고 이후 평가로 마무리되는 단계이다.

1) 준비 및 기획

준비 및 기획 단계에서 우선적으로 필요한 것은 인권에 대한 이해를 갖추도록 하는 것이다. 즉, 인권 교육 등을 통해 인권이 내재화되어야만 인권 기반 실천을 할 수 있다.

사회복지 현장의 인권 기반 프로그램의 설계는 사업 구상으로 시작된다. 통상 사업 구상은 신문이나 방송 등 언론을 통해 발견한 이슈로부터 시작할 수도 있고 가정 방문, 지역사회 조사, 네트워크 회의 참여 등을 통해 발견한 이슈로부터 시작할 수도 있다. 또는 지자체가 정부의 요구, 국제사회의 흐름에 대응하기 위해서도 사업을 구상할 수 있다. 이 과정에서도 참여 원칙에 기반하여 당사자의 의견을 수렴하는 것이 필수적으로 고려되어야 한다. 동기와 계기가 어떻든 간에 중요한 것은 사회복지 실천은 인간의 존엄성 증진과 삶의 질 향상이라는 사회복지의 목적에 부합하고 국내외 인권기준에 부합해야 한다.

2) 상황 분석

상황 분석(Situation Analysis)은 수집한 정보와 자료를 토대로 구체적인 사업 설계에 필요한 방향을 설정하는 단계이며, 지역 조사나 현황 조사가 필수적이다. 상황 분석은 크게 문제 규명, 원인 분석, 역할 분석 및 역량 분석의 4가지 요소로 구성된다.

(1) 문제 규명
문제 규명은 인권의 언어와 프레임으로 문제를 규명하는 작업으로, 관련된 인권 내용을 살펴보는 것이다. 즉, 현재 어디서, 누구의, 어떤 인권이, 누구에 의해, 어떻게, 그리고 왜 침해되고 있는지를 파악하는 작업이다(이성훈, 2016, pp. 529-531).

이 단계는 규명된 문제와 관련하여 국내외 인권기준에 비추어 취약 그룹에 적합하고 바람직한 상황이 무엇인지를 이해하고, 발생된 격차에 관련된 정책과 제도를 활용할 수 있어야 한다. 이를 위해 국가나 지방자치단체에서 해당 문제에 대해 어떤 사업을 수행하고 있는지 살펴보는 것이 중요하며, 유엔 등 국제기구의 권고안을 참고하는 것도 필요하다. 또한 가장 취약한 집단이 직면한 핵심 문제를 규명하는 것이 필요하다. 취약 집단이 경제적으로 어려운지, 교육 기회가 부족한지, 건강 상태는 어떠한지, 문제를 해결할 의지는 있는지, 서비스와 정보접근권이 보장되고 있는지, 차별받고 있지는 않은지, 문화적이나 관습적으로 차별을 받고 있지는 않은지 등 취약 그룹이 직면한 문제를 나열하고 체계적으로 분류하는 작업이 필요하다.

(2) 원인 분석

원인 분석은 누가 왜 어떤 인권을 침해당했는지 파악하고 그 원인과 결과 관계를 명확히 하는 과정이다.

원인에 대한 이해를 보다 구체화하기 위해서 경제, 사회 및 문화적 권리의 관점(이용 가능성, 접근성, 재화, 시설 및 서비스의 품질)을 활용하고, 핵심 인권 원칙(비차별, 참여, 책무성)과 같은 관점으로 문제의 원인을 이해하는 것이 요구된다(이성훈, 2016, p. 532).

문제를 규명할 때 원인을 개인의 문제로 보던 시각에서 확장하여 법률 및 정책 환경 등 구조적 문제로 규명하는 것으로, 이는 앞서 설명한 자선-필요-인권 기반의 접근을 참고할 수 있다.

문제의 근본 원인에 대한 분석은 아래와 같은 질문을 통해 생각해 볼 수 있다.

- 법과 정책은 적절히 문제를 다루고 있는가?
- 국가 차원에서 문제를 해결하고자 하는 의지와 행동 계획이 있는가?
- 취약 그룹이 이용할 수 있고, 접근 가능할 수 있도록 관련된 사회서비스는 적절한가?
- 취약 그룹은 충분한 정보에 접근 가능한가?
- 문화적인 법, 관습법 및 지역적이고 사회의 개념들은 그 문제와 어떠한 관련성이 있는가?
- 적극적 · 소극적 차별의 요소들은 이 문제들과 관련이 있는가?
- 이 문제를 해결하기 위한 젠더적 차원의 요구들이 있는가?

(3) 역할 분석

역할 분석은 프로그램에 중요한 영향을 미치는 개인 또는 집단의 특성, 이해관계 등을 파악하고 누가 문제 해결의 책임을 갖는지를 확인하는 과정이다.

역할 분석은 행위자를 크게 권리주체자와 의무이행자, 인권옹호자 그리고 관련된 이해관계자로 구분하여 역할을 분석하는 것이다. 인권 침해로 인해 누가 영향을 받는지, 누가 인권보장의 책임이 있는지, 인권 침해와 관련된 이해관계자는 누구인지 명료화하는 작업이며, 인권 침해를 예방하기 위해서 혹은 피해자를 구제하기 위해서 누가 어떤 역할을 해야 하는지를 파악하는 단계이다. 이 과정을 통해 누가 무엇을 할 필요가 있는지, 누가 영향력(기득권)을 가지고 있고, 어떤 집단의 역량을 강화시켜야 하는지 등을 파악해 낼 수 있다.

① 권리주체자

권리주체자는 인권 기반 사회복지 프로그램(사업)의 주체이자 적극적인 참여자, 감독 겸 수혜자이다. 프로그램의 진행과 결과에 직·간접적으로, 긍정적 또는 부정적으로 영향을 미치거나 받는 모든 개인 및 집단이 권리의 주체자가 된다.

② 의무이행자

의무이행자는 권리주체자의 권리 보장에 대해 법적·도덕적인 의무를 갖는 기관과 개인을 말한다. 국가나 지방자치단체가 될 수 있고 국가의 책무를 이행하고 있는 사회복지시설과 실무자가 될 수도 있다. 이들은 권리주체자의 권리 향유 여부에 영향을 줄 수 있는 개인이나 집단으로서 인권 실현을 위해 필요한 조건을 만들 책임(인권의 존중, 보호, 실현)이 있다. 이러한 역할 분석을 통해 의무이행자가 의무에 부합할 수 있도록 프로그램을 설계할 수 있다.

③ 인권옹호자

인권옹호자는 권리주체자의 인권보장을 위해 동참하는 기관이나 개인을 말한다.

④ 이해관계자

이해관계자는 해당 프로그램에 긍정 또는 부정적인 영향을 받는 사람을 말한다. 이익 집단 또는 경제, 정치, 사회적 이해관계와 요구 등을 행사하는 세력 집단으로, 이들의 행위는 종종 권리주체자의 인권 향유 여부, 의무이행자의 의무 준수 여부에 영향을 준다. 예를 들어, 대중 매체, 비정부기구, 시민사회단체, 종교 기반 집단, 지역 수준의 단체들, 여성 조직, 전문 협회, 상공회, 직능 조합, 옹호 집단, 기업, 정당 등이 기타 행위자에 포함될 것이다. 이들은 때로는 인권을 침해하는 가해자이거나, 인권의 보호와 증진을 위해 활동하는 옹호자(defender)일 수도 있다.

따라서 사회복지 실천 과정에서 주요 이해관계자의 참여 분석은 중요하며, 구체적 방법으로 인터뷰를 하거나 이해관계자 회의를 진행할 수도 있을 것이다.

(4) 역량 분석

역량 분석은 문제 원인 분석과 행위자의 역할 분석을 마친 후 각 행위자의 역량을 파악하는 것이다. 인권 기반 접근의 기본 전제는 권리주체자가 인권을 보장받지 못했다면 의무이행자가 인권적 책무를 다하지 않았다는 것이고, 이것은 의무이행자의 역량이 부족하기 때문이라고 해석한다. 결과적으로 인권 침해를 받거나 보장받지 못한 상황에 놓인 권리주체자 역시 자신의 권리를 요구하지 않았고, 요구할 수 있는 역량이 부족하기 때문이라고 보는 것이다.

따라서 역량 분석에서 핵심적인 질문은 "권리주체자가 자신의 권리를 효과적으로 주장하는 데 부족한 역량은 무엇인가?" 그리고 "의무이행자가 자신의 의무를 수행하는 데 부족한 역량은 무엇인가?"이다. 권리주체자와 의무이행자의 역량 분석에 포함되어야 할 요소는 다음과 같다.

〈표 7-4〉 권리주체자와 의무이행자의 역량 분석 점검표

의무이행자의 역량 분석	권리주체자의 역량 분석
• 의무 수행을 위한 법적 정치적 권위와 권한 • 의무 수행을 위한 책무성과 정치적 의지 • 의무 수행을 위한 인적 · 재정적 및 조직적 자원 • 의무 수행을 위해 필요한 정보와 지식	• 자신의 권리를 이해하고 요구할 수 있는 역량 • 권리를 주장하는 데 필요한 관련 정보 및 제도, 절차에 대한 접근할 수 있는 역량 • 권리 실현을 위해 요구되는 참여 및 연대 능력 • 필요한 정책 변화의 필요성을 소통하고 설득하는 능력 • 보복이나 결과에 대한 두려움 없이 자신의 권리를 주장할 수 있는 능력

• 의무를 수행할 수 있는 역량을 강화할 필요가 있는가? • 자신의 의무를 효과적으로 수행하는 역량을 키울 수 있는 기회를 가지는가?	• 권리를 효과적으로 주장할 수 있는 역량을 키울 기회를 갖는가?

출처: 이성훈(2016), p. 537.

3) 사업 설계

인권에 기반한 접근에서 사업 설계(Project Design)는 인권 규범과 원칙, 그리고 기준 등을 상황 분석을 바탕으로 구체적으로 사업에 반영하는 것을 의미한다. 사업을 설계함에 있어 권리주체자와 의무이행자 모두를 포함하는 설계가 필요하다.

(1) 목표 설정

목표 설정(Goal Setting)은 "왜 이 사업을 하는가?", "사업을 통해 무엇을 이루려고 하는가?"에 대한 답이다. 목표는 규명된 문제들과 더불어 사업을 통해 다루고자 하는 이슈의 구조적 원인에 맞게 설계되어야 하며 인권의 언어로 사업의 목표를 재구성하여야 한다.

인권 기반 접근에서 목표 설정은 취약한 그룹의 인권을 실현에 초점을 두어야 한다. 상황 분석을 통해 규명된 근본 원인, 문제 분석, 역할 분석 및 역량 확인 등의 모든 절차는 '목적 설정'과 연결되어야 한다.

(2) 실행 전략과 활동 계획 수립

목표가 설정되고 이를 구체화하는 목표치와 모니터링 지표가 설정되면 사업으로 연결될 수 있도록 구체적인 실행 전략과 활동 계획을 수립한다. 사업의 성격과 규모, 개입 범위에 따라 다양한 실행 전략이 필요한데, 일반적으로 인권 기반 접근에서는 자력화와 옹호 활동(Advocacy)을 중요하게 고려한다.

① 자력화

인권 기반 접근의 자력화 원칙은 권리주체자와 의무이행자 및 이해관계자 모두의 역량 강화를 포함한다. 특히 의무이행자의 인권보장의 3대 책무(존중, 보호, 실현)를 수행할 수 있는 역량 강화를 통해 권리주체자의 온전한 권리 보장이 가능할 수 있는 조건을 만드는 것이 중요하다. 자력화는 PANEL 원칙에서 설명한 바와 같이 참여를 통해서 가능하다.

② 옹호 활동(Advocacy)

옹호 활동(Advocacy)은 대변, 주창, 옹호 활동을 포괄하는 개념으로, 공익이나 취약 계층의 이해를 대변하고 옹호하기 위해 특정 공공 정책 혹은 자원 배분 결정에 영향을 미치는 개인 혹은 단체의 조직적 활동을 의미한다. 주로 캠페인, 언론 기고, 로비, 연대망 구축 등의 전략을 이용한다. 예를 들어, 아동 관련 기관(세이브더칠드런, 어린이재단, 월드비전, 굿네이버스 등)이 옹호 활동에 관심을 갖고 적극적으로 활동하고 있으며, 노숙인·장애인·여성·이주민 등과 관련한 시민사회단체에서도 활발한 옹호 활동이 꾸준히 이루어져 왔다. 또한 세상을 바꾸는 사회복지사의 모임(세밧사)에서의 연대 활동도 옹호 활동의 일환으로 볼 수 있다.

4) 사업 실행과 모니터링 및 평가

사업 실행은 모니터링과 함께 이루어지며, 필요한 경우 수행 기간 중에 평가를 할 수도 있다. 즉, 실행-모니터링-평가는 서로 긴밀히 연관되어 동시에 이루어지는 과정이다.

(1) 사업 실행

인권에 기반한 프로그램의 실행에 있어서 중요한 점은 의무이행자의 역할과 행동에 초점을 두어야 한다. 그리고 사회복지시설의 직원들이 인권기준을 내면화하여 이에 부합하도록 실행하는 것 또한 중요하다. 인권에 기반한 사업 실행은 존엄, 책무성, 비차별, 참여라는 인권의 가치를 프로그램의 실행뿐 아니라 일련의 과정과 일상 행동에서 드러낼 수 있어야 한다.

① 취약 집단에 집중하기

인권 기반 프로그램은 취약 집단의 인권 증진에 초점을 두어야 한다. 프로그램은 일단 시작되면 단기 목표 달성, 시간 준수, 보고서 작성, 예산 지출 등이 우선시되어 사업의 목표를 놓치기 십상이다.

② 근본적 원인에 집중하기

식사를 제공한다거나 주거를 개선한다면 변화는 즉각 나타난다. 그러나 근본 원인을 변화시키는 것은 장시간이 소요되고, 활동의 즉각적인 결과로 변화가 바로 나타나지 않을 수 있다. 그렇기 때문에 성과를 측정하기 어렵고 동기 부여가 되기도 어렵다. 이처럼 근본 원인을 다루는 것은 어려운 일이며, 근본 원인을 해결하기 위해서는 기존 사회복지 실천에 보다 다각적인 노력을 필요로 한다. 때로는 시설과 그 시설이 속한 지역사회의 역량 강화뿐 아니라 지방자치단체와 중앙정부 차원의 법이나 정책과 관련해서 개입할 필요가 있다.

근본적 원인에 집중하는 것은 인권 기반 접근의 가장 기본임에도 불구하고 규모가 작은 시설에서는 개입 범위를 넘어선 문제라고 생각할 수 있다. 그러나 개별 사회복지시설에서 규명된 근본적인 문제를 해결하기 위해 다른 기관들과 네트워크를 구축하고 연대를 통해 변화를 시도하는 것은 중요하다. 이러한 네트워크 구성에는 언론기관이나 시민사회단체, 미디어 매체 활용, 법률가 등이 포함될 수 있다.

③ 권리주체자, 의무이행자와 함께 일하기

권리주체자, 의무이행자가 적극적인 행위자로 포함되고 주인 의식을 가질 수 있도록 설계 및 이행하며 역량 강화에 초점을 두어야 한다. 또한 권리주체자, 의무이행자가 서로 소통할 수 있는 의사소통 체계를 강화하는 것도 매우 중요하다. 간담회와 같은 일시적인 모임으로는 부족하며, 프로그램 그 자체를 통해 의무이행자와 권리주체자가 연대하고 함께 변화를 이끌어 갈 수 있어야 한다.

④ 책무성

국가나 지방자치단체 등 의무이행자에게 책무성을 요구할 때 사회복지시설은 스스로가 정부의 인권보장 책무를 대신하고 있는 의무이행자임을 인식하는 것이 중요하다. 이러한 측면에서 사회복지시설 운영과 사업 실행 전반에 있어 인권 원칙에 충실해야 한다. 인권의 원칙들이 사회복지시설 내부적으로나 프로그램 이행 과정에서나 자원봉사자나 후원자, 이용자들과 관련해서 행동할 때 실질적인 기준과 정책으로 반영될 수 있도록 바꾸어야 한다는 것이다. 시설 내의 반복되는 공식 절차에 있어 인권에 기반한 명확한 기준을 수립하고, 그 기준이 모든 이해관계자들에게 전달되도록 하는 것이 필요하다. 또한 사회복지시설은 관리 감독 기관이 요구하는 관련 정보(예산·회계·후원 등 재정적 정보) 및 프로그램 이행 과정을 기록으로 남기고, 이용자 및 이해관계자의 정보 공개 청구 시 해당 내역을 공개하여야 한다. 왜냐하면 사회복지시설의 책무성이란 기록을 통한 설명의 책무를 포함하기 때문이다.

⑤ 자력화의 보장

인권 기반 프로그램의 설계 단계에서부터 누구도 배제되지 않도록 설계되어야 하며, 의도하지 않았더라도 누군가의 인권이 침해되었다면 당사자가 인권을 지켜 달라고 요구할 수 있는 권리 구제 시스템이 마련되어야 한다.

또한 이해관계자들에도 효과적으로 참여할 수 있도록 충분한 정보가 제공되어야 한다. 자력화의 보장은 정보를 공유하고 프로그램에 단순히 참여하는 수준을 넘어 권리주체자와 이해관계자가 프로그램을 통해 유익을 얻을 뿐 아니라, 자발적 참여가 강화될 수 있도록 네트워크를 통해 강화되어야 한다.

(2) 모니터링과 평가

인권 기반 모니터링과 평가는 행위자, 특히 권리주체자와 의무이행자의 행동 변화에 중점을 둔다. 이러한 의무이행자의 행동 변화가 권리주체자의 실질적인 인권보장에 영향을 미쳤는가를 목적으로 진행한다.

유엔은 인권에 기반을 준 접근 방식의 모니터링과 평가에 대해 다음과 같이 가이드라인을 제시한다.

- 정보 제공자로서 모니터링과 평가에 기여할 권리주체자와 의무이행자를 명확히 한다.
- 참여적인 프로세스에 권리주체자와 의무이행자를 모두 참여하도록 한다.
- 프로그램에 대한 이용 가능한 정보와 데이터에 확실하게 접근할 수 있도록 한다.
- 모니터링과 평가에 세부적이고 유용한 도구를 사용한다. 모니터링은 의무이행자가 의무를 준수하는지 의무이행자의 노력에 초점을 두고, 권리주체자는 그들의 권리를 주장하고 그 노력들이 어떻게 성과로 나타나지는지에 초점을 둔다.
- 구체적인 포맷에 적합한 구체적인 지표와 정보를 사용해야 한다. 지표 선정에 있

어서 인권 원칙과 기준을 가이드로 사용할 수 있다. 개발 프로그램을 통한 인권 실현을 모니터링하기 위해 양적·질적 지표를 모두 설정해야 한다. 지표의 선정과 실제 모니터링은 반드시 참여적이고 이해관계자들이 프로그램 진행에 접근 가능해야 한다.

5. 사례와 토론

사회복지 실천과 인권

- "코로나19 예방"한다며 일하는 노숙인 쫓아낸 노숙인 자활 시설

경기도 수원의 한 노숙인 자활 시설에서 생활하던 ㄱ 씨는 지난달 24일 시설로부터 '외출을 금지'한다는 통보를 받았다. 시설 관계자는 지난 2월부터 비정규직 택배 일을 시작한 ㄱ 씨에게 "(수원)시청이 (코로나19 예방 조처로) 외출 자체를 금지했으니 일을 계속 다니려면 시설에서 나가야 한다."라고 말했다. 당장 일을 그만둘 수 없던 ㄱ 씨는 시설에서 쫓기듯 나와 고시원에서 생활하고 있다. 그는 "갑자기 코로나19 때문에 나가라고 하는데 이게 맞는 건지, 아무 대책이 없는데⋯⋯."라며 말끝을 흐렸다.

ㄱ 씨는 9일 국가인권위원회(인권위)에 해당 시설의 인권 침해 행위를 중지해 달라는 내용의 진정을 냈다. 이 노숙인 자활 시설은 지난달 24일 다른 입소자들에게도 "내일부터 출근할 분들은 출근 가능, 불가 여부를 상의한 뒤, 출근해야 하는 경우 별도의 연락이 있을 때까지 시설 출입이 불가능하다."라고 문자 메시지를 보냈다. 출입구에는 "'코로나19에 대한 비상 공지'라며 정부의 공식 입장이 있을 때까지 직장 생활인의 시설 출입을 금지한다."라고 써서 붙여 놨다. 결국 ㄱ 씨처럼 일을 한다는 이유로 시설 출입이 금지된 입소자 2명은 물류센터 일을 하며 인근 여인숙에 거주하고 있다.

출처: http://www.hani.co.kr/arti/society/society_general/931770.html

토론하기

☑ ㄱ 씨의 어떤 인권이 침해되었는가?

☑ ㄱ 씨의 인권이 침해된 근본적인 원인은 무엇인가?

☑ 누가 ㄱ 씨의 인권을 보장해야 할 책임이 있는가?

☑ 해당 노숙인 자활 시설이 ㄱ 씨의 인권을 보장하기 위해서 누가 무엇을 어떻게 해야 하는가?

☑ 내가 해당 노숙인 자활 시설의 담당자라면 무엇을 할 수 있는가?

☑ 내가 해당 지자체 담당 공무원이라면 무엇을 할 수 있는가?

☑ 다시는 이런 일이 일어나지 않도록 하기 위해서 사회복지사 연대(가칭)는 누구와 무엇을 할 수 있는가?

제8장

빈곤과 인권

Human Rights
and
Social Welfare

1. 역사적 개요

빈곤은 역사적으로 지속되어 온 사회문제이며, 사회복지 역사에서도 매우 중요한 주제로, 사회복지 역사에서 매우 중요한 영국의 '엘리자베스 빈민법(Poor Law, 1601)'이 탄생한 계기도 바로 빈민 구제를 위해서였다.

고대에서 중세에 이르기까지 혈연이나 지역 공동체를 중심으로 상부상조의 형태로 어려움을 해결해 왔고, 빈곤 문제는 봉건 영주의 지원과 교회의 자선 사업을 통해 해결되고 있었다. 그러나 중상주의 정책, 봉건 제도의 몰락으로 지역 공동체가 해체되고 많은 농노가 도시로 유입되면서 도시에 걸인, 부랑자, 빈민들이 늘어나게 되는 등 이전과는 다른 형태의 빈민 문제가 발생하였다. 무엇보다 그동안 빈민 구제를 해 왔던 교회와 종교단체가 종교개혁으로 인해 더 이상 그 역할을 할 수 없게 되면서 빈민 구제를 위해 국가가 나서게 된 것이 엘리자베스 빈민법이다.

엘리자베스 빈민법은 빈민을 노동력의 유무에 따라 노동력이 있는 빈민, 노동 능력이 없는 빈민, 돌봐 줄 사람이 없는 요보호 아동으로 나누어 지원을 달리했다. 노동 능력이 있는 빈민은 작업장에 수용시켜 일정한 노동에 종사시키고, 이를 거부할 경우 처벌 또는 투옥시켰고, 노동 능력이 없는 빈민은 구빈원에 수용하여 보호하였는데, 이것이 오늘날의 시설 보호에 해당된다. 요보호 아동은 고아 또는 기아에 해당되면 위탁가정에 보내졌고 8세 이상은 장인에게 보내져 도제(apprentices) 생활을 하였다. 도제 제도는 아동 양육의 의미도 있지만 미래의 직업을 갖기 위한 기술을 익히는 의미도 있었기 때문에 현대 직업 훈련의 모습을 나타낸다(김수정, 2019a). 이처럼 빈민 구제에 있어 개인의 '노동 능력'은 매우 중요한 기준이었고, 빈곤에 대한 책임을 개인적인 이유로만 보고 있었다. 따라서 빈민에 대한 처우도 형편없었으며 지원을 받는 사람들을 부정적으로 바라보았다.

빈곤을 단순히 개인적인 책임으로만 보던 시각은 매우 오랫동안 유지되면서 빈민들에 대한 억압적인 처우도 지속되었다. 한편, 시설에서의 빈민 구제가 너무 열악하였기에 이를 비판하면서 일부 노동력 있는 사람들에 대해서 원외구호(outdoor relief)를 실시하는 '길버트법(Gilbert Act, 1782)'이 도입되었으나 효과를 거두지 못했다. 이후 '스핀햄랜드법(Speenhamland Act, 1795)'이 도입되어 임금 상승을 억제하기 위해 임금 인상 대신 생계비를 보조하도록 하였다. 보조액은 빈민 개개인의 수입과 관계없이 최저소득이 보장되도록 하였으며, 가족의 규모와 빵값의 변화에 따라 임금을 보충받는 방식을 채택하였다(김수정, 2019a). 노동자의 최저생계비를 국가가 보장하도록 하는 제도였다는 점에서 중요한 의미를 갖지만(이준영 외, 2015), 사실상 공공재산으로 고용주를 보조하는 결과를 가져와서 실패하였고, 다시 빈민에 대한 억압 정책으로의 회귀를 가져왔다(박병현, 2011).

억압 정책으로의 회귀는 빈민법의 개정으로 이어져 '신빈민법(Poor Law Reform, 1834)'이 탄생하였다. 신빈민법이 만들어진 19세기 초는 산업화로 인한 자본주의 발전과 함께 도시 노동자 계급이 등장하면서, 이전의 농촌 부랑인과는 다른 새로운 사회문제를 가져왔다. 즉, 도시 노동자들의 열악한 생활 조건과 만성적인 실업, 저임금, 열악한 위생과 보건 등의 문제가 있었고, 기존의 빈민법으로는 이를 적절하게 대처하지 못했던 것이다(원석조, 2010). 자유방임주의가 가장 극대화되었고, 자조의 개념이 강조되었던 시대상을 반영한 신빈민법은 역사상 가장 억압적인 성격을 지닌 법이 되었다(김수정, 2019a). 특히 이 법의 '열등 처우의 원칙' 적용은 단순히 구제받는 사람이 임금 노동자보다 낮은 생활 수준이나 급여 수준을 적용받는 것이 아니라, 구제받는 사람을 거의 범죄자와 같은 취급을 했다. 즉, 구제받는 사람을 식별하기 위해 배지를 부착하고 모든 종류의 선거권을 금지했으며, 작업장 내에서의 열악한 식사, 식사 중 대화 금지, 면회 금지, 담배와 홍차의 금지 등 모든 면에서 열등하게 처우했다(박광준, 2013).

이후 사회주의의 영향으로 사회보험이 도입되면서 빈곤 문제에 대처하기 시작하였다. 그리고 빈곤을 개인적 문제가 아니라 사회위험으로 보고 국가의 책임으로 대처하기 시작한 것은 비버리지 보고서에 영향을 받은 제2차 세계대전 이후이다. 즉, 복지국가에서는 빈곤을 사회적인 문제로 보고 국가가 책임을 지고 사회 구성원이 연대하여 해결하는 공공부조 제도를 갖추고 있다.

이와 같이 빈곤에 대한 시각은 개인적인 문제로 보고 빈민을 부도덕한 인간으로 낙인을 찍으며 구제했던 관점에서 사회문제로 인식하여 국가의 책임으로 구제하는 관점으로 많이 바뀌었다. 그렇지만 아직도 빈민에 대해서는 개인 책임으로 보는 시각이 많이 남아 있기도 하다. 또한 빈곤은 더 이상 한 개별 국가에서 해결할 수 있는 문제가 아니기 때문에 국제적인 협력이 더욱 요구되고 있다. 이에 대해서는 다음의 빈곤에 대한 국제 기준과 개념을 통해 더 자세히 알아보도록 하겠다.

2. 국제인권규범과 주요 개념

1) 빈곤의 개념

일반적으로 빈곤을 정의할 때 많이 쓰이는 개념은 절대적 빈곤과 상대적 빈곤이다 (윤홍식 외, 2019). 절대적 빈곤이란 생존에 필요한 일정한 생활 수준과 기본 욕구, 최소 한의 소득 수준에 도달하지 못한 상태를 말한다. 이해하기 쉬운 개념인 것 같지만 국 가나 시대에 따라 절대적이라고 설정한 기준이 변하기 때문에 절대적이 상대적으로 의미가 변하는 문제가 발생할 수 있다. 또한 최소한의 욕구에 필수적이라는 기준과 내 용 역시 자의적이고 상대적인 판단이 개입될 수 있다는 문제가 있다. 상대적 빈곤은 사회 전체 구성원 비교하여 빈곤을 바라보며, 전체 사회의 표준적인 생활 수준 이하로 살고 있는 상태를 말한다(문병기 · 유범상, 2013). 이 개념은 각 나라마다 적용 기준이 상 이하고 저소득층의 생활 수준 향상이나 정책적 노력의 효과와 관계없이 빈곤이 규정 되는 문제가 있다(윤홍식 외, 2019).

사회복지에서 정책적으로 중요한 것은 공식적 빈곤의 개념으로, 절대적 빈곤과 상 대적 빈곤 개념이 혼합되어 나타난다. 공식적 빈곤은 정부가 정하는 빈곤선 아래에 있 는 상태를 뜻하며, 이것을 기준으로 대부분의 공공부조 지원의 기준이 정해지며, 사회 서비스의 차등 지원에 있어서도 참고할 기준이 된다. 한국의 공식적 빈곤은 '국민기초 생활보장법'상의 급여 지급 기준과 관련되어 있으며, 중위소득을 중심으로 결정된다.

한편, 인권에 기반한 접근으로 유엔최고대표사무소(OHCHR)는 빈곤을 "적절한 수준 의 삶과, 다른 기본적인 시민적 · 문화적 · 경제적 · 사회적 권리를 향유하는 데 필요한 자원과 선택 기회, 안전, 권력을 만성적으로 박탈한 인간의 상태"라고 정의한다(국가 인권위원회, 2019c). 즉, 빈곤은 단순히 재화가 부족한 상태만이 아니라, 건강, 주거, 정 치 참여, 사회 참여 등 다양한 영역에서 권리를 보장받지 못하는 것을 의미한다. 이것 은 빈곤의 다차원적인 성격을 강조하고, 빈곤으로 인한 차별과 사회적 배제에 관심을 기울이는 개념이다. 빈곤과 인권의 밀접한 관련에 대한 이해는 다양한 차원의 빈곤에 대해 보다 효과적이고 평등한 대응을 발전시키는 데 도움이 된다. 또한 이러한 이해는 발전과 빈곤 퇴치에 대해 전통적인 접근 방법을 보완하여, 자원뿐만 아니라 적절한 수 준의 삶과 기타 기본적인 시민, 문화, 경제, 정치, 사회적 권리의 향유에 필요한 능력과

선택, 보장, 권한을 고찰하게 한다(OHCHR, 2008a)

2) 극심한 빈곤과 인권

(1) 인권에 기반한 빈곤 퇴치 전략

인권 신장과 빈곤 퇴치는 유엔의 핵심적 임무로, 2000년 유엔 새천년발전목표(MDGs)는 개발과 빈곤 퇴치를 위한 8개의 목표로 이루어져 있다. 이러한 노력의 일환으로 OHCHR은 '빈곤 감소 전략에 대한 인권적 접근'과 '인권과 빈곤 감소'를 2002년에 발표하면서 빈곤을 '결핍의 극단적 형태'로 보았고(국가인권위원회, 2019a), '인권에 기반한 빈곤 퇴치 전략'을 2008년에 제시하였다. 여기서 빈곤을 단순히 물질적 재화 부족이 아닌 다차원인 것으로 접근하였고, 권리 개념을 도입하여 빈곤과 연결시키며 빈곤층의 참여를 통한 역량 강화(empowerment)를 강조했다(OHCHR, 2008a). 빈곤층의 역량 강화, 즉 자신의 권리와 타인의 권리를 인식하고 이를 위해 어떻게 행동해야 하는지를 알 때에만 효과적인 빈곤 퇴치가 가능하다는 것이다. 그리고 국가가 자국에 살고 있는 국민의 인권을 실현할 책임이 있지만, 다른 국가 및 국가가 아닌 관계자 역시 인권에 기여하거나 지원할 책임과 적어도 인권을 침해하지 않을 책임이 있다(OHCHR, 2008a; 국가인권위원회, 2019c).

인권에 기반한 빈곤 퇴치 전략은, ① 인권을 버팀목으로 하는 빈곤 퇴치 전략의 신속한 채택을 촉구하고, ② 빈곤을 창출 및 유지하는 차별 구조를 다루기 위해 빈곤 퇴치 전략의 범위를 확대하고, ③ 빈곤 퇴치의 대의를 발전시키는 데 중요한 도구적 역할을 담당할 수 있는 시민적 및 정치적 권리의 확대를 촉구하고, ④ 경제, 사회, 문화적 권리는 단순한 희망 사항이 아니라 구속력 있는 국제 인권임을 확인하고, ⑤ 타협의 미명하에 자행되는 최소한의 핵심 의무의 퇴보 및 태만을 경계하고, ⑥ 빈곤층의 의미 있는 의사 결정 참여에 대한 수요에 합법성을 강화하고, ⑦ 정책 입안자들이 자신의 행위에 책임을 질 수 있는 제도를 조성 및 강화하는 등 다양한 방식으로 빈곤 퇴치 목표를 발전시킬 수 있는 잠재 능력이 내포되어 있다(OHCHR, 2008a).

이러한 노력으로 2000년 이래 세계 빈곤율은 절반으로 낮아졌지만, 국가에 따라 극심한 빈곤에 시달리는 정도가 불균형하며, 선진국은 물론 개발도상국 내에서도 빈부 격차가 점점 커지고 있다(국가인권위원회, 2019c). 세계 인구의 10%인 7억 명이 넘는 사람들이 여전히 극심한 빈곤에 처해 있으며 건강, 교육, 수자원 및 위생 시설 이용과 같은 가장 기본적인 요구를 충족시키기 위해 고군분투하고 있다. 하루에 1.9달러 미만으로 사는 사람은 대부분 사하라 이남 아프리카에 살고 있으며, 전 세계적으로 농촌 지역의 빈곤율은 17.2 %로 도시 지역보다 3배 이상 높다. 직업이 있다고 해도 괜찮은 생활을 보장할 수는 없는데, 실제로 2018년 전 세계 취업 노동자와 그 가족의 8%가 극심한 빈곤에 처했다. 빈곤은 아동 발달 불균형에 영향을 미치며, 아동 5명 중 1명이 극심한 빈곤에 살고 있다. 수치와 현황은 다음과 같다.[1]

- 전 세계 인구의 10%, 7억 명이 넘는 사람들이 하루 1.9달러 미만으로 생존하며 극심한 빈곤 속에 놓여 있다.
- 직업을 갖는 것이 생존을 보장하지 못한다. 2018년 세계 노동 인구 중 8%는 그들의 가족과 함께 극심한 빈곤 속에서 살고 있었다.
- 전 세계적으로 같은 연령대 남성 100명과 비교하면 25~34세 사이의 여성 122명은 극도의 빈곤 속에서 살고 있다.
- 국제 빈곤선 1.9달러 미만으로 살아가는 대부분의 사람은 남아시아와 사하라 이남 아프리카 지역에 속해 있다.
- 높은 빈곤율은 규모가 작고, 약하며, 갈등에 시달리는 국가에서 나타난다.
- 빈곤은 아동의 발달 불균형을 유발한다. 5명 중 1명의 아이들은 극심한 빈곤에 처해 있다.
- 2018년 기준, 전 세계 인구의 55%가 사회적 보호(social protection)를 전혀 받지 못하고 있다.
- 2018년에는 출산한 여성 중 41%만이 출산 장려금을 받았다

(2) 극심한 빈곤과 인권 기반 원칙[2]

OHCHR은 2012년 극심한 빈곤과 인권에 기반한 원칙을 제시하였다. 인권에 근거한 접근에 필수적이며 빈곤 감소와 관련된 모든 공공 정책의 설계와 이행을 위한 토대가 되는 기본 원칙은 다음과 같다.

1) 유엔 홈페이지, https://www.un.org/sustainabledevelopment/poverty (최종 접속일: 2020. 2. 11.)
2) OHCHR (2012). *Guiding Principles on Extreme Poverty and Human Rights*. OHCHR. 의 내용을 정리하여 제시하였다.

① 존엄성, 보편성, 불가분성, 상호연관성 및 상호의존성(dignity, universality, indivisibility, interrelatedness and interdependence of all rights)

빈곤한 사람들의 고유한 존엄성에 대한 존중이 모든 공공 정책에 담겨져야 한다. 경제, 정치 및 사회적 권리는 상호 작용하고 서로에게 강력한 영향을 미치고 있다. 그러므로 극심한 빈곤으로 인해 사람들은 매일 자유권적·사회권적 권리의 침해에 직면하고 있고, 그것은 인권의 불가분성, 상호연관성 및 상호의존성을 분명히 보여 주고 있다. 국가는 빈곤과 싸우고 인권을 보호할 수 있는 환경을 조성해야 한다. 빈곤을 극복하기 위한 공공 정책은 빈곤에 처한 사람들의 모든 인권을 평등한 방식으로 존중, 보호 및 실현하는 것을 기반으로 해야 한다. 어떤 지역의 정책도 빈곤을 악화시키거나 빈곤한 사람들에게 부정적인 영향을 미쳐서는 안 된다.

② 극심한 빈곤에 처한 사람들의 모든 인권의 동등한 향유(Equal enjoyment of all human rights by persons living in extreme poverty)

차별은 빈곤을 초래할 수 있고, 빈곤이 차별을 초래할 수 있다. 빈곤에 처한 사람들은 빈곤으로 인해 공무원과 민간 행위자들의 차별적 태도와 낙인에 노출될 수 있다. 따라서 빈곤층 사람들은 경제적 지위를 포함하여 여러 가지 교차 형태의 차별을 경험하는 경향이 있다. 국가는 빈곤에 처한 사람들이 평등하고 차별 없이 법의 보호와 혜택을 받을 자격을 보장해야 하며, 입법 또는 행정상의 모든 형태의 차별을 식별하고 제거하는 조치를 취해야 한다. 또한 사실상의 평등을 보장하기 위해 입법, 행정, 예산, 규제 및 특정 정책, 프로그램, 고용, 주택, 식량, 사회보장, 수자원 및 위생, 보건, 교육, 문화 및 참여와 같은 빈곤에 민감한 영역에서 긍정적 조치를 시행해야 한다.

③ 남녀평등(Equality between men and women)

빈곤층 사이에서도 여성은 대표적으로 다각적이고 누적된 차별을 겪는다. 따라서 국가는 여성에 대한 법적인 차별과 사실상의 차별을 제거하고 남성과 여성의 평등을 달성하기 위한 조치를 취해야 한다. 이러한 조치에는 성폭력을 근절하기 위한 강력한 조치와 의사 결정력에 대한 동등한 접근 보장을 포함하고 있다. 국가는 정치 생활 및 의사 결정 기구에 빈곤층을 포함한 모든 계층의 여성 참여를 강화할 수 있는 메커니즘을 개발해야 한다. 그리고 건강, 교육 및 사회 보호를 포함한 공공 서비스에 대한 동등한 접근성과 임금, 고용 조건 및 사회보장 혜택을 포함한 노동 시장의 평등이 보장되어야 한다. 국가는 정책, 전략, 예산, 프로그램 및 프로젝트의 목표로 성별 평등을 분명히 해야 한다.

④ 아동의 권리(Rights of the child)

빈곤층은 대부분 아동이고 어린 시절의 빈곤이 성인 빈곤의 근본 원인이라는 점을 감안할 때 아동의 권리가 우선되어야 한다. 단기간의 박탈과 배제일지라도 어린이의 생존과 발달에 대한 권리를 극적으로, 그리고 돌이킬 수 없게 해칠 수 있다. 빈곤을 근절하기 위해 국가는 아동 빈곤 퇴치를 위한 즉각적인 조치를 취해야 한다. 국가는 모든 아동이 가구 내부를 포함하여 기본 서비스에 동등하게 접근할 수 있도록 보장해야 한다. 빈곤은 아동, 특히 소녀들을 착취, 방임 및 학대에 취약하게 만들기 때문에 소외 계층 아동에 중점을 둔 아동 보호 전략 및 프로그램에 필요한 자원을 강화 및 할당하는 등 빈곤층 아동의 권리를 존중하고 장려해야 한다. 또한 국가는 아동의 삶과 관련된 의사 결정 과정에서 자신의 의견을 들을 수 있는 권리를 장려해야 한다.

⑤ 극심한 빈곤에 처한 사람들의 주체와 자율성(Agency and autonomy of persons living in extreme poverty)

빈곤과 관련된 모든 정책은 빈곤에 처한 사람들의 역량 강화를 목표로 해야 한다. 즉, 자신과 관련된 것에 대한 결정을 내릴 수 있는 권리, 자신의 잠재력, 존엄성 및 자신의 삶에 영향을 미치는 결정에 참여할 수 있는 능력이 있음을 존중받고 인정받아야 한다.

⑥ 참여와 역량 강화(Participation and empowerment)

효과적이고 의미 있는 참여는 모든 개인과 집단이 공공 업무 수행에 참여할 권리를 확인하는 것이며, 이것은 또한 사회적 포용(inclusion)을 촉진하는 수단이 된다. 국가는 의사 결정 및 정책의 설계, 이행, 모니터링 및 평가의 모든 단계에서 빈곤한 사람들의 적극적이고 자유롭고 정보에 입각한 의미 있는 참여를 보장해야 한다. 이를 위해 빈곤층에 인권 교육을 비롯한 역량 강화 활동이 필요하며, 다양한 의사 결정 과정에 효과적으로 참여할 수 있는 구체적인 메커니즘과 제도가 마련되어야 한다. 또한 국가는 빈곤에 처한 사람들의 권리를 지지하고 옹호하는 개인, 지역사회 기반 조직, 사회 운동 단체 및 기타 비정부 조직을 적극적으로 보호해야 한다.

⑦ 투명성 및 정보 접근(Transparency and access to information)

빈곤한 사람들은 종종 자신의 삶에 영향을 미치는 결정에 대한 중요한 정보에 접근할 수 없다. 이것은 순소득을 줄이고 사회서비스나 직업을 얻을 기회에 대한 접근을 방해하며 부패와 착취에 불균형하게 노출시킨다. 국가는 빈곤층에 영향을 미치는 공공 서비스와 프로그램이 투명하게 설계되고 이행되도록 보장해야 한다. 그리고 빈곤층이 이용할 수 있는 모든 공공 서비스와 권리에 대해 접근 가능하고 문화적으로 적절한 정보를 제공해야 하며, 이 정보는 사용 가능한 모든 채널을 통해 적극적으로 전파되어야 한다. 국가는 빈곤에 처한 사람들이 자신의 삶에 영향을 미치는 모든 결정에 관한 정보를 찾고, 받고, 전할 권리를 개별적으로, 그리고 다른 사람들과 함께 누리도록 보장해야 한다.

⑧ 책무성(accountability)

공공 서비스, 빈곤 퇴치 프로그램, 자원 할당에 있어 국가는 빈곤에 처한 사람들의 인권을 침해하거나 위태롭게 하는 행위 및 누락이 있는 경우에 사법, 입법, 행정 및 정치 메커니즘을 통해 효과적인 구제책을 보장해야 한다. 이러한 구제 방법은 모든 사람이 신체적·재정적으로 접근 가능한 구조여야 하며, 특히 빈곤한 사람들에게 직접적으로 영향을 미치는 사회 및 기타 프로그램에서 부패를 예방, 식별 및 대응하기 위해 적절하고 접근 가능한 이의 제기 메커니즘을 포함한 절차를 마련해야 한다.

국가는 경제, 사회 및 문화적 권리의 완전한 실현을 향한 조치를 취해야 할 즉각적인 의무가 있으며, 항상 빈곤을 해결하기 위해 취해진 구체적인 조치를 보여 주고 국제 원조와 협력을 포함하여 가용 자원을 최대한 활용했음을 증명해야 한다. 빈곤 퇴치에는 공공 정책과 정치적 행동의 모든 영역을 포괄하는 일관된 틀을 통해 빈곤에 처한 사람들의 상황을 구체적으로 다루는 정책이 필요하다. 이를 위해 요구되는 사항은 다음과 같다.

첫째, 국가는 빈곤과 사회적 배제를 줄이기 위해 포괄적인 국가 전략을 채택해야 한다. 즉, 국가는 개인과 집단, 특히 빈곤층에 속한 사람들이 설계와 이행에 적극적으로 참여하는 인권에 근거한 빈곤 감소 전략을 고안하고 채택해야 한다. 필요한 예산 책정 시 영향을 고려한 명확한 구현 체계가 포함되어야 하며, 이행을 책임지는 당국과 기관을 명확하게 지정하고, 비준수 시 적절한 구제 및 고충 처리 메커니즘을 확립해야 한다.

둘째, 국가는 공공 정책이 우선순위로 극심한 빈곤에 처한 사람들에게 부합하도록 해야 한다. 공공 정책을 설계하고 이행하고 자원을 배정할 때 국가는 가장 빈곤한 사람들, 특히 극빈층에 살고 있는 사람들의 인권에 우선순위를 두어야 한다. 빈곤에 가장 취약한 집단에 대한 경제 및 금융 위기의 불균형적이고 파괴적인 영향을 감안할 때, 국가는 공공 지출 감축을 포함한 위기 회복 조치가 해당 집단의 인권을 부정하거나 침해하지 않도록 특히 주의해야 한다. 또한 사회적 불평등을 완화하고 소외된 개인과 집단의 권리가 불균형하게 영향을 받지 않도록 사회 보호 시스템을 위한 지속 가능한 재정을 보장해야 한다. 여성 돌봄의 부담을 증가시키는 것을 포함하여 빈곤층에 영향을 미치는 사회복지서비스에 대한 삭감은 금융 대안을 포함한 모든 대안 정책 대안들을 진지하게 고려한 후에 최후의 수단이 되어야 한다.

셋째, 국가는 인권을 향유하기 위해 필요한 시설, 상품 및 서비스가 접근 가능하고, 이용 가능하며, 수용 가능하고, 저렴하며, 양질이 되도록 해야 한다. 국가는 인권을 향유하기 위해 필요한 시설, 물품 및 서비스를 제공할 책무를 가진다. 이러한 시설, 상품 및 서비스 제공에 민간 부문 또는 시민사회단체가 참여하는 경우에도 국가는 품질, 경제성 및 적용 범위를 보장할 책임이 있으며 개인 서비스 제공자의 남용으로부터 빈민을 보호할 책무가 있다. 국가는 빈곤층을 위한 시설, 물품 및 서비스에 대한 비차별적 접근을 보장하기 위해 물리적·재정적 접근이 가능할 수 있도록 해야 하며, 서비스 정보에도 접근할 수 있도록 해야 한다.

마지막으로, 국가는 정책 일관성을 보장해야 한다. 국가는 국제 무역, 과세, 재정, 통화, 환경 및 투자 정책을 포함한 모든 정책을 설계하고 이행할 때 국제 인권 책무를 고려해야 한다. 빈곤 감소에 대한 국제사회의 약속은 국제 및 국가 정책 및 결정과 분리되어서는 안 되며, 분리될 경우 국내 또는 국외 지역에서 빈곤을 조성, 유지 또는 증가시키는 조건을 초래할 수 있다.

3. 한국의 상황

한국의 국가지속가능발전목표(K-SDGs) 중 빈곤 퇴치를 위한 세부 목표와 지표(지속가능발전위원회, 2019)를 참고하여 한국의 상황을 제시하도록 하겠다.

목표	번호	세부 목표	지표(단위)	2030 목표치
빈곤 감소 및 사회 안전망 강화	1-1	남녀노소, 장애 여부 등과 관계 없이 빈곤 인구 비율을 OECD 평균 이하 수준으로 줄인다.	중위 가처분소득 50% 기준 상대빈곤율(%, 성별, 연령 집단별, 장애 여부별, 이주민 여부별)	13.8 → 12.5
			기초생활보장 생계, 의료, 주거급여 수급자 수	
	1-2	사회보장제도의 사각지대를 최소화하고, 빈곤층과 취약 계층에 대한 실질적 보장을 달성한다.	• 가계 직접 본인 부담률	
			• 실업급여 순소득 대체율	
			• 국민연금보험료 납부율(%, 가입 유형별, 성별)	82.5(2017) → 지속 확대
	1-3	빈곤층과 취약 계층에 사회서비스 제공을 강화한다.	• GDP 대비 공적 사회 지출 비중(%, 지출 항목별)	
			최저주거 기준 미달 가구 비율(%)	5.9 → 4.6
	1-4	빈곤층과 취약 계층의 경제·사회·환경적 충격 및 재난에 대한 노출을 감소하고, 회복력을 강화한다.	• 정부 예산 대비 근로 빈곤층 대상 재정 사업(EITC, CTC)의 지출 규모	

[그림 8-1] K-SDGs 빈곤 퇴치 목표

출처: 지속가능발전위원회(2019), p. 42.

1) 빈곤율

상대적 빈곤율은 균등화된 소득의 중위값에 일정 비율을 빈곤 여부를 판정하는 기준선으로 설정한 후 이 기준선 미만의 소득을 가진 사람들과 전체 인구의 비율로 정의하며, 가장 보편적으로 사용하는 기준(OECD 사용)인 중위소득의 50%로 상대적 빈곤율을 산정하였다(보건복지부, 2018). 가처분소득을 중심으로 빈곤율을 산정하는데, 이를 살펴보면 〈표 8-1〉과 같다. 2016년 13.8%에서 2018년 2분기에는 15.7%로 높아졌음을 알 수 있다. 국가지속가능발전목표(K-SDGs)에서는 2030년까지 OECD 평균 수준인 12.5%로 낮추는 것을 목표로 하고 있다(지속가능발전위원회, 2019)

〈표 8-1〉 상대적 빈곤율(중위 50% 기준)　　　　　　　　　　　　　　　　　　(단위: %)

구분	2015년	2016년	2017년				2018년	
			1/4	2/4	3/4	4/4	1/4	2/4
시장소득	17.3	18.3	19.9	19.3	19.7	19.1	20.9	20.3
경상소득	13.6	14.5	16.3	15.3	16.0	14.5	17.3	16.2
가처분소득	12.8	13.8	15.7	14.9	15.9	14.0	16.8	15.7
소비지출	9.1	9.4	10.9				–	
가계지출	10.6	11.0	12.3				–	

주: 농어가 제외, 1인가구 포함. 단, 지출 자료의 경우 2017년부터 농어가 포함.
자료: 통계청, 가계동향조사 원자료, 각 연도.
출처: 한국보건사회연구원(2018), p. 7.

　　2015년 기준으로 OECD 나라별 빈곤율은 다음 그림과 같은데, OECD 평균보다 약간 높은 편이다.

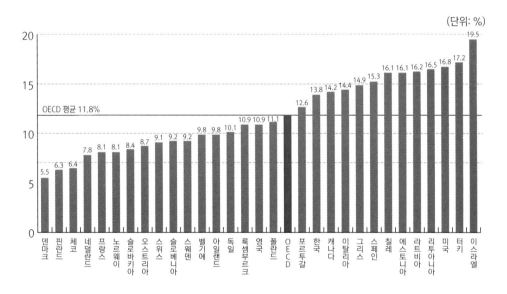

[그림 8-2] OECD 국가 가처분소득 상대적 빈곤율(2015년)

주: OECD 평균은 2015년도 자료가 있는 국가로 산출.
자료: OECD, Stat, Income Distribution and Poverty(자료 다운로드 2018. 12. 2. 13:32 UTC (GMT))
출처: 보건복지부(2018), p. 225.

2) 빈곤에 더 취약한 계층

인구 유형별 빈곤율은 [그림 8-3]과 같다. 노인 빈곤율은 2018년 2분기 가처분소득 기준 46.1%로 매우 심각한 수준으로 다음 [그림 8-4]와 같이 OECD 국가 중 가장 높다. 이는 노후소득 보장의 미비에 따른 것이다(지속가능발전위원회, 2019).

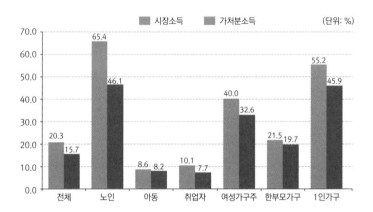

[그림 8-3] 인구 유형별 상대적 빈곤율(2018년 2/4분기)

주: 중위 50% 기준.
자료: 통계청, 가계동향조사 원자료.
출처: 한국보건사회연구원(2018), p. 10.

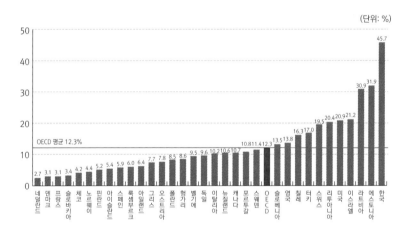

[그림 8-4] OECD 국가 가처분소득 기준 상대적 노인 빈곤율(2015년)

주: 1) OECD 평균은 2015년 자료가 있는 국가로 산출.
　　2) 측정산식과 자료의 차이로 OECD 공표 수치와 빈곤 통계 연도 수치 간 차이가 있음.
자료: OECD, Stat, Distribution and Poverty(자료 다운로드 2018. 12. 2. 13: 32 UTC(GMT))
출처: 보건복지부(2018), p. 227.

한편, 빈곤층 지원 공공부조 제도인 국민기초생활보장 수급자 비중을 다음 〈표 8-2〉와 같이 살펴보면, 여성의 빈곤율이 높고, 특히 노년층에서 큰 폭으로 증가함을 알 수 있다. 이는 남녀 간의 고용률 및 임금 격차 때문이다.

〈표 8-2〉 성별 · 연령대별 국민기초생활보장 일반 수급자 비중(2017년)　　(단위: 천 명, %)

구분	20대 미만	20대	30대	40대	50대	60대	70대 이상	합계
계	387	92	58	169	245	213	328	1,492
남자(%)	50.9	47.0	41.6	44.6	56.5	50.3	29.9	45.8
여자(%)	49.1	53.0	58.4	55.4	43.5	49.7	70.1	54.2

자료: 보건복지부(2018). 2017년 국민기초생활보장 수급자 현황.
출처: 보건복지부(2018), p. 212.

[그림 8-5]와 같이 남녀 고용률 격차는 2018년 19.9%로 여전히 크며, 여성의 임금은 남성의 68.8%에 불과하다.

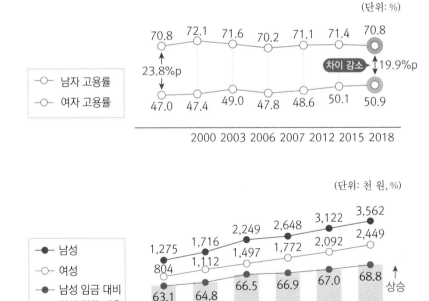

[그림 8-5] 남녀 고용률과 임금 격차

출처: 통계청 · 여성가족부(2019). 통계로 보는 여성의 삶. 보도자료.

　　장애인 빈곤율은 [그림 8-6]과 같다. 장애인가구의 빈곤율은 2012년 36.3%에서 2016년 31.5%로 약 4.8% 감소하였고, 전체 가구는 같은 시기에 18.3%에서 2016년 17.6%로 약 0.7% 감소하였다.

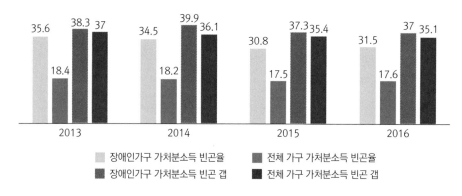

[그림 8-6] 연도별 빈곤율 및 빈곤 갭: 전체 가구 비교

출처: 조윤화 외(2019), p. 154.

　　2016년 장애인가구의 빈곤율은 31.5%로 전체 가구 17.6%에 비해 약 1.8배 높으며, 빈곤 갭 또한 전체 가구에 비해 큰 것으로 나타나 전체 가구에 비하여 장애인가구의 빈곤 수준이 매우 높음을 알 수 있다. [그림 8-7]과 같이 OECD 국가의 2000년대 중반 장

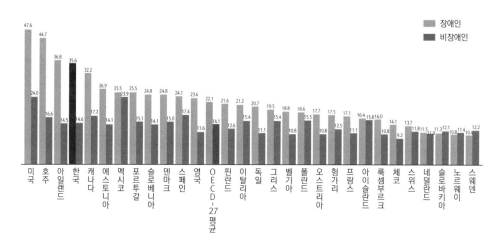

[그림 8-7] OECD 국가 노동 가능 연령 장애인 빈곤율

출처: 조윤화 외(2019), p. 284.

애인 빈곤 위험율은 평균 22.1%로 비장애인의 14.1%에 비해 약 1.6배가 높다. 더욱이 한국의 경우 장애인 빈곤율은 36.3%로 OECD 국가 평균인 22.1%보다 약 1.6배, 비장애인 14.6%에 비해 약 2.4배 높아 OECD 국가들과 비교해 보았을 때도 장애인 빈곤율은 높은 편이다.

이상과 같이 한국의 빈곤 상황의 특징은 아동 빈곤은 상대적으로 양호한 반면, 노인 빈곤율은 다른 OECD 국가들에 비교하여 압도적으로 높은 상황이며, 여성 및 장애인의 빈곤율도 높은 편이다. 특히 빈곤의 노령화와 여성화에 따른 경향이 크기 때문에 이에 대한 대응이 시급하게 요구된다.

3) 사회보장제도

빈곤에 대한 한국의 사회보장제도는 크게 공공부조인 국민기초생활보장제도와 사회보험, 그리고 사회서비스로 나눌 수 있다. 이를 각각 살펴보면 다음과 같다.

공공부조(비기여 방식)로 빈곤층을 지원하는 사회보장제도는 국민기초생활보장제도가 있다. 국민기초생활보장제도의 가장 큰 문제는 부양의무자 기준이다. 2015년 복지패널 기초 분석 보고서에 따르면, 기초생활보장제도 수급을 신청한 가장 큰 이유는 어려운 생계를 해결하기 위해서라는 답변이 80.17%로 가장 큰 비중을 차지했지만, 신청자 중 절반이 넘는 67.59%는 부양의무자의 소득과 재산이 기준보다 많다는 이유로 탈락했다. 부양의무자 기준은 '소득 · 재산 수준이 수급 기준에 부합할 정도로 가난하지만 일정 이상의 소득 · 재산을 가진 1촌 직계혈족(부모 · 자녀) 및 그 배우자가 있으면 생계급여 등을 받을 수 없도록 하는 제도'이다. 이 기준은 복지 사각지대를 유발하는 주요 원인으로 지목되어 왔으며, 빈곤층에 대한 생존을 사회가 아니라 가족에게 우선적으로 책임을 지우는 것이다. 다행히 정부가 제2차 기초생활보장 종합계획(2021~2023)에 부양의무자 기준을 전면 폐지하는 내용을 담겠다는 의지를 밝혔다. 국민기초생활보장제도 수급자 수는 2015년 개편 이후 증가하는 추세였으며, 수급자를 연령별로 살펴보면 60대 이상의 고령자 비중이 가장 높은 것으로 나타났다(보건복지부, 2018). 국민기초생활보장제도 수급자 및 수급률은 [그림 8-8]과 같다.

국가지속가능발전목표(K-SDGs)에서는 국민기초생활보장제도의 생계, 의료, 주거급여의 수급 대상자를 확대하고자 하고 있으며, 수급자 선정 기준에서 소득 및 재산 기준을 현실화하고 부양의무자 기준을 완화하여 빈곤층 중 수급 대상자를 확대하기 위

부양의무제 폐지

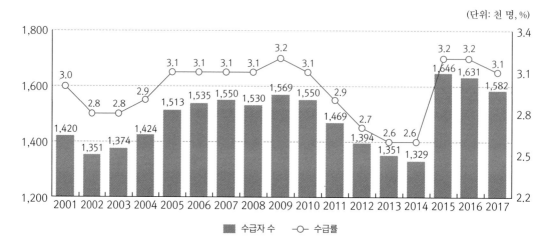

(단위: 천 명, %)

[그림 8-8] 국민기초생활보장 수급자 수 및 수급률(2001~2017년)

출처: 보건복지부(2018), p. 213.

한 노력을 기울이고 있다. 또한 현재 기초생활보장제도는 근로 연령대 가구에 대한 지원 기능이 취약하기에 이들을 대상으로 하는 현금 지원 제도인 근로장려세제(Earned Income Tax Credit: EITC)와 자녀장려세제(Child Tax Credit: CTC)를 점차 확대하는 것을 목표로 하고 있다(지속가능발전위원회, 2019)

한편, 유엔 주거권 특별 보고관은 한국의 주거권 최종 권고에서 주거급여의 부양의무자 기준 폐지에도 불구하고 상대 빈곤선 이하의 많은 비수급 빈곤층이 사각지대에 놓여 있다는 사실에 우려하며, 주거급여의 보장 수준을 인상하고 현재 중위소득 43% 미만인 대상자 기준을 중위소득 50% 이하까지 확대할 것을 권고하였다.[3]

사회보험은 기여금의 형식으로 운영되는 제도인데, 한국의 사회보험은 노후소득 보장인 국민연금을 비롯한 각종 연금 제도, 의료 보장인 국민건강보험, 노동 중 재해에 대한 급여인 산재보험, 실업 중 소득 보장인 고용보험 등으로 이루어져 있다. 사회보험은 정규직 등 기준에 맞는 노동자들 위주로 가입되기 때문에 폭넓은 사각지대가 발생할 수 있다는 문제가 있다. [그림 8-9]처럼 고용 형태별 취업자 수를 보면 비정규직 비중이 33%로 매우 높다. 이와 같이 불안정한 노동자 계층이 늘고 있는 한국의 경우는 이러한 사각지대로 인해 노동을 하지만 빈곤한 상태인 노동 빈곤의 문제가 발생하고 있다.

3) http://www.peoplepower21.org/Welfare/1625460 (최종 접속일: 2020. 1. 25.)

(단위: %)

주: 8월 기준임.

[그림 8-9] 산업별·근로 형태별 취업자의 비율

출처: 보건복지부(2018), p. 20.

[그림 8-10]은 종사상 지위별 취업자에 대한 통계인데, 특히 여성은 임시 근로자와 무급 가족 종사자의 비율이 높아 사회보험의 가입이 안 되는 사각지대에 놓여 있을 가능성이 더 크고, 이것이 다시 노년의 빈곤으로 이어지는 원인이 된다.

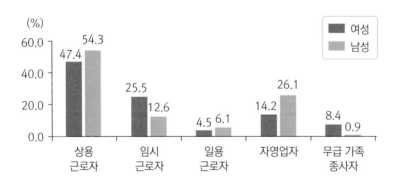

[그림 8-10] 종사상 지위별 취업자

출처: 통계청·여성가족부(2019), p. 3.

[그림 8-11]과 같이 4대 보험 중 고용보험, 건강보험, 국민연금 가입률은 약 89% 수준이나, 5인 미만의 사업장의 경우는 70%에 불과한 것으로 나타났다. 고용보험의 실업급여는 임금 대체율과 지급 기간이 짧아 실업기간 5년 동안 순소득 대체율이 10.3%에 그쳐 OECD 국가 평균의 1/3 수준이다(지속가능발전위원회, 2019).

(단위: %)

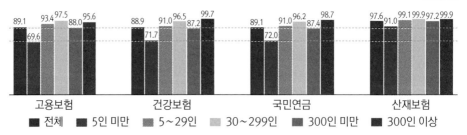

[그림 8-11] 사업체 규모별 사회보험 가입률(2017년)

출처: 보건복지부(2018), p. 20.

건강보험의 경우, [그림 8-12]와 같이 2018년 건강보험 보장률[4]이 62.6%로 낮은 편이며, 국내 총생산(GDP) 대비 경상 의료비는 7.6%로 OECD 평균 8.8% 보다 낮다([그림 8-13] 참조). 또한 경상의료비 중에서 정부ㆍ의무 가입 보험 재원이 차지하는 비중은 58.9%로(OECD 평균 73.6%), 우리나라는 멕시코(51.5%), 라트비아(57.3%), 칠레(59.9%)와 함께 강제성 재원에 대한 의존도가 낮은 국가군에 속한다(보건복지부, 2019; [그림 8-14] 참조).

국가지속가능발전목표(K-SDGs)에서는 건강보험의 비급여 부분을 급여화하고 본인

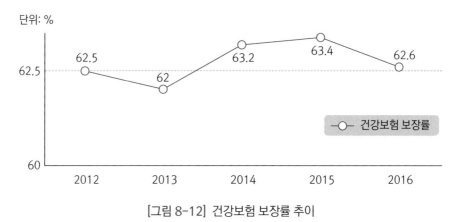

[그림 8-12] 건강보험 보장률 추이

출처: e-나라 지표, http://www.index.go.kr/potal/main/EachDtlPageDetail.do?idx_cd=2763 (최종 접속일: 2020. 2. 25.)

4) 건강보험 보장률은 건강보험 대상자가 치료 목적으로 요양 기관을 방문하였을 때 발생되는 전체 의료비(보험자 부담금, 법정 본인 부담금, 비급여 본인 부담금을 합친 금액)에서 보험자 부담금이 차지하는 비중을 의미한다(보건복지부, 2018).

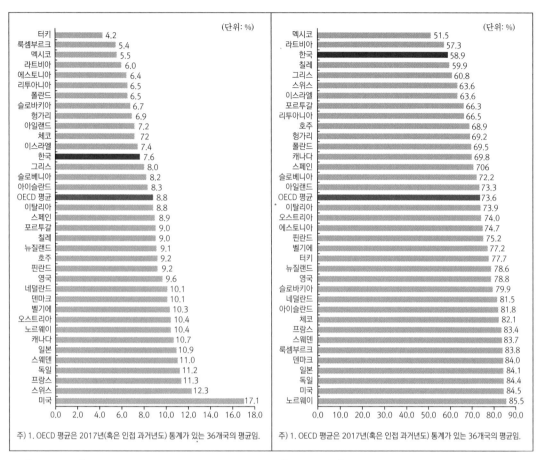

(단위: %)	
터키	4.2
룩셈부르크	5.4
멕시코	5.5
라트비아	6.0
에스토니아	6.4
리투아니아	6.5
폴란드	6.5
슬로바키아	6.7
헝가리	6.9
아일랜드	7.2
체코	72
이스라엘	7.4
한국	7.6
그리스	8.0
슬로베니아	8.2
아이슬란드	8.3
OECD 평균	8.8
이탈리아	8.8
스페인	8.9
포르투갈	9.0
칠레	9.0
뉴질랜드	9.1
호주	9.2
핀란드	9.2
영국	9.6
네덜란드	10.1
덴마크	10.1
벨기에	10.3
오스트리아	10.4
노르웨이	10.4
캐나다	10.7
일본	10.9
스웨덴	11.0
독일	11.2
프랑스	11.3
스위스	12.3
미국	17.1

주) 1. OECD 평균은 2017년(혹은 인접 과거년도) 통계가 있는 36개국의 평균임.

[그림 8-13] 국내 총생산(GDP) 대비 경상 의료비 (2017년)

출처: 보건복지부(2019), p. 107.

(단위: %)	
멕시코	51.5
라트비아	57.3
한국	58.9
칠레	59.9
그리스	60.8
스위스	63.6
이스라엘	63.6
포르투갈	66.3
리투아니아	66.5
호주	68.9
헝가리	69.2
폴란드	69.5
캐나다	69.8
스페인	706
슬로베니아	72.2
아일랜드	73.3
OECD 평균	73.6
이탈리아	73.9
오스트리아	74.0
에스토니아	74.7
핀란드	75.2
벨기에	77.2
터키	77.7
뉴질랜드	78.6
영국	78.8
슬로바키아	79.9
네덜란드	81.5
아이슬란드	81.8
체코	82.1
프랑스	83.4
스웨덴	83.7
룩셈부르크	83.8
덴마크	84.0
일본	84.1
독일	84.4
미국	84.5
노르웨이	85.5

주) 1. OECD 평균은 2017년(혹은 인접 과거년도) 통계가 있는 36개국의 평균임.

[그림 8-14] 경상 의료비 중 정부·의무 가입 보험 재원 비중(2017년)

출처: 보건복지부(2019), p. 110.

부담금을 낮춰 2016년 33.3%인 가계 직접 부담률을 낮춤으로써 빈곤층 및 취약 계층 의료 이용의 재정적 부담을 줄이고자 하고 있다. 또한 실업급여 지급 기간 연장과 급여 수준을 향상하기 위한 노력을 기울이며, 국민연금은 제도의 사각지대를 줄이기 위해 가입 대상의 확대와 실질적으로 보험료를 납부할 수 있는 제도적 지원 장치를 확대하여 2017년 82.5%인 국민연금보험료 납부율을 높이는 것을 목표로 하고 있다(지속가능발전위원회, 2019).

직접적인 소득 보장이 아닌 교육, 상담, 돌봄 등에 대한 지원인 사회서비스는 빈곤으로부터 파생되는 여러 가지 욕구의 제한을 충족시켜 주고 미래 희망을 유지하는 데 효과적이다. [그림 8-15]와 같이 현재 GDP 대비 공적 사회 지출 비중은 2015년 10.2%에 불과하며, OECD 전체 평균인 19.0%에 비해 54.7%로 OECD 국가 중 가장 낮은 수준이다. 국가지속가능발전목표(K-SDGs)에서는 이러한 공적 사회 지출 비중을 확대하는 것을 목표로 하고 있다(지속가능발전위원회, 2019).

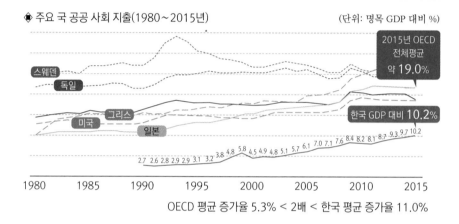

[그림 8-15] OECD SOCX 기준 우리나라 공공 사회 지출

출처: 보건복지부(2018), p. 33.

비주택 거주민

　최소한의 주거 수준을 의미하는 최저주거 기준 미달 가구 수 비율은 열악한 주거 상황에 놓여 있는 가구를 알아볼 수 있는 지표로 [그림 8-16]과 같이 한국은 2017년 5.9%로 높은 편이다. 국가지속가능발전목표(K-SDGs)는 최저주거 기준 미달 가구 수 비율을 2030년까지 4.6%로 낮추는 것을 목표로 하고 있다(지속가능발전위원회, 2019). 유엔 주거권 특별 보고관은 주거권 최종 권고안을 통해 취약 계층의 주거의 질과 안전성 향상을 위한 국가 전략을 수립해야 하며, 특히 부적합하고 안전 시설이 취약한 주거지의 문제를 시급히 해결할 것을 권고하였다. 그리고 한국의 최소주거 기준 미달 가구는 감소했지만 쪽방과 고시원같이 비좁고 생활 환경이 열악한 비주택 거주자가 급증한 현실에 주목해야 하며, 주거 취약 계층 지원 사업의 공급이 지나치게 낮은 것은 개선하고, 홈리스 발생을 예방하고 종식시키기 위한 긴급한 조치를 취해야 한다고 하였다.[5]

5) http://www.peoplepower21.org/Welfare/1625460 (최종 접속일: 2020. 1. 25.)

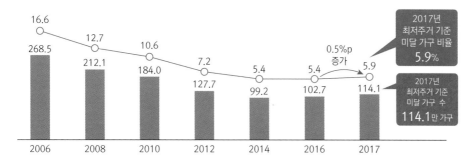

최저주거 기준 미달 가구 수는 2014년과 2016년 5.4%로 가장 낮았으나, 2017년 5.9% 수준으로 오히려 증가

◆ 연도별 최저주거 기준 미달 가구 수 및 비율　　(단위: 만 가구, %)

[그림 8-16] 최저주거 기준 미달 가구 비율

출처: 보건복지부(2018), p. 28.

　양질의 저렴한 주택인 공공임대주택은 주거의 안정성 확보를 위해 중요한데, [그림 8-17]과 같이 한국은 2016년 6.3%로 지속적으로 확대되고 있으나 EU 주요 국가들에 비하면 부족하다고 할 수 있다. 이러한 주거의 문제는 한국의 주거비용이 높기 때문으로, 높은 주거비용은 빈곤층에게는 더 큰 부담이 되고 있으며, 이것은 다시 주거의 안정성에도 영향을 주고 있다. 향후 장기 공공임대주택의 더 많은 확보가 필요하며 임대기간이 30년, 50년인 국민임대주택 및 영구임대주택의 지속적 공급도 필요하다(보건복지부, 2018). 유엔 주거권 특별 보고관의 최종 권고안에서도 장기 임대가 가능한 공공임대주택의 적절한 공급을 보장하고 보증금 면제를 통해 저소득층의 접근을 강화해야 하며, 취약 계층에게 제공되는 주택의 비율이 수요에 상응하도록 「장애인·고령자 등 주거약자 지원에 관한 법률」을 정비할 것을 권고하였다.

　그 밖에 유엔 주거권 특별 보고관의 2019년 한국 주거권 최종 권고안을 통해 발표한 내용은 다음과 같다.[6] 먼저, 도시 재개발 및 재건축과 관련해서 "강제 퇴거는 주거권을 총체적으로 침해하는 행위로 절대 발생해서는 안 된다."라는 기본 원칙을 강조하면서 한국의 재개발 및 재건축과 관련된 법률 체계, 정책, 실행에서 국제인권기준을 철저하게 준수할 것을 권고하였다. 특히 국제인권기준에서는 강제 퇴거에 대한 주요한 의무를 지고 모든 대안을 모색할 책임이 있는 주체는 국가임을 강조하고 있다. 이주민에

──────────────────────

6) http://www.peoplepower21.org/Welfare/1625460 (최종 접속일: 2020. 1. 25.)

대해서도 비닐하우스 등 최소한의 적정 주거 요건을 충족하지 못하는 이주 노동자의 주거 환경이 개선될 수 있도록 국가 전략을 수립하고 외국인 거주자에게도 사회보장 급여 및 주거급여가 차별 없이 적용되어야 한다고 하였다.

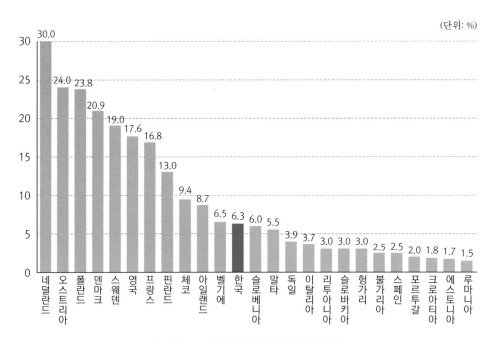

[그림 8-17] 나라별 공공임대주택 비율

주: 1) 유럽 국가의 공공임대주택 거주 가구 비율에는 사회주택, 자선단체, 시정부 공공임대주택에 저렴한 임대료
　　를 부담하면서 거주하는 가구 비율을 의미함.
　2) 덴마크는 총 주택 수 대비 공공임대주택 비율임.
출처: 보건복지부(2018), p. 373.

4. 사례와 토론

민달팽이유니온 '연희동 청년임대주택 반대는 주거권 차별'

청년 주거권 보장을 위해 활동하는 민달팽이유니온과 민달팽이주택협동조합이 '지역 주민들이 청년임대주택 사업을 반대하는 것은 주거권 차별'이라며 15일 국가인권위에 진정서를 냈다.

이들 단체는 이날 오후 서울 중구 국가인권위원회 앞에서 기자회견을 열고 "수많은 건축 행위가 이뤄지지만 유독 청년임대주택은 지역 주민들의 반대로 사업에 어려움을 겪는다."라고 주장했다.

이들은 서울시가 연희동 빈집터를 청년들이 살 수 있는 공공임대주택으로 개발한다고 발표하자 지역 주민들이 교통 혼잡 등을 이유로 반대하고 있다며 "다른 분양주택에는 찬성하면서 청년임대주택만 반대하는 것은 주택이 아닌 사람에 대한 반대이다."라고 지적했다.

그러면서 "이는 주거권에 대한 차별"이라며 "더 이상 주거권에서 차별이 허용되지 않도록 인권위가 적절한 판단을 내려 달라."라고 요구했다.

출처: https://www.yna.co.kr/view/AKR20200115136200004?input=1195m(연합뉴스, 2020. 1. 25.)

토론하기

☑ 지역 주민들은 청년임대주택사업을 왜 반대하는 것인가?

☑ 지역 주민들이 청년임대주택사업 반대는 주거권을 차별하는 것인가?

☑ 지역 주민과 청년들이 대립하도록 만드는 구조는 무엇인가?

☑ 국가는 무엇을 해야 하는가?

☑ 사회복지사는 무엇을 해야 하는가?

제9장

노동과 인권

Human Rights
and
Social Welfare

1. 역사적 개요

사회복지 발전에 있어 노동은 매우 중요한 부분을 차지하고 있다. 19세기에 '공장법'을 통해 아동 노동을 규제하기 시작하면서 관련 노동 정책들이 발전하기 시작했고, 사회보험 도입 등 사회복지제도들의 탄생은 노동자들의 투쟁과 함께 쟁취되었다. 즉, 존엄한 노동에 대한 고민과 이를 위한 노동자들의 투쟁 및 사회적 노력의 결과로 착취당하지 않고 공정한 노동 조건에서 노동자들이 일할 수 있는 권리가 발전되어 왔다. 국제적으로 노동자의 권리는 1919년 국제노동기구(ILO)에 의해 공식화되고 유엔은 제2차 세계대전 이후에 노동자의 권리를 인권으로 규정하고 구체화했다(국가인권위원회, 2019c).

18세기 공상적 사회주의자인 샤를 푸리에는 "노동에 대한 권리"라는 개념을 처음 사용했다(국가인권위원회, 2019c). "인간의 첫 번째 권리는 노동의 권리이며 최저수입에 대한 권리이다. 이것은 근대 사회의 모든 법에서 인식된 적이 없었던 점이다"(Fourier, Selected Texts, 160-1; 박주원, 2006, p. 162에서 재인용). 푸리에는 노동이 인간의 자유로운 열정(passion)에 따라 이루어질 때 즐거운 노동이 되며(신지은, 2016), 노동의 속성은 고통스러운 것이 아니라 근대 문명의 산업 사회가 노동 과정에서 인간의 자유로운 욕구를 억압해서 그 즐거움을 누리지 못하게 한다고 하였다(박주원, 2013). 이렇게 푸리에는 개인의 사회적 · 정신적 안녕을 영위하기 위해 노동의 중요성을 강조했으며, 이를 위해서는 근본적인 사회 재편이 필요하다고 보았다(국가인권위원회, 2019c).

19세기와 20세기 초에 노동을 보호하기 위한 조치들이 이루어지기 시작하였는데, 이는 산업화로 인한 심각한 문제들에 대한 대응이 필요했기 때문이다.

산업혁명 이후 공업화가 본격화되면서 도시에서 노동자 계급이 대규모로 형성되었으며 자본주의 공장 생산의 확산과 착취가 심화되었다(윤홍식 외, 2019). 영국에서는 '빈민법'으로 아동을 도제로 보내도록 했던 정책이 산업화가 진행됨에 따라 공장에서 가장 임금이 싼 아동의 노동이 성행하였다. 이로 인해 5~7세의 아동도 10시간 이상의 장기간 노동에 시달리며 저임금을 받았으며 많은 아동이 공장에서 단체로 죽는 사건 등이 발생하면서 사회적으로 이에 대한 비난이 커졌다. 특히 아동의 조기 사망과 건강하지 못한 문제는 향후 군사력 유지와 미래의 건강하지 못한 성인 노동력으로 이어지기 때문에 이에 대한 대책 마련이 필요했다. 그래서 1802년 공장법을 제정하여 아동 노동을 규제하기 시작했고, 1883년 공장법에서는 9세 이하 아동 노동 금지, 13세 이하 아동 노동은 주 48시간 이내로 제한하였다. 이러한 조치들은 자본가들의 비난을 무릅쓰고 열악한 노동 조건 속에 있는 아동을 보호하기 위한 국가 개입의 시작이었고, 이것을 시작으로 노동 시간과 조건에 관련된 후속적 입법들이 마련되기 시작하였다(김수정, 2019a). 공장법은 자본가의 고유 권한이고 자유이기에 개입이 불가능하다고 여겨졌던 공장에서 노동력 사용에 제한을 가함으로써 자본과 노동에 대한 관점을 변화시켰다(윤홍식 외, 2019).

그러나 이보다 노동자들의 열악한 노동 상황에 대한 변화를 가져온 더 큰 배경은 사회주의에 영향을 받은 노동자들의 조직화된 힘이었다. 대표적인 것이 노동조합운동으로 노동 시간 단축, 아동 노동 연령의 인상 등 노동 조건을 개선을 요구했고, 차티스트 운동 및 다양한 사회주의 운동과 결합하여 많은 나라에서 노동 조건을 개선하는 법률이 만들어지는 데 기여했다. 특히 노동자들이 사회주의혁명을 일으켜 자본주의와 현재 체제가 붕괴되는 것에 대한 두려움으로 노동 보호 및 사회보험이 입법되었다.

사회주의혁명에 대한 두려움은 노동에 대한 국제적 협력의 필요성도 인식하게 만들었다. 그래서 제1차 세계대전 이후 노동자 지위 향상이 세계의 항구적 평화를 달성하는 데 반드시 필요하다는 인식에 따라 1919년 국제노동기구(International Labour Organization: ILO)가 설립되었다(정진성, 2019). 이는 유엔보다 더 먼저 창립되었으며, 유엔에서 노사정 구조로 이루어진 유일한 기구로 의사 결정에서 있어서도 노동자뿐만 아니라 정부와 고용주가 대등한 입장으로 참여하고 있다.

제2차 세계대전 이후 창립된 유엔의 목적과 프로그램에도 노동에 대한 내용이 반영되었다. 세계인권선언에서는 다양한 노동 관련 내용이 담겨 있으며, 이것은 조약 당사국에게 구속력을 갖는 유엔규약으로 발전하여 제시되고 있다(국가인권위원회, 2019c). 노동과 관련한 인권은 지속적으로 제기되는 문제(예를 들면, 아동과 여성 등 노동 취약 계층 보호, 노동 환경 등)를 비롯하여 새롭게 제기되는 문제(예를 들면, 직장 내 괴롭힘)를 해결하기 위하여 국제적으로도 협력하고 있으며 다양한 국제 기준을 제시하는 노력을 하고 있다.

2. 국제인권규범과 주요 개념

노동과 관련된 인권은 크게 양대 국제 메커니즘이 있는데, 바로 유엔의 국제인권장

전(세계인권선언, 자유권 규약, 사회권 규약)과 ILO 시스템이다(국가인권위원회, 2019c).

1) 세계인권선언

　세계인권선언에서 제시된 노동 관련 내용은 제4조, 제20조, 제23조, 제24조, 제25조로 다음과 같다.

- 타인에게 예속되지 않을 권리(제4조)
　어느 누구도 노예 상태 또는 예속 상태에 놓이지 아니한다. 모든 형태의 노예 제도와 노예 매매는 금지된다.

- 집회 및 결사의 자유를 가질 권리(제20조)
　1. 모든 사람은 평화적인 집회 및 결사의 자유에 대한 권리를 가진다.
　2. 어느 누구도 어떤 결사에 참여하도록 강요받지 아니한다.

- 노동할 권리(제23조)
　1. 모든 사람은 일, 직업의 자유로운 선택, 정당하고 유리한 노동 조건 그리고 실업에 대한 보호의 권리를 가진다.
　2. 모든 사람은 아무런 차별 없이 동일한 노동에 대하여 동등한 보수를 받을 권리를 가진다.
　3. 노동을 하는 모든 사람은 자신과 가족에게 사람의 존엄에 부합하는 생존을 보장하며, 필요한 경우에 다른 사회보장법으로 보충되는 정당하고 유리한 보수에 대한 권리를 가진다.
　4. 모든 사람은 자신의 이익을 보호하기 위하여 노동조합을 결성하고, 가입할 권리를 가진다.

- 휴식과 여가의 권리(제24조)
　모든 사람은 노동 시간의 합리적 제한과 정기적인 유급휴가를 포함하여 휴식과 여가의 권리를 가진다.

> • 적절한 생활 수준을 누릴 권리(제25조)
>   1. 모든 사람은 의식주, 의료 및 필요한 사회복지를 포함하여 자신과 가족의 건강과 안녕
>   에 적합한 생활 수준을 누릴 권리와, 실업, 질병, 장애, 배우자 사망, 노령 또는 기타 불
>   가항력의 상황으로 인한 생계 결핍의 경우에 보장을 받을 권리를 가진다.
>   2. 어머니와 아동은 특별한 보호와 지원을 받을 권리를 가진다. 모든 아동은 적서에 관계
>   없이 동일한 사회적 보호를 누린다.

2) 시민적 · 정치적 권리에 관한 국제 규약(자유권 규약)

자유권 규약은 제8조에서 강제 노동 금지를 제시하고 있는데, 이러한 강제 노동의 대표적인 것이 노예 상태로서의 노동이다. 노예 제도는 고대부터 존재해 왔으며, 16세기부터 약 400년 간 지속되어 온 아프리카 노예 무역은 역사상 가장 잔혹한 인권 침해의 한 형태로 기록되고 있다(국가인권위원회, 2018d). 이러한 의미의 노예 제도는 나라마다 법으로 금지하고 있지만 현재에도 노예 상태에 놓여 있는 노동이 존재한다.

Anti-Slavery International에서는 다음과 같이 노예 상태의 정의와 종류를 제시하고 있다.[1]

(1) 노예 상태의 정의

강제 또는 정신적 또는 육체적 위협을 통해 일하도록 강요, 정신적 또는 육체적 학대 또는 학대의 위험을 통해 '고용주'에 의해 간히고 통제, 상품으로 취급되거나 사고 팔리는 것처럼 '재산'으로 간주되어 비인간적으로 처우, 신체적 제약이 있거나 이동의 자유 제한 등의 상태를 말한다.

(2) 노예 상태의 종류

① 강제 노동(Forced labour)
● 형벌이나 처벌의 위협으로 사람들이 자신의 의지에 반하여 하게 되는 일이나 서비스를 말한다.

---

1) www.antislavery.org (최종 접속일: 2020. 1. 13.)

- ILO는 강제 노동을 "어떠한 사람으로부터 불이익(penalty)의 위협하에 강요되었으며 그 사람이 자발적으로 제공하지 않은 모든 노동 또는 서비스"라고 정의하고 있다.[2]
- 강제 노동은 현대 노예 제도의 가장 흔하고 극단적인 착취이다. 많은 사람이 신체적 폭력과 이를 연관시키지만 일부 문화권에서는 강제 노동을 하도록 사용되는 방식이 더 교활하고 세분화되어 있다.
- 강제 노동은 약한 법적 규제, 부패, 값싼 노동에 의존하는 경제뿐만 아니라 빈곤, 지속 가능한 일자리 및 교육의 부족으로 발생한다.

② 부채 상환을 위한 노동(Debt bondage or bonded labour)

세계에서 가장 널리 보급된 노예 제도로, 사람들이 돈을 빌리고 부채 상환을 위해 일해야 하며, 이때 고용 조건과 부채 조건 모두에 대한 통제력을 상실한다.

③ 인신매매(Human trafficking)

폭력, 위협 또는 강압을 이용하여 착취를 목적으로 사람들을 운송, 채용 또는 유치하는 행위를 말한다 .

④ 출신에 기반한 노예 제도(Descent-based slavery)

조상들이 사로잡혀 노예가 되어 사람들이 노예로 태어나는 것. 그들은 자손 대대로 노예 상태로 남아 있다.

⑤ 아동 노예 제도(Child slavery)

많은 사람이 종종 아동 노예 제도를 아동 노동과 혼동하지만 이것이 훨씬 더 나쁘다. 아동 노동은 아동에게 해롭고 교육과 발달을 방해하지만, 아동 노예는 다른 사람의 이익을 위해 착취당할 때 발생한다. 아동 매매, 아동 군인, 아동 결혼 및 아동 가정 노예가 포함될 수 있다.

---

2) 강제 노동에 관한 국제노동기구협약 제29호(1930년) 제2조 제1항.

⑥ 강제 결혼 및 조혼(Forced and early marriage)

누군가가 자신의 의지에 반하여 결혼하여 결혼을 떠날 수 없는 경우로, 대부분의 조혼(아동 결혼)은 노예로 간주될 수 있다.

3) 경제적 사회적 문화적 권리에 관한 국제 규약(사회권 규약)

다음의 사회권 규약과 관련된 노동에 대한 설명은 '사회권위원회'의 일반 논평 18(노동의 권리)의 내용을 기반으로 하였다.

"노동의 권리는 다른 인권을 실현하는 데 필수적이며, 인간 존엄성의 분리될 수 없는 본질적인 부분을 구성한다. 모든 개인은 존엄한 삶을 살 수 있도록 일할 수 있는 권리를 갖는다. 노동의 권리는 개인의 생존과 그 가족의 생존에 동시에 기여하며, 노동은 자유로이 선택되거나 수락되는 한 개인의 개발과 공동체 내에서의 인정에 기여한다."라고 일반 논평 18은 밝히고 있다.

(1) 노동 관련 기본 개념

> 제6조   1. 이 규약의 당사국은 모든 사람이 자유로이 선택하거나 수락하는 노동에 의하여 생계를 영위할 권리를 포함하는 근로의 권리를 인정하며, 동 권리를 보호하기 위하여 적절한 조치를 취한다.
> 2. 이 규약의 당사국이 근로권의 완전한 실현을 달성하기 위하여 취하는 제반 조치에는 개인에게 기본적인 정치적·경제적 자유를 보장하는 조건하에서 착실한 경제적·사회적·문화적 발전과 생산적인 완전 고용을 달성하기 위한 기술 및 직업의 지도, 훈련 계획, 정책 및 기술이 포함되어야 한다.

사회권 규약 제6조 제1항은 노동권의 정의를 포함하고 있으며, 제2항은 예시적이고 비한정적인 방식으로 당사국의 의무의 예를 열거하고 있다. 여기서 어떠한 방식으로든 고용을 하거나 고용에 종사할 것을 강요받지 아니함을 의미하는 노동의 수락 또는 선택을 자유로이 결정할 모든 인간의 권리, 모든 노동자에게 고용에 대한 접근을 보장하는 보호 시스템에 대한 접근권 및 고용을 박탈당하지 아니할 권리가 포함된다. 또한 규약 제6조에 특정된 노동은 '존엄한 일(decent work)'이어야 하는데, 이것은 인간의 기본적 권리일 뿐 아니라 작업 안전과 보수 조건에 있어서 노동자의 권리를 존중한다. 제6조, 제7조와 제8조는 상호의존적으로, 제7조는 공정한 임금과 관련되어 있으며, 공정하고 유리한 노동 조건을 규정하고 있다(국가인권위원회, 2019c). 제8조는 노동조합을 결성하고 가입할 권리를 말한다.

모든 형태 및 모든 수준의 노동을 할 때에는 다음의 상호의존적이고 본질적인 요소들의 존재를 필요로 하는데, 이 요소들의 수행은 각 국가의 여건에 의해 좌우된다.

① 가용성(availability)

당사국은 개인들이 유용한 일자리를 파악하고 찾을 수 있도록 조력하고 지원하는 특수화된 서비스를 보유해야 한다.

② 접근성(accessibility)

노동 시장은 당사국의 관할권하에 있는 모든 이에게 개방되어 있어야 한다. 접근성은 세 가지 측면으로 이루어진다.

● 고용 관련 차별 금지: 인종, 피부색, 성, 언어, 종교, 정치적 또는 기타의 의견, 민족적 또는 사회적 출신, 재산, 출생, 신체적 또는 정신적 장애, 건강 상태(HIV/AIDS 포함), 성적 지향 또는 시민적 · 정치적 · 사회적 또는 기타의 신분에 근거한 것으로서 평등에 입각한 노동권의 행사를 훼손하거나 의도 또는 효력을 갖는, 고용에 대한 접근 및 유지에 있어서 어떠한 차별도 금지한다.
● 물리적 접근성: 예를 들면, 장애인의 고용을 막는 물리적 장벽 제거 등 정부는 장애인의 요구를 합리적으로 수용할 수 있는 유용하고 대안적인 고용 계약을 촉진하고 규제할 수 있는 정책을 개발해야 한다(일반 논평 5 장애인 제22조 참고).
● 정보 접근성: 지방, 지역, 국가 및 국제적 차원에서 고용 시장에 관한 정보 네트워크의 수립을 통해 일자리에 대한 접근을 획득하는 방법에 관한 정보를 구하고, 획득하고, 전파할 권리를 포함한다.

③ 수용성(acceptability)과 질(Quality)

노동권 보호는 공정하고 유리한 노동 조건, 특히 안전한 노동 조건에 대한 권리, 노동조합을 결성할 권리, 노동을 자유로이 선택하고 수락할 권리 등 몇몇 구성 요소로 이루어진다.

(2) 특별 적용 주제
노동과 관련하여 특별히 적용되어야 하는 주제들은 다음과 같다.

① 여성과 노동권
규약 제3조는 당사국이 "모든 경제적 · 사회적 및 문화적 권리를 향유함에 있어서 남녀에게 동등한 권리를 확보할 것"을 약속한다고 규정하고 있다. 사회권위원회는 성별(gender) 간 차별을 근절하고 동등한 가치의 노동에 대한 동등한 보수를 보장함으로써, 노동권에 있어서의 남녀의 동등한 기회와 대우를 보장하는 포괄적인 제도의 필요성을 강조하고 있다. 특히 임신이 고용에 있어 장애가 되어서는 안 되며, 일자리 상실에 대한 정당화의 사유가 되어서는 안 된다. 그리고 교육에 대한 여성의 접근성이 남성에 비하여 제한적인 경우가 많다는 사실과 여성의 고용과 발전의 기회를 저해하는 특정 전통문화 사이에 존재하는 연관성에 중점을 두어야 한다.

② 청년과 노동권
첫 직장에 대한 접근성은 경제적 자립(self-reliance), 그리고 많은 경우 빈곤 탈출의 기회를 제공한다. 청년, 특히 여성은 일반적으로 첫 직장을 찾는 데 있어 상당한 어려움에 처한다. 청년, 특히 여성의 고용 기회에 대한 접근성을 증진하고 지원하기 위하여 교육 및 충분한 직업 훈련에 관한 국가 정책이 채택되어야 한다.

③ 아동 노동과 노동권
아동의 보호는 규약 제10조에서 다루고 있으며, 아동의 성장이나 신체적 또는 정신적 건강을 방해할 가능성이 있는 모든 형태의 노동으로부터 아동을 보호할 필요성을 강조한다. 경제적 착취로부터 아동을 보호하고, 아동이 자신의 완전한 개발을 추구하고 제6조 제2항에 명시된 바와 같은 기술 및 직업 교육을 받을 수 있어야 한다. 그래서 기술 및 직업 교육은 특정 직업 교육 프로그램이 되어서는 안 되고 일반적인 교육의 구성 요소가 되어야 한다. "유엔아동권리협약" 등 사회권 규약 이후에 채택된 몇몇 국제 인권 문서는 모든 형태의 경제적 착취 또는 강제 노동으로부터 아동과 청년을 보호할 필요성을 명시적으로 승인하고 있다.

④ 노인과 노동권

노인의 경제적·사회적 및 문화적 권리에 관한 일반 논평 6(1995년), 특히 고용 및 직업상 연령에 근거한 차별을 금지하는 조치를 취해야 한다.

⑤ 장애인과 노동권

장애인에 관한 일반 논평 5(1994년)는 "장애인 노동자에게 열려 있는 실질적 기회가 기준 미달의 여건하에서 소위 '보호' 시설에서 일하는 것이라면 '스스로 자유로이 선택 또는 수락한 노동으로 생계를 영위할 기회에 대한 모든 이의 권리'는 실현되지 않는다."라고 천명하며 고용에 대한 장애인의 접근에 있어서의 비차별 원칙을 제시하고 있다. 국가는 장애인이 적절한 일자리를 확보 및 유지하고 그들의 직업 영역에서 발전하도록 함으로써, 장애인의 사회 통합 또는 재통합을 촉진할 수 있도록 하는 조치를 취하여야 한다.

⑥ 이주 노동자와 노동권

이주 노동자와 그 가족의 고용 기회에 대해서는 동 규약 제2조 제2항 및 "모든 이주 노동자와 그 가족 구성원의 권리 보호에 관한 국제 협약" 제7조에 규정된 비차별 원칙이 적용되어야 한다. 이에 대하여 법적 또는 다른 방법을 통한 모든 적절한 조치를 통해 이 원칙을 준수하고 증진하기 위해 고안된 국가 행동 계획의 필요성을 강조한다.

(3) 국가 책무

국가는 노동권에 있어 다음과 같은 세 가지 책무를 갖는다(일반 논평 18; 국가인권위원회, 2019c).

① 존중의 책무

국가가 이 권리를 직접 또는 간접적으로 방해하지 않아야 한다. 따라서 국가는 강제 노동을 금지하고 노예 노동과 강제 노동을 요구하지 않도록 해야 한다.

② 보호의 책무

제3자가 노동권 향유를 방해하지 않도록 국가가 조치를 취해야 한다. 직업과 훈련에 대한 동등한 접근성을 보장하는 법률을 채택하거나 조치를 취하고, 민영화 조치가 노동자의 권리를 침해하지 않도록 보장해야 한다. 노동 시장의 유연성을 증대시키기 위한 특정 조치는 일자리의 안정성을 떨어뜨리거나 노동자의 사회적 보호를 저해해서는 안 된다. 노동권을 보호할 책무는 비국가 행위자에 의한 강요되거나 강제적인 노동을 금지할 국가의 책임을 포함한다.

③ 실현의 책무

● **제공의 책무**: 국가가 개인의 노동권 향유를 가능하게 하고 이를 조력하기 위한 적극적인 조치를 취하고, 고용에 대한 접근을 촉진하기 위해 기술 및 직업 교육을 이행해야 한다. 이 책무는 특히 국내법 체제에서 노동권을 인정할 의무 및 노동권에 관한 국가 정책과 그 실현을 위한 세부 계획을 채택할 의무를 포함한다. 노동권은 국가로 하여금 "경제 성장과 발전을 촉진하고, 생활 수준을 향상시키고, 인력 수요를 충족시키고, 실업 및 불완전 고용을 극복"할 목적으로 고용 정책을 수립하고 이행할 것을 요한다. 이러한 배경하에서 국가는 실업률 감소, 특히 여성과 혜택받지 못하고 주변화된 사람들의 실업률 감소에 투입되는 자원을 증대하는 효과적인 조치를 취하여야 한다. 실업 시 수당 제도를 확립할 필요성과 국가 및 지방 차원에서 직업 서비스 기관(공공 또는 민간)을 수립하기 위한 적절한 조치를 취할 의무를 강조한다. 나아가 노동권을 충족할 책무는 국가에 의한 실업 근절 방안의 이행을 포함한다.

● **증진의 책무**: 국가는 노동권에 대한 대중 의식을 고취하기 위하여 교육 및 정보 프로그램을 수행해야 한다. 즉, 국가는 적극적 노동 시장 정책과 직업 상담, 직업 훈련 및 재취업의 기회를 통해 취업의 기회를 증진시켜야 한다.

(4) 핵심 의무

핵심 의무는 차별 금지와 동등한 고용 보호를 보장할 의무를 포함한다. 고용 분야에서 차별은 기초 교육으로부터 퇴직에 이르는 인생의 전 단계에 영향을 미칠 수 있기에, 최소한의 핵심 의무는 다음의 요건을 포함한다.

① 특히 혜택을 받지 못한 개인과 집단 및 주변화된 개인과 집단이 존엄한 삶을 영위할 수 있도록 고용접근권의 보장

② 공공 및 민간 부문에서 혜택을 받지 못한 개인과 집단 및 주변화된 개인과 집단에 대한 차별과 불평등한 대우로 이어지거나 이러한 개인과 집단의 보호를 위한 제도를 약화시키는 효과를 갖는 조치의 방지

③ 사용자 단체 및 노동자 단체를 포함하는 참여적이고 투명한 절차를 토대로 하여, 모든 노동자의 관심사에 대응하고 이를 기초로 삼는 국가 고용 전략 및 행동 계획의 채택과 이행. 이러한 고용 전략과 행동 계획은 특히 혜택받지 못한 개인과 집단 및 주변화된 개인과 집단을 대상으로 하여야 하며, 노동권상의 진보를 측정하고 정기적으로 검토할 수 있는 지표와 기준을 포함해야 함

4) ILO

ILO 헌장(ILO Constitution) 전문(preamble)과 통칭 필라델피아 선언이라고 하는 부속서(ILO의 목적과 목표에 관한 선언)에서는 노동권의 기본적 원칙을 제시하고 있다(박근주, 2016).

먼저, ILO 헌장 전문을 살펴보면 다음과 같다.

세계의 항구적 평화는 사회정의에 기초함으로써만 확립될 수 있으며, 세계의 평화와 화합이 위협을 받을 만큼 커다란 불안을 가져오고 수많은 사람에게 불의·고난 및 궁핍 등을 주는 근로 조건이 존재하며, 이러한 조건은 1일 및 1주당 최장 노동 시간의 설정을 포함한 근로 시간의 규정, 노동력의 공급 조절, 실업의 예방, 적정 생활급의 지급, 직업상 발생하는 질병·질환 및 상해로부터 노동자의 보호, 아동·청소년 및 여성의 보호, 고령 및 상해에 대한 급부, 자기 나라 외의 다른 나라에서 고용된 노동자의 권익 보호, 동등한 가치의 노동에 대한 동일 보수 원칙의 인정, 결사의 자유 원칙의 인정, 직업 교육 및 기술 교육의 실시와 다른 조치들을 통하여 시급히 개선되는 것이 요구되며, 또한 어느 나라가 인도적인 노동 조건을 채택하지 아니하는 것은 다른 나라들이 노동 조건을 개선하려는 데 장애가 되므로, 체약 당사국들은 정의 및 인도주의와 세계의 항구적 평화를 확보하고자 하는 염원에서 이 전문에 규정된 목표를 달성하기 위하여 다음의 국제노동기구헌장에 동의한다.[3]

---

3) 국가법령정보센터(www.law.go.kr, 최종 접속일: 2020. 1. 14.)

ILO 헌장의 전문에서는 개별적 노동 관계와 집단적 노사 관계에 관한 사항들을 포함하여 노동 시장 정책과 산재 및 노령에 관한 사회보험까지 노동·사회보장법의 다양한 분야에 대한 원칙을 언급하고 있다. 이러한 원칙들은 포괄적으로 열거되어 있어 1944년 필라델피아 선언(ILO의 목적에 관한 선언)에서 이에 대한 기본 원칙으로 4가지 명제를 다시 제시하였다(박근주, 2016).

> 1. 노동은 상품이 아니다.
> 2. 결사와 표현의 자유는 지속적인 진전을 위하여 필수적이다.
> 3. 일부의 빈곤은 전체의 번영에 위험으로 작용한다.
> 4. 빈곤에 대한 투쟁은 각 회원국 차원에서 끊임없는 노력으로 지속되어야 하며, 자율적이고 단결된 국제적 노력으로 노사 대표는 정부 대표와 동등한 지위를 가지고 공공복지 증진의 관점에서 자유로운 협의와 민주적 결정에 참여한다.

1998년에는 지구화로 인한 새로운 문제들에 대응하기 위해 "일터(직장)에서의 기본 원칙과 권리에 관한 선언"을 채택했다. 여기에서는 경제 발전 수준에 관계없이 모든 국가의 모든 사람에게 이 선언의 내용이 보편적으로 적용된다는 것을 분명히 하고 있다. 특히 실업자와 이주 노동자를 포함하여 특별한 도움이 필요한 집단에 대해 언급하고 경제 성장만으로는 형평성, 사회적 진보를 보장하고 빈곤을 근절하기에 충분하지 않다고 하였다. 이 선언에서는 4가지 범주로 구성된 원칙과 권리를 존중하고 증진할 것을 약속하고 있다.[4] 이러한 원칙과 권리들을 4가지 범주에 따라 8개의 핵심 협약에 담았고 2019년 현재 한국의 비준 현황은 다음 〈표 9-1〉과 같다.[5]

OECD 36개 회원국 중에는 31개국이 8개 협약을 모두 비준했고, 한국은 7개 핵심 협약을 비준하고 있다. 한국은 1991년 유엔 가입을 통해 ILO 회원국이 되었고, 1996년 OECD에 가입하면서 선진국 클럽에 들었으나, 국제적 수준의 노동권을 보장하지 못해 ILO 등으로부터 시정 권고를 받고 있다. 이는 한미 FTA, 한EU FTA 등 무역협정을 체결하면서 세계 10위권의 경제 규모에 걸맞은 노동 규범의 국제 규범 준수를 요구받고 있는 것이다. ILO 협약 비준은 국제 무역과 투자 등에서 불이익을 받지 않기 위한 기본

---

4) 국제노동기구(www.ilo.org/declaration/lang--en/index.htm, 최종 접속일: 2020. 1. 14.)

5) 국제노동기구(www.ilo.org/dyn/normlex/en/f?p=NORMLEXPUB:12030:0::NO:::, 최종 접속일: 2020. 1. 14.)

〈표 9-1〉 8개 핵심 협약 비준 현황

원칙 범주	협약	연도	한국 비준	연도
결사의 자유	제87호 결사의 자유와 단결권 보장 협약	1948	○	2021
	제98호 단결권과 단체교섭권 협약	1949	○	2021
강제 노동 금지	제29호 강제노동협약	1930	○	2021
	제105호 강제노동철폐협약	1957	×	
아동 노동 금지	제138호 최저연령협약	1973	○	1991
	제182호 가혹한 형태의 아동 노동 금지 협약	1999	○	2001
동일한 대우	제100호 동일한 보수 협약	1951	○	1997
	제111호 고용과 직업상 차별 금지 협약	1968	○	1998

ILO 핵심 협약

적인 국제 규범 준수이며 국내 노사 관계 발전을 위해서도 중요한 과제다. ILO 핵심 협약 비준을 비롯하여 국제 수준의 노동 규범을 확립하는 것은 국제사회의 일원으로서 반드시 실천해야 할 의무이자, 경제적 고도화를 위한 전략적 자산이다(대한민국 정책 브리핑).[6]

2008년에는 세계화 시대를 맞아 ILO의 현대적 비전을 나타낸 '공정한 세계화를 위한 사회정의 선언'이 발표되었다. 이전의 필라델피아 선언(ILO의 목적에 관한 선언, 1944년), '일터에서의 기본 원칙과 권리에 대한 선언(1998년)'에 이은 세 번째로 중요한 선언이다. 이것은 세계화 과정에서 이루어진 불평등과 금융조직의 횡포에 대한 엄중한 경고였으며, 고용, 사회적 보호(social protection), 사회적 대화, 노동에서의 권리 제고라는 네 가지 전략적 목표를 달성하기 위하여 조율된 접근 방식을 통해 존엄한 일(decent work)을 장려하고 있다.[7] Decent work 개념은 '자유롭고 공평하며 안전하고 인간적 품위가 존중되는 조건 속에서 남녀 모두 종사하는 생산적인 일'을 지칭한다(이상헌, 2005).

2019년 ILO 창립 100주년을 맞아 필라델피아 선언에서 명시한 기본 원칙을 재확인하면서 '일의 미래를 위한 100주년 선언'이 채택되었다. 이것은 기술 혁신, 인구 통계

---

6) 대한민국 정책 브리핑(http://www.korea.kr/special/policyCurationView.do?newsId=148862514, 최종 접속일: 2020. 8. 26.)

7) 국제노동기구(https://www.ilo.org/global/about-the-ilo/mission-and-objectives/WCMS_099766/lang--en/index.htm, 최종 접속일: 2020. 1. 14.)

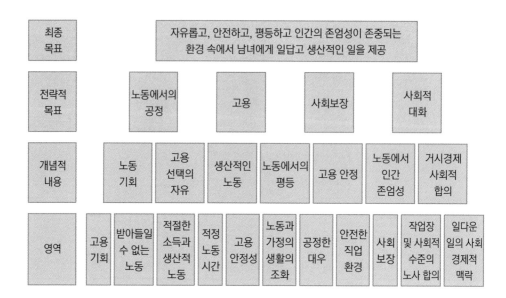

[그림 9-1] 존엄한 일(decent work)의 구조

출처: 황준욱(2005), p. 24.

학적 변화, 기후 변화 및 세계화에 의해 업무 환경이 혁신적으로 변화되고 있는 도전을 대응하기 위해 만들어졌다. 여기에서는 앞으로 나아가고 지속 가능한 미래를 위한 관점을 창출하기 위해서는 일의 미래에 대한 인간 중심의 접근 방식을 통해 사람에 투자해야 하는 중요성을 이야기하고 있다. 이 선언은 '일의 미래 글로벌위원회'에서 제시한 '더 나은 미래를 위한 일' 보고서의 내용을 중심으로 하고 있으며, 보고서 내용은 다음과 같다(고용노동부, 2019).

경제, 사회 정책, 기업 관행에서 사람과 일을 우선시하는 사회적 합의를 강화하는 일의 미래를 위한 인간 중심의 의제를 제안한다. 이 의제는 세 가지 행동의 축, 10개 과제로 구성된다.

1. 인간 능력에 대한 투자 확대
① 모두를 위한 평생 교육
② 전환 지원: 생애 주기에 맞는 평생 활동 사회 강화
③ 성 평등을 위한 혁신적 의제
④ 사회적 보호 강화: 출생부터 노년까지의 보편적 사회 보호 제공

2. 노동 관련 제도에 대한 투자 확대

⑤ 보편적 노동권 보장

⑥ 노동 시간 자율권(주권) 강화

⑦ 노사 단체 대표성 강화

⑧ 인간 주도 접근법(human-in-command)적 기술 활용을 통한 양질의 일자리 증진

3. 지속 가능한 존엄한 일(decent work)에 대한 투자

⑨ 지속 가능한 존엄한 일 촉진을 위한 경제 개혁

⑩ 인센티브 개편을 통한 인간 중심 사업·경제 모델 증진

3. 한국의 상황

'노동과 인권'과 관련하여 한국의 상황을 유엔사회권위원회의 2017년 대한민국 4차 정기 보고서에 대한 최종 견해를 내용을 중심으로[8] 살펴보면 다음과 같다.

1) 비정규직 고용

「기간제 및 단시간 근로자보호 등에 관한 법률」 등의 도입에도 불구하고 장기 임시 고용 등 비정규직 고용이 만연한 상태이며, 대기업이 노동 비용을 절감하고 사고 위험 부담을 전가하기 위해 하청, 파견, 특수 고용에 의지하여, 노동자들로부터 노동권 보호를 박탈하고 있다. 이에 대해 위원회는 한국이 노동자들의 권리를 완전히 보호하지 않는 형태의 고용의 남용을 억제하기 위해 효과적인 조치를 취할 것을 다음과 같이 권고했다. ① 노동법이 하청 노동자, 파견 노동자, 특수 고용 노동자 등 모든 노동자에게 적용되도록 할 것, ② 기간제 노동자에 대해 사용자가 합리적 이유 없이 계약 갱신을 거부하는 것을 금지하는 대법원 판결(2007두1729)을 이행하기 위해 위반에 대한 처벌을 포함하여 입법 및 규제 조치를 취할 것, ③ 근로 감독을 통해 비정규직 남용을 효과적으로 감시할 것이다.

---

8) 최종 견해 내용 중 18개월 이내에 보고해야 할 사항으로 기업과 인권, 차별금지법, 노조할 권리 세 가지를 제시하였다.

2) 노동법 및 사회보장법 적용 범위

농업, 어업과 가사 등 노동자들이 불공정하고 비우호적인 노동 조건에 노출되어 있는 산업들이 「근로기준법」 등 공정하고 우호적인 노동 조건과 사회보장을 보호하는 법률들의 적용에서 배제되고 있다. 이에 「근로기준법」 등 공정하고 우호적인 노동 조건과 사회보장을 보호하는 법률들의 적용을 경제의 모든 부문으로 확대할 것을 촉구하고, 농축산업, 어업과 가사 등 특정 산업에 관한 별도의 법적 규율이 낮은 수준의 노동권을 정하는 것이 아니라, 노동자의 권리 침해 위험을 해결할 수 있길 권고하였다.

3) 적절한 보수

최저임금이 최근 인상되었음에도 불구하고 여전히 노동자와 그 가족이 인간다운 삶을 누리기에 충분하지 않으며, 다수 노동자의 임금이 최저임금에 미달하고 있음을 지적하였다. 위원회는 국가가 노동자와 가족이 적절한 생활 수준을 누릴 수 있도록 최저임금 수준을 보장해야 한다는 권고를 재차 강조하였다. 또한 최저임금이 모든 부문에 적용될 수 있도록 감독과 위반 시 충분한 처벌을 통해 준수되도록 할 것을 권고하였다.

4) 성별 임금 격차

2018년 성별 임금 격차는 34.6%로 2015년 37.2%에 비하면 줄어들었으나 OECD 회원국 중 매년 1위일 정도로 매우 심각한 상황으로, 2018년 유엔여성차별철폐위원회로부터 성별 임금 격차 해소를 권고받기도 했다. 이를 해결하기 위해, ① 여성의 양육 책임으로 인한 경력 단절과 시간제 일자리 쏠림의 근본적 원인을 해결할 것, ② 보육 시설 수, 탄력근무제 및 육아휴직 이용률, 쿼터제 이행 등 한국이 취한 조치들의 효과성을 평가하고 개선 조치를 취할 것, ③ 부문 간 직무 평가를 포함하여 「남녀고용평등법」상 동일 가치 노동 동일 임금 조항 이행을 감독할 것을 권고했다.

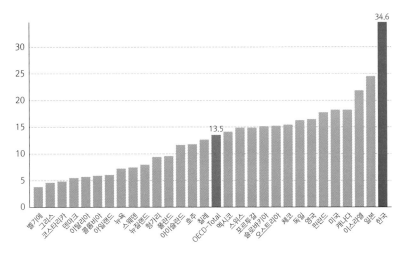

[그림 9-2] OECD 나라별 성별 임금 격차(%)

출처: OECD 홈페이지(https://data.oecd.org/earnwage/gender-wage-gap. htm, 최종 접속일: 2020. 1. 18.).

5) 이주 노동자

사업장 변경을 제한하고 사업장 변경 시 사업주의 허가를 받게 하는 고용허가제상의 조건들이 이주 노동자들을 착취에 취약하게 만들고 있고, 농업과 어업에 종사하는 이주 노동자에 대한 착취가 많은 경우 강제 노동에 이르는 경우도 있다. 이에 고용허가제하에서 이주 노동자들에 대한 사업장 변경 제한을 폐지할 것을 권고하였다. 그리고 농축산어업 이주 노동자 보호(여권 압수 관행 예방, 구금 및 학대 조사, 가해자 처벌, 노동권과 사회보장권 보호)를 위한 조치와 ILO 강제노동협약 29호와 강제노동폐지협약 105호를 비준할 것을 권고했다.

6) 파업권

파업권 행사를 제한하는 합법 파업 요건, '업무방해죄'를 적용한 형사 처벌과 민사상 손해 배상 청구가 지속되고 있는 등 쟁의 행위 참가 노동자를 상대로 한 보복 조치에 관한 보고, 파업이 금지되는 '필수 서비스'에 대한 광범위한 범위[9]에 우려를 제기하였

---

9) 필수유지업무 제도는 공익사업 노동자의 단체행동권을 사전적으로 제한한 직권 주재 제도를 개선하기 위한 취지로 도입되었다. 그러나 필수유지업무 유지율이 높게 결정되어 노조 측의 교섭력을 지나치게 약화시킨다는 지적이 계속되고 있다(이동우, 2017).

다. 이에 합법 파업의 요건을 완화하고 필수 서비스의 범위를 엄격하게 규정하여 파업권이 효과적으로 행사될 수 있도록 보장할 것과 국가가 파업권 침해에 이르게 되는 행위를 자제하고 쟁의 행위 참가 노동자에 대해 이루어진 보복 조치에 대해 독립적인 조사를 실시할 것을 권고하였다.

7) 노동조합 권리

위원회는 법률상 복수 노조 허용을 단체교섭 시 노동자의 힘을 약화하기 위해 이용해 왔다는 점과 노동조합의 자주적 활동을 방해하는 해고자 노조 가입 금지 조항, 노동력의 다수를 이루고 있는 비정규직 노동자들의 노동조합 구성 및 노동조합 참여의 권리가 보장되지 않고 있다는 점에 우려를 제기하였다. 이에 복수 노조를 허용하는 법률이 기업에 의해 단체교섭에서 노동자들의 힘을 약화할 목적으로 사용되지 않도록 할 것과 모든 사람이 노동조합에 자유롭게 가입하도록 보장하고 노조 활동에 대한 행정당국 및 사용자의 자의적 개입을 예방하도록 노동법을 개정할 것을 권고하였다. 그리고 결사의 자유와 단결권에 관한 ILO 협약 87호와 단결권과 단체교섭권에 관한 ILO 협약 98호를 비준할 것을 권고하였다.

8) 기타 최종 견해

이 외에 노동과 인권 관련해서 살펴보아야 할 문제는 강제 노동으로, 예를 들면 2014년 화제가 되었던 '염전 노예 사건'이다. 이 사건은 신안군의 한 염전에서 체납과 감금으로 혹사당했던 장애인들이 탈출한 사건으로, 수년간 노예처럼 부린 염전 주인은 물론 지역 주민과 경찰까지 이 사실을 눈감아 주었다는 점에서 충격을 안겨 주었다. 그해 9월 유엔장애인권리협약위원회에서는 강제 노동을 포함한 착취, 폭력, 학대를 우려하고 있다면서, "장애인 강제 노동 사건의 조사를 강화하고 피해자들에게 적절한 보호를 제공하라."라고 권고하여 '염전 노예' 사건의 해결을 촉구하였다.

한편, 2019년 ILO는 제108차 총회에서 일터에서 벌어지는 폭력과 괴롭힘을 금지하는 내용의 협약을 채택했다. 이날 채택된 협약은 직장 내에서 근로 계약 조건과 상관없이 어떠한 종류의 폭력이나 괴롭힘으로부터 노동자를 보호해야 한다는 내용을 담고 있다. 일과 관련된 출장, 교육, 사회적 활동, 의사소통, 통근 문제 등과 관련된 노동자

보호도 협약에 포함됐다. 이것은 역사상 처음으로 국제사회가 일터에서 벌어지는 폭력과 괴롭힘에 맞설 수 있는 수단을 갖게 된 것이라고 할 수 있다. 직장 내 폭력과 괴롭힘, 특히 성폭력·성희롱 등을 금지하는 새 협약은 비준 국가에서 법적 구속력을 갖게 된다. 한국은 아직 이 협약에 비준하지 않았으나, 이와 별도로 7월 16일 '직장 내 괴롭힘 금지법('근로기준법」 개정)'을 시행하였다. 「근로기준법」에서는 '직장 내 괴롭힘'을 "사용자 또는 근로자가 직장에서의 지위 또는 관계 등의 우위를 이용해 업무상 적정 범위를 넘어 다른 근로자에게 신체적·정신적 고통을 주거나 근무 환경을 악화시키는 행위"로 규정하고 있다. 직장에서 술자리를 강요하거나 특별한 사유 없이 업무를 배제하고, 집단으로 따돌리는 행위 등이 '직장 내 괴롭힘'에 포함된다. 그리고 피해 근로자가 직장 내 괴롭힘을 사업주에게 신고하면 사업주는 근무 장소 변경이나 유급휴가 등의 조치를 취해야 한다.

서울시 사회복지시설 직장 내 괴롭힘 실태 조사

4. 사례와 토론

서부장애인종합복지관 노조 창립 …… 사회복지 지부 18번째

서부장애인종합복지관 노동조합 창립총회가 지난 10일 온라인으로 개최됐다. 서부장애인종합복지관의 노동조합은 산업별 노조로서 전국 민주노동조합 총연맹 공공운수 노동조합 사회복지 지부의 18번째 지회다.

창립총회는 '코로나19'의 여파로 모바일 메신저의 그룹콜을 활용한 온라인 회의로 진행됐다. 조미연 조합원이 지회장, 권성철 조합원이 사무장으로 선출됐다.

서부장애인종합복지관 노동조합은 사회복지 공공성 실현과 노동자의 노동권 확보를 위해 활동을 펼치며, 지역의 사회복지 노동자, 시민 단체, 이용자 조직과 연대하고 이용자의 권익 증진 실현을 위한 사회복지제도의 개선과 서비스 확충을 위해 힘쓸 계획이다.

출처: http://www.ablenews.co.kr/News/NewsContent.aspx?CategoryCode=0034&NewsCode=
00342020031117170415241(에이블뉴스, 2020. 3. 11.)

토론하기

☑ 노동조합의 역할은 무엇인가?

☑ 사회복지시설에서 노동조합은 필요한가?

☑ 사회복지시설 노동조합을 확대하기 위해서는 무엇을 해야 하는가?

제10장

아동과 인권

Human Rights
and
Social Welfare

1. 역사적 개요

고대나 중세 시대에는 아동과 성인을 따로 구분하지 않았고, 16세기 이후에는 아동을 어른의 소유로 취급하는 것이 일반적이었다(권영복, 2000, pp. 20-21). 인권의 역사에서 아동은 보호의 대상인 동시에 통제의 대상이었고, 나이가 어리다는 이유로 부모의 소유물로 인식되기도 했었다. 아동은 수동적이며 약하고, 외부 공격에 대한 무방비 상태에 놓여 있어 공격받기 쉽고, 상처 입기 쉽고, 미성숙한 존재로 인식되어 왔다(오선영, 2009, p. 22; 황옥경 외, 2017, p. 20).

아동 권리에 대한 관심은 제1차 세계대전 이후 전쟁으로 피해를 입은 아동들을 지원하는 활동으로부터 시작된다. 당시 영국에 살고 있던 에글렌타인 젭(Eglantyne Jeebb)과 동생인 도로시 프란시스 젭(Dorothy Frances Jebb)은 패전국(독일, 오스트리아)의 아동들을 위한 기금 조성을 위해 1919년 세이브더칠드런(Save the Children)을 설립하고 1923년 에글린타인 젭은 아동의 권리와 보호에 관한 5대 원칙을 규정한 아동권리선언(Declaration of the Rights of the Child)을 작성하여 발표한다. 이 선언문은 유엔의 전신인 국제연맹(League of Nations)에 의해 1924년 '아동 권리에 관한 제네바선언'으로 채택된다. 이 선언은 성문화된 최초의 아동권리선언으로 그 의미가 매우 크다.

아동권리에 관한 제네바선언

제1조 아동에게 정상적인 발달에 필요한 수단을 물질적으로도 정신적으로도 주어져야 한다.

제2조 아동은 기아나 질병으로부터 보호되어야 하며, 지체아나 비행에 빠져 있는 아동은 그 회복과 갱생을 위하여 도움을 받아야 한다. 또한 집 없는 아동에게는 주거가 주어져야 한다.

제3조 아동은 재난 시 가장 먼저 구제되어야 한다.

제4조 아동은 모든 형태의 착취로부터 보호되어야 한다.

제5조 아동은 그 능력을 널리 인류 동포를 위하여 바칠 수 있도록 길러져야 한다.

출처: 황옥경 외(2017), pp. 21-22.

　　1948년 유엔총회에서 채택된 세계인권선언 제25조에 아동기에는 특별한 보호와 원조를 받을 권리가 있음을 규정하고 있지만 아동의 권리는 크게 관심을 받지 못했다. 1959년 11월 20일 유엔총회에서는 1924년의 제네바선언문보다 5개 조항이 많은 10개 원칙을 수록한 결의 제1386호(XIV)로 아동권리선언(The Declaration of the Rights of the Child)을 채택한다. 이 원칙에는 비차별, 아동 발달을 위한 균등한 기회 부여, 이름·국적·사회 안정을 누릴 시민권, 장애아동에 대한 특별보호권과 무엇보다도 '아동은 보호와 구호에 있어서 그 누구보다 우선되어야 한다'는 원칙과 방임 및 학대로부터의 보호권이 강조되었다.

어린이를 사랑하는 법(야뉴스 코르착)

　　유엔은 야뉴스 코르착(Korczak, J.)의 탄생 100주년을 기념하여 1979년을 '세계 아동의 해'이자 야뉴스 코르착의 해로 정했다. 이를 계기로 1978년 폴란드 정부가 제출한 협약(안)을 토대로 아동권리협약 제정을 위한 추진위원회를 구성하게 된다. 10년에 걸친 협약의 기초 작업의 결과로 1989년 11월 20일 유엔 제44차 총회(결의제44/25호)에서 아동권리협약(The Convention on the Rights of the Child)'을 만장일치로 채택(UNGA Res. 44/25 of 20 Nov. 1989)하게 된다(김인숙 외, 2004, p. 60).

　　유엔아동권리협약은 기존의 선언과는 달리 국제법의 효력을 갖게 됨으로써 협약 당사국은 국내법과 동일한 법적 구속력을 갖게 된다. 협약은 아동을 권리의 주체로 규정하며 유엔헌장에 선언된 평화·존엄·관용·자유·평등·연대의 정신 속에서 성장하여야 하며, 당사국 정부를 포함하여 아동과 관련된 모든 이해관계자들은 아동의 권리를 최우선적으로 고려해야 함을 강조하고 있다.

2. 국제인권규범과 주요개념

1) 구성

　　아동과 관련한 대표적인 국제 규범은 유엔아동권리협약이다. 유엔아동권리협약은 전문과 본문 54개조로 구성되어 있으며, 본문 54개조는 3부로 구성되어 있다. 제1부는 제1조에서 제41조까지이며 아동의 권리에 관한 실질적인 내용을 규정하고 있으며, 제2부는 제42조에서 제45조까지 협약 이행에 관한 국가의 홍보 의무, 협약 이행 여부에 대한 국가 보고서 제출 의무와 유엔아동 권리위원회 설치 및 운영에 관하여 규정하고 있다. 제3부는 제46조에서 제54조에 해 당하며, 서명, 가입, 비준서 기탁, 개정 절차, 유보, 폐기, 원본 등의 내용으로 구성되어 있다.

〈표 10-1〉 유엔아동권리협약 구성

구분	조항	내용
전문	전문	유엔아동권리협약의 배경과 취지
제1부	제1~41조	아동의 실제적 권리 내용과 당사국의 아동 보호 의무 명시
제2부	제42~45조	당사국의 이행 의무와 유엔아동권리협약의 설치 규정
제3부	제46~54조	부칙 (서명, 가입, 비준서 기탁, 개정 절차, 유보, 폐기, 원본 규정)

출처: 오선영(2009), p. 28 재구성.

협약의 제1~2부는 아동 권리에 관한 구체적 규정으로 〈표 10-2〉와 같이 8개의 클 러스트로 나누어 설명할 수 있다.

〈표 10-2〉 아동권리협약 제1~2부 구성

분류		해당 조항
1. 아동의 정의		제1조
2. 협약의 이행 방법		제4조, 제42조, 제44~46조
3. 일반 원칙		제2조, 제3조, 제6조, 제12조
4. 시민적 권리와 자유	아동 권리	제7조, 제8조, 제13~16조, 제17조, 제37(a)조
5. 가족 환경과 대안적 보호		제5조, 제9~11조, 제18~21조, 제25조, 제27~4조, 제39조
6. 기본적 건강과 복지		제28~29조, 제31조
7. 교육, 여가, 문화적 활동		제28~29조, 제31조
8. 특별보호조치		제22조, 제32조, 제34~40조

2) 기본권

유엔아동권리협약은 [그림 10-1]과 같이 생존권(Survival Rights), 보호권(Protection Rights), 발달권(Development Rights), 참여권(Participation Rights)으로 나누어 설명할 수

유니세프 한국위 원회 유엔아동권 리협약 자료

있다. 생존권은 생명을 유지하고 최상의 건강과 의료 혜택을 받을 권리, 사회보장 혜택을 받을 권리 등 생존에 필요한 필수적인 것들을 보장받을 권리를 말하며, 보호권은 차별로부터의 보호, 학대와 방임으로부터의 보호, 유해 약물이나 환경으로부터 보호 등 보호받을 권리를 말한다. 발달권은 잠재 능력을 충분히 발휘할 수 있도록 정규적 · 비정규적인 교육을 포함하여 모든 종류의 교육을 받을 권리와 놀 권리, 아동이 신체적 · 정신적 · 정서적 · 도덕적 · 사회적으로 성장하는 데 필요한 평균 수준의 생활을 누리며 균형 있게 성장할 수 있는 권리를 말한다. 그리고 참여권은 아동이 자신과 관련된 모든 일에 대해 알고 자신의 의사를 자유롭게 표현할 권리를 의미한다.

4개의 기본권은 서로 독립적으로 존재하지 않으며 상호의존적인 관계에 있다. 예를 들어, 한 아이가 양육자에 의한 폭력에 노출되어 있다면 아동은 보호받을 권리가 침해되었다고 볼 수 있다. 일반적으로 아동 학대에 노출된 아동은 신체적으로 왜소하고 심리적으로 위축되어 있으며, 정서적으로 불안하다. 즉, 균형적인 발달이 이루어지기 어렵다. 균형적인 성장을 할 수 있도록 충분한 지원을 받아야 하는데 그러지 못한 결과다. 즉, 발달의 권리를 보장받지 못한 것이다. 또한 지속적인 폭력은 아동의 자존감을 낮게 하며, 심하게 눈치 보기 현상도 발생하게 되는데, 그 결과 아동은 자기가 속한 공동체에서 자신의 목소리를 내기 어렵게 된다. 즉, 참여의 권리도 누리지 못하게 된다. 지속적인 학대는 생명에도 영향을 미치게 된다. 이와 같이 하나의 권리가 침해된다는

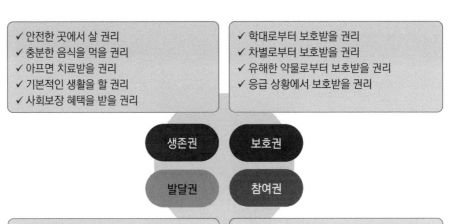

[그림 10-1] 유엔아동권리협약 기본권 분류

것은 다른 모든 권리가 침해될 수도 있다고 볼 수 있다.

3) 일반 원칙

유엔아동권리협약의 일반 원칙은 삼각형 모델로 설명할 수 있다. 아동이 건강하게 생존하고 신체적·심리적·정신적·사회적으로 균형 있는 발달이 이뤄지기 위해서는 아동의 참여가 보장되어야 하며, 어떤 상황에서도 차별받지 않고 모든 아동의 권리가 존중되어야 하며, 아동 권리 실현은 아동의 최선의 이익에 기반해야 한다. 아동의 생존·발달을 위해서는 참여, 비차별, 최선의 이익 세 개의 축이 반드시 균형적으로 필요하다.

[그림 10-2] 유엔아동권리협약 일반 원칙

출처: International Save the Children Alliance (1996). *UN Convention on the Rights of the Child -An International Save the Children Alliance Training Kit.*
　　Wisecarver, J. (1999). The UN CRC & Training on Children Rights. 한국아동권리학회 저, 유엔아동권리협약 10주년 기념학술대회자료집.

(1) 생존·발달 보장(제6조)

유엔아동권리협약 제6조에서는 모든 아동은 천부적으로 생명에 대한 권리를 가지고 있고 당사국은 가능한 한 최대한 아동의 생존과 발달을 보장하여야 한다고 규정하고 있다. 생존과 발달 보장은 아동의 기초적 권리인 동시에 아동에게 부여된 고유의 권리라고 할 수도 있다. 생존의 의미는 생명이 있고 이를 유지하는 생존의 개념을 포함하며, 발달은 아동의 육체적 건강뿐만 아니라 정신적·정서적·사회적·문화적 발달 등 전인적인 발달을 포함하는 개념이다. 이는 아동의 생명권 보장을 포함한 시민적·정치적 권리의 성격뿐만 아니라 아동의 균형적 발달을 위한 경제적·사회적·문화적 권리의 보장을 요구하는 개념으로 해석된다(김인숙 외, 2004, p. 65).

(2) 아동 최선의 이익(제3조)

아동 최선의 이익에 관한 원칙은 유엔아동권리협약 제3조에 규정되어 있다. 제3조 제1항에는 공공 · 민간 사회복지기관, 법원, 행정 당국, 입법 기관 등은 아동과 관련된 활동을 함에 있어 아동에게 최선의 이익이 무엇인지 가장 먼저 고려해야 한다고 규정되어 있고, 2항은 당사국은 아동의 부모, 후견인 및 기타 아동에 대해 법적 책임이 있는 자의 권리와 의무를 고려해 아동 복지에 필요한 보호와 배려를 보장하고, 이를 위해 입법적 · 행정적으로 모든 적절한 조치를 취해야 한다고 규정하고 있다. 제3항은 당사국은 아동 보호의 책임을 지는 기관과 시설이 관계 당국이 설정한 기준, 특히 안전과 위생 분야, 직원의 수와 자질, 관리와 감독의 기준을 지키도록 보장해야 한다고 규정하고 있다.

아동 최선 이익의 원칙은 아동의 삶 모든 측면과 연관된 것으로, 아동의 이익에 관한 결정을 내리는 데 있어 아동의 권리 보호와 복리 증진을 우선적으로 고려하여야 한다는 것이다. 아동의 권리가 법 제도와 정책에 충분히 반영되기 위해서는 이러한 원칙이 매우 중요하며, 정책과 조례, 사업 등의 결정이 아동에게 미치는 영향을 평가해야 하는데 이것이 바로 아동영향평가이다. 유엔아동권리위원회는 유엔아동권리협약을 비준한 모든 국가에게 아동영향평가를 권고한 바 있다.

공공 정책의 입안 과정에서 정책이 아동에게 미치는 바를 고려해야 하듯이, 아동과 관련된 사회복지기관은 모든 활동에서 아동 최선의 이익을 최우선적으로 고려해야 하며, 국가는 이를 위해 법적 기준을 마련하고 모니터링을 해야 한다.

실천 과정에서 아동 최선의 이익에 대한 기준이 논쟁이 되기도 한다. 아동에게 미치는 영향을 직접적이고 정확하게 평가하는 주체는 아동이지만, 아동이 처한 여러 상황이 매우 다양하므로 아동 최선의 이익에 관한 일률적 기준을 정하기는 쉽지 않은 것이 사실이다.

(3) 비차별의 원칙(제2조)

유엔아동권리협약은 당사국은 국내법을 통해 아동과 부모 또는 후견인의 인종, 피부색, 성별, 언어, 종교, 정치적 의견, 민족적 · 인종적 · 사회적 출신, 재산, 장애 여부, 태생, 신분 등의 차별 없이 협약에 규정된 권리를 존중하고 보장해야 한다고 규정하고 있다. 비차별의 원칙은 모든 아동이 똑같은 혜택을 받는 것을 의미하지 않는다. 협약 전문에 제시된 바와 같이 모든 국가에는 매우 어려운 상황에서 생활하는 아동, 즉 장애 아동, 난민아동, 부모와 함께 살지 못하는 아동 등 특별히 보호하고 배려해야 하는 아동이 있음을 인정해야 한다(김인숙 외, 2011, p. 35).

유엔아동권리협약은 ① 아동 개인에 대한 차별, ② 특정 그룹에 속한 아동의 차별, ③ 전체 인구 집단으로서의 아동 차별, 이 세 가지 분야에 대한 차별 철폐에 초점을 두고 있다. 의무이행자는 각각의 차별 상황에서 권력 관계를 분석하고 모든 형태의 아동 차별 철폐를 위해 노력해야 한다(세이브더칠드런, 2013, p. 11).

(4) 참여의 원칙(제12조)

아동의 참여란 [그림 10-3]과 같이 아동의 목소리가 들릴 수 있는 환경(공간/기회)에서 아동의 목소리가 들려야 하며(아동 참여), 아동의 목소리를 들을 수 있는 의무이행자와 이해관계자의 참여와 협력이 필요하다. 또한 아동의 목소리가 실질적으로 아동의 삶에 영향을 미칠 수 있어야 한다.

이러한 측면에서 사회복지 현장에서 '아동이 자신의 목소리를 내고 들리는 환경인가?', '아동에게 충분한 정보가 주어지는가?', '아동들이 자기와 관련된 결정 과정에 참여하여 변화를 주도하는가?'라는 질문을 해 볼 수 있을 것이다.

참여에 관해 다음의 구체적인 사례는 다음과 같다. 어른들에 의해 조작되거나 조정당한 참여는 사실상 참여라 할 수 없다. 이 경우는 아동들은 자신이 왜 참여했는지 이유를 알지도 못하고 판단하지도 못하는 경우에 속한다. 예를 들면, 아동 관련 국제 세

[그림 10-3] 참여의 기본 조건

출처: Unicef Child Friendly Cities and Communities initiative Toolkit for National Committees (2017).

미나에 당사자인 아동이 초청되었지만 아동이 이해할 수 없는 내용과 외국어로 회의가 진행된다면 아동이 참여했다고 볼 수 없다. 아동의 참여는 알 권리 보장부터 시작되며, 아동 발달 단계를 고려하여 아동이 이해할 수 있는 방법으로 정보를 전달하여야 한다. 또한 아동의 실질적인 참여가 보장되려면 표현의 자유, 즉 아동이 자신의 의견을 낼 수 있는 절차가 필요하다. 이를 위해서 아동이 의견을 내는 것으로 그치는 것이 아니라, 그 의견을 수렴하고 결정 과정에 함께 참여할 수 있어야 한다. 마지막으로, 참여 주도권이 누구에게 있는가도 살펴야 한다. 아동이 권리의 주체로서 자신의 삶에 영향을 미치는 사안에 대해 스스로 결정하고, 변화를 위한 주도성을 강화하는 단계로 발전할 때 비로소 수준 높은 참여가 가능해진다. 아동 발달 단계와 상황에 따라 적합한 참여의 단계를 선정해야 한다는 것이다. 아동 참여의 궁극적인 목적은 아동이 권리의 주체자라는 것과 아동의 역량 강화이며, 이러한 목적을 끊임없이 상기하고 아동 참여의 수준을 높이려는 노력이 필요하다.

4) 선택의정서와 일반 논평

유엔아동권리협약에는 3개의 선택의정서가 있다. 첫 번째는 아동 매매, 아동 성매매 및 아동 음란물에 관한 선택의정서(OPSC)이고, 두 번째는 아동의 무력 분쟁 참여에 관한 선택의정서(OPAC)이다. 한국은 이 두 개의 선택의정서를 2004년 10월 비준하였다. 세 번째는 아동의 개인청원권에 관한 선택의정서(OPCP)로 아직 비준하지 않았다.

> ① 아동 매매, 아동 성매매 및 아동 음란물에 관한 선택의정서(OPSC)
> ② 아동의 무력 분쟁 참여에 관한 선택의정서(OPAC)
> ③ 아동의 개인청원권에 관한 선택의정서(OPCP)

일반 논평이란, 유엔아동권리협약의 특정 조항 혹은 아동 권리와 관련된 특정 주제에 대한 구체적인 이해를 돕고 당사국의 실질적인 이행을 돕기 하기 위해 유엔아동권리위원회에 의해 만들어진 안내서다. 유엔아동권리위원회는 2001년 첫 번째 일반 논평인 '교육의 목적(The aim of education)'을 시작으로 2020년 8월 현재까지 총 25개의 일반 논평을 채택하였다. 그 현황은 다음과 같다.

〈표 10-3〉 유엔아동권리협약 일반 논평

No	제목	발간일
1	교육의 목적	2001. 04. 17.
2	아동 인권 보호와 증진에 있어서 독립적인 국가인권기구의 역할	2002. 11. 15.
3	아동 권리와 HIV/AIDS	2003. 03. 17.
4	유엔아동권리협약의 맥락에서의 청소년의 건강과 발달	2003. 07. 01.
5	아동권리협약 이행을 위한 일반 조치(제4조, 제42조, 제44조 제6항)	2003. 11. 27.
6	출신 국외에 있는 동반되지 않고 분리된 아동에 대한 대우	2005. 09. 01.
7	영유아기 아동 권리 이행	2006. 09. 20.
8	신체적 처벌 및 기타 잔인하거나 굴욕적인 형태의 처벌로부터 보호받을 아동의 권리	2007. 03. 02.
9	장애아동의 권리	2007. 02. 27.
10	소년 사법 내의 아동 권리	2007. 04. 25.
11	아동의 권리에 관한 협약의 맥락에서의 선주민 아동의 권리	2009. 02. 12.
12	아동의 의견이 청취되어야 할 권리	2009. 07. 20.
13	모든 형태의 폭력으로부터 자유로울 수 있는 아동의 권리	2011. 04. 18.
14	아동 최상의 이익을 최우선적으로 고려할 권리	2013. 05. 29.
15	달성 가능한 최고 수준의 건강을 향유할 수 있는 아동의 권리	2013. 04. 17.
16	아동 권리에 대한 기업의 영향에 대한 국가의 의무	2013. 04. 17.
17	휴식, 여가, 놀이, 레크레이션 활동, 문화생활 및 예술에 대한 아동의 권리	2013. 04. 17.
18	유해한 관행에 대한 여성차별철폐위원회와의 공동 논평	2014. 11. 04.
19	아동 권리 실현을 위한 공공 예산 책정 (제4조)	2016. 07. 20.
20	청소년기 아동 권리의 이행	2016. 12. 06.
21	거리에 사는 아동	2017. 06. 21
22	국제 이주 맥락에서의 아동 인권 일반 원칙에 관한 유엔이주노동자권리위원회와의 공동 논평	2017. 11. 16.
23	출생국, 통과국, 목적지 및 귀환국가의 국제 이주 맥락에서 아동 인권에 대한 당사국의 의무와 관련된 유엔이주노동자권리위원회와의 공동 논평	2017. 11. 16.
24	아동 사법 제도에서의 아동 권리	2019. 09. 18.
25	디지털 환경 관련 아동의 권리	2020. 08. 12.

출처: 국제아동인권센터(2020); OHCHR (2020) 재구성.

유엔아동권리협약 일반 논평 등-국가인권위원회

3. 한국의 상황

1) 아동의 기준 연령

아동권리협약은 18세 미만을 아동으로 규정하고 있는 반면, 한국의 현행 법 체계는 〈표 10-4〉와 같이 그 목적과 정책 내용에 따라 아동에 대해 다양한 연령 기준과 용어를 사용하고 있다. 아동을 정의함에 가장 일반적이고 기본적으로 적용되는 법은 「아동복지법」이지만 향후 아동에 대한 연령 기준은 통일되어야 할 필요가 있다.

〈표 10-4〉 국내법상 아동 관련 법률의 기준 연령

용어		기준 연령	법률
아동		18세 미만	아동복지법, 한부모가족 지원법, 국민기초생활보장법, 입양특례법
청소년		9~24세	청소년기본법
		19세 미만	청소년보호법
아동·청소년		19세 미만	아동·청소년 성보호에 관한 법률
미성년자		19세 미만	민법
형사 미성년자		14세 미만	형법
소년	소년	19세 미만	소년법
	촉법소년	10~14세 미만	
	우범소년	10세 이상	
영유아	영유아	출생 후 6년 미만	모자보건법
	신생아	출생 후 28일 미만	
아이		만 12세 이하 아동	아이돌봄지원법
유아		3세~초등학교 취학 전 어린이	유아교육법
영유아		6세 미만 취학 전 아동	영유아보육법
어린이		13세 미만	도로교통법

제5·6차 유엔아동권리협약 국가보고서

출처: 대한민국 정부(2017). 제5·6차 유엔아동권리협약 국가 보고서.

2) 유엔아동권리협약 비준

대한민국은 부모와의 면접교섭권(제9조 제3항), 입양허가제(제21조 제1호), 상소권 보장(제40조 제2항)을 유보한 채 1991년 11월 비준했으며, 1991년 12월 국내법과 동일한 효력이 발생했다. 이후 2008년 10월 부모의 면접교섭권(제9조 제3항)의 유보를 철회했고, 2017년 8월 11일 입양허가제(제21조 제1호)의 유보를 철회했다. 현재 상소권 보장(제40조 제2항)만 유보 상태이다.[1]

3) 아동복지법과 인권

아동에 관한 국내법은 1961년 12월 처음으로 요보호아동을 중심으로 한 「아동복리법」이 제정되었고, 1981년 경제 · 사회의 발전에 따라 발생한 복지 요구에 부응하기 위해 일반 아동을 포함한 모든 아동의 복지를 보장하고, 특히 유아기에 있어서의 기본적 인격 · 특성과 능력 개발을 조장하기 위한 여건을 조성하기 위해 「아동복지법」으로 명칭이 변경되고 내용도 전부 개정되었다. 그리고 2000년 학대아동에 대한 보호 및 아동 안전에 대한 제도적 지원을 공고히 하기 위해 전부 개정되었다(국가법령정보, 2020; 김수정, 2019a, pp. 357-358).

2000년 개정된 아동복지법은 제1조 "아동이 건강하게 출생하여 행복하고 안전하게 자라나도록" 규정함으로써 아동을 성장의 주체로 인식한 점과 아동의 권리를 최우선적으로 고려하겠다고 규정한 제3조 제3항과 같이 유엔아동권리협약의 내용을 반영하려고 노력했지만, 여전히 아동을 권리의 주체자로 인식하지 못하고 정부와 보호자의 관점을 벗어나지 못해 시혜적이고 잔여적인 시각에 머물렀다고 평가받았다.[2]

---

1) 제40조 제2항 (b)~(v)는 형법 위반으로 간주되는 경우, 판결 및 그에 따른 모든 조치는 법률에 따라 권한 있고 독립적이며 공정한 상급 당국이나 사법 기관에 의해 심사되어야 한다고 규정되어 있다. 그런데 왜 대한민국은 이 조항을 유보했을까? 제40조 제2항 (b)~(v)는 아동의 상소권(재판이 확정되기 전에 상급 법원에 취소 · 변경을 신청하는 것) 보장에 대한 규정이다. 그러나 대한민국 「헌법」 제110조 제4항 및 「군사법원법」제534조에 따라 비상계엄(전쟁 등 국가 비상 사태가 발생하여 사회 질서가 혼란스러울 때 「헌법」에 보장된 국민의 기본권을 제한할 수 있는 법 제도)이 선포된 지역에서 「군형법」상 특정 범죄를 행한 사람에게는 사형을 선고한 경우 외에 단심제(한 사건에 대해 한 번만 재판을 받는 것)를 적용하는 규정을 이유로 유보하고 있다(국제아동인권센터, 2020).

2) 이용교(2000). 아동복지법-20년 만에 개정되다, 참여연대 복지동향 https://www.peoplepower21.org/Welfare/644502

〈포용 국가 아동 정책 추진 방향〉

첫째, 가정에서 보호가 어려운 아동은 국가가 확실하게 보호할 수 있도록 시스템을 근본적으로 혁신하겠습니다.

둘째, 가정과 지역사회, 정부가 아동의 목소리에 귀 기울이고 아동의 권리를 보장하기 위해 노력하겠습니다.

셋째, 생애 초기부터 몸과 마음이 건강한 아동으로 자랄 수 있도록 지역사회와 학교가 함께 돌보겠습니다.

넷째, 아동이 행복하고, 창의성·사회성을 기를 수 있도록 지역사회와 학교에서의 놀이를 확대해 나가겠습니다.

비전	아동이 행복한 나라 "내일만큼 오늘이 빛나는 우리"

4대 분야	10대 핵심 과제
보호권	① 보호가 필요한 아동은 국가가 확실히 책임지도록 시스템 혁신
	② 아동 학대 대응 체계 전면 개편
	③ 보호 종료 후 안정적으로 자립할 수 있도록 지원 강화
인권 · 참여권	④ 누락 없는 출생 등록
	⑤ 아동에 대한 체벌 금지 노력 등 아동 권리 강화
	⑥ 아동의 목소리에 귀 기울이는 정부
건강권	⑦ 아동 발달 단계에 맞는 건강 지원 강화
	⑧ 마음 건강 돌봄 지원 강화 대책
놀이권	⑨ 아동이 맘껏 뛰어놀 수 있는 지역사회
	⑩ 놀이를 통해 잠재력을 키우는 학교

출처: 보건복지부 브리핑 자료(2019. 5. 23). '아동에 대한 국가 책임을 확대합니다.'

아동복지법은 2011년 5년마다 아동 종합 실태 조사를 하고, 이를 바탕으로 아동 정책 기본 계획을 수립하는 내용을 포함하여 한 차례 더 전부개정하게 된다.

심각한 저출산 위기에 직면하면서 직접 아이를 낳게 유도하는 정책으로부터 현재 살고 있는 아동들을 행복하고 건강하게 키울 수 있는 양육 환경을 만드는 것으로 정책 기조가 바뀌고, 요보호아동 중심의 선별주의 정책에서 보편주의 접근이 강화되어야 하는 흐름 속에서 2018년 9월 만 6세 미만의 아동(소득 수준 90% 미만)을 대상으로 아동 수당이 도입(아동수당법)되었으며, 2019년 4월 소득, 재산 등의 선별 기준을 없애고 보편 수당으로 확대되었다.

대한민국 정부는 2019년 1월 아동 정책의 종합적인 수행과 효과적인 추진을 위해 2019년 7월 아동권리보장원을 설립(아동복지법 제10조의 2)하였고, 2019년 5월 23일 아동에 대한 국가 책임 확대의 원년 선포와 함께 '포용 국가 아동 정책'을 발표했다. 포용 국가 아동 정책은 '아동이 행복한 나라'를 만들기 위해 아동에 대한 국가 책임을 강화하는 것을 핵심적인 추진 방향으로 설정하고, 아동 보호, 인권 및 참여, 건강, 놀이 영역에 걸쳐 10대 핵심 과제, 40대 소과제를 제시하고 있다. 아동 보호 분야의 핵심 과제는 국가의 책무성과 공공성을 강화하는 아동 학대 대응 체계, 즉 아동 보호 체계의 전면 개편을 제안하고 있다.[3]

포용 국가 아동 정책

4) 유엔아동권리협약 이행을 위한 당사국의 역할

유엔아동권리협약 제4조에서는 "당사국은 이 협약이 명시한 권리의 실현을 위해 입법적·행정적 조치를 비롯한 모든 적절한 이행 조치를 취해야 한다. 당사국은 경제적·사회적·문화적 권리를 보장하기 위해 이용 가능한 자원을 동원해야 하며, 필요한 경우에는 국제 협력의 관점에서 조치를 취해야 한다."라고 규정하고 있다.

유엔아동권리협약의 당사국은 협약 이행에 대한 진전 상황을 포함한 국가 보고서를 협약 발효 후 2년 이내, 그리고 그 후 5년마다 유엔사무총장을 통하여 유엔아동권리위원회에 제출하여야 한다(제44조 제1항). 당사국은 보고서를 작성함에 있어서 협약의 의무 이행에 영향을 미치는 요소와 장애가 있을 경우 이를 적시하여야 하며, 보고서에는 관계국의 협약상의 의무 이행에 관한 포괄적인 이해를 위하여 충분한 정보가 포함되

---

3) http://www.peoplepower21.org/Welfare/1642627

어 있어야 한다(협약 제44조 제2항).

보고 내용으로는 일반적 이행 조치, 아동의 정의, 일반 원칙(차별 금지, 아동의 최선 이익, 생존·발달권, 아동의 의견 존중), 시민적 권리와 자유, 가족 환경 및 대안적 보호, 기본적 건강과 복지, 교육과 여가 및 문화적 활동, 특별보호조치 등이다. 위원회는 보고서의 내용이 불충분하다고 판단되는 경우 협약 이행과 관련한 추가 정보를 요구할 수 있다(동 협약 제44조 제4항).

또한 보고서 제출과 관련하여 정부는 자국의 활동에 관한 보고서를 자국 내 일반에게 널리 활용하도록 하여야 할 의무를 진다(제44조 제6항). 유엔아동권리위원회는 당사국이 제출한 보고서의 심사 후 제안과 일반적 권고를 할 수 있다.

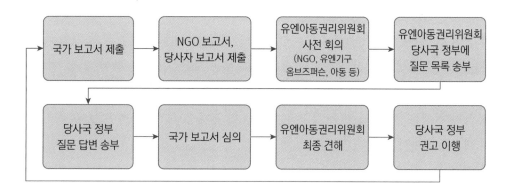

[그림 10-4] 유엔아동권리협약 모니터링 과정

출처: 국제아동인권센터 대한민국 제5~6차 국가 보고서에 대한 유엔아동권리위원회 최종 견해 아동친화 버전—모든 아동이 살기 좋은 대한민국이 되기 위해 지켜야 할 의무 8p를 재구성함.

유엔아동권리위원회의 유엔아동권리협약 모니터링 과정을 살펴보면 [그림 10-4]와 같다. 당사국 정부의 국가 보고서와 NGO 보고서, 당사자 보고서 제출 이후, 유엔아동권리위원회는 국가 보고서를 정식 심의하기에 앞서(약 3개월 전) 사전 회의를 개최하여 국가 보고서에 대한 평가 및 입수 가능한 정보를 수집, 검토한다. 이때 위원회는 NGO 보고서를 참고하게 되며, 사전 회의에서 드러난 문제점과 질의서를 해당국 정부에 통보하게 된다. 해당국 정부는 정식 심의 회의에 참석하기에 앞서 서면으로 답변서를 제출해야 한다. 해당국의 국가 보고서에 대한 정식 심의 시에는 해당국의 정부 대표가 직접 참여해 위원회의 질문에 답변함으로써 해당국의 실제 상황에 대해 건설적인 대화에 참여한다. 심의가 끝난 후 위원회는 후속 조치가 필요하다고 판단되는 내용을 권고 사항으로 작성하여 해당국에 통보하게 된다.

대한민국은 1991년 비준 이래 총 4차례 국가 보고서를 제출했으며, 마지막 심의는 2019년 9월 회기에서 심의를 받았고 9월 27일 최종 견해를 받았다.

제5~6차 권고에서는 기본적으로 8개 영역인, ① 일반 이행 조치, ② 일반 원칙, ③ 시민적 권리와 자유, ④ 아동에 대한 폭력, ⑤ 가정 환경 및 대안 양육, ⑥ 장애, 기초 보건 및 복지, ⑦ 교육·여가 및 문화 활동, ⑧ 특별보호조치와 추가적으로 제3차 선택 의정서인 청원 절차에 관한 선택의정서와 모든 이주 노동자와 그 가족들의 보호를 위한 국제 협약 비준, 동남아시아국가연합(ASEAN) 여성 및 아동 인권 보호와 증진위원회와 협력할 것을 추가로 권고받았다.

대한민국 제5~6차 국가 보고서에 대한 유엔아동권리위원회 최종 견해

5) 지방정부와 아동 인권

지방자치단체는 아동 인권을 보장하기 위해 조례를 제정하고 있다. 서울시의 예를 살펴보면 다음과 같다. 서울시는 2012년 「서울특별시 어린이·청소년 인권 조례」에서 18세 미만의 모든 아동(어린이·청소년)[4]은 인권의 주체로 인간으로서의 존엄성을 유지하고 행복을 추구하기 위해 반드시 인권이 보장되어야 한다고 규정하고 있다. 제2장에서는 어린이·청소년이 누려야 할 인권에 대해 규정하고 있는데, 제6조 인권의 주체성과 인권보장의 원칙, 제7조 차별 금지의 원칙하에 제2절 성장 환경과 건강에 관한 권리, 제3절 폭력 및 위험으로부터 자유로울 권리, 제4절 양심과 표현의 자유 등을 보장받을 권리, 제5절 사생활의 자유와 정보에 관한 권리, 제6절 교육·문화·복지에 관한 권리, 제7절 노동에 관한 권리, 제8절 자기결정권 및 참여할 권리에 대해 규정하고 있다. 제3장은 가정, 시설, 학교, 지역사회에서의 인권보장과 빈곤·장애·소수자 어린이·청소년의 인권보장에 대해 규정하고 있다. 시설은 아동의 인권이 보장되고 적절한 휴식 공간을 확보하고, 아동이 생활하는 시설은 가정과 같은 편안한 환경을 조성해야 하며, 아동의 안전을 위하여 안전 관리 체제를 정비하고 유지하며, 피해를 예방해야 한다. 또한 학대 및 폭력으로부터 아동을 보호하고 아동 간 폭력이 발생하지 않도록 노력해야 하며, 학대 및 체벌, 아동 간 폭력, 집단 따돌림이 발생할 경우 피해아동이 적절한 구제 시스템을 마련해야 한다. 또한 아동청소년의 개인 정보는 적절하게 관리

---

4) '어린이'란 아래의 경우에 해당하는 사람 중에서 만 12세 미만의 사람을 말하고, '청소년'이란 만 12세 이상 만 19세 미만(다만, 19세에 도달하는 해의 1월 1일을 맞이한 사람은 제외)의 사람을 말한다.

되어야 하며, 시설 운영 관련 정보를 당사자인 아동청소년에게 제공하고 아동청소년에게 시설 운영 관련 의견을 청취해야 한다고 규정하고 있다. 서울시 외에도 부천시는 2016년, 동해시는 2019년 아동청소년 인권 조례를 제정했다.

아동친화도시

유니세프 아동친화도시란(2017. 12. 20.)

도시 차원에서의 아동 권리를 보장하기 위한 노력으로 유니세프의 아동친화도시 운동[5]과 연결된 변화들도 있다. 바로 2013년 서울시 성북구가 최초로 인증받은 후 현재 114개 지자체가 제정한 아동친화도시 조례이다. 아동친화도시는 모든 아동이 행복하고 존중받는 도시로 유엔아동권리협약의 정신을 실천하는 도시를 말한다. 아동친화도시 조례를 시행하기 위해서 각 지자체는 보통 2년마다 아동의 양육 및 생활 환경, 인권, 발달, 건강, 안전, 아동 학대 등 아동의 종합 실태를 조사하고 그 결과를 바탕으로 아동친화도시 조성을 위한 기본 계획을 수립하고 이행해야 한다. 아동 관련 정책이 아동의 권리에 미치는 영향을 분석·평가하고 아동 정책의 수립과 시행에 반영해야 한다.

6) 사회복지와 시민사회의 역할

(1) 유엔아동권리협약 모니터링 과정에서의 역할

유엔아동권리위원회는 대부분 국가 보고서가 아동권리협약을 이행하기 위해 취해진 법적인 조치 등을 나열하는 데 그치고 구체적인 과정을 설명하지 않기 때문에, 해당 국가에서 활동하고 있는 NGO(비정부기구들)에게 해당국 정부가 유엔아동권리협약을 어떻게 이행하고 있는지, 그리고 이행하는 데 있어서 어떠한 어려움을 겪는지 진지하게 평가하기 위해 민간 보고서를 작성할 것을 요청한다.

이에 비정부기구는 보고서를 통해 국가 보고서에 수록되지 않은 내용, 우려되는 부

---

5) 유니세프 아동친화도시 개념은 1996년 이스탄불에서 인류 거주 문제에 대한 제2차 유엔정주회의(Habitat II)에서 시작되었다. 회의에 모인 각국 대표는 '아동의 안녕'이야말로 건강한 도시, 민주적 사회, 굿 거버넌스의 평가 지표이며, 도시의 아동들이 보다 나은 삶을 누릴 수 있도록 정부, 지방정부, 지역사회, NGO가 함께 노력해야 한다는 유니세프의 제의를 결의안으로 채택하였다. 유니세프 아동친화도시는 당사국 정부, 그 중에서도 지방정부와의 강력한 파트너십을 통해 지방정부 행정 체계 내에서 유엔아동권리협약이 실현될 수 있는 대표적인 수단이다. 유니세프 아동친화도시란 유엔아동권리협약에 담긴 아동의 권리를 온전히 실현하고 아동이 보다 나은 삶을 살 수 있도록 아동에게 친화적인 환경을 가진 지자체를 말한다. 이런 지역사회에서 사는 아동은 법적 구속력을 지닌 행정 체계와 제도하에서 자신이 사는 지역사회의 의사 결정 과정에 적극적으로 참여하고 의견이 반영되는 과정을 통해 권리의 주체자로서 책임감 있고 건강한 시민으로 성장할 수 있다(유니세프 한국위원회).

분 혹은 부정확한 내용을 담아 제출한다. 통상 유엔아동권리위원회는 내용의 신뢰성과 합법성을 강화시켜 주기 때문에 개별 기관보다는 비정부기구의 협의체가 작성하는 것을 권장한다.

한국의 사회복지법인 등 비정부기구들도 정부 보고서에 대한 민간 보고서를 작성·제출했고, 당사자인 아동들의 보고서가 나올 수 있도록 지원했다. 1차는 어린이·청소년의 권리 연대 회의의 이름으로, 2차 민간 보고서는 인권운동 사랑방, 민주 사회를 위한 변호사 모임 등 인권 관련 시민 단체가 보고서를 작성·제출했고 3~4차부터 국내 아동 관련 기관들이 참여한 아동권리협약 이행을 위한 NPO 연대가 참여했다.

(2) 이행 과정에서의 역할

국내 아동 관련 기관들은 유엔아동권리협약의 이행을 위해 다각적으로 노력하고 있는데, 주로 아동 권리가 침해되고 있는 상황을 개선하거나 아동 권리의 권리가 보장될 수 있도록 필요한 지원을 하고 있다. 제7장 '사회복지 실천과 인권'에서 언급한 사회복지시설의 역할과 연결되는 부분이다.

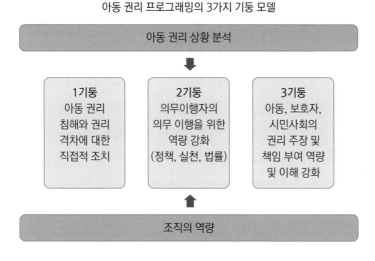

아동 권리 프로그래밍의 3가지 기둥 모델

아동 권리 상황 분석		
1기둥 아동 권리 침해와 권리 격차에 대한 직접적 조치	2기둥 의무이행자의 의무 이행을 위한 역량 강화 (정책, 실천, 법률)	3기둥 아동, 보호자, 시민사회의 권리 주장 및 책임 부여 역량 및 이해 강화
조직의 역량		

[그림 10-5] 아동 권리 프로그래밍의 '3가지 기둥'

출처: 세이브더칠드런(2013), P. 81 재구성.

현재 한국 사회 아동 관련 복지 현장은 각 조직의 역량에 따라 1기둥에서 3기둥까지 모든 영역에서 활동하는 기관도 있고 1기둥에만 집중하는 기관도 있다. 1기둥의 활동은 아동 권리가 침해받거나 아동 권리가 온전하게 보장되지 않는 환경에서 아동 권리를 적극적으로 보장하고자 직접적으로 활동하는 행동을 말한다. 예를 들어, 빈곤아동을 위한 급식 제공, 성폭력 피해아동을 위한 상담 등이 해당하며, 주로 대부분의 사회시설들이 활동을 하고 있다. 2기둥은 아동 권리 의무이행자의 역량 강화를 위한 활동으로 아동 관련 법률과 정책을 모니터링하고 예산 분배, 아동 참여를 통한 정책 수립 시스템 개선, 아동 옴브즈맨 시행 등 정책 옹호 활동을 한다. 3기둥은 의무이행자에게 책임을 묻는 과정에서 당사자인 아동과 아동의 권리를 지지하는 시민사회의 역량을 강화하는 과정으로 아동 인권 교육이나 캠페인 등의 활동을 한다. 그러나 무엇보다 중요한 것은 각 기둥의 역할이 분절화되지 않고 서로 연결되어 궁극적으로는 아동 최선의 이익에 기반한 의미 있는 변화를 이끌어 내야 할 것이다. 제3·4차 때부터는 몇몇 아동 관련 사회복지기관들이 참여하여 유엔아동권리협약 이행 관련 NGO 보고서를 작성하여 유엔아동권리위원회에 제출하는 등 관심을 보이고 있지만, 더 많은 아동 관련 기관들이 관심을 갖고 참여할 수 있어야겠다.

7) 아동권리협약 이행과 아동의 참여

유엔아동권리협약 보고 과정의 경우, 국가, NGO 등으로부터 보고를 받는 것뿐 아니라 아동 당사자가 자신의 권리에 대해 이야기하는 것 역시 중요하게 고려한다. 유엔아동권리위원회는 국제기구와 NGO 보고서, 당사자 보고서의 내용을 검토하고 국가의 이행 상황을 판단한다. 아동은 글 형태의 보고서, 비디오, 그림 또는 다양한 방식을 통해 위원회에 정보를 제출할 수 있다. 국가, NGO 및 아동이 보고서를 제출한 이후에는 유엔아동권리위원회가 보고서를 제출한 NGO 및 아동과 만나는 사전 회의 및 아동 회의를 개최한다. 유엔아동권리위원회와의 아동 회의는 일반적으로 1시간 정도 비공개로 이루어지는데, 이는 유엔아동권리위원회가 아동의 실제 삶에 대해 보다 잘 이해할 수 있는 시간이기도 하다. 아동 회의에서는 최대한 아동의 경험과 의견을 유엔아동권리위원회에 전달할 수 있으며, 이때 성인은 아동이 원하는 경우에만 회의에 참석할 수 있고 참석하더라도 질문에 대해 답변하거나 의견을 제시할 수는 없다. NGO와 함께하는 사전 회의에는 유엔아동권리위원회가 회의실의 가장자리에 둘러앉고 다른 모든 사람들이 가운데 앉는 형식으로 진행되지만, 아동 회의의 경우 유엔아동권리위원회 위원이 아동과 함께 앉는 등 정해진 형식 없이 자유로운 분위기에서 진행된다. 지난 3~

대한민국 아동 보
고서(제3, 4차)

4차 심의 때는 세이브더칠드런이 주관하여 대한민국 최초의 아동 보고서가 발간되었으며, 아동 차별, 아동의 의견 존중 등에 대한 이슈가 주로 논의되었다. 5~6차 심의에서는 유니세프 한국위원회, 국제아동인권센터, 어린이재단이 공동으로 지원하여 아동 보고서가 발간되었다.

대한민국 아동 보고서(제5, 6차)

4. 사례와 토론

> **"보편적 출생 등록 제도 도입에 대한 의지의 첫걸음"**
>
> 보편적 출생신고 네트워크가 출생 통보제 도입을 권고한 법무부 법제개선위원회의 결정을 환영했다. 법무부 '포용적 가족 문화를 위한 법제개선위원회'는 지난 8일 "의료 기관이 아동의 출생 정보를 국가 또는 공공기관에 신속히 통보하도록 하는 출생 통보제를 신속하게 도입할 것을 권고한다."라고 밝혔다.
>
> 현행법상 부모는 자녀의 출생 후 1개월 이내에 출생신고를 하도록 하고 있지만, 부모가 출생신고를 하지 않을 경우 이에 대한 국가의 현황 파악이나 관리가 어려워 아동 권리 보호에 공백이 있어 왔기 때문이다. 보편적 출생신고 네트워크는 14일 성명을 발표하고 "출생 통보제 도입 권고를 환영하며, 보편적 출생 등록제 도입을 촉구한다."라고 밝혔다. 이들은 이번 법무부 법제개선위원회의 권고가 "대한민국의 보편적 출생 등록 제도 도입에 대한 의지의 첫걸음"이라고 평가했다.
>
> 출생 통보제는 의료 기관에 아동의 출생 사실을 국가 기관에 통보할 의무를 부여하여 아동의 출생 등록이 누락되지 않도록 국가의 권리 보호 의무를 강화하는 제도로서, 정부는 지난해 5월 '포용 국가 아동 정책'을 통해서도 출생 통보제를 도입하겠다는 계획을 발표한 바 있다. 유엔아동권리협약 역시 '모든 아동의 출생 등록될 권리'를 규정하고 있다. 지난해 유엔아동권리위원회는 대한민국 정부에 대하여 '부모의 법적 지위 또는 출신지와 관계없이 모든 아동이 온라인 출생신고를 포함한 출생신고를 보편적으로 이용할 수 있도록 보장할 것'을 권고하기도 했다.

2020 서울 인권 콘퍼런스-보편적 출생신고

보편적 출생신고 네트워크

출처: https://www.ibabynews.com/news/articleView.html?idxno=85475

토론하기 ──

☑ 현행 출생신고 제도에서 아동은 어떤 권리가 침해되었는가?

☑ 누가 어떻게 아동의 권리를 보장해야 하는가?

☑ 아동의 권리 보장을 위해 사회복지사는 무엇을 해야 하는가?

제11장

노인과 인권

Human Rights
and
Social Welfare

산업화와 양차 세계대전 이후 인구 고령화는 전 세계적인 현상이며, 의학 및 기술의 발전은 기대 수명 증가라는 결과를 가져왔다.

시간이 흐름에 따라 누구나 노인이 되고, 신체적 능력이 저하되는 것이 당연한 이치임에도, 노인은 경제적인 측면에서 생산력이 없고 사회에 이바지할 수 없는 잉여의 존재로 여겨지고 있다. 현대 사회에서 노인은 점차 사회의 의존적인 부양 인구로 간주되고 있으며, 빈곤, 질병, 역할 상실 및 소외, 고독이라는 4고(苦)가 대표적인 노인 문제가 되었다. 도시화와 양극화가 가속화되면서 노인은 쉽게 소외와 배제에 노출되고, 사회적으로 고립되거나 폭력 및 인권 침해 등을 겪게 되었다.

고령화가 국제사회에서 의제가 된 것은 35년 정도로 길지 않고, 다른 분야와 비교하자면 노인의 권리에 대한 포괄적이고 구체적인 국제 협약은 아직까지 존재하지 않고 있다. 본 장에서는 노인이 인간답게 살 수 있는 인간 존엄의 실현을 위한 내용을 살펴보고자 함에 학습 목표가 있다.

1. 역사적 개요

양차 세계대전에 이르기까지 노인 인구는 많지 않았고 평균 수명 또한 현저히 낮았다. 80여 년 전인 1936년 당시 한국인의 평균 수명은 42.6세로 2018년 기대 수명 83.3세와 비교하면 그 격차를 실감할 수 있다. 유엔은 제2차 세계대전 직후인 1948년 '노인권리선언'을 발표하였는데, 이는 아르헨티나의 제안에 근원하여 맨 먼저 노인 권리에 대해 언급한 역사적 선언이라 할 수 있다. '노인권리선언'은 사회권을 중심으로 원조받을 권리, 의식주, 노동에 대한 기본 권리에서부터 신체적 건강, 정신적 건강의 보살핌에 대한 권리, 여가의 권리에서부터 안전, 안심에 대한 권리, 존경받을 권리 등 10가지 권리를 제시하였다.

유엔에서 1948년 세계인권선언이 제정될 당시에는 노인의 인권이 주요 관심사가 아니었고, 다른 분야의 인권에 비하여 노인 인권을 위한 국제사회의 노력은 미미하였다. 이후로도 아동, 여성, 장애인 등 다른 사회적 소수자 및 약자 집단의 권리에 대해서는 규약을 설립하는 것과 대비되는 대응이었다.

하지만 인구의 고령화와 함께 투표권을 가진 노인 인구에 대해 정치 지도자들은 점차 의식하지 않을 수 없게 되었고, 정치 세력화된 노인 단체들은 노인 인권이라기보다는 노인 권익에 가까운 활동들을 통해 자신들의 권리를 주장하기 시작하였다. 노인 권익 운동의 주류를 이루는 것은 다양해지는 노인 문제를 찾아 그것을 정당 등 정치 세력과 연계하여 정책을 수립하는 것이었다. 그 외에도 사회단체 구성이나 종교단체, 여성단체 등과 연계하여 활동하기도 하였다.

1980년대에 들어오면서 노인 인구가 급속한 증가 추세를 보이고 고령화가 사회 전체에 영향을 미치기 시작함에 따라 유엔에서 처음으로 1982년에 제1차 세계 고령화총회에서 '비엔나 국제 고령화 행동 계획(VIPPA)'을 채택하여 정부 정책에서 노인에 대한 고정 관념을 버리고 노년의 가치를 존중하여야 하며, 유엔 회원국이 비엔나 국제 고령화 행동 계획을 국가 정책에 반영하도록 건의하였다. 이 계획은 인구 고령화에 효과적으로 대처할 수 있도록 정부와 시민사회의 능력을 강화하고 노인들의 잠재적 개발 능력과 의존 필요성을 알리는 것을 목적으로 하고 있다. 또한 고령화 관련 7개 하위 분야에서 실시되어야 할 정책 방향 62가지가 권고되어 있다.

같은 시기에 한국에서의 노인 운동은 인권적 측면이라기보다는 애국 운동과 봉사활동을 주로 하는 관변적인 단체로 출발하였고, 1970년대 중반까지 청소년 선도 활동, 경로효친 사상 선양 운동, 노인 여가 시설 확충 등을 요구하는 활동에 그쳤다. 1981년 제정된 「노인복지법」은 '노인의 심신의 건강을 유지하고 노후 생활 안정을 위하여 필요한 조치를 마련함으로써 노인의 보건복지 증진에 기여함'을 목적(제1조)으로 한다. 비록 노인 복지에 관한 조항들은 대부분 선언적이고 임의적인 것에 불과했지만, 노인 복지에 관한 단일법 제정이라는 측면과 노인의 복지 증진에 관한 책임이 국가와 지방 자치 단에 있음을 명시한 점에서 의의가 있다.

1990년대 이후에는 지역과 경제적 수준을 막론하고 고령화가 진전되며 국제사회에서 노인 문제에 대한 논의가 본격화되었다. 1991년 노인 인권 측면에서 '노인을 위한 유엔원칙'을 제정한 바 있다. 주요 내용은 독립(Independence), 참여(participation), 보호(care), 자아실현(selffulfillment), 존엄(dignity) 등 5개 영역에서 정부가 고려해야 할 18개 원칙을 제시하였다.

고령화총회 제1차 회의가 선진국의 고령화에 초점을 두었다면 제2차 회의는 개발도상국의 정책 개발에 초점을 두었다. 2001년 '유럽연합인권헌장'에서는 인간으로서의 존엄권, 생명권, 안전권 등 EU 시민들의 기본권을 명시하였다. 이 헌장 제25조 '노인의 권리'에서 "존엄성 있는 독립적 생활을 영위하고 사회적·문화적 생활에 참여할 수 있는 노인의 권리를 인정하고 존중한다."라고 선언하였다. 2002년 스페인 마드리드에서 개최된 제2차 세계 고령화총회에서 '마드리드 국제 고령화 행동 계획(MIPAA)'을 채택하였다. 이 선언에서는 노인 인권에 관한 원론적이고 포괄적이고 선언은 없었으나 노인의 기본 권리와 자유의 실현, 노인의 경제, 사회, 문화, 시민, 정치적 권리 향유, 노인 차별과 폭력 방지를 내세웠다. 보다 구체적으로 연령 차별, 노인 유기, 학대 폭력에 방지 대책과 노인에 대한 부정적 이미지를 개선하는 대책을 회원국이 이를 시행하도록 건의하였고, 유엔이 각국의 마드리드 국제 고령화 행동 계획 실천 전반에 대해 주기적으로 모니터링하도록 결정하였다. 마드리드 국제 고령화 행동 계획은 저개발국 고령화 의제에 주목하였는데, 이는 선진국의 고령화 의제에 기초한 비엔나 국제 고령화 행동 계획과 다른 점이라는 점에서 그 의의를 지닌다.

유엔은 마드리드 국제 고령화 행동 계획 이행 사항을 모니터링하는 가운데 2009년 제64차 유엔총회에서 사무총장이 노인 인권의 더욱 확실한 보장을 위해 별도의 노인 인권협약이 필요함을 보고하였다. 2010년 제65차 유엔총회에서는 노년기 인권과 관련한 기존 국제 인권 체계의 허점을 파악하고, 새로운 규범 도입의 가능성을 타진하기 위해 유엔고령화공개실무그룹(OEWGA) 구성을 결의하였다. 또한 유엔사무총장이 각국의 노인 인권보장 실태 보고를 결의하였다. 유엔고령화공개실무그룹은 2011년 첫 회의가 개최된 이후 매년 이를 개최해 왔다. 회원국들은 국제 차원에서 기존 국제 인권 관련 협약을 적용하여 노인 인권보장이 미흡하며, 각국 국내 법령에 따른 노인 인권 보호 역시 미흡하다는 점을 인정하였다.[1] 그동안 취약 인구 집단 중 아동(1989년), 여성(1979년) 및 장애인(2006년)에 대한 유엔인권협약이 이미 채택되었는데, 노인에 관한 인권협약은 존재하지 않았다. 노인인권규약 제정을 위한 초국적 사회 운동이 활발하게 전개되고 있으나 현재까지 노인 인권을 위한 별도의 국제적 조약은 채택되지 않고 있다.

유엔고령화공개실무그룹

2020 국가 인권기구 노인 인권 콘퍼런스

1) 유엔고령화공개실무그룹(http://social.un.org/ageing-working-group/index.shtml)

2. 노인의 정의

1) 노인의 개념

노인에 대한 정의는 국가마다 상이할 수 있으며 대체로 60~70세 이상을 노인으로 보는 등 특정 나이를 기준으로 정하고 있지만 각 사회의 경제 발전 정도와 정치적·사회적·문화적 요인에 따라 그 구체적인 나이는 다르다. 노인 나이를 몇 세 이상으로 하느냐는 사회 전체로 볼 때 취업 문제 및 의료 비용, 부양 비용 등과 밀접한 관계가 있고 또한 노인 개개인이 가진 신체적·정신적 기능도 다르므로 일괄적으로 규정하기에는 어려움이 존재하는 것이 사실이다.

노인을 지칭하는 용어는 국제적으로 older persons, the aged, the elderly, the third age, the ageing 등으로 사용되었다. 유엔사회권위원회는 older person을 선택하였고 유엔 결의안 47/5와 48/98에서 채택된 용어이다. 유엔이나 OECD 등에서는 65세 이상으로 노인으로 정의하고 있으며, 고령화 사회·고령 사회·초고령 사회를 나누는 기준은 다음과 같다.

● **고령화 사회**(Ageing Society): 총인구 중 65세 이상 인구가 차지하는 비율 7~14% 미만
● **고령 사회**(Aged Society): 총인구 중 65세 이상 인구가 차지하는 비율 14~20% 미만
● **초고령 사회**(Post-aged Society): 총인구 중 65세 이상 인구가 차지하는 비율 20% 이상

정리하자면, 노인을 나이로 나누는 것은 현재로서는 불가피한 기준이지만 많은 한계를 가지고 있다. 유엔이 지난 2009년 작성한 세계 인구 고령화 보고서에 따르면, 평균 수명이 80세를 넘는 국가가 2000년에는 6개국에 불과했지만, 2020년에는 31개국으로 늘어나게 된다고 한다. 또한 전 세계 100세 이상 인구도 34만 3천 명에서 2050년에는 320만 명으로 약 10배가량 증가할 전망이다. 바야흐로 100세 장수가 보편화하고 호모헌드레드(Homo-hundred) 시대가 오는 현재는 노인 인권에 관한 재정립이 필요한 시점인 것이다.

> 　의무적인 은퇴 나이, 생산적 자원 또는 보험에 대한 접근의 나이 제한, 자기 권리를 행사
> 할 수 있는 법적 능력 등이 그것이다. 이러한 맥락에서 질병, 위험 또는 의존성의 대리어로
> 서 더 이상 나이만을 사용할 수는 없다. 노인을 정의하기 복잡한 것은 부분적으로 이러한 요
> 인들 때문이다. 고령에 따르는 특수한 취약성은 신체적 및 정신적 상태의 결과일 수도 있고,
> 고령화에서 오는 손상의 결과일 수도 있다. 하지만 마찬가지로 사회적 인식이나 환경과의
> 상호 작용에서 발생하는 어려움으로 인해서도 취약성 또는 특수성이 생길 수 있다

출처: 국가인권위원회(2017a).

2) 고령화와 노인 인권의 중요성

　고령화 사회에서 노인 인구의 증가 그 자체가 문제는 아니다. 오히려 한 개인으로
서는 삶이 연장되는 것이기에 환영할 만한 일이다. 그러나 노인 인구 증가에 따라 정
치·사회적 참여, 경제의 안정, 사회 안전, 건강 보건 의료 문제 등 해결 과제도 함께
증가하지만, 시스템이 뒷받침되지 못하는 것이 문제라 할 수 있다. 노인 인구의 급격
한 증가는 다양하고 복잡해지는 노인 문제 대응에 관한 사회적 한계와 공백을 드러냈
고, 이러한 공백으로 인하여 노인이 비참한 생활 환경에 놓이는 경우가 지속적으로 발
생하고 있다. 따라서 삶의 질과 인간 존엄성을 보장해 나가는 것은 점점 더 시급하고
중요해지고 있다.

　국제적으로 노인 인권을 위한 화두는 지난 10년간 학계, NGO, 정부, 지역적 및 국제
적 기구에 있어서 중요한 쟁점이 되었다. 특히 여성·장애인·아동 등을 위한 별도의
협약은 존재하는데 노인을 위한 협약은 존재하지 않음에 문제가 있다. 이러한 이유로
오늘날 노인을 위해 보다 효과적인 인권 보호 체제를 마련하기 위한 활발한 움직임이
진행되고 있다.

3) 노인 인권 주요 권리

　노인도 비노인과 마찬가지로 인간이 갖는 기본적인 인권을 갖는다. 노인 인권이란
노인도 「헌법」에서 보장하는 인간다운 생활을 할 권리를 보유하며, 인간의 존엄성을
보장받을 권리가 있다는 것을 뜻한다. 또한 노인 인권이란 노인이 존엄한 존재로 존중

받고 인간다운 노후 생활을 영위하는 데 필요한 모든 권리라고 정의하고 있다(국가인권위원회, 2017a).

노인이라는 이유로 특별히 집중하여야 할 인권의 주요 권리에 대하여 노인의 권리에 관한 협약 성안에서는 다음과 같이 명시하였다.

> 노인 인권의 구체적인 내용을 살펴보면, 우선 노인의 **건강권**을 들 수 있다. 건강과 관련해서 노령이라는 나이는 죽음과 가깝다는 측면에서 노인은 존엄하게 죽을 권리가 문제가 되겠지만, 그것보다 중요한 것이 건강권과 **장기 돌봄에 관한 권리**이다. 또한 경제적인 부분은 **재산권**이라는 측면에서 접근할 수 있는데, 이를 위해서 **근로권**이 중요하다. **노인의 경우 가장 문제가 되는 것이 건강과 경제적인 부분이다.** 경제적인 부분은 결국 근로의 권리와 연결된다고 할 수 있다. 이러한 근로권은 나이에 따라 차별을 받지 않고 일할 권리와도 관계가 있다. 경제적으로 빈곤한 삶을 살아갈 수밖에 없는 구조적인 한계를 지니는 대다수 노인의 의료 서비스에 대한 접근권을 현실 가능성을 감안하여 보장해야만 한다. 그리고 자유권의 하나로 신체적으로 나약한 노인에 대한 **학대를 근절하는 것**도 노인 인권의 내용이 될 수 있다. 노인과 같은 사회적 취약 계층에 대한 학대는 폭력의 한 유형으로서 피해자의 삶을 피폐하게 만드는 사회문제가 될 수 있다. 노인 학대 의미에 대해 최근에는 노인에게 위해를 가하는 소극적 개념에서 부적절한 처우까지 포함하는 보다 넓은 의미로 받아들여지고 있다.

출처: 국가인권위원회(2017a).

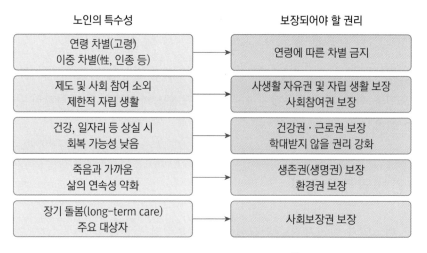

노인의 특수성	보장되어야 할 권리
연령 차별(고령) 이중 차별(性, 인종 등)	연령에 따른 차별 금지
제도 및 사회 참여 소외 제한적 자립 생활	사생활 자유권 및 자립 생활 보장 사회참여권 보장
건강, 일자리 등 상실 시 회복 가능성 낮음	건강권 · 근로권 보장 학대받지 않을 권리 강화
죽음과 가까움 삶의 연속성 약화	생존권(생명권) 보장 환경권 보장
장기 돌봄(long-term care) 주요 대상자	사회보장권 보장

[그림 11-1] 노인의 특수성과 권리[2]

2) 국가인권위원회(2017). 노인의 권리에 관한 협약 성안 연구. pp. 61-62.

3. 노인 인권 국제 동향

1) 국제인권규범

국제인권조약에는 노인과 인권을 구체적으로 다루는 조항이 거의 없다. 특별 조항이 있더라도 해당 조항은 한정된 권리에 국한되며, 모든 조약에 걸쳐 일관적으로 나타나지 않는다. 또한 기존의 국제인권기준을 노인에게 적용하려도 하여도 서로 다른 시기에 제정된 기준들이 여러 국제 조약에 광범위하게 퍼져 있고 다루는 권리도 제한적이라는 한계가 있다. 또한 협약의 본문 내용에 '노인' 또는 '연령'이 명시되어 있지 않거나 '기타의 지위'로 취급하는 것이 대부분이다.

〈표 11-1〉 구체적인 국제인권조약 조항

국제인권조약	조	조항
세계인권선언(1948년)	25	모든 사람들이 노년기에 보장을 받을 권리
여성에 대한 모든 형태의 차별 철폐에 관한 협약(1979년)	11.1e	노년기를 포함한 여성의 사회보장에 대한 동등한 권리
이주 노동자와 그 가족의 권리 보호에 관한 국제 협약(1990년)	1.1 및 7	연령으로 인한 차별 금지
장애인의 권리에 관한 협약(2006년)	13.1	장애인이 사법에 접근할 수 있도록 연령에 적합한 편의의 필요성을 인식
	16.2	학대를 방지하기 위한 연령을 고려한 조치
	16.4	연령을 고려한 회복 및 재활
	23.1b	생식 건강에 관한 연령에 적합한 정보
	25b	노인에게 발생하는 추가적인 장애를 최소화하고 예방하기 위한 서비스 제공
	28.2b	장애 노인의 사회적 보호 및 빈곤 감소 프로그램에 대한 접근 보장

이에 본 장에서는 국제인권규범 중 노인 권리에 관한 특별한 관심을 나타낸 문서들을 중심으로 살펴보도록 하겠다.

(1) 노인권리선언(1948년)

세계인권선언이 발표된 해와 같은 해인 1948년 유엔은 노인권리선언을 발표하였다. 노인권리선언은 가장 먼저 노인 권리에 대하여 언급하고 노인 인권을 논의할 계기를 마련하였다는 점에서 역사적 선언이다. 노인권리선언은 사회권을 중심으로 10가지 권리를 제시하였는데 원조받을 권리, 거주의 권리, 식사에 대한 권리, 의복에 대한 권리, 신체적 건강을 돌볼 수 있는 권리, 정신적 건강을 돌볼 수 있는 권리, 여가에 대한 권리, 노동의 권리, 안정에 대한 권리, 존경받을 권리를 제시하였지만, 선언적인 측면에만 그친 한계가 있다.

(2) 비엔나 국제 고령화 행동 계획(1982년)

1982년 7월 오스트리아(Austria) 비엔나(Vienna)에서 개최된 세계 고령화총회에서 '고령화 관련 비엔나 행동 계획'이 채택되고 같은 해 유엔총회에서 인준이 되었는데, 이를 흔히 '비엔나 국제 계획'이라고 명명된다. 계획은 고령화, 노인 문제 관련 정책과 사업의 수립, 지침을 위한 최초의 국제적인 도구이며 최초의 노인 대상 프로그램이다. 고령화에 효과적으로 대처할 수 있도록 정부와 시민사회의 능력을 강화하고 노인의 잠재적 개발 능력과 의존 필요성을 알리는 것을 목적으로 한다. 아울러 건강과 영양, 노인 소비자 보호, 주거와 환경, 사회복지, 소득 보장과 고용, 교육 등 7개 하위 분야에서 실시되어야 할 정책 방향 62가지가 권고되어 있다. 이후 유엔은 비엔나 고령화 국제 행동 계획을 채택한 이후 노인의 인권 증진을 위한 많은 방안을 마련하게 된다. 비엔나 국제 고령화 행동 계획은 원론적으로 유엔인권선언에 명시된 기본적이고 양도할 수 없는 인간의 권리가 노인에게도 충분히 적용되어야 한다는 것을 재확인하였지만, 노인 인권에 관한 구체적인 정책 제안은 하지 못했다.

(3) 노인을 위한 유엔원칙(1991년)

1991년 유엔은 독립, 참여, 보호, 자아실현, 존엄 등 5개 영역에서 정부가 고려해야 할 18개 원칙을 제시한 노인을 위한 유엔원칙을 제정하였다. 구체적으로 노인들의 건강과 영양, 노인 소비자의 보호, 주거와 환경, 가족, 사회복지, 소득 보장과 고용, 교육 등을 강조하고 있다. 이 원칙은 인구 고령화를 효과적으로 대처하도록 정부와 시민사회의 능력 강화 및 노인들의 잠재적 개발 능력의 필요성을 강조하고 있다. 이 내용에 따르면 노인 인권은 좁은 의미로는 노인이 학대받지 않을 권리부터 넓은 의미로는 연령 차별 없이 적극적으로 사회에 참여할 권리에 이르기까지 매우 광범위한 개념이라 할 수 있다. 또한 노인을 위한 유엔원칙 서문은 1982년 비엔나 행동 계획, 유엔의 국제 규약 등을 유엔 회원국들이 지킬 것을 촉구했다.

- **독립:** 노인은 적절한 의식주 및 건강 보호, 소득 보장, 고용, 적절한 교육과 훈련, 안전한 환경, 가능한 오랫동안 가정에서 살 수 있어야 함.
- **참여:** 노인은 사회 통합, 복지 정책 형성 및 지역사회에 대한 참여, 지역사회 봉사 참여, 노인을 위한 사회 운동 및 단체를 형성할 수 있어야 함.
- **보호:** 노인은 가족과 지역사회로부터의 돌봄 및 보호, 신체적 · 정신적 · 정서적 안녕의 최적 수준 유지, 사회적 법률 서비스 접근, 적정 수준의 시설 보호, 시설에 거주할 때도 존엄 · 신념 · 욕구 · 사생활 존중 및 인권과 자유를 향유할 수 있어야 함.
- **자아실현:** 잠재력 개발을 위한 기회 추구, 여가에 관한 자원에 접근할 수 있어야 함.
- **존엄:** 학대로부터의 자유, 존엄과 안전을 누릴 권리, 나이 · 성별 · 인종 · 장애 등에 상관없이 공정한 대우를 받을 수 있어야 함.

(4) 마드리드 국제 고령화 행동 계획(2002년)

2002년 스페인 마드리드에서 제2차 고령화총회가 개최되고 마드리드 국제 고령화 행동 계획(MIPAA)이 채택되었다. 이 계획은 모든 사람이 존엄성을 갖고 안전하게 노후를 보내며 완전한 권리를 가진 시민으로서 사회에 계속하여 참여하도록 보장하기 위함을 목적으로 한다. 계획은 서문, 행동을 위한 권고, 이행과 후속 조치, 3개의 장 132문항으로 구성되어 있으며, 행동 권고 부분에서 노인과 발전, 노년까지의 건강과 안녕 증진, 능력을 부여하고 지원하는 환경 확보 등 주요 정책 방향을 설정하고, 그 아래 18개 분야의 과제를 제시하여 분야별 목표와 행동 지침을 권고하고 그 이행과 후속 조치를 권고한다.

마드리드 국제 고령화 행동 계획은 사회와 발전에 적극적 참여, 일자리 보장과 사회 참여, 의료 서비스 접근, 세대 간 연대성, 생활 환경의 지원에 관한 법제 정비, 노인 학대 근절을 위한 법률 제정 및 시민사회와 정부와의 협력 체계 구축, 지원 서비스 신설 등 다양한 행동 계획을 제시하고 있다. 마드리드 국제 고령화 행동 계획 발표 이후, 유엔은 각 회원국이 연령 차별, 노인 유기, 학대 · 폭력 방지 대책 및 노인에 대한 부정적

이미지 개선 대책 등을 마련할 것을 권고하고 각국의 이행 상황을 주기적으로 모니터링할 것을 결정했다. 그러나 마드리드 국제 고령화 행동 계획에 대한 제2차 재검토 및 평가 결과에 따르면 회원국들의 고령화 대비 조치들이 제대로 이행되고 있지 않았고, 그 이유는 부족한 인력과 재정 상태 때문에 정책 설정과 이행 사이에는 많은 차이를 보였다.

(5) 제2차 세계 고령화총회 후속 보고서(2011년)

유엔사무총장의 '제2차 세계 고령화총회 후속 보고서'에서 처음으로 노인의 현재 인권 상황에 초점을 두었다. 빈곤과 부적절한 생활 조건, 나이와 관련된 차별, 폭력과 학대, 특별한 조치·장치 및 서비스의 부족이 주요 사안으로 강조되었고, 노인 인권보장 장치의 필요성을 과제로 제시하였다. 이런 다양한 사안 중에서 사무총장이 더욱 강조한 바는 빈곤과 부적절한 생활 조건에 관한 것이었다. 즉, 홈리스 상태, 영양 부족, 돌보는 이 없는 만성 질환, 안전한 물과 위생에 대한 접근 결여, 감당하기 어려운 의약품과 치료, 소득 불안 등을 노인 인권 문제로 보았다. 또한 이 보고서에서 남성과 여성, 도시와 농촌 인구, 교외 거주지와 빈민 지역 간 격차를 포함하여 노인층의 생활 수준이 다른 인구 집단과 비교할 때 상대적으로 매우 낮다는 점을 강조하였다. 이 보고서에서는 세계 여러 나라의 노인 인권 상황에 초점을 맞추었는데, 노인층의 권리 향유에 있어서 직면하는 여러 어려움 및 이에 대한 정부의 대응 사례들을 제시하였다. 이와 관련 법과 정책, 차별, 폭력과 학대, 재정적 착취, 건강, 장기 돌봄과 가정 돌봄, 사회보장과 사회적 보호, 노동, 성인 및 지속 교육, 정치 결정, 정치적 그리고 문화적 생활에의 참여, 사법과 재판상 법적 구제로의 접근 등 특수한 인권 이슈에 대한 국가적 대응에 주목하였다.

(6) 유엔인권최고대표 보고서(2012년)

'노인의 인권 상황에 관한 유엔인권최고대표 보고서'에서는 연령 차별, 법적 능력과 법 앞에서의 동등한 인정, 장기 요양, 폭력과 학대, 노년기 생산적 자원·일·음식·주택으로의 접근, 사회적 보호와 사회보장에 대한 권리, 건강권과 존엄한 죽음, 고령과 장애, 투옥 중인 노인과 사법 정의에 대한 접근에 대해 주목하였다. 이 보고서는 노인이 당면한 인권 문제 관련 실태 보고서의 성격을 지니는데, 개별 국가 및 국제적 차원에서 노인의 인권 보호를 위한 제도적 준비의 부적절성을 지적하였고, 노인의 인권 보호를 위한 국제적 차원에서의 제도적 마련이 더 지체되지 말아야 함을 강조하였다.

(7) 그 외 국제 보고서

① 유엔세계인권선언

1948년 12월 10일 제3차 유엔총회에서 의결하여 선포한 세계인권선언은 국제사회의 모든 사람에게 적용될 수 있지만 '노인'이나 '연령'이라는 구체적 표현이 없다. 특히 제2조의 차별 기준에 '연령' 또는 '노령'이라는 것이 포함되어 있지 않고, 인종, 피부색, 성, 언어, 종교 등 이들과 유사한 어떠한 이유라는 표현만 나와 있어 한계가 있다.

하지만 제25조에서는 "모든 사람은 식량, 의복, 주택, 의료, 필수적인 사회 역무를 포함하여 자신 및 가족의 건강과 안녕에 적합한 생활 수준을 누릴 권리를 가지며, 실업, 질병, 장애, 배우자와의 사별, 고령, 그 밖의 자신이 통제할 수 없는 상황에서의 다른 생계 결핍의 경우에 사회보장을 누릴 권리를 가진다."라는 규정을 두어 노인 인권을 언급한 바 있다. 세계인권선언은 보편적인 국제기구에 의하여 주창된 최초의 포괄적 인권 문서인 동시에 세계에서 가장 널리 인정된 인권선언문이지만, 연령 차별 금지 등 실제적 구속력은 없었다.

② 유엔사회권규약

사회권 규약은 제9조에서 "모든 사람의 사회보험을 포함한 사회보장에 대한 권리"를 다루고 있기는 하지만 노인의 권리에 대해 명시하지 않는다. 일반 논평은 인권조약에 따라 만들어진 조약위원회가 조약의 조문을 해석을 통해 풍부하게 만들고, 국제인권규범의 구체적 이행을 담보하는 데 중요한 역할을 한다. 1995년 사회권규약위원회는 일반 논평 제6호로 노인의 경제적·사회적 및 문화적 권리를 발표하였는데, 당사국이 인구 고령화를 대비하여 사회보장 등 사회·경제 정책을 변경시켜야 하는 과제에 직면해 있음을 밝히고, 특히 개발도상국에서 청장년층의 이주 및 그로 인한 노인 부양이라는 가족의 전통적 역할 약화로 인해 사회보장제도의 부재 혹은 결핍 현상이 심화하고 있음을 적시하였다. 또한 규약 당사국들이 노인의 경제적·사회적 및 문화적 권리의 증진 및 보호에 특별한 관심을 기울일 의무가 있음을 밝혔다. 그러나 노인에 관해 일반 논평을 한 사회권규약위원회의 논의에서도 노인 인권 관점은 충분하지 않았다.

아동이나 여성과 같은 다른 집단과 다르게 노인의 권리와 관련해서는 국제 조약도 없고 구속력 있는 장치도 없다는 측면에서 사회권규약위원회의 역할은 중요한데, 2017년 10월 사회권규약위원회에서는 대한민국 사회권 규약 이행 상황 4차 정부 보고서에 관한 최종 견해를 국내에 알렸다. 최종 견해는 30개의 자세한 분야와 총 71개에 달하는 우려 및 권고 사항이 제시되었는데, 이 중 부양의무자 기준을 완화할 것, 노인 학대 및 아동 학대 방지를 위한 대책을 마련할 것, 자살 예방 노력을 강화할 것 등이 노인과 관련한 분야이다.

③ 기타

이 외에도 국제노동기구(ILO)는 '사회보장의 최저 기준에 관한 협약(1952년)' 및 '장애 · 노령 · 유족 연금에 관한 128개조 협약(1967년)' 등을 맺었으며, 경제 협력 개발기구(OECD)는 '고령 사회 대비 7대 원칙(1998년)'을 정하였는데, 이 중 일부는 노인 인권 관련 내용을 담고 있다. 또한 여성차별철폐위원회의 일반권고 제27호는 사회보장의 양성 평등을 다루는 한편, 정년퇴직에 있어 여성을 차별하지 않고 연금 정책을 차별적인 방식으로 운영하지 않도록 회원국에 권고한 바 있다.

2) 국제적 협약 제정의 필요성

국제적인 협약으로 여성, 장애인, 아동 등의 권익 보호와 관련해서는 있지만, 노인과 관련해서는 아직 국제 협약이 존재하지 않는다. 1982년 고령화에 대한 비엔나 국제 행동 계획이 채택된 이후 1991년 채택된 노인을 위한 유엔원칙과 2002년의 마드리드 국제 행동 계획 등 몇 개의 선언적인 문서들이 존재하였지만, 구속력이 있는 국제 조약으로 채택된 것은 아니었다. 2010년 전후 유엔고령화공개실무그룹을 설립하고 총 7차례의 회의를 개최하는 등 노인의 권리에 관한 협약 성안 필요성을 검토하고, 일반적 인권 선언이나 권리협약에서 다루기 어려운 노인 문제를 해결하기 위하여 별도 협약이 필요하다는 점을 강조하였다.

노인 인권이 국제적인 조약으로 제정되면 국제법에 따른 당사국의 의무가 존재하게 되고, 그 실천에 대한 모니터링이 가능하다는 측면에서 조약 제정의 필요성이 강조되며, 인권 관련 핵심 헌장기구와 세계 주요 시민 단체들이 적극적으로 논의하여 노인인권규약 제정을 위해 준비하고 있다. 그러나 국가 간의 차이와 동서 진영 간의 충돌 등으로 여전히 국제적인 노인인권협약은 채택되지 않고 있으며, 주요한 이유로는 규약을 설립하고 이행하는 데 필요한 비용 부담 및 선진국과 개발도상국 등 각국의 미묘한 견해 차이 때문이다.

2013년 발표된 '비엔나+20 시민사회선언[3]'의 노인 권리(Rights of Older Persons) 영역에서 인구 고령화는 21세기 가장 중대한 전 지구적 추세로 노인 권리를 기존 인권 구조 내 주류화하려는 노력은 있었지만 이의 한계가 분명하므로, 국제 노인인권협약에 대한 요구가 있음을 천명하였다.

비엔나+20 시민
사회선언

이러한 국제적 흐름 가운데 2015년 10월 '아셈 노인 인권 콘퍼런스'가 서울에서 개최되었으며, 2014년에는 유엔은 노인 인권 독립 전문가를 새롭게 임명하였다. 또한 2016년 7월 아셈정상회의에서는 아셈노인인권정책센터 대한민국 개소를 승인하였고, 2018년 6월 아셈노인인권정책센터가 서울에 개소하였다. 향후 노인인권규약의 제정 등에 있어 한국에서는 활발한 개진을 할 수 있으리라 기대된다.

> 노인권리협약은 이전의 국제 조약이 제공하지 못하였던 각종 보장과 지원을 제공하는 법적 구속력이 있는 문서로서 기능할 것이고 그동안 노인 권리 보장과 관련하여 존재해 왔던 규범 격차를 없앨 것이다. 노인권리협약이 제정되는 경우 각국 정부는 국내적으로 그러한 조약을 이행할 국내법과 기준을 만들어 고령화 혹은 고령 사회에서 노인의 권리가 실현되도록 지원해야 할 것이고, 이를 통하여 노인의 삶은 질은 보장되고 개선될 것이다.

출처: 국가인권위원회(2017a).

4. 한국의 상황

1) 노인의 연령 기준

한국은 국내법상 다음과 같이 노인 또는 고령자 등으로 구분하고 있다.

- **노인복지법**: 생업 지원(제25조), 경로 우대(제26조), 건강 진단(제27조), 상담 입소 등의 조치(제28조)의 대상자로 '65세 이상 국민'으로 규정
- **국민건강보험법**: '65세 이상인 자' 보험료 경감 규정(제66조의2)
- **국민연금법**: 노령 연금 지급 60세 기준(제57조)

---

3) https://viennaplus20.files.wordpress.com/2013/04/vienna20-cso-declaration-final.pdf

● **고령자 고용 촉진법:** 고령자는 55세 이상인 자로, 준고령자는 50세 이상 55세 미만인 자로 규정(제2조)
● **기초연금법:** 기초연금 지급 65세 규정(제3조)
● **노인장기요양보험법:** '노인 등'이란 65세 이상의 노인 또는 65세 미만의 자로서 노인성 질병을 가진 자(제2조)

2) 노인 인구 현황

한국 고령화 속도는 세계 최고 수준을 기록하고 있으며, 전쟁 이후 태어난 베이비붐 세대(1955~1963년 출생)가 노인 세대로 진입하는 2015년을 기점으로 노인 인구 비율이 아동 인구를 추월하게 되었다. 통계청 자료에 따르면, 한국의 65세 이상 노인 인구 구성비는 1960년 2.9%에 불과하였으나 2000년 7%를 넘어 고령화 사회(aging society)로, 그리고 2017년 14.0%를 넘어서 고령 사회(aged society)로 진입하였다. 이후 노인 인구 비율은 계속 증가하여 2026년 20%를 넘어 초고령 사회(super-aged society)에 진입할 예정이며, 2065년에는 40%를 초과할 것으로 전망된다.

보건복지부(2019a)의 보건복지통계연보에 따르면 2018년 65세 이상 노인 인구는 737만 명으로 전체 14.3%로 나타났으며, 2025년에는 20.3%까지 증가할 것으로 전망하였다. 65세 이상 인구를 15~64세 인구로 나눈 노년 부양비는 2018년 19.6%에서 장래 인구 추계에 비추어 2050년의 노년 부양비는 77.6%로 많이 증가하여 생산 가능 인구 약 1.3명이 노인 1명을 부양할 것으로 예상하고 있다.

한국 사회는 유교 문화의 영향으로 '효(孝)'를 기반으로 한 노인의 가족 부양을 당연히 여겨 왔다. 그러나 도시화와 더불어 핵가족이 늘어나고 가족의 부양 기능이 약해지면서 대대로 전해져 오던 '효' 사상에 기대어 가족 등 기존 사적 체계가 오롯이 노인을 부양하는 것은 불가능한 상태가 되었다. 이러한 문제는 심각해져서 급기야 노인 학대 또는 간병살인이라는 극단적인 인권 침해 상황까지 나타나게 되었다.

국제적으로는 대부분의 선진국이 '노인을 위한 유엔원칙' 및 '마드리드 국제 고령화 행동 계획'에 근거하여 노인 인권 관련 정책을 개선해 오고 있다. 한국 사회는 산업화 및 급격한 고령화 등으로 인해 경제적 측면에서 노인 문제 대응에 집중하는 등 향후 노인 인권 개선에 보완해야 할 사항이 많다.

3) 노인 인권 실태

① 의식주 분야

의식주는 노인을 포함한 모든 인간의 삶 유지에 있어서 가장 기본적인 분야이다. 식생활은 사회경제적 요인, 건강 상태 등의 영향을 받으며, 노화가 진행될수록 섭식 기능 저하 및 영양 부족의 위험에 노출될 위험이 있다. 또한 환경이나 건강 상태에 맞는 의생활 보장 및 노인에게 적절한 주거 환경은 노인 인권의 기본 조건이 된다. 특히 노인은 직장에서의 은퇴, 자녀의 독립, 배우자의 사망 등 여러 가지 요인으로 사회적 관계가 위축되고 노화로 인한 건강 악화로 집에서 보내는 시간이 많아진다. 뿐만 아니라 시력 저하, 균형감각 저하, 근력 저하 등 신체적 노화로 인한 주택 내 낙상 등 안전사고는 자칫 사망으로까지 이어질 수 있는 심각한 결과를 초래하기도 하기에 적절한 주거는 더욱 인권에 있어 중요한 분야이다.

국가인권위원회(2017b)에 의하면 노인의 인권 침해 경험은 기본 생활 분야에서 필요 식품 마련의 어려움(22.2%), 상황에 따른 적절한 의복 마련의 어려움(22.2%), 주거 환경이 좋지 않음(18.6%), 주거 내 에너지 사용 어려움(15.6%) 등으로 나타났다.

② 소득 분야

노년기는 일자리에서 벗어나 은퇴하는 시기로 본인의 노동력으로 인한 고정적인 수입은 단절되고 의료비 증가 등으로 인해 빈곤에 노출되기 쉽다. 소득 보장은 빈곤으로 인한 인간의 기본적인 삶의 질 저하를 일으키지 않도록 최소한의 수입을 사회적 제도를 통해 확보할 수 있도록 이루어져야 한다. 이에 노인에게 있어 소득 보장은 절대 조건을 결정하는 인권 보호 및 증진에 있어 주요 영역이다.

OECD가 발표한 '불평등한 고령화 방지 보고서(2017)'에 의하면 한국의 노인 빈곤율은 OECD 회원국 중 1위로 나타났다. 66~75세의 노인의 상대적 빈곤율은 42.7%, 76세 이상은 60.2%로 연령이 증가할수록 빈곤율 또한 증가 추세였으며, 이는 OECD 회원국 평균인 10.6%를 크게 상회하는 수치이다. 그뿐만 아니라 헬프에이지인터내셔널이 개발한 세계 노인복지지표[4]에 따르면 2018년 한국 노인의 사회경제적 복지 수준은 91개 국가 중 67위로 나타났으며, 특히 소득 보장은 90위로 매우 열악하게 나타났다.

---

[4] http://globalagewatch.org/reports/global-agewatch-insights-2018-report-summary-and-country-profiles/ (최종 접속일: 2020. 8. 1.)

국가인권위원회(2017b) 실태 조사에 의하면 공적 연금의 불충분성(30.7%)이 가장 높은 비율로 나타났으며, 생계 유지가 불가능함에도 국가로부터 도움받지 못하거나 (24.1%), 가족이나 지인으로부터 도움받지 못한 경우(28.9%), 일한 대가로 최저임금 이상을 받지 못하는 경우(25%), 원하는 재무 계획 상담이나 서비스를 받지 못하는 경우 (28.2%)로 나타났다.

③ 건강 · 돌봄 분야

노년기는 기능 손상과 질병으로 신체 건강이 취약해지는 시기이므로 신체 건강 증진을 위한 공적 지원이 중요하며, 이러한 돌봄에 대한 보장은 노인의 기본 권리로서 존엄성이 유지된 상태에서 돌봄이 이루어져야 할 것이다. 노인은 정당한 보살핌과 보호를 받고, 신체적 · 정신적 · 정서적 안녕의 최적 수준을 유지하거나 되찾고, 질병을 예방하거나 그 시작을 지연시키는 건강 보호에 접근할 수 있어야 한다. 헬프에이지인터내셔널이 개발한 세계 노인복지지표[5]에 따르면 2018년 한국 노인의 건강 상태는 91개 국가 중 8위로 상대적으로 높게 나타났다.

국가인권위원회(2017b) 실태 조사에 의하면 몸이 불편해 치료를 받고 싶었지만 받지 못함(19.5%), 건강을 위해 하고 싶은 것을 하지 못함(17.7%), 정신건강 상담이나 치료를 받지 못함(16.2%), 치매 염려로 상담이나 도움을 받지 못함(15.6%), 몸이 불편하나 돌봄을 받지 못함(16.3%) 등의 비율이 7~8명 중 1명이 경험한 것으로 나타났다.

보건복지부(2019a)의 보건복지통계연보에 따르면 65세 이상 노인 인구 중 추정 치매 환자는 2017년 기준으로 약 70만 5천 명, 평균 치매 유병률은 10.0%로 나타났다. 또한 65세 이상 노인 인구 중 치매 환자는 2016년 66만 명이었으나 2024년에 1백만 명, 2039년에 2백만 명, 2050년에 3백만 명을 넘어설 것으로 추정된다. 치매 환자 1인당 연간 관리 비용을 2017년 4분기 월평균 가구소득 대비를 이용하여 산출한 연간 가구소득 5,334만 원의 38.9%가 예상되는 것으로 통계청 가계동향조사에서 나타났다.

현재 「국제인권법」상 장기 요양에 관한 권리를 전적으로 다룬 국제인권기준이 부족한 실정이다. 하지만 장기 요양에 관한 권리가 충족되어야 노년기 사회보장을 받을 권리 및 보건 의료에 관한 권리가 보장된다는 인식이 확산되고 있으며, 평균 수명의 연장으로 외상 및 치매 노인의 증가와 가족의 부양 기능 약화는 이러한 인식을 뒷받침한

---

5) http://globalagewatch.org/reports/global-agewatch-insights-2018-report-summary-and-country-profiles/ (최종 접속일: 2020. 8. 1.)

다. 대부분 노인에 대한 요양은 여성 가족 구성원에 의존하는 경우가 많으며, 여성의 대가 없는 돌봄 노동은 성차별적 규범과 여성의 사회화를 가로막는 걸림돌이 되고 있다. 노인의 권리에 대한 논의에는 반드시 사회적 돌봄 및 장기 요양에 대한 논의가 포함되어야 하며, 가족 중심의 사적 돌봄에 전적으로 맡길 것이 아니라, 국가가 노인의 사회보장에 대한 권리를 어떻게 온전히 보장할 것인가가 논의의 핵심이 되어야 할 것이다.

④ 고용 · 노동 보호 분야

고령 노동은 노동의 연령 차별 문제, 소외된 노동 문제가 있다. 노인의 노동권은 강제된 은퇴 등으로 쉽게 박탈당할 수 있다. 뿐만 아니라 한국 사회에서 일자리에서 은퇴한 이후, 조부모의 황혼 육아 및 노노(老老) 돌봄은 노인층의 불편함이나 부당함 등 노인 인권 보호 및 증진 차원에서 재조명할 필요가 있다.

국가인권위원회(2017b) 실태 조사에 의하면 고용 · 노동 분야의 노인 인권 침해 경험률이 50% 내외로 다른 영역에 비해 높은 편으로 나타났다. 특히 일을 더 하고 싶어도 나이 때문에 은퇴해야 했다는 비율은 61.2%로 가장 높은 편이며, 일자리를 얻거나 취업하기 어려움(58.5%), 경험과 능력을 발휘할 수 있는 일자리를 찾기 어려움(58.3%), 일자리를 찾는 데 필요한 훈련 및 교육을 받기 어려움(51%), 나이로 인해 일자리 또는 직장에서 차별(44.3%), 나이에 적합한 근무 환경에서 일할 수 없음(48.1%)으로 나타나 우리 사회 고용 · 노동 보호에 대한 사회적 지원의 시급함을 보여 준다.

⑤ 사회 참여 · 통합 분야

사회 참여 · 통합은 노인들의 활동적인 노화에 필수적 요소로, 노인들이 다른 사회 구성원들과 사회관계를 형성하거나 함께 사회 활동에 참여하는 것을 의미한다.

국가인권위원회(2017b) 실태 조사에 의하면 세대 간 소통의 어려움(40.4%), 중요 결정에 노인의 의견 미반영(30.7%), 인터넷 및 스마트폰 사용의 어려움으로 인한 사회 활동 제약(29.9%)에서 비율이 높은 편으로 나타났다.

⑥ 존엄 · 안전 분야

모든 인간에게 있어 생명권이란 다른 인권의 기본 전제 조건이 된다. 노인은 신체 기능 저하, 경제적 취약성, 치매 · 질병 · 장애 등으로 인한 의존성 등으로 인해 존엄 · 안전 분야는 생명에 직결되는 주요한 인권 영역이 된다. 이와 관련하여 노인 자살, 고독사, 호스피스 미비, 무의미한 연명 치료 등은 노인 인권에서 존엄한 죽음을 맞이할 권리의 측면에서 논의할 수 있다.

노인은 인지 능력의 변화, 만성 질환 등으로 일상생활 활동에 제한을 받고 자신을 보호할 능력이 감소하여 안전에 취약할 가능성이 큰 편이다. 노년기의 안전한 생활은 교통사고, 낙상사고, 약물, 중독사고, 식품 및 위생 사고, 범죄사고, 재난사고, 실종사고 등 각종 안전사고로부터의 보장과 관련되므로 노인 인권 차원에서 중요 영역의 하나라 할 수 있다.

OECD가 발표한 '불평등한 고령화 방지 보고서(2017)'에 의하면 노인 자살률은 OECD 회원국 중 1위(2014년 기준)로 인구 10만 명당 54.8명으로 매우 높게 나타났다. 또한 국가인권위원회(2017b) 실태 조사에 의하면 학대나 방임(10%), 나이로 인한 차별(21%) 경험이 있다고 응답하였으며 자살 생각(26%), 안전사고 경험(25.8%), 고독사 염려(23.6%)를 한 것으로 나타났다.

중앙노인보호전문
기관 노인 학대
알기

보건복지부(2019a)의 보건복지통계연보에 따르면 노인을 유기 또는 방임하거나 신체적 · 정신적 · 성적 폭력 및 경제적으로 착취하는 노인 학대 접수 건수도 매년 증가하여 2018년 5,188건으로 2011년 2,368건에 비해 2.2배 상승하였다. 학대 유형별로는 전체 노인 중 신체적 학대(7.4%), 정서적 학대(7.0%), 방임 (4.7%), 자기방임(1.8%), 성적 학대(1.2%)의 순이었으며 이 중 두 가지 이상의 복합적 학대가 있는 중복학대(76.9%)도 있는 것으로 나타났다. 학대 행위자는 수년간 학대 피해 노인의 아들이 가장 높은 비율을 보여 왔으며, 학대 행위자가 배우자인 경우가 2순위로 최근에는 그 비율이 높아지고 있다. 또한 학대 피해 노인 본인이 자신을 돌보지 못하거나 의도적으로 돌보지 않는 학대 행위자가 본인이 되는 비율은 2014년 463건(11.9%)에서 2018년 240건(4.2%)으로 48.2% 감소하였다. 현황 보고서에 따르면 노인 학대는 여러 유형이 동시다발적으로 발생하며, 보통 정서적 · 신체적 방임 학대 유형의 순으로 나타났다. 주목할 만한 것은 학대 피해 노인 중 치매를 진단받았거나 치매가 의심되는 사례는 2014년 949건에서 2018년 1,207건으로 약 27.2% 증가하였다는 점이다.

노인 학대와 관련하여 유엔과 세계 노인 학대 방지 네트워크(INJPEA)는 노인 학대 예방 및 관심을 촉구하기 위해 매년 6월 15일을 '세계 노인 학대 인식의 날'로 정하였고, 한국도 2017년부터 「노인복지법」 개정을 통해 '노인 학대 예방의 날'을 통해 범국민 인식 개선을 하고자 노력하고 있다.

⑦ 국가 인권 정책 기본 계획(NAP)

국가 인권 정책 기본 계획은 인권과 관련한 법·제도·관행 등의 개선을 목표로 설정된 인권 정책 종합 계획으로 국내 및 국제 사회에 국가 인권 정책의 청사진을 제시한다.

국가인권위원회는 2006년, 2012년, 2016년에 각각 인권 정책 기본 계획 수립을 정부에 권고하였고, 정부는 2007년 제1기, 2012년 제2기, 2018년 제3기 국가 인권 정책 기본 계획을 수립 및 확정하였다. 국가인권위원회가 권고한 제3기 인권 정책 기본 계획은 생애 주기를 고려한 아동, 여성, 노인 등의 인권 증진 문제를 중점적으로 발굴하였고, 특히 고령 사회에서 노인 삶의 질 향상을 위한 인권보장 목표와 노인의 경제적 안정과 건강권 보장을 정책 방향으로 제시하였다. 주요 내용으로는 노인 빈곤과 건강권에 대한 사회적 안전망 구축, 연령 차별 근절 대책 마련, 공적 연금 개선, 노인의 사회 공헌 활동 접근성 강화, 노인 학대 예방, 독거노인 인권 보호 대책 마련 등을 권고하였다.

⑧ 아셈노인인권정책센터

아셈노인인권정책센터는 2016년 7월 제11차 아셈정상회의에서 대한민국이 설립을 추진하도록 승인되었으며, 개소에 앞서 노인 인권 심포지엄 개최(2015년), 아셈 노인 인권 전문가 포럼 개최(2016년) 등이 진행되었고 지난 2018년 6월 서울에 개소하였다. 2017년에는 아셈 노인 인권 콘퍼런스, 세계 국가인권기구 연합 노인 인권 특별회의, 아셈노인인권정책센터(ASEM Global Ageing Center) 운영을 위한 라운드 테이블 회의 등이 개최되었다. 아셈노인인권정책센터는 아셈 회원국 간 노인 문제를 해소하고 노인의 인권 보호와 증진에 기여하기 위한 국제인권기구로 노인 인권 정책 연구 및 지표 개발, 노인 인권 현황 모니터링, 노인 인식 개선 및 인권옹호를 위한 교육 홍보, 노인 인권 정보 서비스 제공 등을 추진한다.

아셈노인인권정책센터(AGAC)

4) 향후 과제

국가인권위원회(2017b) 실태 조사에서는 노인 인권 정책의 우선순위를 선정하였는데 **생명권 보호, 빈곤 예방 및 해소, 세대 교류 및 소통 증진, 일자리 또는 고용 기회 보장, 소득 보장, 가족 돌봄 노동 보호 및 지원**으로 하였다. 또한 이 외 정신건강, 주 생활 보장, 학대 예방 및 대응을 포함하였다.

노인 정책 전반에 인권 관점의 실천을 도입하고 이를 보다 확산시켜 나가기 위해서 노인 인권 정책의 방향을 노인 인권 패러다임 전환, 노인 자기결정권 존중, 노인 인권 관련 법적 기반 강화, 노인 인권에 대한 인식 개선, 노인 인권 보호 및 증진을 위한 협력 체계 구축으로 설정하는 것이 필요하다. 국가인권위원회 역시 2001년 설립 이후 세 차례에 걸쳐 정부에 국가 인권 정책 기본 계획을 권고하면서 노인 인권 보호를 강조하고 있다.

사회복지계에서는 지금까지 잔여적 복지에 근거하여 진행된 노인 복지서비스를 보편적 복지로 전환하고 노인을 서비스의 대상으로 설정하는 시혜적 접근에서 벗어나는 것이 시급하다. 또한 노인을 주체적인 존재로 바라보고 자기결정권 보장, 독립적 생활 능력의 시기 및 이를 위해 필요한 지원 등에 대한 다양한 선택안에 대한 접근성 및 선택 보장 등의 자력화를 지원하는 것이 필요하다. 또한 치매 노인 등의 인권을 보호자나 돌봄 제공자가 결정하는 것이 아닌 당사자주의에 입각한 전문적인 의사 결정 지원, 모든 형태의 노년기 폭력과 학대를 예방하기 위한 인식 제고 및 기타 조치, 노인 인권 관련 교육 시행 및 인권 친화적 사회복지서비스 제공 등이 필요할 것이다.

최근 코로나19 위기 상황 속에서 각국의 노인 사망률은 노인 인권의 취약성을 더욱 선명하게 보여 주었고, 요양원 등 집단 시설에 대한 인권의 논의는 더 이상은 방관하거나 미룰 수 없는 현실이 되었다.

국가인권위원회 코로나 19 노인 인권 성명서

5. 사례와 토론

죽은 걸까? 죽인 걸까? …… '그것이 알고 싶다'가 조명한 '간병살인'

간병에 지쳐 돌보던 이를 살해하는 이른바 간병살인이 방송을 통해 조명됐다. 방송된 108건의 판결문을 살펴보면, 평균 6년 5개월 동안 가족을 돌보다 결국 우울증에 빠져 극단적인 선택을 하게 됐다. 이들은 분명 범죄자다. 그러나 과연 개인의 잘못으로만 볼 수 있을지는 의문이다.

15일 방송된 SBS 〈그것이 알고 싶다〉에서는 '간병살인—간병에 지친 가족이 돌보던 이를 살해하는 범죄'라는 제목으로 간병살인을 집중 조명했다.

2015년 9월 12일 차에서 여자가 죽은 것 같다는 신고가 들어왔다. 숨진 여성이 발견된 곳은 고속도로 옆 인적이 드문 시골길 차 안이다. 신고자는 사망한 여성과 이혼한 전남편이다. 정황상 용의자로 지목됐던 전남편은 경찰 조사가 시작되자 방조자로 신분이 바뀌었다. 유방암 3기 진단을 받았던 아내는 극단적인 선택을 계획하고 있었다. 전남편은 "아내가 2014년 11월 나에게 전화해 '나는 이제 끝났어.'라고 했다. 시간이 나면 전화해 '알아보고 있어?'라고 했다."라고 회상했다. 전남편은 아내를 만날 때마다 드라이브를 나가 아내가 죽을 자리를 알아봐야 했다. 아내는 뇌졸중으로 쓰러진 노모와 장애인 딸을 보살펴야 하는 상황이었다. 10개월간 아내를 설득했지만 결국 차에서 아내의 자살을 돕게 됐다.

파킨슨병을 앓던 어머니를 돌보다 그 옆에서 뇌출혈로 숨진 딸이 요양보호사에 의해 발견된 사건도 있었다. 요양보호사는 "할머니가 골다공증이 심해 재채기만 잘못해도 척추가 부러졌다."라며 "파킨슨병을 앓던 어머니는 딸이 죽어갈 때 의식이 분명히 있었다. 할머니 고개가 오른쪽으로 고꾸라져 있었다. 딸이 죽어 가는 모습을 봤을 거 아니냐. 너무 아프더라."라고 말했다.

(중략)

방송에선 '노노간병'에 대해서도 집중 조명했다. 치매 아내 간병살인 피의자 김수천(가명) 씨는 "같이 가려고 했는데 혼자 보낸 거나 마찬가지다."라며 "뜻대로 안 돼 혼자 살아 있다. 잘 안 돼 애들한테도 부담이 됐다."라고 했다.

치매 남편 간병 6년 차인 박경자(가명) 씨는 "얌전했던 사람인데 너무 난폭해졌다."라며 "암 환자는 선이 있는데 이건 선이 없다. 5년이 될지 10년이 될지 모른다."라고 말했다. 박 씨는 "디스크에 협착증이 왔다. 수술해야 하는데 입원을 할 수가 없다. 한 달 동안 어떻게 비워 놓나."라고 덧붙였다.

이처럼 간병에 지친 가족이 돌보던 이를 살해하거나 스스로 목숨을 끊는 '간병살인'은 생각보다 심각했다. 제작진은 108건의 간병살인 판결문을 보면 개인의 잘못으로 보는 것이 옳은 것인지에 대해 의문을 제기했다. 간병살인의 평균 간병 기간은 6년 5개월이다.

간병비로 인한 경제적 부담도 적지 않다. 치매 어머니, 치매 의중 아버지와 생활하는 반○○ 씨는 매달 간병비로 400만 원을 지출하고 있다고 했다. 반 씨는 "치매 가정에서 겪고 있는 어려움은 간병비. 간병비를 아끼려고 대신하는 순간 모든 일상이 정지된다."라고 했다.

정○○ 서울대 사회복지학과 교수는 이에 대해 "첫째는 믿고 맡길 만한 요양병원이 없다. 두 번째는 부담이 크다. 저소득 같은 경우."라고 지적했다.

제작진은 일본 사례를 제시하며 '간병은 지자체에서 개입해야 하는 복지의 개념'이라고 했다. "6년 뒤 인구의 20% 이상을 65세 이상 노인이 차지하는 초고령 사회가 될 것"이라고 예측한 제작진은 "대부분 사람이 마지막 10년은 간병을 필요로 한다."라고 했다.

간병살인

이○○ 숭실사이버대 기독 상담복지학과 교수는 간병살인에 대해 "죽은 걸까, 죽인 걸까. 지금부터라도 해야 한다. 아직도 없는 시스템이다."라고 했다.

출처: 국민일보(http://news.kmib.co.kr/article/view.asp?arcid=0014243231&code=61172211&cp=nv, 입력: 2020-02-16 06:09/수정: 2020-02-16 10:49).

토론하기

☑ 노인 돌봄은 가족에게 어떤 문제를 가져오고 있는가?

☑ 노인 돌봄의 구조적 문제는 무엇인가?

☑ 노인 돌봄은 누구의 책임인가?

☑ 무엇이 필요한가?

제12장

장애인과 인권

Human Rights
and
Social Welfare

많은 장애인은 장애를 이유로 기본적인 인권은 물론 비장애인과 동등한 수준의 권리를 향유하거나 기회를 제공받지 못하였다. 심지어 한국을 비롯한 많은 국가에서 시설 등에 구금되어 심각한 인권 침해를 경험하기도 하였다. 이러한 열악한 상황에 놓여 있던 장애인의 인권은 당사자 및 함께하는 수많은 이의 노력으로 지난한 과정을 통해 점진적으로 개선되어 왔다.

장애인 인권에 관한 국제인권규범은 유엔장애인권리협약이 있으며, 초안 작성부터 유엔, 정부, 장애인, 시민 단체가 중요한 관계를 구축하고 논의 및 조정을 통해 제정된 강력한 규범이다. 이 장에서는 여덟 번째 국제인권조약이자 범세계적 차원의 규범인 유엔장애인권리협약을 중심으로 장애인과 인권을 알아보고자 한다. 장애인을 복지의 대상으로 접근하는 기존의 시혜적인 관점에서 인간의 존엄과 권리 중심의 관점으로 확장시킴에 학습의 목표가 있다.

1. 역사적 개요

고대 사회에서 장애인의 처우는 유기, 학대가 주류였으며 중세에 이르기까지 장애인을 차별하고 배척하는 사회가 보편적이었다. 중세 시대에는 성직자와 수도원을 중심으로 장애인을 보호하기 위한 시설이 설립되기도 하였다. 19세기 산업화 및 도시화 이후 생산을 위한 노동력이 중시되는 사회로 변모하면서, 장애인은 지원과 보호의 대상이 되었고 유럽 각지에서는 장애인 보호 시설이 생기기 시작하였다. 그러나 이 시기 장애인에 대한 인식은 비장애인과 동등한 권리를 가진 인간으로 인식함에는 한계가 있었다. 제1차와 2차 세계대전을 겪으면서 전 세계는 노동력이 부족해졌고, 전쟁에 참가했던 이들을 대상으로 한 치료와 재활의 중요성이 대두되기 시작하였다. 그 이후 의료 및 재활 분야, 사회보장제도 등이 발달하면서 현대적 장애인 복지가 태동하게 되었다. 뿐만 아니라 제2차 세계대전 중 인간 존엄성 말살의 뼈아픈 경험을 겪은 국제사회는 르네상스의 영향으로 장애인에 대한 교육적 가능성을 탐색하게 되었고, 생리학·의학·심리학·사회학 등의 발전으로 특수 교육 또한 발달하기 시작하였다.

장애인을 보호·치료하는 시설은 대규모 수용 시설로 사실상 장애에 대한 치료보다는 격리 차원에서 접근이 이루어졌다. 북유럽을 중심으로 1960년대에는 정상화와 사회 통합의 이념이 대두되었고, 사회에서 장애인을 분리하여 수용하는 것에 대한 반대 운동이 진행되었다. 1960년대는 세계 경제의 성장기로 노동력이 필요해지면서 각국이 장애인 노동 정책을 강화시키고 비교적 경증 장애인을 대상으로 직업 재활이 활성화되었다.

1970년대는 장애 및 장애인에 대한 국제적인 관심이 고조된 시기였다. 국제사회는 인간의 존엄성을 지키고 기본적 인권을 보장하며, 특히 사회적으로 취약한 계층의 인권을 수호하기 위한 국제 조약들을 성안 및 채택하였고, 이를 근거로 각국 정부의 대책을 촉구하였다. 이 시기 장애와 관련한 국제사회의 대표적 노력은 대부분 선언적 수준에 머물렀으며 실현은 미흡했다. 1975년 장애인권리선언이 선포됨으로써 장애인의 인간적 가치를 재인식하는 계기가 되었고, 장애인권리선언과 정상화 운동 등의 영향을 받아 1970년대부터 탈시설화 및 지역사회 통합의 형태로 변모를 가져오기 시작했다. 또한 1980년대에는 이동권과 접근권 등의 이념이 생겨났으며 자립 생활운동이 등장하게 되었다.

1990년대 이후에 장애인의 사회 참여와 복지가 본격적으로 발전하게 되었고, 1993년 장애인의 기회 평등에 관한 표준 규칙은 이전까지 사회권 규약, 자유권 규약, 여성차별 철폐협약, 아동권리협약과 같은 인권규범에서 구체적으로 다루지 못한 장애인 인권을 세부적으로 다루었다. 표준 규칙은 장애인과 장애인 단체에 정책 결정 및 행동에 관한 수단을 제공하며, 국제기구의 협력에 대한 근거를 제공하였다는 데 의의가 있다. 이후 유엔 차원의 장애인 인권에 대한 인식은 국제적으로 보편성을 갖게 되었고, 이후 장애인권리협약위원회가 가동되었다. 그러나 아시아태평양 지역은 장애인복지의 불균형이 개선되지 못한 채 아시아ㆍ태평양 장애인 10년이 선포되었다. 이후 2002년 8월부터 2006년 8월까지 개최된 8차례의 특별위원회를 통해 당사국 및 장애 시민 단체들의 의견 수렴이 진행되었고, 제시된 의견들이 협약에 반영되어 2006년 유엔총회에서 '장애인권리협약'이 채택되었다. 이 협약을 통해 비로소 범세계적 차원의 국제인권규범으로 장애인 권리 보장의 기틀이 마련되었다. 장애인권리협약은 장애인이 인권과 기본적 자유를 완전하고 동등하게 향유하도록 증진ㆍ보호ㆍ보장할 것과 장애인의 고유한 존엄성에 대한 존중의 내용을 담고 있다.

2. 국제인권규범과 주요 개념

1) 주요 개념

(1) 장애에 관한 패러다임과 정의

장애 또는 장애인에 대한 정의는 범위와 내용을 어떻게 바라보는가에 따라 국제법 및 국내법에서 그 효력과 적용 범위가 달라질 수 있다. 나라마다 그 정의가 상이하며, 국제적으로도 장애 패러다임에 따라 그 정의를 의료적 모델 혹은 사회적 모델을 반영하여 규정해야 한다는 입장들이 존재하였다. 최종적으로 장애인권리협약에서는 장애인에 대하여 'disabled persons'라는 용어를 사용하지 않고 'persons with disabilities'라는 용어를 사용하였다. 이는 고장 난 혹은 불가능한 사람이라는 뜻을 가진 'disability person'은 사람보다는 장애를 강조하는 것처럼 보이는 반면, 'person with a disability'는 장애를 가졌음을 나타내기 이전에 사람임을 나타내기 때문이다.

① 장애의 의료적 모델(The Medical Model of Disability)

장애의 의료적 모델은 장애를 고쳐야 하는 문제, 또는 치료받아야 하는 질병으로 인식한다. 이러한 관점은 장애인들을 고장 난 또는 아픈 존재로 여겨 이들은 고쳐지거나 치료받아야 한다는 인식을 내포하고 있다. 장애인들이 다른 사람들처럼 의료적 돌봄을 필요로 하지만 장애를 단순히 의학적 해결책을 필요로 하는 의학적 문제로만 정의하는 것은 장애인들의 충분한 사회 참여를 가로막는 많은 장애 요소를 외면하는 것이다. 많은 장애가 사회에 의해 만들어지고 의사에 의해 고쳐지거나 치료받을 수 없다. 이 모델은 개인, 사회 그리고 정부가 사회적·물리적 환경에 존재하는 인권 장애물들을 다루는 책임을 외면한 채, 장애를 오직 의학적 문제로만 본다는 점에서 문제가 있다.

② 장애의 자선 모델(The Charity Model of Disability)

이 모델은 장애인을 동정심과 자선의 대상, 즉 독립적으로 살 수 없는 무력하고 의존적인 대상으로 여긴다. 사회복지의 수동적인 수령인으로, 이들은 지역사회에 기여하는 구성원 대신 사회와 가족의 짐으로 여겨진다. 이러한 접근 방법은 입법 체계와 정책에서 오랫동안 자리 잡아 왔고, 장애인에 대한 부정적인 태도를 촉진시켜 왔다. 의료적·자선적 모델은 장애인을 권리 소유자와 지역사회의 적극적인 참가자로 인식하는 포괄적인 이해 방식이 아닌 편협한 모델이다. 이러한 이유로 장애 변호자, 장애 권리 철학자, 다른 사람들은 장애 문제에 관해 다른 모델과 접근 방식을 발전시키는 작업을 해 왔다.

③ 장애의 사회 모델(The Social Model of Disability)

장애의 사회적 모델은 장애를 이해하는 대안적 방법으로 장애를 사회적 · 맥락적 관점을 통해 보는 것이다. 이 모델은 장애인이 그들의 권리를 행사하는 능력을 억제하는 사회적 · 물리적 환경에서 조성된 장벽을 제거하는 데 초점을 맞추고 있다. 긍정적 태도와 인식 장려, 환경의 조정, 접근 가능한 방식으로의 정보 제공, 적절한 방식으로 장애인과의 소통, 완전한 참여와 비차별을 지지하는 법과 정책의 보장이 이 모델에 해당한다.

사회적 모델은 다양한 방식으로 사회적 환경이 장애인들에 대한 장애물을 만들고 장애인 인권을 향유하는 데 큰 영향을 끼친다는 것을 인식한다. 예를 들어, 휠체어를 탄 사람이 계단을 만나면 장애가 된다. 이것은 사람이 휠체어를 타고 있다는 사실과, 계단으로의 비접근성 사이의 상호 작용이다.

사회적 모델은 사회에서 장애물들이 무너질 필요가 있다고 인식한다. 또한 장애인의 의료와 재활 필요뿐만 아니라, 모든 필요와 인권의 달성을 다룰 필요가 있다고 이해한다. 사회적 모델의 장애 접근 방식은 장애인의 사회 참여를 배제시키는 많은 종류의 장애물이 있다는 폭넓은 인식을 만든다. 일단 장애물들에 대한 인식과 평가가 있으면, 장애인에 영향을 주는 인권 문제를 파악하고 고치는 것은 훨씬 쉬워진다.

④ 인간 다양성의 자연스러운 부분으로서의 장애(Disability as a natural part of human diversity)

피부색, 성, 인종, 치수, 체형, 또는 다른 특징에 관련해서 다르든 다르지 않든 간에, 모든 사람은 다르다. 장애는 다르지 않다. 장애는 사람의 이동성 또는 듣고 보고 맛보고 냄새 맡는 능력을 제한시킬지도 모른다. 심리 사회적 장애 또는 지적 장애는 사람이 생각하고, 느끼고 또는 정보를 처리하는 방식에 영향을 끼칠지도 모른다. 이러한 특징에 상관없이, 장애는 한 사람의 인간성이나 가치, 권리를 더하거나 빼지도 않는다. 장애는 단순한 사람의 특색이다.

출처: Janet E. Lord (2005/2016).

장애를 어떻게 바라보는가의 패러다임은 매우 중요하다. 기존의 사회복지사들이 갖고 있는 시각은 자선 모델인 경우가 많은데, 이러한 관점은 장애인을 사회복지 정책 및 서비스의 대상자로 여기고 삶에 영향을 미치는 결정들을 전문가주의에 입각하여 일방적으로 내리는 한계를 가지고 있다. 장애인에 대한 시혜적인 관점에서 벗어나 사회 모델의 관점을 갖는 것이 정치적·사회적·법적·물리적 환경을 개선하는 데 보다 확실한 책임을 갖도록 할 수 있다. 마찬가지로 국제사회에서 장애를 의료적 모델에 기초하여 바라볼 때는 의료 및 재활 서비스에 관련된 예산을 부담하지만, 사회 모델로 하여 정의할 때는 사회적인 장애물을 제거하기 위해 노력하게 되기 때문이다. 결론적으로, 국가와 사회의 책임을 강조하며 장애인의 권리 옹호에 보다 초점을 두고, 장애인 인권보장을 위해 국가가 의무를 이행하는 것이 필요하다.

> 어떻게 장애가 정의되고, 어떻게 장애의 개념이 표현되는지는, 장애를 가진 사람의 권리에 대해서 다른 사람들의 이해, 태도, 접근 방식에 엄청난 영향을 끼친다(Janet E. Lord, 2005/2016).

장애에 대한 정의는 다음과 같다.

- **유엔 장애인의 권리선언**: 제1조에서 "장애인은 선천적이든 아니든 신체적 또는 정신적 능력의 결함으로 인하여 일상의 개인 또는 사회생활에 필요한 것의 확보를 스스로 완전히 또는 부분적으로 행할 수 없는 사람"이라고 정의하였다. 개념적 정의가 의료적인 관점에 머물렀다는 한계가 있으나, 유엔 차원에서 당시 장애의 개념 정의를 했다는 것 자체로 의의가 있다.
- **국제노동기구(ILO)**: 신체장애인의 직업 복귀에 관한 권고 제99조에서는 "장애인은 신체적 또는 정신적 결함의 결과로 적당한 직업을 확보·유지해 나갈 전망이 없는 상당한 손상을 받은 사람"이라고 장애를 정의하고 있다.
- **세계보건기구(WHO)**: ICIDH는 세계보건기구가 1980년에 처음으로 공인한 것으로 그 이후 국제사회에서 오랫동안 보편적인 장애의 정의와 기준을 제시해 왔다. 이전까지는 장애를 질병이나 신체기능 등 의학적 관점에서만 바라보던 것에서 벗어나 1차적 기능장애, 2차적 능력장애, 3차적 사회적 장애로 구분함에 따라 예방, 재활, 기회의 균등화를 정책적 대안으로 제시하였다. 이후 세계보건기구는 1997년 ICIDH-2를 제시하여 개별적 모델과 사회적 모델의 개념적 차이를 한 체계 안에서 설명하려고 노력하였고, 손상과 활동은 개별적 모델의 개념으로, 상황요인과 참여는 사회적 모델에서의 환경을 제시하였다. 이를 근간으로 5년

동안 현장 검증과 국제 회의를 거쳐 2001년 세계보건위원회(WHA)는 ICF를 세계적으로 통용되도록 승인하였다. ICF는 ICIDH-2의 내용을 계승하면서 개인적인 장애나 질병과 상황적 맥락과의 상호 작용에 의하여 기능과 장애를 설명하고자 하는 틀이다. 장애를 개인의 3가지 차원인 신체의 기능과 구조·활동·참여의 기능과 환경 요소인 사회의 인식·건축물의 장애 요소 정도 등과 개인적 요소인 성·연령·인종·습관·대처 양식 등의 측면의 영향을 받는다고 본다.

● **유엔장애인권리협약**: 제1조 '목적'에서 장애의 개념에 대해 장애인은 다양한 장벽과의 상호 작용으로 인하여 다른 사람과 동등한 완전하고 효과적인 사회 참여를 저해하는 장기간의 신체적·지적 또는 감각적인 손상을 가진 사람을 포함한다고 보았다.

이러한 정의를 토대로 살펴보자면 장애는 인간의 신체기능과 구조적 결함에 초점을 두고 정의되다가 점차 신체가 아닌 기능적 장애로 초점이 이동하였고, 장애인도 장애를 가진 사람이 아니라 다양한 형태로 정책적 도움을 필요로 하는 사람으로 구체화되었다. 세계보건기구의 장애 기준 또한 신체기능 및 구조, 활동, 참여라는 세 가지 측면에 의한 전체적이고 포괄적인 개념으로 변화하게 되었다.

2) 국제인권규범

(1) 세계인권선언(1948년)

모든 사람 1(국가인권위원회)

세계인권선언은 "모든 사람은 태어날 때부터 자유롭고 동등한 존엄성과 권리를 가지고 있다. 사람은 천부적으로 이성과 양심을 가지고 있으며 서로 형제자매애의 정신으로 행동하여야 한다."라고 규정하고 있다. 오늘날 모든 사람에는 물론 장애인도 포함된다. 세계인권선언은 개인의 존엄과 그 생애를 자유로이 발전시키는 데 필요한 경제적·사회적·문화적 권리를 실현할 수 있도록 보장해야 함을 선포하고 있다.

모든 사람 2(국가인권위원회)

제25조에서는 "모든 사람은 의식주, 의료 및 필요한 사회복지를 포함하여 자신과 가족의 건강과 안녕에 적합한 생활 수준을 누릴 권리와 실업, 질병, 장애, 배우자 사망, 노령 또는 기타 불가항력의 상황으로 인한 생계 결핍의 경우에 보장받을 권리를 가진다."라고 하여 장애인이 특별한 요구를 할 권리를 가진 사람들로 규정하였다.

(2) 장애인권리선언(1975년)

1975년 유엔총회에서 채택된 장애인권리선언에서는 신체적·정신적 장애를 예방하고 장애인이 능력을 최대한 개발할 수 있도록 원조하고, 될 수 있는 대로 통상적인 생활에 통합될 수 있도록 촉진할 것을 다음과 같이 명시하고 있다.

장애인은 이 선언에서 제시한 모든 권리를 향수한다. 이들의 권리는 예외도 없고 인종, 피부색, 성, 언어, 종교, 정치 또는 기타의 의견, 국가 또는 사회적 신분, 빈부, 출생, 장애인 자신 또는 가족이 처한 상황에 따른 구별이나 차별도 없고 모든 장애인에게 인정된다. 또한 장애인은 인간으로서의 존엄이 존중되는 권리를 출생 시부터 갖고 있으며 그 장애의 원인, 특질 또는 정도에 관계없이 동년배의 시민과 동등한 기본적 권리를 갖는다. 장애인은 타인들과 동등한 시민권 및 정치적 권리를 가지며, 가능한 한 자립할 수 있도록 구성된 시책의 혜택을 받을 자격이 있다. 또한 장애인은 경제적·사회적 보장을 받아 상당한 생활 수준을 보유할 권리가 있다. 장애인은 그 능력에 따라 보장받고 고용되며, 유의하고 생산적인 동시에 보수를 받는 직업에 종사하고 노동단체에 참여할 권리가 있다. 이에 지역사회는 이 선언에 포함된 권리에 대해서 모든 적절한 수단에 의하여 충분히 주지해야 한다.

(3) 중요 장애 관련 문서

다음의 문서들은 국제법을 만들기 위해 국가에 의해 동의된 문서가 아니기 때문에 법적 구속력은 없지만 국가들에게 도움이 되는 방향을 제시하는 원칙 또는 지침서이다.

- 장애인에 관한 세계행동계획: 1981년 유엔은 장애인의 완전한 참여와 평등을 주제로 하여 1981년을 '국제 장애인의 해'로 선언하였고 국제적·국가적·지역적 행동 계획을 촉구하였다. 이러한 결과로 국제연합이 '장애의 예방을 위한 조치들, 재활, 사회생활과 개발 및 평등에서의 장애인의 완전한 참여 실현'을 목표로 하여 세계행동계획을 개발하게 되었다. 정부가 세계행동계획을 이행하도록 기간을 제시하기 위해, 유엔은 1983~1992년을 유엔 장애인 10년으로 선포하였다.
- 장애인의 기회 균등에 관한 유엔표준규약: 1993년 유엔에서 채택된 장애인의 기회 균등에 관한 유엔표준규약은 장애인의 권리가 법적·정치적·사회적·물리적 환경에 의해 엄청나게 영향을 받는다는 것을 인식한 첫 번째 국제 문서이다. 이 표준규약은 여전히 장애 지역사회에 중요한 권리 옹호 도구이고 규약의 많은 원칙이 유엔장애인권리협약의 초

안을 작성하는 데 기반이 되었다.

• 정신장애인 보호와 정신보건 의료 향상을 위한 유엔의 원칙: 이 원칙은 1991년 정신건강
분야에서 최소한의 실천을 위해 만들어졌다. 이 원칙은 많은 나라의 정신건강 법률 제정
을 위한 청사진으로 사용되어 왔다. 이 원칙은 지역사회에서 살 권리 같은 중요한 몇 가지
개념을 포함하고 있다. 동시에 이 원칙에서 사용된 전문 용어는 장애 권리 옹호자들의 관
점에서 보면 시대에 뒤떨어지고 공격적이다. 예를 들어, 이 원칙은 '환자들'이라는 단어를
사용하고, 고지에 입각한 동의에 관한 조항과 같은 몇몇 조항들은 정신적 장애인들의 권
리를 제한하는 것처럼 보인다. 어쨌든 이 원칙이 유엔장애인권리협약과 관련하여 일관되
게 해석되어야 한다는 점은 분명하다

출처: Janet E. Lord (2005/2016).

(4) 장애인권리협약(2006년)

① 제정 배경 및 경과

2006년에 유엔총회는 장애인들의 인권을 다루는 첫 번째 국제 협약인 유엔장애인권
리협약을 채택하였으며, 이 협약은 처음으로 장애인의 권리를 다루는 법적으로 구속
력 있는 국제적 협약이다.

장애인권리협약은 각 조항별로 제출된 의장안에 대하여 각국 정부 대표와 국가인권
기구 그리고 국제장애인연맹 및 장애 시민 단체들이 자신들의 입장과 견해를 개진하
고, 이를 각 조항별 조정자가 취합하여 완성된 조문을 발표하면 동 조문에 대하여 국
가들이 만장일치 또는 찬반투표를 통해 합의하는 방식으로 성안되었다. 합의를 이끌
어 내기 위한 회의장 안팎에서의 각 당사국과 장애인 단체들의 지속적인 논의와 토론
끝에 마침내 2006년 8월 제8차 특별위원회에서 장애인권리협약안이 완성되었으며, 이
안은 동년 12월에 개최된 유엔총회에서 192개국의 만장일치로 채택되었다. 지난 4년
간의 각 당사국 정부 및 장애인 당사자들의 공동 노력의 결실로, 장애인의 인권보장을
천명한 여덟 번째 국제인권협약이 탄생하게 된 것이다(국가인권위원회, 2007a). 한편, 만
장일치로 채택되었다는 것은 효력 범위가 넓다는 의미와 서로 다른 국가 간의 해석·
적용의 차이가 있을 수 있다는 뜻이다. 이를 해결하기 위해 유엔은 장애인권리위원회
를 설치하여 당사국의 협약 이행을 모니터링하고 있다.

한국도 2008년 12월에 정기국회 본회의에 출석위원의 만장일치로 비준 동의안이 통
과되었다. 이에 2009년 1월 정부가 유엔에 제출하고 30일 후 1월 10일자로 국내 발효

가 되었다. 유엔장애인권리협약은 한국을 비롯하여 전 세계 44개국이 가입했고 선택의정서까지 가입한 나라는 22개국이다.

② 장애인권리협약의 구성

장애인권리협약의 전문은 총 25개의 각 호로 구성되었으며, 협약을 제정하게 된 배경, 취지, 목적, 기본 원칙 등을 선언적 형식의 문구로 정리한 전문 역시 협약의 주요 구성 부분으로 독자적인 규범적 효력을 가진다. 또한 본문은 총 50개 조항으로 여성 장애인과 장애아동의 권리 보호, 장애인의 이동권과 문화접근권의 보장, 교육권과 건강권 및 일할 권리 등 장애인의 전 생활 영역에서의 권익 보장에 관한 내용을 규정하고 있다. 마지막으로 선택의정서는 총 18개 조항으로 구성되어 있는데, 협약의 절차 법적 효력을 확보하기 위하여 제정되었다.

장애인의 권리에 관한 협약

장애인권리협약 본문은 제1절 총론, 제2절 실체적 조항, 제3절 장애인권리위원회와 모니터링, 제4절 절차적 규정으로 구분되어 있다. 제1절 총론은 제1조에서 제8조까지의 조항으로 장애인권리협약 전반에 걸쳐 공통적으로 적용되는 부분이며, 제2절 실체적 조항은 제9조부터 제32조까지 장애인의 실체적 권리에 관한 규정이다. 제3절 장애인권리협약과 모니터링에서는 장애인권리협약이 동 협약의 국내 이행을 강화하기 위하여 가지고 있는 여러 가지 도구에 대하여 설명하였다. 또한 제4절에 해당되는 제41조 이하는 동 협약의 발효, 서명, 비준, 유보, 개정 등 협약의 효력에 관한 모든 절차적 규정에 관한 조문이다.

③ 장애인권리협약의 총론

총론은 제1조 목적, 제2조 정의, 제3조 일반 원칙, 제4조 일반 의무, 제5조 평등과 비차별, 제6조 장애여성, 제7조 장애아동, 제8조 인식 제고로 이루어져 있고, 이를 살펴보면 다음과 같다.

● **유엔장애인권리협약의 목적**: 제1조에는 협약의 목적을 "이 협약의 목적은 장애인이 모든 인권과 기본적인 자유를 완전하고 동등하게 향유하도록 증진·보호·보장하고, 장애인의 고유한 존엄성에 대한 존중을 증진하는 것이다."라고 분명히 밝히고 있다.
● **유엔장애인권리협약의 일반 원칙**: 유엔장애인권리협약의 중요한 특징은 일반 원칙

조항을 마련했다는 것이다. 제3조 일반 원칙은 유엔장애인권리협약을 해석하고 이해하는 데 중요한 안내가 되며, 장애인의 삶에 영향력 있는 법, 정치, 관행의 토대가 된다. 또한 본 협약에 있는 모든 권리의 해석과 감시, 이행 수단은 제3조 일반 원칙을 고려해야 하는 중요한 조항이다.

제3조 일반 원칙

a. 천부적인 존엄성, 선택의 자유를 포함한 개인의 자율성 및 자립에 대한 존중
b. 비차별
c. 완전하고 효과적인 사회 참여 및 통합
d. 장애가 갖는 차이에 대한 존중과 인간의 다양성 및 인류의 한 부분으로서의 장애인의 인정
e. 기회의 균등
f. 접근성
g. 남녀의 평등
h. 장애아동의 점진적 발달 능력 및 정체성 유지 권리에 대한 존중

앞의 제3조 일반 원칙에는 특히 성별과 아동을 주제로 하여 두 가지 일반 원칙이 추가되었는데, 장애인들 사이에서도 남녀에 따른 차별이 존재한다는 인식하에 남성과 여성의 평등을 일반 원칙으로 규정하였다. 또한 암묵적으로 간과되어 온 장애아동의 권리와 잠재적으로 발전 가능성이 있는 장애아동의 역량에 대한 존중을 강조함으로써 본 협약에서 상대적으로 불리한 입장에 놓여 있던 장애를 가진 여성과 아동의 인권에 대한 보장을 적절히 규정하고 있다.

● **유엔장애인권리협약의 일반 의무:** 제4조 일반 의무는 분명하게 장애인의 권리가 존중받고 보호받고 충족되는 데 필요한 정부가 취해야 하는 구체적 정책을 정의하고 있다. 하지만 장애인들의 권리에 관해서 국가의 일반 의무는 다른 인권 문서에 언급되지 않은 특정하고 독특한 요구 사항을 포함하고 있는데, 상품과 서비스의 유니버설 디자인을 장려하고 접근 가능 기술과 보조 공학 연구에 착수하는 내용을 포함하고 있다.

● **점진적 실현:** 장애인권리협약 제4조 일반 의무에 다뤄진 경제적 · 사회적 · 문화적 권리의 시행을 위해 "점진적 실현"의 원칙이 있다. 이는 인권의 완전한 향유가 단

기간에 이루어지는 것이 아니라 장기간에 걸쳐 이루어진다는 것을 반영한 것이
지만, 시행이 지연될 수 있다는 의미가 아니라 시행에 가능한 자원에 따라 시간
을 지연시킬 수 있음을 의미한다. 또한 국가가 이용 가능한 자원에 대해 최대한
조치를 취하도록 권고하고 있다.

● **평등과 비차별**: 유엔장애인권리협약의 평등과 비차별은 우선 법과 실제에서의 차
별 금지를 통해 평등의 보호를 요구한다. 이는 국가는 장애인이 인권을 행사하는
것을 부정하는 목적 또는 효과를 지닌 직접적 · 간접적 차별을 금지하는 조치를
취해야 한다는 의미이다. 차별에는 장애인들이 적절한 편의를 필요로 할 때 합리
적 편의 제공을 거부하는 것을 포함한다.

두 번째로, 본 협약은 사회 안에 내재한 불이익과 평등을 다루는 조치를 통해 평등
의 장려를 요구한다. 이것은 평등을 이룰 수 있도록 장애인을 지지하고, 사회 내에 차
별로 이끄는 상황들을 다루는 구체적인 조치들을 포함한다.

● **여성장애인**: 제6조에서는 장애여성과 장애소녀들이 겪는 다중적 차별을 인정하
고, 모든 인권과 기본적 자유의 완전하고 동등한 향유를 보장하기 위한 조치를
취할 것을 권고한다. 이는 여성장애인들이 여성과 장애라는 두 가지 요인으로 중
첩적 혹은 상호적으로 발생하는 차별로 인하여 더욱 불리하고 취약한 위치에 있
음으로 인하여 기인하였다. 특히 장애여성에게는 성폭력, 착취 및 학대, 임신 및
출산, 양육 등의 분야에서 특별한 요구가 있고 현존하는 성별 불평등을 고려할
때 교육, 고용 등에 대한 접근성을 보장하는 것의 중요성이 강조된다. 그동안 간
과되어 왔던 여성장애인의 특수한 상황을 고려하는 내용을 포함하는 것으로서,
다른 「국제인권법」에서 유사한 사용례를 찾아볼 수 없고 여성장애인의 인권 보호
및 신장에 기여하였다는 점에서 의의가 있다.

● **장애아동**: 제7조에서는 장애아동이 다른 아동들과 동등한 기초 위에서 모든 인권
과 기본적 자유를 완전히 향유하도록 보장하기 위한 필요한 모든 조치를 취하도
록 권고하고 있다. 본 조항은 아동권리협약 제23조를 차용하였다. 기본적으로는
아동권리협약에 포함된 장애아동에 대한 언급과 비슷하여 중복적인 요소가 있긴
하지만, 아동권리협약과 장애인권리협약을 통해 아동이라는 보편성과 장애라는
특수성을 강조하고 있다.

④ 장애인권리협약 실체적 조항

장애인 권리 협약의 제10~30조까지는 노동권·정치 및 공적 생활에 대한 참여권 등 구체적인 내용들을 다룬다. 대부분의 내용은 다른 인권협약에 있는 조항과 긴밀하게 일치하며, 장애의 문맥에서 특정한 권리를 설명하고 있다. 이 중 일부를 살펴보면 다음과 같다.

● **생명권과 위험 상황에서 보호받을 권리**: 생명권은 다른 인권과 불가분의 관계에 있으며, 생명권이 보장되지 않는 한 다른 인권을 보장받는 것은 무의미할 수 있다. 모든 사람에게 있어 최고의 권리이자 가장 기본적인 권리인 생명권은 장애인에게 있어서 출생 전후에 장애를 가졌다는 이유로 적절한 의료 조치나 생명 유지를 위한 조치를 받지 못하는 상황에 처하기도 한다. 특히 전쟁이나 사회적 재난 상황 등 위험한 상황에서 장애인은 스스로 보호하거나 권리가 부정되어 구제 조치에서 후순위로 밀리거나 심지어 제외되기도 한다. 장애를 가졌다는 다른 사람에 의하여 생명이 박탈되거나 소홀히 되는 일은 없어야 할 것이며, 국제법 또는 국내법을 통해 엄격히 금지되어야 한다.

생명권 향유 장벽의 예

• 장애가 있는 삶은 "살 가치가 없다"고 여기는 사회의 부정적 태도
• 시설과 보육원의 생명을 위협하는 여건
• 여성 생식기 거세, 지참금 살해, 과부를 태우는 것과 같은 유해한 문화적인 관습들
• 장애를 근거로 이루어지는 선택적 낙태
• 유아 살해와 장애를 지난 신생아를 방치하는 것
• "억지로 생명 유지를 할 필요가 없음(DNR)" 규칙의 시행
• 병원 시설에서 장애인을 위한 생명 유지 장치의 중단
• 특히 장애가 있는 여성과 아동들을 대상으로 한 성폭력과 가정폭력
• 재난 관리, 대피소와 국내 실향민을 위한 프로그램, 그리고 다른 인도주의적 프로그램들에서 장애인을 포함하는 데 실패하는 것
• 적절한 음식, 식수, 대피소 그리고 생존의 기본적인 욕구들에 대한 접근 부족

출처: Janet E. Lord (2005/2016).

● **정치 및 공적 생활 참여:** 유엔장애인권리협약 제29조(정치 및 공적 생활에 대한 참여)에 나와 있듯이, 각국은 장애인이 다른 사람과 동등하게 정치적 권리와 기회를 향유할 것을 보장하여야 하도록 권고하고 있다.

의사 결정의 참여에 대한 장벽의 예시

• 공개 모임과 협의, 정당들, 그리고 투표와 등록에 대한 접근 가능한 정보의 부재
• 공개 모임, 등록과 투표소 등과 연결된 교통 수단의 부재
• 감각적 장애를 가진 투표자들이 접근 가능한 투표 절차에 대한 정보의 부재
• 잘 훈련받지 못한 투표 도우미
• 의사 결정 과정에 있어 정신적 그리고 지적 장애인의 배제, 그리고 그들에 대한 반감
• 감각적 장애인들을 위한 대안적 투표 장치 또는 접근 가능한 투표 방법의 부재
• 집을 떠나지 못하거나 현재 병원 또는 시설에 거주하는 사람들을 위한 모바일 투표 장치의 부재

출처: Janet E. Lord (2005/2016).

그 외 몇몇 조항들은 유엔장애인권리협약에만 있는 독특한 주제들로 제19조 자립적 생활 및 지역사회에의 동참, 제20조 개인의 이동성, 제26조 훈련 및 재활에 관한 내용을 다루고 있다.

⑤ 장애인권리협약 장애인권리위원회와 모니터링

제33조 "국내적 이행 및 감독"에 따라 국제적 감시는 장애인권리위원회와 유엔장애인권리협약 가입 국가들의 회의에서 열리는 정기적 회의를 통해 달성된다. 장애인권리위원회는 가입국들이 유엔장애인권리협약을 어떻게 이행하고 있는지 제출하는 의무 보고서를 검토한다. 또한 선택의정서는 권리가 침해될 때 개인이 항의할 수 있는 방안과 장애인권리위원회가 심각한 권리 침해에 대해 조사를 착수하는 방안을 제공하고 있다. 한국은 2009년 1월 10일 유엔장애인권리협약이 발효되었으며 선택의정서는 채택하지 않고 있다.

3. 한국의 상황

1) 역사적 개요

한국의 경우, 1960년대에는 정부 수립 이후 경제 개발이 우선이었기 때문에 장애인에 대한 특별한 정부의 정책이 수립되지 않았다. 또한 한국전쟁 이후 상당수의 사회복지시설도 외국 원조 단체나 종교 시설로부터 태동하였기 때문에 당시에는 전쟁고아 및 빈민 등의 구제 조치에 집중되어 있었다. 전쟁 등으로 인한 장애아동들에 대한 수용 구호 중심으로 정책이 추진되었다가 1981년 「심신장애자복지법」의 제정으로 장애인복지에 대한 논의가 시작되었다. 이는 1981년 유엔이 '세계 장애인의 해'를 선포하고 모든 장애인에 대해 복지사업과 기념 행사를 추진하도록 권고함에 따라 제정된 것이었다(김수정, 2019). 이후 1988년 국제적인 장애인올림픽을 계기로 기존 「심신장애자복지법」이 1989년 「장애인복지법」으로 전면 개정되고, 각종 관련법이 제정되고 시설의 현대화 및 직업 재활, 편의 시설에 대한 관심이 시작되었다.

그래서 1990년대 이후 장애인에 대한 경제적 지원이 시작되었고, 저소득 장애인에 대한 생계비 지원 등 기본적 복지서비스 확충 및 장애인에 대한 의료, 직업, 교육, 재활의 기초를 마련하여 장애인의 인권과 인간다운 삶을 보장하는 원칙과 기준을 제시하기 시작하였다.

1998년 한국장애인인권헌장은 "장애인은 인간의 존엄과 가치를 가지며 행복을 추구할 권리를 갖는다. 장애인은 건전한 사회 구성원으로서 책임 있는 삶을 살아가며 자신의 능력을 개발하여 자립하도록 노력하여야 한다. 그리고 국가와 사회는 「헌법」과 국제연합의 장애인권리선언의 정신에 따라 장애인의 인권을 보호하고 완전한 사회 참여와 평등을 이루어 더불어 살아가는 사회를 만들기 위한 여건과 환경을 조성하여야 한다."라는 이념을 규정하였다. 2000년대 이후에는 장애인 편의 시설 설치 확대, 장애 수당 도입, 「장애인 차별 금지 및 권리 구제 등에 관한 법률」 제정, 활동 보조 지원 사업 실시 등 장애인의 생활 영역 전반으로 정책의 범위가 확대되었다. 특히 「장애인 차별 금지 및 권리 구제 등에 관한 법률」은 장애인의 입법 노력에 의해 제정되었고 장애 분야에 특화된 차별금지법이라는 점에서 중요한 의의를 가진다.

한국은 1988년 11월부터 장애인 등록 제도를 시행해 왔으나, 2017년 「장애인복지법」개정으로 장애등급을 없애고 장애정도라는 개념을 사용하고 있다.

보건복지부가 발표한 2019년 통계연보에 따르면, 2018년 등록 장애인 수는 258만 6천 명으로 남성은 149만 6천 명이고 여성은 108만 9천 명으로 남성이 여성보다 많았으며 2011년 대비 약 6만 7천 명 증가하였다. 장애 종류는 지체장애(123만 9천 명, 47.9%), 청각장애(34만 2천 명, 13.3%), 뇌병변장애(25만 3천 명, 9.8%), 시각장애(25만 3천 명, 9.8%) 순으로 나타났다. 또한 중증 장애인을 위한 장애인 연금 수급자 수는 2018년 36만 5천 명으로 집계되었고, 이는 2011년 30만 8천 명에 비하여 매년 증가한 것으로 나타났다. 재가장애인의 장애 원인은 후천적(질환) 56.0%, 후천적(사고)32.1%, 원인 미상 5.4%, 선천적 5.1%, 출산 시 1.4%로 선천적 요인보다 후천적 요인이 높게 나타났다.

장애인 거주 시설은 2018년 총 1,527개소로 2011년 490개소에 비해 약 3배 가까이 증가한 것으로 나타났으며, 입소자는 총 3,683명으로 이 중 무연고자는 673명으로 전체의 18.2%였다. 시설 유형별로는 지체장애 33개소, 시각장애 16개소, 청각·언어 장애 7개소, 지적 장애인 320개소, 중증 장애인 239개소, 장애영유아 9개소, 단기 거주 시설 150개소, 공동 생활 가정 753개소로 나타났다.

2) 장애인 탈시설화

한국의 장애인 거주 시설은 1990년대 「사회복지사업법」이 개정되면서 허가제에서 신고제로 설치 기준이 완화되었고, 2002년에는 미신고시설 양성화 정책이 있었다. 또한 2008년 거주 시설 혁신 방안에 의하여 30인 규모로 정원이 축소되고, 생활 시설이라는 명칭이 거주 시설로 변경되었으며 최저 서비스 권장 기준이 제정되었다.

장애인이 시설에서 생활한다는 것은 사회에서 분리시켜 획일화되고 집단적인 삶을 사는 것으로, 각자의 독특한 개성이나 삶의 방식을 존중받지 못한 처우에 놓이는 것을 의미한다. 과거 장애인에 대한 의료적 관점이 팽배하였던 시기에는 재활 또는 치료의 목적으로 장애인이 시설에 수용되기도 하였다.

국제사회에서는 1970년대 이후 지속적으로 탈시설화가 추진되어 왔다. 한국의 경우, 한국전쟁 직후인 1960년대까지는 전쟁으로 인한 고아나 장애인이 시설에 수용되었고, 1986년 아시안게임과 1988년 올림픽을 앞두고 정부가 대대적인 부랑인 단속을 계기로 장애인들이 수용되기도 하였다. 구금, 강제노역, 폭행, 성폭행, 살인, 종교 강요, 교육의 제한, 경제적 횡령 등 끊이지 않던 시설에서의 인권 유린 사건은 생존자의 증언이나 언론의 보도 등을 통해 끊이지 않고 있다. 대표적인 사례가 형제복지원 사건, 에바다농아원 사건, 양지마을 사건, 인화학교 사건 등이며 이러한 실화를 바탕으로 2011년 개봉한 영화 〈도가니〉가 전 국민의 관심을 불러일으키는 계기가 되기도 하였다. 영화처럼 대중적으로 알려지지는 않았지만 형제복지원 생존자의 증언과 구술이 담긴 도서 『살아남은 아이』, 『숫자가 된 사람들』 또한 인권 유린을 세상에 알리는 계기가 되었다.

　이러한 반인권적 상황 등이 알려지면서 탈시설화 및 자립 생활 패러다임이 태동하게 되었다. 장애인 탈시설화와 자립 생활 패러다임은 장애인이 자신의 삶에서 자기결정권과 삶을 스스로 영위하는 데 초점을 두고 국가가 이를 보장하여야 함을 강조한다.

> 　자립 생활이란 장애인이 전혀 다른 사람으로부터 도움을 받지 않고 혼자서 자립적으로 생활을 한다는 것으로, 활동 보조 서비스 등의 지원이 절대적으로 필요한 중증 정신장애인, 시·청각 장애인에게는 완전한 자립 생활이 불가능하다. 이는 그동안의 자립 생활 이론 및 정책이 장애인의 보편성을 반영하는 데 무리가 있음을 보여 준 실례라 할 수 있다. 따라서 '자립 생활(independent living)' 대신 '자립적인 생활(living independently)'이라는 용어로 유엔장애인권리협약의 명칭이 수정되었다(국가인권위원회, 2007a).

> 　'탈시설화 정책'이란 '시설화'에서 벗어나기 위해, ① 거주 공간을 시설에서 지역사회로 이전하고, ② 가정과 같은 보편적인 환경에서 거주 서비스를 제공하며, ③ 제약을 최소화하고 거주인의 자율성을 보장하고, ④ 사생활과 소유권을 보장하며, ⑤ 사회적 관계와 심리적 회복을 통해 지역사회에 포함(inclusion)되어 인간답게 살아갈 수 있도록 지원하는 정책을 의미한다(국가인권위원회, 2017g).

　탈시설화 정책은 대규모 시설을 폐쇄하는 것에 그치는 것이 아니라 장애인이 비장애인과 마찬가지로 인권이 존중된 삶을 살 수 있는 조건으로의 변화가 필요하다. 현재까지 탈시설화 정책은 중앙정부보다는 지방정부가 주도하여 진행되어 왔는데 체험홈, 자립 생활 주택, 자립 생활 가정 등 탈시설 전환 주거를 제공하거나 탈시설 정착금을 지급하는 것이 대부분이었다. 이에 보건복지부는 2018년 장애인과 정신질환자 등 취약 계층의 사회 정착 지원을 위한 커뮤니티 케어(Community Care) 추진 계획을 발표하고 탈시설화를 추진하고 있다. 향후 탈시설화는 장애인을 위한 주거, 고용, 돌봄, 교육, 여가 등 지역사회 구조를 마련하고, 2010년 도입된 장애인 연금 제도 및 2011년 도입된 활동 보조 지원 제도 등의 정책들을 통해 장애인의 완전한 사회 통합을 위해 사회 구성원 모두가 참여하는 방향으로 나가야 할 것이다.

3) 자기결정권과 성년후견제도

자기결정권은 장애인뿐만 아니라 모든 사람이 가진 권리이다. 그러나 장애인 인권과 관련하여 자기결정권을 따로 다루는 이유는 자기결정권이 본인이 스스로 내린 결정의 최대치를 보장함을 의미하는 것이 아니라, 오히려 그렇게 할 때 타인의 인권을 침해할 수도 있음을 알고, 어떤 결정을 내릴 때 상황과 조건 속에서 주변 사람들과의 상호 작용과 조율을 통하여 존중되어야 함을 의미하기 때문이다. 통상적으로 장애인의 자기결정권은 당사자가 배제되고 분리되어 결정 과정에 참여하지 못하고 가족, 친인척, 전문가 등 제3자로 인하여 결정 내려지기 쉽다. 그러나 어떤 상황에서도 당사자의 의견을 존중하고 소통하고 반영하는 과정이 전제되어야 하며, 그 과정에서 의사소통 등 자기결정권을 행사할 수 있도록 필요한 상황의 조건과 지원을 만들고 제공하는 것이 중요할 것이다.

그런 의미에서 한국의 성년후견제도는 잘 점검해야 할 부분들이 있다. 성년후견제도는 기존 「민법」에 있었던 금치산·한정치산 제도가 폐지되고 2013년 「민법」 개정을 통해 도입된 제도이다. 대상은 질병, 장애, 노령, 기타 사유로 인한 '정신적 제약'으로 사무를 처리할 능력이 '지속적으로 결여'된 상태에 이른 성인을 대상으로 하며, 신체적 장애가 있는 것만으로는 대상이 되지 않는다. 본인, 배우자, 4촌 이내의 친족, 지방자치단체장 등이 가정법원에 신청할 수 있으며, 가정법원의 심판으로 후견인이 결정된다. 일단 후견인이 선임되면 법률 행위, 신상 보호, 재산 보호 등 모든 법적인 권한이 장애인 당사자로부터 후견인에게 위임된다.

본 제도는 본인의 의사 능력 여부에 따라 지속적으로 결여된 경우 성년후견, 능력이 부족하여 불충분한 경우 한정후견, 일시적인 후원이 필요한 경우에는 특정후견으로 나누어지고 각각 후견인이 갖게 되는 권한의 정도는 달라진다. 후견인이 대신하게 되는 법률 행위는 금전을 빌리는 행위, 부동산의 처분 및 담보 제공, 상속 승인 및 포기, 상속 재산 분할 협의, 의료 행위 동의, 거주 및 이전 결정, 면접교섭 결정, 사회복지서비스 결정 등으로 인간의 삶에 있어서 광범위한 권한을 대신할 수 있게 될 뿐만 아니라 당사자나 가족의 결정보다도 후견인의 결정이 법률상 우선하게 된다.

성년후견제도는 종래 금치산·한정치산 제도의 문제점을 극복하기 위하여 자기결정권 존중, 정상화 이념, 잔존 능력의 활용, 필요성, 보충성 등을 기본 이념으로 하고 있다. 하지만 신상 보호와 재산 보호의 중요한 결정에 있어서 본인이 아닌 제3자에게 결정을 위임하고 보호의 대상으로 남게 된다는 측면과 비록 가정법원에서 후견인을 관리·감독하지만 후견인 개인의 윤리적 측면에 의존하는 바가 크다는 점은 본 제도의 명백한 한계이다.

한국에서 성년후견제도가 시행되기 10년 전인 2003년 제출된 제58회 유엔총회의 사무총장 보고서는 "성년후견제가 때때로 부적절하게 활용되어, 아무런 절차적 보호도 없이 발달장애 혹은 정신장애가 있는 사람에게서 법적 능력을 박탈하고 있다."라고 지적한 바 있다.

또한 유엔장애인권리위원회는 장애인권리협약의 이행 상황에 대한 한국의 1차 국가 보고서에 관한 최종 견해에서 성년후견제가 '질병, 장애 또는 고령에 의한 정신적 제한으로 인해 일을 처리하는 데 영구적으로 무능한 상태라고 간주된 사람'의 재산과 개인적 사안에 관계된 결정을 후견인이 내릴 수 있도록 허락하고 있는 것을 우려하였다. 또한 위원회는 당사국이 '의사 결정 대리(substituted decision-making)'에서 당사자의 자율성과 의지, 그리고 선호를 존중하는 '의사 결정 조력(supported decision-making)'으로 전환할 것을 권고하였다.

4) 이동권

2001년 서울지하철 오이도역에서 수직형 리프트가 추락하여 장애인 노부부가 죽고 크게 다쳤던 사건은 이동권 투쟁의 기화점이 되었다.

이동권은 장애인권리협약 제정 당시에 한국이 제안한 조항으로서 장애인이 교통 수단, 여객 시설 및 도로를 비장애인과의 차별 없이 이용하여 자유롭게 이동할 수 있는 권리를 의미한다. 또한 환경에 접근할 수 있다는 것과 장애인이 이동 가능하다는 것을 별개로 구분해야 한다는 것이 주요 논리이다. 장애인권리협약에서 이동권 중 개인의 이동에 대한 지원을 제20조에 독자적으로 규정하고 있으며, 이동권은 최대한 독립적으로 장애인이 이동할 수 있도록 각 당사국들이 다양한 조치를 취할 의무를 가지고 있음을 촉구한다.

5) 국제 기준의 적용

유엔장애인권리협약은 2006년 12월 유엔에서 채택되어 2008년 12월 대한민국 국회가 비준·동의하고 2009년부터 국내법과 동일한 효력을 갖게 된 국제법으로서, 협약에 따라 한국 정부는 유엔에 이행 상황에 대하여 정기적으로 보고하게 된다. 지난 2014년 9월 스위스 제네바에서는 한국의 첫 번째 정기 보고 및 위원회 심의가 진행되었다. 이에 유엔의 최종 견해는 66개 항으로 구성되어 있으며 위원회에 대한 소개, 한국의 긍정적 측면에 이어 60개 항목으로 주요 우려 사항 및 권고를 언급하였다. 위원회는 긍정적 측면으로 2012년 8월 발효된 「장애아동복지지원법」의 채택을 포함해 「장애인 차별 금지 및 권리 구제 등에 관한 법률」의 존재 및 장애인 정책 발전 5개년 계획의 진전에 대해 환영의 입장을 표하였다. 또한 위원회는 국내에서 쟁점으로 부각되고 있는 여러 주제에 대한 폭넓은 권고를 내렸는데, 위원회가 지적한 내용은 다음과 같다.

- 인권에 기반하지 않고 의료적으로만 접근하고 있는 장애인 관련 법과 장애인 판정 시스템
- 개인의 필요와 상황을 반영하지 않고 있는 장애등급제
- 「장애인 차별 금지 및 권리 구제 등에 관한 법률」의 효과적 이행 부족
- 장애여성을 위한 전문적 정책 부재
- 장애인에 대한 인식 제고를 위한 캠페인 강화
- 대중교통 및 건축물에 대한 접근권
- 자연재해 및 재난에서의 장애인 안전
- 장애인의 의사 결정을 대체할 수 있는 성년후견제도를 의사 결정을 지원해 줄 수 있는 제도로 개선할 것
- 장애인의 사법접근권 미비와 사법부 구성원의 인식 부재
- 정신장애인을 자유를 강제적으로 박탈할 수 있는 「정신보건법」
- 장애여성의 강제 불임에 대한 조사를 실시할 것
- 시설에 수용되어 있는 장애인에 대하여 지역사회 기반의 탈시설화 정책을 마련할 것
- 수화를 공식 언어로 인정할 것
- 발달장애인의 보험 가입을 거부할 수 있는 「상법」 732조를 폐지할 것
- 장애인의 높은 실업률을 해결하고 최저임금을 보장할 것 등

한편, 위원회는 "강제 노동을 포함한 착취, 폭력, 학대를 우려하고 있다."라면서, "장

애인 강제 노동 사건의 조사를 강화하고 피해자들에게 적절한 보호를 제공하라."라고 권고하여 '염전 노예' 사건의 해결을 촉구하기도 했다.

장애인권리협약
이행 국가 보고서

　최종 견해에 따라 한국 정부는 2019년 장애인권리협약 이행 상황에 대한 2·3차 통합 국가 보고서를 유엔에 제출하였으며 이에 관한 유엔의 최종 견해는 발표되지 않았다.[1] 유엔의 최종 견해가 법적 구속력을 가지는 것은 아니지만, 앞으로 한국 정부가 이행해야 할 장애인 정책의 방향과 시민 단체의 활동 전략을 제시한다는 점에서 장애인 인권에 있어 큰 의미를 가진다고 할 수 있다.

4. 사례와 토론

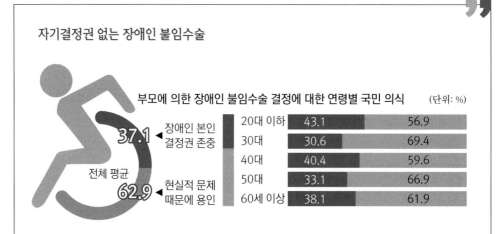

자기결정권 없는 장애인 불임수술

부모에 의한 장애인 불임수술 결정에 대한 연령별 국민 의식　(단위: %)

	장애인 본인 결정권 존중	현실적 문제 때문에 용인
20대 이하	43.1	56.9
30대	30.6	69.4
40대	40.4	59.6
50대	33.1	66.9
60세 이상	38.1	61.9

37.1 장애인 본인 결정권 존중

전체 평균 62.9 현실적 문제 때문에 용인

　국민 3명 중 2명은 인권 침해 논란에도 부모가 발달장애인(지적·자폐) 자녀의 불임수술을 결정하는 것에 대해 '용인해야 한다'고 밝혔다. 양육 현실의 어려움을 감안한 것으로 보이지만 장애인의 자기결정권 침해를 당연하게 여기는 것 아니냐는 지적도 나온다. 국가 돌봄과 지원이 빈약해 양육 책임을 장애인 가족이 모두 떠안을 수밖에 없는 우리의 장애인 복지 현실을 드러낸 대목이기도 하다.

1) https://www.ohchr.org/EN/HRBodies/CRPD/Pages/CRPDIndex.aspx/ (최종 접속일: 2020. 2. 15.)

20일 '장애인의 날'을 앞두고 서울신문과 한국장애인인권포럼, 공공의창 공동기획으로 '리서치DNA'가 만 19세 이상 성인 1,001명을 설문조사한 결과, 응답자의 62.9%는 부모 등 주변인의 권유에 의한 장애인 불임수술에 찬성했다. 의사 결정을 내리기 어려운 장애인이더라도 최소한의 자기결정권을 존중해야 한다'는 의견은 37.1%에 그쳤다.

장애인, 특히 발달장애인의 불임수술을 부모가 결정하는 일은 드러나지 않았을 뿐 공공연하게 이뤄지고 있다. 2011년 장애인 실태 조사를 봐도 임신한 여성장애인의 58.4%가 인공임신중절을 선택했다. 이 가운데 51.5%는 본인 의사로, 48.5%는 주위 권유로 이런 결정을 내렸다. 발달장애인은 주위에서 권유한 사례가 더 많았다.

반인권이란 비판을 감수하면서까지 발달장애인의 부모들이 이런 선택을 할 수밖에 없는 이유는 양육 문제 때문으로 해석된다. 22살 발달장애 자녀를 둔 이○○(49) 씨는 18일 서울신문 주최 간담회에서 "인권운동가들은 발달장애인이 아이를 갖는 것을 막는 것 자체가 반인권적이라고 하지만, 부모가 장애인이라면 태어날 아이 또한 상상하기 힘든 상황을 겪는다."라며 "이를 알면서도 어느 부모가 발달장애인 자녀가 출산하는 것을 바라겠느냐."라고 반문했다.

그럼에도 발달장애인이 걱정 없이 양육할 수 있도록 정부가 전폭적으로 지원해야 한다는 데는 보수적인 응답 성향을 보였다. 51.8%는 '장애인 자녀의 육아를 국가가 전폭적으로 지원해야 한다'고 답했지만, 42.2%는 '비장애인보다 조금 더 높은 수준으로', 6.1%는 '비장애인과 같은 수준으로 지원해야 한다'고 답했다.

한국장애인인권포럼 대표는 "발달장애인에게 어릴 때부터 본능을 통제하는 교육 기회를 제공하고, 발달장애인 자녀를 지역사회가 함께 양육하는 시스템을 갖출 때 부모도 잔인한 선택을 강요받지 않게 될 것"이라고 말했다.

자기결정권 없는
장애인 불임수술

출처: 서울신문(https://www.seoul.co.kr/news/newsView.php?id=20190419001017#csidx5cb8c3cc80e6ab194c
　　　4791f67b39c3d, 입력: 2019-04-18 22:20/수정: 2019-04-19 02:01).

토론하기

☑ 발달장애인 부모들은 왜 불임수술을 선택했는가?

☑ 불임수술이 아닌 다른 선택을 하기 위해 필요한 지원은 무엇인가?

☑ 발달장애인의 자기결정권을 보장하기 위해 무엇이 필요한가?

제13장

이주와 인권

Human Rights
and
Social Welfare

1. 역사적 개요

2005년에 전 세계 이민자는 약 2억 명으로, 이는 세계 인구의 3%를 차지하게 되었다. 그리고 국가 간의 양극화, 자원의 불균형은 이주를 촉발하게 되었고, 이는 '이주의 시대'를 가져왔다. 인구 이동은 대부분 경제부국으로 집중되고 있으며, 한국은 최저개발국(least developed country) 시절 독일, 미국 등으로 이주민들을 내보냈던 송출국이었지만 1990년대 초반부터는 유입 국가로 변경됐다(인권정책연구소, 2012).

이주와 관련된 큰 이슈 중의 하나는 바로 '인종주의'이다. 인종주의(racism)는 지난 500년간 유럽 국가들이 식민지 확대와 다른 대륙 사람들을 지배하고 착취하는 도구로서 식민지 사람들을 죽이거나 노예화하는 일을 정당화하는 데 사용되었으며, 제2차 세계대전에서 유대인 학살의 기반도 역시 인종주의였다(국가인권위원회, 2017e). 학문적으로 인종은 별 의미 없는 구분으로 단지 우열을 가리기 위해 인종이라는 개념을 동원하고 차별을 위해 차이를 만들어 낸 것이다(박경태, 2007). 그러므로 인종은 과학적으로는 의미가 없지만 정치적·사회적으로는 큰 의미를 갖는다고 할 수 있다(성상환, 2010). 한편, 현대 사회는 명시적인 인종주의와 제도적 차별은 감소하였으나, 문화적이고 암시적인 인종주의, 즉 모호하고 은밀한 형태의 인종주의가 증가하고 있다(김현경, 2011).

일상 속 이주민
차별

국제사회는 '모든 형태의 인종차별철폐협약'을 1966년에 채택, 1969년에 발효하였고, 2003년 7월 '이주노동자권리협약'을 발효했다. 이주노동자권리협약은 그동안 각종 국제 조약에서 규정되어 온 권리 주체로서의 '시민' 내지 '주민' 등의 범주에 포함되지 못한 이주 노동자와 그 가족이 누릴 수 있는 각종 권리를 명시했다. 2007년 유엔인종차별철폐위원회에서 지적되었듯이, 한국 사회 안에는 여전히 '순수혈통'에 대한 신화 및 배타적 정서가 혼재하고 있는 실정이다(인권정책연구소, 2012). 다시 말해, 한국 사회의 단일민족의식과 순혈주의는 인종 차별이라는 문제의 토대가 되었고, 외국인에 대한 차별은 백인에 대한 열등감과 피부색이 짙은 사람들에 대한 우월감으로 드러나고 있다(국가인권위원회, 2017e).

한국의 이주 관련 정책은 외국인의 출입국과 국내 체류 관리에 관한 「출입국관리법」(1963), 외국인 노동자에 대한 「외국인 근로자의 고용 등에 관한 법률」(2003)이 근간이 되어 왔다(국가인권위원회, 2019b). 그러다가 이주민의 규모가 급증하면서 한국 최초로 체류 외국인 정책의 기본 방향 및 추진 체계를 규정한 제1회 외국인 정책회의가 2006년 5월에 개최되었으며, 외국인 정책의 총괄 추진기구 격인 법무부의 출입국·외국인 정책본부가 2007년 5월 출범하였다. 그 이후 「재한외국인 처우 기본법」 (2007), 「다문화가족 지원법」(2008), 「난민법」(2012), 「문화 다양성의 보호와 증진에 관한 법률」(2014) 등 외국인 정책 수행을 위한 각 부처별 준거법이 제정되었다. 이에 따라 '외국인 정책 기본 계획'과 '다문화가족 정책 기본 계획'이 2008년부터 5년 단위로 수립되고 있으며, 2020년 현재 제3차 '외국인 정책 기본 계획(2018~2022)'과 '다문화가족 정책 기본 계획(2018~2022)'이 시행 중이다.

2. 국제인권규범과 주요 개념

1) 이주 글로벌 콤팩트(2018년)

2016년 9월 19일, 유엔총회에서는 역사상 처음으로 각국의 정상이 모여 이주(Migration)와 난민(Refugee) 이슈 대응을 위한 심도 있는 회의가 진행되었다. 193개의 유엔 회원국은 인간의 이동(Human Mobility)에 대한 포괄적인 접근법과 강화된 국제협력의 필요성에 목소리를 모았고, 이에 대한 대응책으로 '난민과 이주자를 위한 뉴욕선언(New York Declaration for Refugees and Migrants, 이하 뉴욕선언)'이 채택되었다. 이는 최초로 국제사회가 이주와 난민 사안에 대한 강력한 협력 의지를 확인하는 중요한 계기가 되었다(IOM 한국대표부 홈페이지).[1]

여기서 세계 각국이 이주를 효과적으로 관리하고 이주자를 보호하기 위해 기준을 만들기로 하고 2018년 '안전하고 질서 있고 정규적인 이주를 위한 글로벌 콤팩트(Global Compact for Safe, Orderly and Regular Migration: GCM)'를 채택하였다. GCM은 18개월 동안 이어진 국가 간 협의,협상 및 의견 수렴 과정을 거쳐 한국을 포함하여 164개국의 참여로 채택되었다(국가인권위원회, 2019b). GCM은 이주의 다층적인 면을 전체적이고(Holistic), 포괄적인(Comprehensive) 관점에서 고려하고, 모든 이주자의 인권을 보호할 것을 목표로 한다는 점에서 중요한 의의를 갖는다. GCM의 수립 과정은 열려 있고(Open), 투명하며(Transparent), 포용적인(Inclusive) 협상 절차를 준수하고, 주권

---

1) 유엔국제이주기구(International Organization for Migration: IOM) 한국대표부 http://iom.or.kr

존중의 원칙에 따라 수립부터 채택에 이르기까지 각국 정부의 자발적인 참여로 진행되었다. 이 과정에는 정부뿐만 아니라 시민사회, 민간기업, 학계, 디아스포라와 이주자 단체를 포함한 모든 이해관계자의 효과적인 참여가 뒷받침되었다. GCM은 지속가능발전목표(SDGs) 10.7[2] 달성을 위한 구체적인 세부 목표를 제시하는 동시에, 모두가 이주의 순기능을 온전히 누릴 수 있도록 안전하고 질서 있는 이주 정책의 틀을 제시하고 있다(IOM 한국대표부 홈페이지). GCM은 이주의 모든 측면에 대응하기 위해서 다음과 같이 크게 세 가지 목표를 지향하고 있다.

- 국제 이주 거버넌스에 대한 국제 협력을 지원한다.
- 국제 이주에 관련된 문제들에 대응하기 위해 국가가 시행할 수 있는 정책 방안을 담은 포괄적인 이행안을 제시한다.
- 각국이 마주한 이주 현실과 역량에 맞추어 이주 정책을 이행할 수 있도록 충분한 공간과 유연성을 제공한다.

2) 취약한 상황에 처한 이주민의 인권 보호에 대한 원칙과 가이드라인 (Principles and Guidelines, Supported by Practical Guidance, on the Human Rights Protection of Migrants in Vulnerable Situations)

이주민의 취약한 상황을 유발하는 요인은 크게 다음의 세 가지가 있다. 그러나 이와 상관없이 이동 중에 또는 도착한 목적지에서 취약한 상황이 발생할 수 있기 때문에 상황적·개인적인 부문 모두에서 취약성을 이해해야 한다(OHCHR·GMG, 2018). 첫째, 빈곤, 자연재해, 기후 변화 및 환경 악화, 성 불평등, 기본적인 인권(존엄한 일, 식수, 교육, 건강 등)을 보장받을 수 없는 등의 이유로 출신국을 떠나게 되는 경우이다. 이들은 출신국으로 돌아갈 수 없는 경우들도 있으며 이주하는 동안 인권 침해 가능성이 크다. 두 번째는 이주 경로나 입국 등 이주 과정의 상황과 관련된 취약성이다. 이동하는 동안 위험한 교통 수단을 사용하거나 밀수업자 등의 도움을 받아야 하는 상황에서 착취를 당하거나 학대를 받을 위험이 있다. 또한 이주하는 국가에서 효과적인 입국 심사에

---

2) 10. 국내 및 국가 간 불평등 감소: 10. 7 계획적이고 잘 관리된 이주 정책의 이행 등을 통해 체계적이고 안전하며 정규적이고 책임 있는 인구 이주와 이동을 지원한다.

대한 거부, 범법자로 대하는 태도, 인도주의적 지원 거부, 다양한 관행 등으로 이주민
의 건강과 안전을 위험에 빠뜨릴 수 있다. 마지막으로는 개인의 정체성 및 상태에 따
른 취약성으로 다른 이주자들보다 인권 침해와 학대의 위험이 더 높다. 이것은 연령,
성별, 민족, 인종, 국적, 종교, 언어, 성적 지향, 성정체성 등으로 인한 차별을 경험하는
경우로, 때로는 이러한 요인들이 서로 교차되면서 차별을 경험하기도 한다.

최근 난민과 이주민의 대규모 이동이 전 지구적으로 증가함에 따라 보편적 인권과
기본적인 자유를 보장하기 위한 국제사회의 노력이 요구되어 왔다. 이에 2016년 열린
유엔총회에서 '난민과 이주민을 위한 뉴욕선언'이 채택되었고, 난민과 이주민을 보호
하기 위해 국제사회 및 국가가 이행해야 할 의무를 담은 글로벌 컴팩트를 2018년까지
채택하기로 합의했다(국제인권위원회, 2017e).

이에 따라 OHCHR와 글로벌 마이그레이션 그룹은 '취약한 상황에 처한 이주민의 인
권 보호에 대한 원칙과 가이드라인'을 개발하였는데, 기존 이주 인권 관련 가이드라인
에서 제시한 원칙을 가장 넓게 포괄하고 있으며, 총 20개의 원칙과 131개의 가이드라
인으로 이루어져 있다. 이 중 원칙을 제시하면 다음과 같다(국가인권위원회, 2017e).

〈표 13-1〉 취약한 상황에 처한 이주민의 인권 보호에 대한 원칙

원칙 1	인권 최우선	이주를 다루는 모든 법률, 제도, 관행에서 인권이 중심에 놓이도록 보장할 것
원칙 2	비차별	이주민에 대한 모든 종류의 차별을 금지할 것
원칙 3	사법접근권	이주민이 사법 시스템에 접근하는 것을 보장할 것
원칙 4	구조와 지원	이주민의 생명과 안전을 보호하고, 생명이나 안전이 위험에 처한 모든 이주민을 구조하고 즉각적인 지원을 제공할 것
원칙 5	출입국 관리	모든 출입국 관리 절차가 이동의 자유와 출입국의 권리를 포함한 인권을 보호할 수 있도록 보장할 것
원칙 6	인권에 기반을 둔 송환	송환은 이주민의 인권이 온전히 존중되는 방식으로, 강제 송환 금지의 원칙, 자의적이거나 집단적인 추방 금지의 원칙, 난민 신청의 권리 등 국제법에 부합하게 이루어지도록 보장할 것
원칙 7	폭력과 착취로부터의 보호	공공기관이나 공무원에 의해서건 개인이나 민간의 기관에 의해서건 모든 종류의 폭력과 착취로부터 이주민을 보호할 것

원칙 8	이주 구금의 금지	출입국 행정에 따른 이주민의 구금 폐지라는 분명한 목적을 가진 노력을 함으로써 이주민의 자유에 대한 권리와 자의적 구금 금지를 지킬 것. 본인 또는 부모의 체류 자격을 이유로 아동을 구금하는 것을 절대로 금할 것
원칙 9	가족 보호	이주민의 가족 보호를 광범위하게 보장하고, 가족 결합을 용이하게 하고, 사생활이나 가족생활을 누릴 이주민의 권리를 자의적이거나 불법적으로 방해하는 것을 금지할 것
원칙 10	이주아동	이주의 맥락 속에 있는 모든 아동의 인권을 보장하고, 그들이 무엇보다 우선적으로 아동으로 다루어지도록 보장할 것
원칙 11	이주 여성과 소녀	이주 여성과 소녀의 인권을 보호할 것
원칙 12	건강권	모든 이주민이 신체적·정신적으로 도달 가능한 최상의 건강을 향유할 수 있도록 보장할 것
원칙 13	적절한 생활 수준을 누릴 권리	이주민에게 적절한 생활 수준을 누릴 권리를 보장할 것
원칙 14	노동권	이주민에게 일할 권리와 공정하고 우호적인 조건에서 일할 권리를 보장할 것
원칙 15	교육권	초중등 교육은 물론 고등 교육과 직업 교육, 언어 교육을 포함해 이주민들의 교육받을 권리를 보호할 것
원칙 16	정보권	이주민의 정보에 대한 권리를 보장할 것
원칙 17	모니터링과 책임	이주에 대한 모든 대응을 모니터링하고 책임 의무를 보장할 것
원칙 18	인권옹호자	이주민을 구조하고 지원을 제공하는 인권옹호자나 그 밖의 사람들의 행위를 존중하고 지원할 것
원칙 19	자료 수집과 보호	사생활 보장과 개인 정보 보호를 지키면서 이주민의 인권 상황에 대한 정보를 수집할 것
원칙 20	역량 구축과 협력	이주 관리에 대한 접근이 성 인지적이고 인권에 기반한 것이 될 수 있도록, 그리고 이주민의 이주를 야기하는 원인을 이해하고 문제를 해결할 수 있도록 하기 위해 모든 이해 당사자들의 역량을 구축하고 서로 협력을 증진할 것

3. 한국의 상황

1) 이주민 현황

(1) 외국인 체류 현황

[그림 13-1]과 같이 2018년 말 기준 국내 체류 외국인은 2,367,607명이며, 전체 국민 인구 대비 체류 외국인 비율은 2014년 3.5%에서 2018년 4.6%로 매년 증가하고 있다. 국적별로는 중국이 1,070,566명(45.2%)으로 가장 많았고, 태국 197,764명(8.4%), 베트남 196,633명(8.3%), 미국 151,018명(6.4%), 우즈베키스탄 66,433명(2.9%), 일본 60,878명(2.6%), 필리핀 60,139명(2.5%) 등의 순이다. 체류 자격별로는 재외동포(F-4) 444,880명(18.8%), 비전문취업(E-9) 280,312명(11.8%), 방문취업(H-2) 250,381명(10.6%) 등의 순으로 분포하고 있다. 저출산 고령화 사회로 인한 외국 노동력 증가, 국제결혼 증가로 인한 결혼 이민자 증가, 외국 국적 동포 유입, 유학생 증가 등으로 국내 체류 외국인 수는 지속적인 증가가 예상된다.[3]

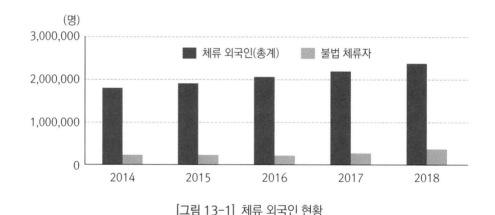

[그림 13-1] 체류 외국인 현황

출처: 출입국·외국인 정책 통계연보(http://www.index.go.kr/potal/main/EachDtlPageDetail.do?idx_cd=2756).
주석: • 출입국자 통계와 체류 외국인 통계 통합 관리
　　　• 체류 외국인 통계는 매년 말 기준으로 국내 체류 중인 외국인 현황임.
　　　• 체류 외국인은 장기 체류 및 단기 체류로 구분되며, 미등록 체류자는 체류 외국인 중 미등록 체류자 현황임.

3) e-나라지표. http://www.index.go.kr/potal/main/EachDtlPageDetail.do?idx_cd=2756 (최종 접속일: 2020. 3. 10.)

　2018년 기준 355,000명으로 국내 체류 외국인 2,367,000명 중 미등록 체류율은 15%로, 최근 5년간 11% 내외에서 2018년에 급상승하였다. 법무부 통계상 2018년 무사증 및 단기 비자로 입국한 외국인 70만 명 중 「출입국관리법」을 위반하여 체류하는 외국인은 26만 404명으로, 3명에 1명꼴로 체류 기간을 초과하거나 금지된 취업 활동을 하고 있다. 2018년 12월 기준 취업 · 결혼 이민 · 유학 등 장기 체류 목적으로 입국한 외국인 중 한 해 동안 신규 미등록 체류자는 2만 8,108명이며, 주요 체류자별 자격 현황은 다음 〈표 13-2〉와 같다(국가인권위원회, 2019b).

〈표 13-2〉 체류 자격별 미등록 체류자 현황

구분	비전문취업 (E-9)	일반 연수 (D-4)	선원 취업 (E-10)	결혼 이민 (F-6)	유학생 (D-2)	특정 활동 (E-7)
미등록 체류자 (2018년)	9,494	7,012	1,280	1,161	940	755

출처: 국가인권위원회(2019b), p. 4.

(2) 외국인 고용 현황

　[그림 13-2]와 같이 2019년 5월 상주 인구 기준, 15세 이상 외국인은 132만 3천 명으로 전년 대비 2만 2천 명(1.7%) 증가하였다. 이 중 남자는 75만 3천 명(56.9%), 여자는 56만 9천 명(43.1%)으로 전년 대비 각각 1만 1천 명(1.4%), 1만 1천 명(2.0%) 증가하였다. 국적별로는 베트남(1만 7천 명, 11.3%), 기타 아시아(1만 2천 명, 3.2%) 등에서 증가하고, 한국계 중국(-1만 4천 명, -2.8%) 등에서 감소하였다.

　외국인 경제 활동 인구는 91만 4천 명으로 전년 대비 1만 6천 명(-1.7%) 감소하고, 경제 활동 참가율은 69.1%로 전년 대비 2.3%p 하락했다. 귀화 허가자 경제 활동 인구는 3만 4천 명, 경제 활동 참가율은 68.9%로 전년 대비 0.5%p 하락했다. 외국인 취업자는 86만 3천 명으로 전년 대비 2만 1천 명(-2.4%) 감소하고, 고용률은 65.3%로 전년 대비 2.7%p 하락했다. 외국인 임금이 200만 원 이상인 외국인 임금 근로자 비율은 67.6%로 전년 대비 5.5%p 상승하고, 200만 원 미만인 외국인 임금 근로자 비율은 32.4%로 전년 대비 5.5%p 하락하였다. 외국인 실업자는 5만 명으로 전년 대비 6천 명(12.3%) 증가하고, 실업률은 5.5%로 전년 대비 0.7%p 상승하였다. 외국인 비경제 활동 인구는 40만 9천 명으로 전년 대비 3만 7천 명(10.0%) 증가하고, 귀화 허가자 비경제 활동 인구는 1만 5천 명으로, 전년 대비 8백 명(-5.0%) 감소하였다.

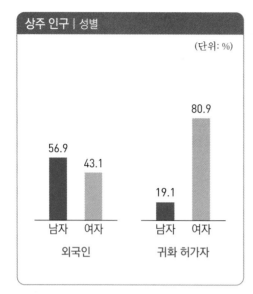
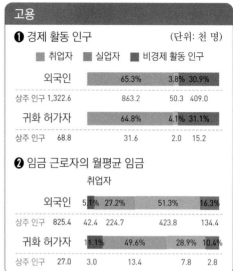

[그림 13-2] 외국인 상주 인구와 고용 현황

출처: 통계청(2019). 보도자료.

(3) 외국인 사회보험 가입 현황

고용보험 및 산재보험 가입률은 다음 〈표 13-3〉과 같다. 임금 노동자 중 고용보험 가입자는 33.8%, 미가입자는 57.6%, 산재보험 가입자는 65.0%, 미가입자는 29.7%였다. 고용보험 가입 비율은 남자(33.0%)와 여자(35.4%)가 비슷하지만, 산재보험 가입 비율은 남자(72.4%)가 여자(49.2%) 보다 높았다. 고용보험 가입률이 낮은 이유는 고용보험의 경우 결혼 이민자, 영주와 같이 일부 체류 자격 소지 외국인만 가입 대상이어서 미가입자 비율이 높기 때문이다(통계청, 2019).

〈표 13-3〉 고용보험 및 산재보험 가입 유·무별 임금 근로자 (단위: %)

	임금 근로자	고용보험			산재보험		
		가입	미가입	모르겠음	가입	미가입	모르겠음
외국인	100.0	33.8	57.6	8.6	65.0	29.7	5.3
남자	100.0	33.0	57.7	9.3	72.4	22.8	4.8
여자	100.0	35.4	57.5	7.1	49.2	44.4	6.4
귀화 허가자	100.0	64.4	33.0	2.6	65.2	30.7	4.1

출처: 통계청(2019), p. 29.

국민연금과 건강보험 가입 현황은 다음 〈표 13-4〉와 같다. 외국인 중 국민연금 가입자는 23.0%, 미가입자는 68.9%였고, 건강보험 가입자는 23.5%였다. 미가입 비율이 여자(국민연금: 74.1%, 건강보험: 24.4%)가 남자(국민연금: 65.0%, 건강보험: 22.8%)보다 더 높아 취약한 상태에 있다고 할 수 있다.

〈표 13-4〉 국민연금과 건강보험 가입 비율　(단위: %)

	합계	국민연금			건강보험		
		가입	미가입	모르겠음	가입	미가입	모르겠음
외국인	100.0	23.0	68.9	8.1	73.9	23.5	2.6
남자	100.0	26.0	65.0	9.0	74.7	22.8	2.5
여자	100.0	19.0	74.1	6.9	72.8	24.4	2.8
귀화 허가자	100.0	44.9	52.3	2.9	96.3	3.1	0.6

출처: 통계청(2019), p. 42.

(4) 이주민 정책 인지도와 차별 경험

이주민 당사자 정책 인지도를 살펴보면 [그림 13-3]과 같다. 노동·고용 관련 제도에 대해 정책 인지도 비중이 높은 반면, 교육·건강·사회 통합과 관련된 제도에 대한 인지도는 낮은 것으로 나타났다. 최근 이주민의 가족 체류 비중이 높아진 것에 비해 체류 자격과 무관하게 초중등 의무 교육을 받을 수 있는 교육 제도에 대한 이주민 당사자의 인지도가 34.7%로 가장 낮았다. 인지도가 가장 높은 것은 노동청의 진정 구제 절차로 전체 응답자의 80.0%가 알고 있었으며, 그다음이 산업재해보상보험(82.7%), 최저임금(82.0%), 고용센터의 구직 서비스(80.0%), 외국 인력 지원센터(79.8%)였다(국가인권위원회, 2019b). 이 통계는 응답자의 절반이 취업 비자로 체류하고 있는 노동자이기 때문에 노동·고용에 대한 인지도가 상대적으로 높은 것이고 〈표 13-5〉와 같이 체류 자격에 따른 인지도를 보면 교육, 건강, 사회 통합 등의 제도에 대해서는 정주형 장기 체류자의 인지도가 높은 것을 알 수 있다(국가인권위원회, 2017e).

■ 알고 있음(이용함)　■ 알고 있음(이용한 적 없음)　■ 모름　(단위: %)

정책	알고 있음(이용함)	알고 있음(이용한 적 없음)	모름
초중등 무상교육	9.2	25.5	65.3
보건복지부 의료 지원 제도	7.8	34.3	57.8
이주 여성 쉼터	10.6	36.9	52.5
다문화가족 지원센터	18.2	31.2	50.6
사회통합 프로그램	13.9	35.9	50.2
인터넷 다국어 정보 서비스	25.5	32.0	42.5
인권위 진정 구제	6.7	51.4	42.0
건강보험	43.7	21.8	34.5
외국 인력 지원센터	44.1	35.7	20.2
고용센터 구직 서비스	37.8	42.2	20.0
최저임금 제도	58.2	12.5	18.0
산업재해보상보험	16.7	66.1	17.3
노동청 진정 구제	24.1	63.9	12.0

[그림 13-3] 이주민 당사자의 정책 인지도 및 만족도

출처: 국가인권위원회(2019b), p. 6.

한편, 체류 자격에 따른 정책인지도 및 만족도를 살펴보면 다음 〈표 13-5〉와 같다.

〈표 13-5〉 체류 자격에 따른 이주민 관련 정책 인지도 및 만족도　(단위: %, 점)

이주민 관련 정책	취업 비자 소지자		정주형 장기 체류자		기타 비자 소지자		미등록 체류자	
	인지	만족	인지	만족	인지	만족	인지	만족
노동청 진정 구제	92.9	3.7	91.2	4.4	70.5	4.4	72.1	4.2
산업재해보상보험	93.6	4.0	77.4	4.3	52.3	3.5	68.9	3.3
최저임금 제도	84.0	N/A	82.5	N/A	75.0	N/A	77.0	N/A
고용센터 구직 서비스	90.7	3.6	78.1	3.9	47.7	4.6	60.7	3.3
외국 인력 지원센터	86.9	4.4	78.1	4.4	59.1	4.7	67.2	4.0
건강보험	60.8	3.8	81.0	4.0	65.9	3.9	50.8	3.8
인권위 진정 구제	57.8	4.1	67.9	4.4	40.9	5.0	49.2	4.5
인터넷 다국어 정보 서비스	57.5	3.8	69.3	3.9	47.7	4.5	37.7	3.9
사회 통합 프로그램	46.6	3.7	69.3	3.9	36.4	4.5	29.5	3.0
다문화가족 지원센터	32.1	3.3	85.4	4.0	54.5	4.0	41.0	3.8

이주 여성 쉼터	34.7	2.4	78.1	4.0	45.5	3.2	36.1	3.0
보건복지부 의료 지원 제도	37.3	4.3	50.4	4.7	36.4	4.5	49.2	3.0
초중등 무상교육	22.8	3.0	59.9	4.1	29.5	4.8	34.4	3.8

출처: 국가인권위원회(2017e), p. 35.

체류 자격에 따른 차별 경험은 〈표 13-6〉과 같다. 미등록 체류자는 출입국관리사무소나 경찰서, 법원에서, 취업 비자 소지자는 노동청에서, 정주형 장기 체류자는 주민센터나 구청, 시청, 학교에서의 차별 경험이 높게 나타났다.

〈표 13-6〉 체류 자격에 따른 차별 경험   (단위: %, 점)

기관	응답자 전체	취업 비자 소지자	정주형 장기 체류자	기타 비자 소지자	미등록 체류자
출입국관리사무소	25.0	25.1	27.1	15.0	27.8
노동청 또는 고용센터	29.7	40.2	14.7	0.0	18.5
주민센터, 구청, 시청	12.1	11.3	14.0	5.9	10.0
경찰서	13.4	11.3	17.7	0.0	19.0
법원	15.7	17.6	12.2	12.5	20.0
외국인 근로자 지원센터	9.0	9.0	6.3	5.9	17.1
다문화가족 지원센터	8.9	8.0	8.5	8.8	15.8
학교	14.4	13.3	16.1	15.4	10.0
병원 등 의료 기관	16.3	15.8	18.0	6.5	20.8

출처: 국가인권위원회(2017e), p. 36.

2) 국제 기준 적용

인종차별철폐위원회는 지난 2018년 한국에 대한 최종 권고를 통해 인신매매 죄에 대한 처벌을 규정한 「형법」 개정(2013년 4월 5일), 「난민법」 제정(2013년 7월 1일), 제3차 외국인 정책 기본 계획 수립(2018년 2월 12일), 제3차 다문화가족 정책 기본 계획 수립(2018년 2월 12일), 제3차 국가 인권 정책 기본 계획 수립(2018년 8월 7일)을 긍정적 진전 사항으로 환영했다. 또한 2015년 11월 5일 「초국가적 조직범죄 방지협약」 및 「인신매매, 특히 여성과 아동의 인신매매 방지, 억제 및 처벌을 위한 의정서」(이하 '팔레르모 의정서')를 비준한 것을 긍정적으로 주목한다고 밝혔다. 하지만 다음의 사항들을 우려하며 권고했다.

(1) 인종 차별과 혐오 표현

미디어 속 이주민
차별과 혐오

인종 차별을 금지하고 정의하는 포괄적인 법률의 조속한 제정과 인종 차별 동기를 형사범죄의 가중 처벌 사유로 고려하도록 형법 개정을 권고했다. 또한 이주민과 난민에 대한 혐오와 불신의 분위기를 우려하면서 공식 문서에 '불법 체류자(illegal immigrants)'와 같은 비하적인 용어들이 이들에 대한 부정적 인식과 차별을 악화시킨다는 점에 주목하였다. 그리고, ① 혐오 발언에 단호하게 대응하기 위한 조치(Ⓐ 이주민과 난민, 특히 무슬림 난민에 대한 편견, 오해, 및 잘못된 정보에 대응하며, Ⓑ 난민의 권리에 대한 주민의 인식을 제고하고, Ⓒ 난민과 지역 주민 간의 이해와 관용을 증진하기 위한 전략을 채택)를 취하고, ② 협약 제4조가 요구하는 바와 같이, 인종적 우월성에 근거한 사상을 전파하거나 외국인에 대한 인종혐오를 선동하는 개인 또는 집단을 파악하기 위해 언론, 인터넷 및 소셜 네트워크를 지속 모니터링하고, 이러한 행위를 조사하고 만일 유죄일 경우 이러한 개인 또는 집단에 적절한 처벌을 부과, ③ 방송 언어 가이드라인의 실효적 이행 확보, ④ 장래에 '불법 체류자(illegal immigrants)' 용어의 사용을 철폐하고 그 사용을 방지하기 위해 관련 법령 및 공식 문서 검토하는 것을 권고하였다. 또한 사회 전반에서 이주민에 대한 적대감을 감소시키고 이주민의 사회 통합을 촉진할 수 있는 환경을 조성하기 위한 조치를 취할 것을 권고하였다.

(2) 이주 노동자

이주 노동자에 대해서는, 사업장 변경 횟수 제한, 국내 최장 체류 기간의 제한, 가족 결합 불가능, 이주 노동자의 장기 체류 및 영주 허가 취득을 저해하고 불법 체류의 위험성을 높이는 매우 제한된 비자 변경 가능성을 우려하였다. 이에, ① 이주 노동자의 가족 결합 촉진, ② 사업장 변경 제한 폐지, ③ 체류 가능 기간 연장, ④ 비자 변경을 허용하도록 고용허가제 및 이주 노동자에게 적용되는 여타 법률의 개정을 권고하였다.

그리고 농ㆍ어업, 제조, 건설 및 축산업 분야 등에 「근로기준법」이 적용되지 않는 이주 노동자의 근로 조건에 우려를 표하면서, 외국인 노동자 고용 업종에 대한 근로 감독을 강화하는 등의 방식으로 외국인 노동자의 체류 자격과 관계없이 내외국인 노동자 간의 차별에 단호히 대응할 것을 권고하였다. 더 나아가, 이주 노동자의 권리 침해 시

적절한 구제 수단에 대한 접근을 보장하며, 가해자에게 책임을 묻고 적절한 처벌로 제재가 가해지도록 보장할 것을 권고하였다.

[그림 13-4] 이주 노동자 업종별 평균 월급

출처: 국가인권위원회(2019b), p. 77.

(3) 난민 및 난민 신청자

한국의 난민 인정률은 매우 낮으며(OECD 평균 24.8%), 난민 인정 심사 면접이 비전문적으로 수행된 것에 우려를 표하면서, 난민 신청자가 난민 인정 심사 절차의 모든 과정에서 전문적이고 능력 있는 인력의 지원을 받고, 그들이 이해할 수 있는 언어로 동

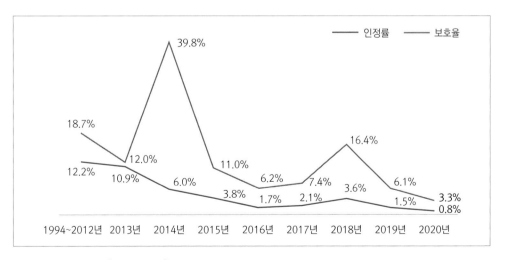

[그림 13-5] 연간 난민 인정률 및 보호율(2020년은 1~10월)

출처: https://www.yna.co.kr/view/AKR20210113147700371?input=1179m (최종 접속일: 2021. 1. 21.)

반말 사용

과정에 대한 명확한 정보에 접근할 수 있도록 보장할 것을 권고하였다. 또한 난민 신청자들을 상대하는 출입국 담당 공무원 및 통역인에 대한 인권 교육을 지속 실시 및 강화할 것을 권고하였으며, 난민 인정 심사가 전문적인 방식으로 수행되도록 보장하기 위한 조치들을 취할 것을 권고하였다. 아울러, 난민 신청자와 난민에 관련된 모든 결정이 공정하며, 인종·피부색·국적·민족 등이 아닌 보호 필요성에만 근거하여 이루어지도록 보장할 것을 요청하였다.

(4) 미등록 이주민

노동조합원을 포함한 미등록 이주 노동자를 대상으로 한 폭력을 방지하고, 경찰 및 출입국 관리 공무원을 대상으로 실시되는 인권옹호자 보호, 집회·결사의 자유, 노동조합 결성 권리 등에 대한 인권 교육을 강화하기 위한 조치를 실시할 것을 권고하였다. 더 나아가, 피해자들이 체류 자격을 침해받지 않고 인권 침해 사실을 신고할 수 있으며, 적절한 구제 수단에 접근할 수 있도록 보장하기 위한 조치를 실시할 것을 권고하면서, 단속으로 인해 체포·강제 퇴거된 이주민의 수 및 동 과정에서 과도한 무력이 사용된 경우 관련 조사 건수에 대한 정보를 제공할 것을 요청하였다.

한편, 즉시 강제 퇴거가 이루어질 수 없는 이주민 보호 시, 그러한 보호의 적법성 여부가 독립적인 기구에 의해 정기적으로 검토될 수 있도록 보장하기 위해 「출입국관리법」 제63조를 개정할 것을 권고하였다. 아울러, 난민 신청자에 대한 보호가 최후의 수단으로 인식되고 가능한 한 최단 기간 동안만 이루어지도록 하고, 이주민에 대한 보호 기간 제한 설정 및 보호 이외 다른 대안적 조치를 우선 적용할 것을 권고하였다. 더 나아가, 아동 및 미성년자의 구금을 피하고, 아동의 최상의 이익과 관련된 조항을 포함하도록 「출입국관리법」을 개정할 것을 권고하였다.

(5) 외국인 여성 보호

① 젠더 기반 폭력으로부터 이주 여성을 보호하고, 피해 여성들이 체류 자격과 무관하게 적절한 법률, 의료, 심리적 지원을 제공받을 수 있도록 보장하며, 관련 가해자들이 처벌될 수 있도록 보장하기 위한 조치 실시, ② 젠더 기반 폭력을 당한 미등록 이주민들이 사건 종결 후에도 국내에 체류할 수 있는 가능성 부여, ③ 이주 여성이 젠더 기반 폭력의 피해자로서 활용할 수 있는 서비스와 구제 수단에 대한 명확한 정보를 자신들이 이해할 수 있는 언어로 제공받을 수 있도록 보장하도록 권고하였다.

(6) 결혼 이민자 및 다문화가족

인종 차별의 성 인지적(gender-related) 차원에서 현재 국민기초생활보장제도의 문제(혈연을 중심으로 한 자격 조건)를 지적하고, 국민기초생활보장제도를 조건 없이 모든 '결혼 이민자'에게 확대 적용하고, 모든 '결혼 이민자'에게 동등한 지원과 혜택을 보장하기 위한 조치를 실시할 것을 권고하였다. 또한 '결혼 이민자'가 이혼 후에도 이혼 사유와 무관하게, 그리고 자녀 양육 및 배우자 가족 구성원 부양 여부와 상관없이 국내에 계속 거주할 수 있도록 체류 자격 변경을 허용할 것을 권고하였다. 더 나아가, 위원회는 이혼 후 한국 국적 자녀와 함께 본국으로 귀국한 '결혼 이민자'에 대한 이혼 절차 및 자녀 양육과 관련하여 적절한 행정적 및 사법적 지원을 제공하기 위한 노력을 확대해 나갈 것을 권고하였다.

또한 「다문화가족 지원법」상 '다문화가족'의 정의가 적어도 한 명의 한국인을 포함한 가족만을 의미함으로써 양 배우자가 모두 외국인이거나 재외동포의 결혼은 배제되고, 이러한 배제로 인해 난민 신청자 및 난민을 포함한 이주 가족이 '다문화가족'만 특정하게 제공받는 혜택과 지원의 범위에서 벗어나 있는 점에 대해 우려를 표했다. 그래서 '다문화가족'의 정의를 재검토하여 (외국인 부부로 구성된 가족 및 재외동포로 구성된 가족과 같이) 적어도 한 명의 구성원이 한국인이 아닌 모든 가족으로 확대하여 차별 없이 모든 가족에게 동일한 혜택을 제공할 것을 권고하였다.

(7) 인신매매

한국이 여전히 인신매매에 관해 포괄적 법률이 부재한 상황에 우려를 표하면서 미등록 이주민들이 인신매매에 취약하지만 퇴거의 두려움으로 신고하는 것을 꺼리고 있는 점과 인신매매 가해자 처벌률이 낮은 것에 대해서 우려하였다.

인신매매특별법의
필요성

이에, ① (「인신, 특히 여성과 아동의 매매 방지, 억제 및 처벌을 위한 의정서」에 합치하도록) 인신매매에 관한 포괄적 법률을 제정하고, 동 법률을 대중에게 알리기 위한 인식 제고 캠페인 수행, ② 인신매매 피해자들이 당국에 신고할 수 있도록 지원하고, 피해자에 대한 지원을 제공하며, 구제 절차가 종료될 때까지 피해자들에게 안정적인 체류 자격과 기본 생계 지원을 제공, ③ 인신매매에 대한 조사가 전문적인 방식으로 수행되고 가해자 처벌이 이루어지며, 인신매매 피해자들이 재활을 포함한 보상에 접근할 수 있도록 보장할 것을 권고하였다.

〈표 13-7〉 인신매매 사업 처분 현황 (단위: 명)

연도	처분계	기소		불기소	기타
		구공판	구약식		
2011	342	111	7	124	100
2012	445	175	3	128	139
2013	387	107	3	128	149
2014	489	144	1	145	199
2015	487	157	0	150	180
2015	468	487	157	150	180
2016	566	572	199	190	183

출처: 인종차별철폐협약 제17차 · 18차 · 19차 국가 보고서.

(8) 출생 등록

출생 등록이 다양한 인권 향유의 전제 조건임을 강조하면서, 외국인은 자국 대사관에서 출생 등록을 하도록 되어 있어 외국인 부모 사이에 출생한 아동은 체계적으로 출생 등록이 되지 않는 점을 지적하였다. 그러면서 국적 및 체류 자격과 무관하게 국내에서 출생한 모든 아동에 대한 등록이 이루어지도록 보장하기 위한 조치를 실시할 것을 권고하였다. 또한 한국인 아버지와 외국인 어머니 사이에서 출생한 혼외 자녀의 한국 국적 취득 제한을 폐지할 것과 한국이 1961년 무국적자 감소에 관한 협약에 비준할 것을 권고하였다.

(9) 교육 접근

「교육기본법」에 따라 교육이 내국인에게만 의무인 것과, 이주아동들이 학교에 등록할 권리는 있으나 입학이 학교장 자유 재량에 맡겨져 있어 학교에서 입학 거부를 하였거나 부모들이 학교 등록을 못 하여 일부 이주아동들이 결국 입학을 못하는 사례가 발생하고 있는 데 대해 우려를 표했다. 또한 이주아동의 대안학교 등록 관행이 차별적이며 한국 사회로의 통합에 부정적인 영향을 미치는 점에 대해서도 우려했다. 이에 모든 아동에게 차별 없이 의무 교육이 확대 적용될 수 있도록 「교육기본법」을 개정할 것과 이주민 공동체 및 학교 교장단을 포함하여, 아동의 교육에 대한 권리에 관한 인식을 제고할 것을 권고하였다. 그리고 이주아동의 한국 사회로의 통합을 강화하기 위해 정규 학교에서 이주아동의 등록률을 제고하기 위한 조치를 실시할 것을 권고하였다.

(10) 사회보장 접근

이주아동을 포함한 이주민들의 낮은 건강보험제도 가입률, 몇 가지 범주의 이주민들이 사회보장제도에서 배제되어 있고 국민기초생활보장제도가 난민과 특정 범주의 결혼 이주민(임신 중이거나, 배우자의 자녀를 양육 또는 가족 구성원을 부양)에게만 적용되어 대다수의 이주민이 기초생활보장의 수급권자가 될 수 없다는 점, 긴급 복지 지원 제도가 범죄의 피해자 및 가해자 모두 이주민인 경우 지원 대상에서 배제된다는 점에 대해 우려를 표했다. 이에 다음과 같이 권고하였다. ① 이주민에 대한 건강보험 적용 범위 확대 및 국민건강보험이 적용되지 않는 외국인의 자녀를 포함한 모든 이주아동에 대한 건강보험 적용을 위한 조치 실시, 모든 이주민이 내국인과 동일한 수준의 보험료를 납부하고 국민건강보험의 적용을 받을 수 있도록 제도 개정, ② 국내에 거주하는 모든 사람에게 국적과 무관하게 기본적인 사회적 지원을 받을 수 있도록 보장하기 위해 사회보장 정책을 재검토, ③ 긴급 복지 지원 제도가 모든 사람에게 차별 없이 동등한 신청 자격 요건이 적용될 수 있도록 보장하기 위한 조치 실시를 권고하였다.

한편, 한국과 상호 보증협정을 체결한 국가의 국민만 「범죄피해자보호법」의 혜택을 받음으로써 대다수의 외국인이 당사국과 이러한 협정이 부재한 국가 출신이라는 점 때문에 구제를 못 받는다는 점을 우려했다. 이에 관할권 내 모든 사람의 실효적 구제에 대한 권리를 보장하기 위해, 특히 범죄에 취약한 미등록 이주민을 포함하여 모든 외국인에게 「범죄피해자보호법」이 적용될 수 있도록 개정할 것을 권고하였다.

3) 제2차 이주 인권 가이드라인

국가인권위원회에서는 2012년 '이주 인권 가이드라인'을 만들어 권고하고 매년 정부 부처의 이행 실적을 모니터링한 바가 있다. 이러한 성과와 한계를 바탕으로 국제인권 기준과 쟁점 등을 반영한 정책 과제를 제시하기 위해 2019년 '제2차 이주 인권 가이드라인'을 수립하였고 그 개요는 [그림 13-4]와 같다(국가인권위원회, 2019b).

구분	제1차 이주 인권 가이드라인	제2차 이주 인권 가이드라인
과제 구성	**7개 대상 30개 분야 90개 과제** • 이주민을 그룹별로 구분 • 과제들을 범주화하는 용어로 '보호 강화'를 주로 사용 • 현시점에서 실현 가능한 과제에 치중 • 현실의 한계를 극복하기 위한 과제 일부 변경·삭제	**10개 가이드라인 110개 과제** • 이주민의 권리에 중점을 둠 • 이주민 당사자의 역량 강화에 중점을 두고 실질적인 인권 개선 도모 • 국제기구가 반복적으로 권고하는 사안에 대해서는 장기적으로 도달해야 할 보편적 지향점으로서 과제 지시
기본 원칙	• 이주민과 관련된 법과 정책에서 인권을 최우선적으로 고려 • 이주민에게도 기본적인 권리를 평등하게 보장 • 이주민에 대한 인권 침해와 차별을 야기하는 법과 제도 개선 • 사회적 편견과 관행에서 오는 이주민에 대한 인종 차별 금지 • 이주민들의 문화 정체성 존중과 그들의 역량 증진 도모	
10대 가이드라인	1. 인종 차별을 금지하고 이주민이 평등하게 존중받을 권리 보장 2. 권리 구제 절차에 이주민의 접근이 용이하도록 개선 3. 난민 인정 절차와 결정에 공정성을 강화하고, 난민 처우 개선 4. 이주민에게 공정하고 우호적인 조건에서 노동할 권리 보장 5. 취약 계층 이주 노동자의 인권 증진을 위해 제도 개선과 관리 감독 강화 6. 이주민에게 차별 없이 보건 의료 서비스 보장 7. 위기 상황에 처한 이주민에 대한 보호 등 비차별적 사회보장제도 마련 8. 이주아동에게 아동 이익 최선의 원칙 보장 9. 이주여성의 인권을 보호하고 이주 정책에 젠더 관점 반영 10. 이주민 구금을 최소화하고 인도적 차원의 대안 마련	

[그림 13-6] 「제2차 이주 인권 가이드라인」 개요

4. 사례와 토론

[스브스夜] 〈SBS 스페셜〉 이주민 혐오 대하는 대림동 변호사들 …… "법은 사회적 약자 보호도구"

23일 방송된 〈SBS 스페셜〉에서는 '혐오를 혐오한다, 대림동 변호사들'을 부제로 이주민의 노동 문제를 다루는 변호사 이야기를 담았다. 이날 방송은 코로나19 공포에서 비롯된 이주민 혐오를 비추며, 중국 동포 밀집 지역인 대림동을 조명했다.

대림동 소재 이주민센터 '친구'의 변호사들은 이주민들의 체류, 임금 체불, 부당 해고 등의 노동 문제를 무료 상담하고 있었다. 이제호 변호사는 "대림동 지역에서 법률 상담이나 문제

있는 분들이 편하게 찾아오는 형태다. 카페로 꾸몄다."라며 대림동 사무실을 소개했다. 이진혜 변호사는 센터를 방문하는 이주민에 대해 "사회적 관계가 전혀 없어 의지할 수 있는 사람이 부족하다."라고 설명했다. 그러면서 "관계적인 측면에서 도움을 줄 수 있지 않을까."라고 말했다. 조영관 변호사는 이주민 혐오 양상을 두고 "외국인, 내국인 갈등이 심각해질 것이다. 머지않아 큰 사회적 비용을 치르게 될 것 같다. 예방하기 위한 활동이 필요하다."라고 덧붙였다.

이어 방송은 불량 사업주 실태를 지적했다. 사업주는 이적 동의서로 이주민을 협박하기도 했다. 이진혜 변호사는 이들 출국 명령서가 나오기 전 증거, 증언을 얻기 위해 가게를 찾아갔다. 이진혜 변호사는 "부끄럽고 답답하다. 사업주들이 하는 이야기는 비슷하다. (이주민들은) 먼 나라에 와서 하소연할 데도 없다. 고국으로 돌아가는 분들이 많다."라고 설명했다. 한국 생활 7년 차 미카 차발라(27)는 "한국 법은 우리(외국인 노동자)에게 유리하게 되어 있지 않고 사장에게 유리하게 되어 있다."라며 "사장이 이적 동의서 써 주는 것을 거절해 비자를 변경할 수 없었다."라고 호소했다. 조영관 변호사는 "법은 사회 약자를 보호해 주는 도구로 쓰여야 한다."라고 꼬집었다. 이어 "힘이 없는 사람들일수록 자기를 보호해 줄 수 있는 것은 법밖에 없는 경우가 많다. 법과 약한 사람들을 이어 줄 수 있는 전문가들이 많아져야 한다."라고 말했다.

출처: http://sbsfune.sbs.co.kr/news/news_content.jsp?article_id=E10009821948&plink=ORI&cooper=DAUM &plink=COPYPASTE&cooper=SBSENTERNEWS (SBS 연예뉴스, 2020. 2. 24.)

토론하기

☑ 이주민 혐오 표현은 무엇이 있는가?

☑ 이주민 혐오는 무엇이 문제인가?

☑ 우리는 무엇을 해야 하는가?

제14장

사회복지시설 운영과 인권 [1)]

|||||||||||||||||||||||||||||||||

1) 오선영(2019). 사회복지 현장 누구나 어디서나 언제나 인권. 제5부 인권 기반 사회복
지시설 경영(한국 사회복지사협회)의 원고를 토대로 작성함.

Human Rights
and
Social Welfare

1. 필요성과 동향

이번 장에서는 사회복지 현장에서 이용인(생활인, 주민 등)과 사회복지사, 자원봉사자, 후원자 등 모든 이해관계자의 인권은 어떠한지, 이들의 인권을 보장하려면 어떤 변화가 요청되는지 알아보고자 한다. 또한 국가위원회가 중앙정부 및 지방자치단체에 권고한 인권 경영을 사회복지 현장에 적용하는 등 사회복지시설이 국가의 인권 책무를 이행하는 주체로서 나아갈 방향을 모색하고자 한다.

인권적 관점에서의 사회복지시설 운영(사회복지시설의 인권 경영)이라 함은 조직 운영과 사업 실행 전반에 걸쳐 관련된 모든 사람의 인권을 존중하는 시스템을 갖추고, 시스템이 모든 사람의 인권을 존중하는 방향으로 작동하는 것을 말한다. 즉, 사회복지시설이 이용인(생활인 포함), 종사자, 자원봉사자, 후원자, 지역 주민 등 다양한 이해관계자에 대한 인권을 보장할 책무가 있음을 자각하고 인권 침해 예방 및 지속 가능한 인권 보장 체계를 구축하는 것을 의미한다.

전통적으로 인권에 대한 의무는 국가에만 부여했으며 기업 등 비국가적 실체에는 부여하지 않았다. 그러나 세계화로 인해 기업의 영향력이 커지고, 기업에 의한 인권 침해도 날로 심각해지자 변화의 움직임이 시작되었다.

2003년 유엔인권소위원회는 '초국적 기업 및 기타 사업체의 인권에 관한 규범'을 유엔 차원에서 마련하고자 했으나 무산되었다. 이후 2005년 존 러기(John Ruggie) 하버드대학교 교수를 기업과 인권 특별 대표로 임명하면서 6년간의 광범위한 연구와 협의가 진행되었고, 그 결과 2011년 유엔인권이사회(UNHRC)에서 "기업과 인권 이행 원칙(UN Guiding Principles on Business and Human Rights: UNGPs)"을 채택하였다.

OECD는 다국적 기업 가이드라인(1976)과 ILO 다국적 기업과 사회 정책 원칙에 관한 3자 선언(1977)이 채택된 1970년대부터 변화되기 시작했다(국가인권위원회, 2014b, p. 8). 2005년 이후에는 OECD도 기업과 인권 이행 원칙을 반영하여 OECD 다국적 가이드라인을 개정했고, 사회권위원회에서 "기업 활동의 관점에서 경제적·사회적·문화적 권리에 관한 국제 규약에 따른 국가 의무에 대한 일반 논평 24"를 발표했고, 아동권리위원회에서도 "아동 권리에 대한 기업 부문의 영향과 관련된 국가 의무(2013)"에 대해 일반 논평이 발표되었다. 이후 각국 정부는 "기업과 인권 국가 인권 기본 계획(NAP)"을 수립하는가 하면, 각 기업들도 인권 존중 책임을 수행하기 위한 다양한 노력

제3차 국가 인권 정책 기본 계획 (2018~2022)

을 전개하고 있다.

이러한 흐름에 발맞추어 국내에서는 국가인권위원회가 2014년 '인권 경영 가이드라인 및 체크리스트(2014)'를 토대로 공공기관의 인권 경영 실천에 대한 정책 권고를 하였고, 2018년『공공기관 인권 경영 표준 매뉴얼』을 발간하고 이를 적용할 것을 권고했다. 또한 2018년 8월에 발표된 제3차 국가 인권 정책 기본 계획(2018~2022)에 인권 친화적인 기업에 대해 별도의 장이 구성되기도 했다. 따라서 복지 관련 공공 기관들도 인권 경영을 도입하고 있다.

2020년 서울시 인권위원회는 2019년 연구한「서울시 사회복지시설 직장 내 괴롭힘 실태 조사」를 실시한 후 서울시 및 위탁 법인(복지 시설)을 대상으로 직장 내 괴롭힘을 예방하기 위한 사전 대응, 사후 구제와 제도 개선에 대해 권고했다. 사전 대응에 관한 권고 중에는 복지 시설의 인권 경영 도입을 검토할 것이 포함되어 있다.

〈표 14-1〉 서울시 인권위원회 직장 내 괴롭힘 예방을 위한 근본 대책 마련을 위한 권고

사전 대응	• 직장 내 괴롭힘 금지 교육 의무화 및 시설장 의무 이수 권장 • 서울시 직장 내 괴롭힘 금지 및 대응 체계 등 홍보 강화 • 서울시 시민 인권 보호관 인권 침해 신고 및 상담 홍보 강화 • 사회복지시설 직장 내 괴롭힘 금지 및 홍보 강화 • 복지시설 인권 존중 조직 문화 조성을 위한 인권 경영 도입 검토
사후 구제	• 종사자 10인 미만 시설 고충 상담 및 직장 내 괴롭힘 조사 등 신고 및 상담 등 구제 시스템 구축 • 사회복지시설 직장 내 괴롭힘 상담 조사 매뉴얼 개발 • 위탁 법인과 복지 시설에 피해자 심리 치료 및 피해자 지원 조치하고, 2차 피해 및 재발 방지를 위한 지도 감독 등 피해자 회복 지원 체계 구축 및 지원 • 가해자 무관용 원칙 등 처벌 규정 강화를 통한 가해자 재발 방지 체계 구축 등을 권고
제도 개선	• 시설 민주적 운영 노력 및 채용 공정성 확보 • 위탁 계약 · 인증 · 시설 평가 시 기관 평가 지표에 반영 • 복지시설 지도 감독 시 직장 내 괴롭힘 금지 항목 포함 • 사회복지시설 표준 취업 규칙 마련 및 표준 근로 계약서 시행 감독 • 사회복지사 등의 처우 및 지위 향상에 대한 조례에 직장 내 괴롭힘 금지와 인권 보호 및 증진 조항 포함 개정

출처:『서울시 사회복지시설 직장 내 괴롭힘 실태 조사』(2020)를 토대로 재구성.

서울시 사회복지시설 직장 내 괴롭힘 실태 조사

2. 인권 경영의 의미

'인권 경영'이란 기업을 경영하는 과정과 결과에 있어 인간 존엄을 최우선으로 고려하는 경영, 즉 인간으로서의 존엄과 가치를 보장하는 경영(국가인권위원회, 2014b, p. 7)으로 정의된다. 인권 경영은 유엔의 '기업과 인권 이행 원칙(UNGPs)'을 기준으로 경영에 인권을 통합하기 위한 일련의 제도적 장치를 마련하고 이를 일상적 조직 문화와 관행으로 구현하는 것을 목표로 한다.

사회복지시설은 국가의 인권보장의 책무를 수행하는 전달 체계로서 마땅히 인권 존중의 책임을 갖는다. 사회복지시설의 인권 경영은 단순히 누군가의 인권을 침해하지 않는다는 소극적인 입장에 머무는 것이 아니라, 사회복지시설 운영과 관련된 전 분야에서 인권 존중을 실천해야 한다는 것을 의미한다. 사회복지시설의 인권보장의 책무는 법적인 의무를 넘어서 사회적 또는 도덕적 책임이라고 할 수 있다. 나아가 '기업과 인권 이행 원칙'에서 제시하고 있는 기업의 인권 존중 책임을 사회복지시설에 적용하는 것이 필요하겠다.

국가의 인권 보호 의무와 기업의 인권 존중 책임, 국가와 기업의 구제 책임에 대해 구체적으로 언급한 '기업과 인권 이행 원칙(UNGPs)'은 다음과 같이 구성되어 있다.

〈표 14-2〉 유엔 기업과 인권 이행 원칙(UNGPs)의 구성

구분			원칙 조항
국가의 보호 의무	기본 원칙		1. 기업의 인권 침해 예방
			2. 기업의 인권 존중 책임에 대한 명확한 기대 표명
	운영 원칙	일반적 국가 규범과 정책 기능	3. 국가의 인권 보호를 위한 법규 제정
		국가와 기업의 관계	4. 공기업에 인권 실천 점검(실사) 의무 부과
			5. 계약과 법 제정 모니터링
			6. 상거래하는 기업의 인권 존중 촉구
		분쟁 지역에서의 기업의 인권 존중 지원	7. 분쟁 지역에서 사업하는 기업의 인권 침해 연루 예방
		정책의 일관성 확보	8. 기업과 인권에 대한 정부 부처 대상 정보 제공과 교육 제공
			9. 투자와 계약 체결 시 인권 보호 의무 준수
			10. 경제 분야 국제기구의 기업과 관련 인권 보호 의무 준수

기업의 인권 존중 책임		기본 원칙	11. 기업의 인권 존중 책임
			12. 국제적으로 인정된 인권 준수
			13. 인권 존중 책임 수행을 위한 실천 내용
			14. 인권 존중 책임의 적용 대상
			15. 인권 존중 책임을 위한 정책과 절차
	운영 원칙	정책 서약	16. 정책 성명의 형식과 내용
		인권 실천 점검 의무 (실사)	17. 인권 실천 점검 의무(실사)
			18. 인권 리스크 평가
			19. 평가 결과의 반영
			20. 대응 조치에 대한 평가
			21. 대응 결과의 보고와 소통
		구제	22. 구제 조치 제공
		적용 맥락	23. 준법 경영
			24. 대응 조치의 우선순위 설정
구제에 대한 접근성	운영 원칙	기본 원칙	25. 국가의 구제에 대한 접근 보장 의무
		정부 기반 사법적 고충 처리 제도	26. 국가의 사법적 구제 조치 보장 의무
		정부 기반 비사법적 고충 처리 제도	27. 국가의 비사법적 구제 조치 보장 의무
		비정부 기반 고충 처리 제도	28. 국가의 비정부 기반 구제 조치 보장 의무
			29. 기업의 효과적인 구제 조치 제공 책임
			30. 다양한 산업 분야, 다자간 이해 당사자와 협력 이니셔티브의 구제 조치 보장
		비사법적 고충 처리 제도에 대한 효과성 기준	31. 정부 및 비정부 기반 비사법적 구제 제도의 특성

출처: Ruggie, J. G. (2013), pp. 284-322 재구성.

'기업과 인권 이행 원칙(UNGPs)'은 1~10조에 걸쳐 기업의 인권 경영에 관한 국가의 보호 의무에 대해, 11~24조에 걸쳐 기업의 인권 존중 책임에 대해, 25~31조에 걸쳐 기업과 정부의 구제에 대한 의무를 상세히 설명하고 있다.

기업은 국내법과 규제를 준수하는 것 이상으로 국제적으로 인정된 인권규범을 존중할 책임이 있다. 또한 이행 원칙 11조에서 서술한 바와 같이, 기업은 인권을 존중하기 위해서 "타인의 인권을 침해하는 것을 피하고, 연루되어 인권에 부정적 영향을 미치는 경우 그 문제를 다루어야" 한다. 그러기 위해서 기업은 인권 존중 책임을 다하기 위하여 정책적 의지를 표명하고, 인권 실천 점검 의무(Human Rights Due Diligence: HRDD)와 부정적 영향을 다룰 수 있는 구제책을 마련해야 한다.

사회복지시설은 국가의 인권보장의 책무를 이행하는 곳으로, 시설의 인권 존중 책임을 인식하고 인권 경영을 수행하기 위해 노력해야 한다. 이에 사회복지시설은 국내법과 관련 규제를 준수함과 동시에 국제인권규범을 존중하며, 타인의 인권을 침해하는 것을 피하고, 의도하지 않았지만 연루된 경우라도 부정적 영향을 미치는 경우 그 문제를 다룰 수 있어야 한다. 뿐만 아니라 사회복지시설은 인권 정책을 마련하고 조직 운영과 사업을 통해 실제로 발생하거나 발생할 수 있는 부정적인 인권 영향을 식별·예방·완화하고 어떻게 해결할 것인지 파악하는 인권 실천 점검 과정(인권영향평가)이 필요하다.

3. 사회복지시설의 인권 경영

'유엔 기업과 인권 이행 원칙(UNGPs)'을 참고하여 사회복지시설의 인권보장이 가능한 운영 체계를 구축하는 것에 대해 살펴보고자 한다. 〈표 14-3〉은 유엔이행원칙(UNGPs)을 기초로 국가인권위원회가 『공공기관 인권 경영 매뉴얼』에 제시한 인권 경영 추진 단계를 기초로 사회복지시설 상황에 맞게 조정한 것이다.

〈표 14-3〉 사회복지 현장에 적용해 보는 인권보장 추진 체계

단계	구분	내용
1단계	인권보장 체계 구축	1. 인권 실태 조사(인권보장 선언과 연결하기) 2. 인권 경영 선언 및 공표(비전 및 미션을 인권과 연결하기) 3. 인권 경영 규정 제정(점검 및 개정) 4. 인권 경영 추진 시스템 구축: 전담 부서, 시설인권위원회, 인권영향평가, 인권 침해 구제 제도 마련 5. 인권 교육 정례화 6. 인권 경영에 관한 계획/이행/점검에 대한 정보 공개 방법 계획 수립
2단계	인권영향평가 및 조직/사업에 반영	2-1 시설 운영 인권영향평가 실시 1. 시설 운영 인권영향평가 실시 계획 수립(이해관계자 참여) 2. 시설 운영 인권영향평가 방법 모색(체크리스트 등)

		3. 시설 운영 인권영향평가 실시 4. 시설 운영 인권영향평가를 통해 발견된 문제 대안 찾기/반영하기 5. 지속적인 모니터링 2-2단계 주요 사업 인권영향평가 실시 1. 사업별 인권영향평가 실시 계획 수립(이해관계자 참여) 2. 사업별 인권영향평가 방법 모색(체크리스트 등) 3. 사업별 인권영향평가 실시 4. 개별 사업/사업 전반적으로 인권영향평가를 통해 발견된 문제 분석 5. 인권영향평가를 통해 발견된 문제 해결 방법 찾기/반영하기 6. 지속적인 모니터링 2-3단계 보고 및 공개 1. 결과 보고서 작성 2. 시설인권위원회와 공유(평가/피드백) 3. 홈페이지/법인/지자체에 보고 및 공개
3단계	인권보장을 위한 실행	1. 인권에 기반한 조직/사업 운영 - 조직 운영/사업의 목적을 인권의 가치와 연결 - 각 단계별 인권적 요소 점검 및 보장 계획 반영 - 전 과정에서의 모든 이해관계자의 참여 계획/실행 2. 모니터링 및 평가
4단계	구제 절차의 제공	1. 구제 절차 연구와 준비 2. 구제 절차 수립 3. 구제 절차 시행 4. 구제 절차 시행에 대한 평가와 개선

출처: 국가인권위원회에서 발간한 『공공기관 인권 경영 매뉴얼』을 사회복지시설에 적용 가능하도록 재구성한 것임.

앞으로는 〈표 14-3〉에서 제시된 인권 경영 추진 체계의 각 단계별로 어떻게 적용할 수 있을지에 대해 상세히 살펴보고자 한다.

1) 인권보장 체계 구축

(1) 인권 실태 조사

인권 실태 조사는 인권 경영을 위한 시스템을 구축하기 위한 사전 단계로서 현재의 사회복지시설의 인권 현황과 실태를 파악하는 것이다. 즉, 인권 실태 조사는 사회복지

시설이 종사자와 이용인, 자원봉사자, 후원자 등 관련 이해관계자들의 인권을 최우선으로 보장하고 있는지를 점검하는 과정이다.

따라서 인권 실태 조사의 목적이 인권 실태 조사 과정에 참여하는 모든 사람에게 공유되고 그 결과가 실질적인 변화를 가져올 수 있어야 한다. 실태 조사는 직원을 포함한 모든 이해관계자를 대상으로 설문이나 면담을 통해 진행될 수 있다. 이 조사는 인권 경영 선언을 위한 기초 조사로 활용될 수 있으며, 조사 결과는 기관의 인권 증진을 위한 목표를 설정하는 데 있어 기준선이 될 것이다.

조사 내용으로는 사회복지시설 내부에서 발생하는 인권 침해 및 차별 사건, 직원과 이용자 등 관련 이해관계자들이 요구하는 인권 상황과 모든 공급망(예: 자원봉사 조직 등)에서 발생하는 인권 침해 및 차별 사건 및 지역 주민, 유관 기관으로부터 요구되는 사항들이 포함되어야 한다.

(2) 인권선언(인권 경영 선언)

사회복지시설의 인권선언이라고 하는 것은 기존 비전과 미션을 인권적 측면에서 살피고 비전과 미션을 실현하기 위한 인권적 약속을 대외적으로 공표하는 작업이다.

인권 실태 조사 결과를 바탕으로 인권 경영 추진 사항을 검토하여 인권 경영 선언문의 초안을 마련할 수 있다. 사회복지시설은 조직의 운영과 사업과 직접적으로 연관된 종사자, 이용인(생활인), 자원봉사자, 후원자와 충분한 시간을 두고 소통을 통해 선언을 마련해야 하며, 내부와 외부 전문가의 적절한 자문을 받아 구성할 수 있다. 이 모든 과정과 결과는 공개되어야 한다. 기관 내외부에 확산하기 위해 홈페이지에 게재하거나 포스터나 인쇄물, 동영상 등으로 만들어 모든 이해관계자가 인권선언에 접근할 수 있도록 공개하여야 한다.

인권 경영 선언(또는 헌장)은 일반적으로 〈표 14-4〉와 같이 전문과 본문(각론)으로 구성된다. 전문에는 인권 경영 헌장의 선포 배경과 의의 및 취지가 포함되며, 본문에서는 인권 경영의 핵심 원칙, 제도, 실천 방안 그리고 시설이 존중해야 할 인권 일반과 시설의 특성과 연관된 인권, 그리고 마지막에 구제에 대한 조항을 담는다. 다음 예시는 인권선언에 담아야 할 핵심적인 내용을 제시한 것으로, 내용을 작성하는 데 가이드를 제공하는 목적으로 작성하였다.

〈표 14-4〉 인권 경영 선언문의 구조

구분	주요 내용	세부 내용 (예시)
제목	인권 경영 선언(헌장)	
전문	인권 경영 선언을 선포하는 배경과 의의 및 취지	기관/회사의 정체성(비전과 미션) 보편적 인권에 대한 지지(예: 세계인권선언) 인권 경영 원칙 확인 및 지지 인권 경영 실천 의지 표명
본문 각론	인권 경영 핵심 원칙 제시	유엔 기업과 인권 이행 원칙(UNGPs) 유엔 글로벌 콤팩트(UNGC) 10대 원칙 (전문에 포함할 수도 있음)
	비차별 원칙	평등과 비차별 및 성 평등
	인권 경영 제도와 실천 방안	인권 경영 시스템과 제도 구축 • 인권경영위원회 • 인권 실천 점검 의무(실사) • 인권영향평가
	이해관계자와의 협력과 참여	노동조합과 협력 회사 등 이해관계자의 협력과 참여
	사회복지시설이 지켜야 하는 인권–일반	• 노동권(집회와 결사 및 단체교섭의 자유) 보장 • 존엄한 일자리 • 일과 가정 양립 • 아동 노동 금지 • 강제 노동 금지 • 투명성과 정보 공개 • 프라이버시와 정보 보호 • 안전에 대한 권리 • 직원의 인권 보호(휴식과 건강권, 인격권 등)
	시설의 특성과 연관된 인권	이용자(생활인)의 인권 보호
	구제	인권 침해 구제 방안
채택일	공식적인 채택일	공식 행사 개최 일자
채택 주체	시설장	

출처: 인권 경영 선언문 예시.

인권 경영 선언문

(3) 인권 규정 제정

인권경영선언을 구체적으로 이행하기 위한 인권 경영 실행 지침(본 교재에서는 인권 규정이라고 칭함)을 마련해야 한다. 이 지침은 인권경영선언의 내용을 사회복지시설에서 구체적으로 실천하기 위한 제도와 절차에 대해 다룬다. 규정에는 인권 경영의 실행 목적, 인권 경영 체계, 인권경영위원회 구성과 운영, 인권영향평가, 인권 실태 조사, 구제에 대한 조치 등에 대한 내용이 포함되어야 하며, 일반적으로 총칙(제1장), 인권 경영 일반 원칙(제2장), 인권 경영 체계(제3장), 인권경영위원회(제4장), 인권 구제 시스템(제5장)과 부칙으로 구성된다.

2019년 서울시 사회복지협의회가 발간한 『사회복지시설 운영 규정 표준안』에는 국가인권위원회가 제시하는 『공공기관 인권 경영 매뉴얼』을 참고하여 만든 사회복지시설의 인권 규정을 제시하고 있다. 이용 시설과 생활 시설에서 사업과 조직 운영에 있어 참여자의 인권보장과 직원의 인권보장에 있어서도 상세하게 언급되어 있어 사회복지시설을 운영함에 있어서의 기본적인 행동 규범으로 도움이 될 것이다. 그러나 인권 영향평가와 사업 운영에 대해서는 별도의 언급이 없어 다소 한계가 있다. 다음은 서울시 사회복지협의회가 만든 사회복지시설 인권 규정의 내용이다.

〈표 14-5〉 서울시 사회복지협의회 사회복지시설 인권보장 규정 표준안

구분	내용		사회복지시설 운영 규정 표준안 인권보장 규정 관련 조항
인권 경영 체계 구축	1. 인권보장 규정 제정 및 시설 운영이 행동 규범과 가치 판단의 기준으로 실천 2. 인권보장 계획 수립 3. 인권보장 체계 구축: 전담 부서, 시설인권위원회, 인권영향평가, 인권 침해 구제 제도 마련 4. 인권 교육 기관 정례화 5. 인권보장에 관한 정보 공개		제6조 인권보장 책무 이행 제7조 인권보장 계획 수립 제8조 인권보장 체계의 이행 절차 제9조 인권 교육 제10조 인권보장에 관한 정보 공개 제77~83조 인권위원회 설치와 운영
인권보장	1. 참여자의 인권보장	이용 시설	제11조 시설 이용상의 차별 금지 제12조 시설에 대한 알 권리와 시설 이용의 선택권 보장 제13조 참여 보장 제14조 운영위원회 참여

| 인권보장 | | | 제15조 참여자 모임 지원
제16조 개별 서비스 지원 계획 참여
제17조 알 권리와 정보접근권의 보장
제18조 자기결정권의 보장
제19조 사생활의 보호 및 비밀 보장
제20조 초상권 보장
제21조 정치적 권리
제22조 종교의 자유
제23조 동등하고 평등한 관계를 맺을 권리
제24조 성적 지향 및 성정체성의 존중
제25조 시설물에 대한 접근 및 이동
제26조 모금과 후원 강요 금지
제27조 강제 노동 금지 및 아동 노동 금지
제28조 적정 임금을 받을 권리와 적절한 근로
　　　조건을 요구할 권리
제29조 이용 종료를 결정할 권리
제30조 구제받을 권리 |
| | | 거주 시설
(생활 시설) | 제31조 시설 이용상의 차별 금지
제32조 시설에 대한 알 권리와 시설 입소의 선
　　　택권 보장
제33조 입소 후 안전하고 편안하게 적응할 수
　　　있도록 지원받을 권리
제34조 참여 보장
제35조 운영위원회 참여
제36조 참여자 자치회 지원
제37조 개별 서비스 지원 계획 참여
제38조 알 권리와 정보접근권의 보장
제39조 자기결정권의 보장
제40조 성적 자기결정권
제41조 성적 지향 및 성정체성의 존중
제42조 사생활 보장
제43조 비밀 보장(개인 정보 보호)
제44조 초상권 보장
제45조 정치적 권리
제46조 종교의 자유
제47조 모금과 후원 강요 금지
제48조 동등하고 평등한 관계를 맺을 권리
제49조 시설물에 대한 접근 및 이동
제50조 쾌적하고 안전한 환경에서 생활할 권리 |

인권보장		거주 시설 (생활 시설)	제51조 건강하게 생활할 권리(위생) 제52조 건강하고 안전한 식생활 보장 제53조 의복 선택의 자유 제54조 개성을 표현할 권리 제55조 교육받을 권리 제56조 문화생활에 참여할 권리 제57조 재산권의 보장 제58조 적정 임금을 받을 권리와 적절한 근로 　　　조건을 요구할 권리 제59조 강제 노동 금지 및 아동 노동 금지 제60조 지역사회 접근과 교류 제61조 사회보장 수급 및 사회복지서비스 이용 제62조 자립을 지원받을 권리 제63조 존엄한 죽음을 선택할 권리 　　　적정 임금을 받을 권리와 적절한 근로 　　　조건을 요구할 권리 제64조 이용 종료를 결정할 권리 제65조 인권 침해로부터 보호받을 권리 제66조 구제받을 권리
		직원의 인권보장	제67조 고용상의 차별 금지 제68조 노동3권 보장 제69조 강제 노동 금지 제70조 안전 보장 제71조 개인 정보 보호 제72조 여성 권리 및 모성 보호 제73조 인격권/건강권/휴식권 보호 제74조 종교의 자유 제75조 후원 강요 금지 제76조 구제받을 권리
구제 절차 의 제공	1. 구제 절차 연구와 준비 2. 구제 절차 수립 3. 구제 절차 시행 4. 구제 절차 시행에 대한 평가와 개선		제84~94조 인권 침해 사건 조사와 구제 제95~100조 진정권 보장

출처: 서울특별시 사회복지협의회(2019), pp. 341-367 재구성.

사회복지 시설 운
영 규정 표준안

(4) 인권보장 시스템 구축

① 담당 부서와 담당자 지정

인권 경영을 추진하기 위해서는 가장 먼저 인권보장 담당 부서와 담당자를 지정해야 한다. 사회복지시설의 규모에 따라 전담 부서를 지정할 수 있지만, 각 부서별로 인권 업무를 담당할 실무자를 지정하고 실무위원회(인권실무위원회)를 구성하여 운영할 수도 있다.

② 인권보장위원회 또는 인권경영위원회 구성

국가인권위원회의 『공공기관 인권 경영 매뉴얼』에 제시된 인권경영위원회는 기업의 인권 경영 정책 실행 전반에 대한 의사 결정 기구이다. 인권경영위원회는 인권 경영 선언, 인권영향평가, 인권 실태 조사, 피해자 구제 등 사회복지시설의 인권 경영 전반에 대한 의사 결정 기구로서의 역할을 수행해야 한다. 본 교재에서는 시설인권위원회로 칭한다.

다시 말해, 사회복지시설의 존재 이유가 인권보장에 있음을 확인하고, 사회복지시설과 관련된 모든 사람의 인권을 최우선적으로 고려하여 사회복지시설 운영과 사회복지 프로그램에 있어 인권적 영향을 파악하고, 사전에 인권 침해를 예방하고 인권 침해가 발생했을 때는 구제될 수 있도록 하는 인권보장계가 작동되도록 힘을 실어 주는 기구여야 한다.

인권위원회 구성 시 기관장이 포함되도록 하여 의사 결정 과정에서 기관장의 인권 경영 의지가 반영되도록 해야 한다. 시설인권위원회는 시설장, 직원 대표, 이용인(생활인), 이용인(생활인)의 가족, 후원자, 자원봉사자, 인권 전문가 등 다양한 이해관계자로 구성되어야 한다. 사회복지시설의 경우, 운영위원회가 그 역할을 대신할 수도 있겠다. 단, 운영위원회의 기존 역할인 시설 운영 계획 수립·평가와 시설 종사자의 근무 환경 및 이용인의 환경 개선에 관한 주요 결정에 있어 인권을 최우선으로 고려하도록 운영위원회의 변화가 필요할 것이다. 인권위원회는 독립적인 권한을 가질 수 있도록 외부 위원의 수가 내부 위원의 수보다 많은 것이 바람직하다. 현재 대다수의 사회복지시설에는 노동조합이 존재하지 않지만, 시설인권위원회에는 노조에서 추천을 받거나 또는 노사협의회 등 직원들에 의해 추천받은 직원 대표의 참여가 필수적으로 고려되어야 한다.

(5) 인권 교육과 훈련의 실시

사회복지시설의 인권 경영에서 가장 중요한 것이 교육이며, 인권 경영을 수립하고 이행하는 모든 과정에서 인권 교육은 필수이다. 사회복지시설 공동체에 대한 구성원으로서의 책무를 다하기 위해서 인권에 대한 기본적인 이해가 없다면 인권에 기반한 조직 문화를 만들어 갈 수 없을 것이다.

사회복지시설이 인권 경영을 추진하기 위해서는 기관장과 직원을 포함한 모든 구성원의 인권 의식 함양이 필수적으로 이루어져야 한다. 따라서 정기적인 인권 교육이 실시되어야 하며, 일회성으로 그치지 않도록 체계화하는 것이 중요하다. 인권 기본 역량 강화를 위해, ① 인권 기본 교육(지식 함양), ② 감수성 교육(태도 변화), ③ 직급별 · 업무별 인권 경영 실천 역량 강화 교육, ④ 인권 경영 직무 역량 교육, ⑤ 관리자를 위한 인권 친화적인 리더십 역량 강화 교육 등이 기획되고 운영될 수 있다.

인권 교육은 일방적인 전달 교육보다는 참여자들의 목소리를 반영하고 현실을 반영하여 조직 문화에 긍정적인 변화를 추구하는 것이므로 교육 시 나온 의견들이 즉각적으로 수렴될 수 있는 통로를 마련하는 것이 필요하다. 뿐만 아니라 기관장을 포함한 모든 직원을 대상으로 교육이 이루어져야 한다.

인권 교육은 매년 단계별로 실시할 수 있으며, 그 방법이나 주제를 다양하게 구성할 수 있다. 예를 들면, 문화와 인권, 영화로 배우는 인권, 연극으로 배우는 인권 등이 있다. 교육 대상은 개별 시설 또는 법인 산하의 시설, 유관 기관, 이용인(생활인), 주민, 이해관계자 등 점진적으로 대상을 확장하여 진행하고, 직원들의 자발적인 학습 조직으로 운영하는 것이 가장 좋다. 개별 기관뿐 아니라 협회 등 교육을 주관하는 곳에서는 여러 가지 교육 지원 방법을 고려해 볼 수 있다(예: 인권 경영을 위한 아이디어 공모전과 연계 가능).

(6) 정보 공개

인권 경영과 관련된 정보는 홈페이지, 포스터 등을 통해 모든 이해관계자에게 전달될 수 있도록 공개해야 한다. 이를 통해 사회복지시설이 추진하고 있는 인권 경영 과정에 대한 정보를 공개함으로써, 다양한 이해관계자의 알 권리를 보장함과 동시에 참여의 권리를 보장할 수 있다. 또한 기관의 인권보장 의지를 표명하고 확인하는 의미도 있다.

2) 인권영향평가

　인권영향평가는 '유엔이행원칙(UNGPs)'에서 제시하는 인권 실천ㆍ점검 의무의 핵심 도구이자, 사회복지시설의 활동으로 인한 실제적ㆍ잠재적인 인권 위험을 점검하고 평가하는 절차이다(국가인권위원회, 2018a, p. 14).

　이에 인권영향평가에 대해서는 명확한 이해가 필요하며, 기존의 사회복지시설 평가와는 차별화되어야 한다. 여기에서 '인권영향'이라고 하는 것은 사회복지시설의 활동이 미치는 인권적 영향을 말하며, 조직 운영과 사업 실행의 두 가지 측면에서 파악한 위험을 최소화하고 인권영향을 극대화하기 위한 과정으로 이해되어야 한다. 거듭 강조하자면 인권영향평가가 우수성을 나타내거나 서열화를 위한 도구로 활용되어서는 안 된다.

　인권영향평가는 실제적ㆍ잠재적 인권영향을 예측하고, 반응을 추적하고, 인권영향을 극대화하기 위해 소통 방안 등을 끊임없이 점검하는 과정이다. 따라서 직ㆍ간접적으로 영향을 받는 관련된 모든 이해관계자가 참여할 수 있어야 하며, 이 과정을 통해 이해관계자들의 인권 의식이 향상될 수 있다. 전 과정이 인권 기반 실천(제7장 참조)에서 설명된 참여권의 보장이며, 동시에 자력화(임파워먼트)되는 과정이다.

　〈표 14-6〉은 인권영향평가에서 고려해야 할 인권 요소로 2014년 국가인권위원회가 발간한 『인권 경영 가이드라인 및 체크리스트』에 제시된 내용이다. 사회복지시설 운영 및 사업에서 관련된 모든 이해관계자의 인권영향을 파악하기 위해 고려해 봐야 할 요소들이다. 국가인권위원회는 인권영향평가를 기관 운영과 주요 사업으로 나눠 실시할 것을 권고하고 있다.

〈표 14-6〉 인권영향평가에서 고려해야 할 요소[2]

1. 생명권
2. 자유권 및 안전에 대한 권리
3. 노예 제도, 예속, 강제 노동을 받지 않을 권리
4. 고문, 잔인하고 비인도적인 그리고 굴욕적인 대우나 처벌을 받지 않을 권리
5. 법 앞에서 인간으로 인정받을 권리

2) 국제금융공사(IFC)와 국제기업지도자포럼(IBLF)이 공동으로 발간한 『인권영향평가 및 관리를 위한 지침 [Guide to Human Rights Impact Assessment and Management (HRIAM)]』에 제시된 인권영향평가 목록.

6. 법 앞에서의 평등권, 법의 평등한 보호, 비차별의 권리

7. 전쟁 선동으로부터의 자유 및 인종적 · 종교적 · 국가적 혐오 선동으로 부터의 자유권

8. 효과적인 구제책에의 접근권

9. 공정한 재판을 받을 권리

10. 소급 형법으로부터의 자유권

11. 프라이버시권

12. 거주 이전의 자유권

13. 박해를 피하여 다른 나라에 망명할 권리

14. 국적을 가질 권리

15. 아동을 보호할 권리

16. 결혼권 및 가족을 가질 권리

17. 재산을 소유할 권리

18. 사상, 양심, 종교의 권리

19. 의견, 정보, 표현의 자유권

20. 집회의 자유권

21. 결사의 자유권

22. 공적 생활에 참여할 권리

23. 사회보험을 포함한 사회보장에의 권리

24. 일할 권리

25. 공정하고 우호적인 작업 조건에 대한 권리

26. 노조를 만들고 가입할 권리 및 파업권

27. 적정한 생활 수준에 대한 권리

29. 교육의 권리

30. 문화적 삶, 과학적 진보에 참여할 권리, 저자와 발명가의 물질적 도덕적 권리

31. 자결권

32. 인간적인 대접을 받을 수감인의 권리

33. 계약 불이행을 이유로 수감되지 않을 권리

34. 추방에 직면하여 적정 절차에 대한 외국인의 권리

35. 소수자의 권리

(1) 이해관계자 참여 환경 조성

인권영향평가를 실시하기에 앞서 사회복지시설은 시설의 영향력이 미치는 범위와 대상을 살펴보고, 이해관계자를 파악하여야 한다. [그림 14-1]과 같이 사회복지시설의 이해관계자는 이용인과 노동자를 넘어 노동자의 가족, 이용인의 가족, 협력 기관과 협력 업체, 주민, 언론, 지역사회, 시민사회, 지방정부, 중앙정부, 지구로까지 확장된다는 것을 상기할 필요가 있겠다.

사회복지시설은 1차적으로 내부 이해관계자인 노동자들에게 경제적 책임이 있으

며, 시설에 따라 차이가 있지만 이용인(생활인)들의 경제 활동을 지원하는 경우에는 이용인들에 대해서도 경제적 책임이 있다. 외부 이해관계자인 주민, 지방정부, 중앙정부, 시민사회, 지구에 대해서는 윤리적 · 환경적 · 사회적 책임이 있으며, 동시에 모든 이해관계자에 대해 인권적 책임이 있음을 인식해야 한다.

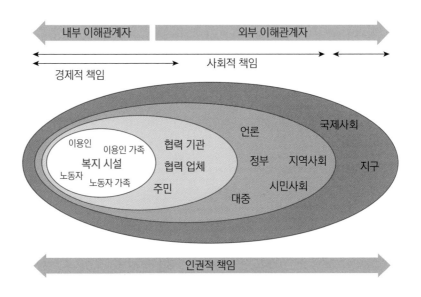

[그림 14-1] 사회복지시설 이해관계자 분석

사회복지시설은 인권적 책임을 다하기 위해서 이해관계자들이 참여할 수 있도록 환경과 시스템을 갖추어야 한다. 첫째로, 모든 이해관계자가 참여할 수 있도록 정보를 공개해야 한다. 둘째, 이해관계자들이 참여할 수 있도록 문화적으로 적절하고 젠더 통합적인 방법으로 보장해야 하며 누구나 참여할 수 있도록 포용적이여야 한다. 셋째, 누구나 자신의 의견을 자유롭게 표현할 수 있도록 민주적 절차를 수행해야 한다. 특히 취약 집단이 자신의 의견이 표현하는 데 제한이 되는 요인은 없는지 세심하게 살펴야 한다. 넷째, 사회복지시설은 이해관계자들이 인권 경영에 대한 정보를 지속적으로 접할 수 있도록 투명하게 운영되어야 한다.

(2) 시설 운영 인권영향평가 실시

시설 운영 인권영향평가는 인권 경영 체계, 고용, 노동권, 안전, 공급망, 이용인(생활인) 등 기관 운영에 관한 포괄적인 분야에 걸쳐 실시하는 평가이다.

① 시설 운영 인권영향평가 실시 계획 수립

시설 운영 인권영향평가를 실시하기 위해서는 인권영향평가의 목적, 원칙, 평가 주체, 평가 기간, 소요 예산 등에 대한 계획이 수립되어야 한다. 시설 운영 인권영향평가는 사회복지시설의 운영으로 인해 인권에 미칠 수 있는 실제적이고 잠재적인 인권 리스크를 파악하여 사전에 예방하므로 지속 가능한 발전을 도모하기 위한 과정이다. 평가는 공정해야 하며, 투명하고 객관적으로 이루어져야 한다.

② 시설 운영 인권영향평가 지표 구성

시설 운영 인권영향평가는 국가인권위원회가 『공공기관 인권 경영 매뉴얼』에서 제시하고 있는 기관 운영 인권영향평가 및 체크리스트를 지표로 활용하여 각 시설의 실정에 맞게 재구성하여 사용할 수 있다. 국가인권위원회가 제시한 기준은 기업에 초점을 맞춘 것이기에 사회복지시설에 맞게 재구성되어야 한다. 다음 〈표 14-7〉은 국가인권위원회가 제시하고 있는 기관 운영 인권영향평가 체크리스트의 지표 구성과 이를 바탕으로 사회복지시설 조직 운영 인권영향평가의 지표안을 제시한 것이다.

국가인권위원회
공공기관 인권 경영 매뉴얼

〈표 14-7〉 시설 운영 인권영향평가 지표 구성(안)

순번	국가인권위원회가 제시하는 기관 운영 인권영향평가 지표 구성	사회복지시설 조직 운영 인권영향평가 지표 구성(안)
1	인권 경영 체제의 구축	인권 경영 체제의 구축
2	고용상의 비차별	고용상의 비차별
3	결사 및 단체교섭의 자유 보장	결사 및 단체교섭의 자유 보장
4	강제 노동의 금지	강제 노동의 금지 (이용자, 직원, 자원봉사자 등)
5	아동 노동의 금지	아동 노동의 금지
6	산업안전 보장	시설 안전 보장 및 인권 친화적인 환경 조성
7	책임 있는 공급망 관리	책임 있는 공급망 관리(법인 산하 시설 관리, 유관기관, 협력업체 등)
8	현지 주민의 인권 보호	지역 주민의 인권 보호
9	환경권 보장	환경권 보장
10	소비자 인권 보호	이용자의 인권 보호

시설 운영 인권영향평가를 실시하기 전에 모든 구성원이 이 내용에 대해 충분히 숙지해야 하며, 가급적 모든 구성원이 작성 과정에 참여하도록 절차를 마련하는 것이 필요하다. 또한 방지 조치가 잘 이행되고 있는지 모니터링을 하고 평가 과정에 포함해야 한다. 이 과정 또한 홈페이지 등을 통해 공개적으로 이루어져야 한다.

(3) 주요 사업 인권영향평가 실시

국가인권위원회에서는 기업의 규모에 따라 주요 사업을 선정하여 인권영향평가를 실시하도록 안내하고 있다. 그러나 사회복지시설의 경우 사회복지시설의 존재 이유가 이용인(생활인)의 인권을 보장하기 위해 존재하므로 모든 사업에 대해 인권영향평가를 실시할 수 있다. 따라서 사업의 모든 단계에서 발생할 수 있는 인권 리스크를 점검하는 과정이 정기적이며 체계적으로 진행되어야 한다.

① 생활 시설에서의 인권영향평가(사업)

생활 시설에서는 입소 이전 단계에서 퇴소 이후 단계까지 단계별로 다음 〈표 14-8〉에 제시된 바와 같이 인권적 요소를 기준 삼아 인권영향평가를 실시할 수 있다. 인권영향평가는 생활인들의 설문조사나 면담을 통해 이루어질 수 있으며 가급적 생활인들의 솔직한 응답이 가능할 수 있는 환경을 조성하는 것이 선행되어야 할 것이다.

〈표 14-8〉 생활 시설에서의 인권영향평가에서 살펴봐야 할 인권 요소

구분	인권 항목
입소 이전 단계	• 시설에 대한 정보접근권(정보 제공의 책무) • 의사 표현의 자유권 • 개인 정보 및 사생활보호권 • 입소 시설 선택과 입소 여부에 대한 자기결정권 보장(입소결정권)
입소 초기 단계	• 시설 생활에 대한 정보접근권(정보 제공의 책무) • 시설 규정에 대한 정보접근권 • 개인 정보 및 사생활보호권 • 신체적 자유권 • 비밀보장권 • 개별화된 서비스 계획 수립과 과정 참여 및 의견 표명과 자기결정권 • 질 높은 서비스를 이용할 권리 • 환경과 제도 개선에 대해 의견을 표명할 권리 • 서비스 이용의 자유권

입소 생활 단계	• 일상생활 보장권(다양한 식생활을 위한 권리, 의복선택권, 개성을 표현할 권리, 사생활보장권, 시설물 접근 및 이동권, 참여권) • 건강하고 안전할 권리, 위생적인 생활과 환경을 누릴 권리, 건강한 삶과 존엄한 죽음을 맞을 권리, 학대, 방임, 폭력으로부터 안전할 권리 • 동등하고 평등한 관계를 맺을 권리 • 성적 존재로 인정받을 권리와 성별 정체성을 존중받을 권리 • 다양한 가족 구성에 대해 존중받을 권리 • 사상, 양심, 종교 등의 자유 • 정치적 권리, 정치적 의사 표현의 자유 • 교육, 노동, 경제, 문화, 복지 서비스를 누릴 권리 • 교육받을 권리, 성장할 권리 • 시설 내 서비스 이용에 대한 권리 • 내/외부와 소통할 권리 • 자기 돈을 사용하고 관리할 권리 • 문화생활에 참여할 권리(여가 문화생활에 대한 선택권, 이용권) • 개인적 스타일을 유지할 권리 • 차별받지 않고 평등한 처우를 받을 권리 • 적절한 의료 서비스를 받을 권리 • 개인적 욕구에 상응하는 재활 치료 서비스를 받을 권리 • 서비스에 대한 동등한 접근권 • 노동 활동 선택, 거부권 • 가족관계를 유지할 권리
퇴소 단계	• 자립을 지원받을 권리 • 퇴소결정권 • 자립 이후 관련된 정보를 접근할 권리
사후 관리 단계	• 개인 정보 보호

출처: 문용훈(2014), p. 84 재구성.

② 이용 시설에서의 인권영향평가(사업)

이용 시설에서도 프로그램의 기획, 홍보 단계에서 종결, 사후 관리 단계까지 단계별로 다음 〈표 14-9〉에 제시된 바와 같이 인권적 요소를 기준 삼아 인권영향평가를 실시할 수 있다. 인권영향평가의 실시는 이용인, 자원봉사자, 후원자 등 관련된 모든 이해관계자와 설문조사를 하거나 면담을 통해 이루어질 수 있다. 가급적 응답자들이 솔직하게 응답할 수 있는 환경을 조성하는 것이 선행되어야 할 것이다.

〈표 14-9〉 이용 시설에서의 인권영향평가에서 살펴봐야 할 인권 요소

구분	인권 항목
프로그램 기획 단계	• 정보접근권 • 의사 표현의 자유권 • 개인정보 및 사생활보호권 • 기획 과정에 차별받지 않고 참여할 권리 • 기획 과정에 참여하는 데 있어 자기결정권 보장
홍보/모집 단계	• 프로그램에 대한 정보접근권 • 프로그램 이용 관련 시설에 대한 정보접근권 • 프로그램 참여에 관한 자기결정권 보장(서비스 이용의 자유권) • 차별받지 않고 참여할 권리
프로그램 실행 단계	• 개인 정보 및 사생활보호권 • 신체적 자유권 • 비밀보장권 • 의견 표명과 자기결정권 • 질 높은 서비스를 이용할 권리 • 환경과 제도 개선에 대해 의견을 표명할 권리 • 개성을 표현할 권리 • 건강하고 안전할 권리 • 위생적인 생활과 환경을 누릴 권리 • 학대, 방임, 폭력으로부터 안전할 권리 • 동등하고 평등한 관계를 맺을 권리 • 성적 존재로 인정받을 권리와 성별 정체성을 존중받을 권리 • 사상, 양심, 종교 등의 자유 • 정치적 권리, 정치적 의사 표현의 자유 • 교육받을 권리, 성장할 권리 • 소통할 권리 • 개인적 스타일을 유지할 권리 • 차별받지 않고 평등한 처우를 받을 권리(서비스에 대한 동등한 접근권) • 거부권, 저항권
사후 관리 단계	• 개인 정보 보호

4. 인권 경영(사업) 실행, 공개

인권영향평가를 통해 파악된 인권 위험을 분석하여 신중하게 검토하고, 이에 대한 방지 조치를 수립하여 사업을 실행하여야 한다. 사회복지시설의 인권적 운영은 시설의 지속 가능한 발전을 목적으로 모든 이해관계자와 소통을 위한 중요한 자료가 된다.

사회복지시설의 사회복지사업 수행은 인간의 존엄함에 기초가 되어야 하며 어떠한 경우에도 수단화되어서는 안 된다. 또한 사회복지사업의 수행 전 과정에 있어 참여하는 모든 사람의 인권이 존중되어야 하고, 그 사업이 수행되는 물리적 환경 역시 인권 친화적으로 조성될 수 있도록 노력해야 한다. 마지막으로, 사업의 그 과정과 결과에 있어 인권을 존중하고 있는지 끊임없이 점검해야 한다.

인권은 사회복지시설의 존재 이유로 사회복지사업의 수행 과정에서 반드시 준수해야 할 원칙이며, 제7장에서 설명하고 있는 인권 기반 접근을 참고하기 바란다.

5. 구제 절차의 제공

권리 구제는 인권 침해를 당한 경우 이에 대해 합당한 조치를 취하는 것으로, 피해자를 보호하고 구제하는 것을 의미한다. 인권 침해나 차별 행위가 발생한 경우 이를 중지하고 원상회복을 하거나 손해 배상 또는 그 밖에 필요한 조치, 동일 또는 유사한 인권 침해의 재발 방지를 위한 조치 등 다양한 형태로 이루어질 수 있다.

사회복지시설은 기존에 운영하고 있는 고충 처리 관련 절차 등 구제 절차를 파악하고 실질적인 운영 여부를 점검하여야 한다. 고충 사항 접수가 미미하다면 개인 정보 보호 등의 안전한 환경이 충분히 마련되지 않은 것인지 확인해 볼 필요가 있다. 이에 이해관계자들의 의견 수렴, 벤치마킹, 기타 연구 자료를 통해 가장 적절한 형태의 구제 절차를 파악하고 마련하기 위해 노력하여야 한다. 구제 절차에 있어 가장 중요한 것은 독립성의 확보이다.

인권 침해 판단 여부와 구제 방식은 「국가인권위원회법」 또는 국가인권위원회 「인권 침해 및 차별 행위 조사 구제 규칙」, 국민권익위원회의 고충 민원 처리 제도와 절차, 각 시설이 속한 지방자치단체의 인권 조례, 사회복지 관련 각종 협의회가 마련한 구제 절차 등을 참고할 수 있다.

기관은 구제 절차가 수립되면 모든 이해관계자가 시설 내부·외부의 다양한 구제 절차를 쉽게 이용할 수 있도록 홍보 및 교육을 해야 한다. 구제 절차를 안내함에 있어서는 진정인의 신원 및 사생활을 보호하는 비밀 보장의 원칙을 어떻게 적용할 것인지 명시해야 하며, 시청각 장애인이나 한국어 사용에 제한이 있는 이주민 등의 접근 가능성을 높이기 위한 조치도 함께 마련되어야 한다. 전화, 메일, 일대일대면 등 다양한 방식으로 접근성을 높이는 것도 중요하겠다.

인권 침해가 표면상 개인과 개인의 문제로 보이지만, 근본적인 원인은 기관, 법인, 법과 제도 자체로부터 야기된 문제일 수 있다. 이에 사회복지시설의 구조적 문제를 해결하고 인권 침해를 예방하기 위한 제도 개선을 위해 사회복지사협회, 각 시설협의회, 기관협회는 사회복지사들의 의견을 상시적으로 듣는 참여 구조를 마련하고 정부와 학계, 관련 기관 등과 협의하여 대안을 마련하도록 노력해야 한다.

6. 사회복지시설의 인권 경영 적용과 확산

사회복지시설에서의 인권 경영은 사회복지시설의 존재 이유를 달성하는 과정이며 목적이다. 사회복지시설의 존재 이유는 이용인(생활인, 주민)들의 인권이 보장되는 것이다. 권리의 주체자인 이용인(생활인, 주민)들은 인권의 주체자로서 인권이 무엇인지 알고 인권이 침해당했을 때 침해 여부를 판단할 수 있으며 인권보장의 책무자에게 자신의 인권을 보장해 달라고 요구하고 주장할 수 있도록, 역량이 강화(자력화)될 수 있도록 지원해야 한다. 이때 사회복지사는 서비스 전달자(인권옹호자)로 활동하게 된다.

또한 사회복지시설은 인권 책무자인 중앙정부와 지방정부가 스스로 인권적 책무가 무엇인지 명확히 알고 이를 실행할 수 있도록 법적, 제도적, 환경적, 경제적, 사회·문화적으로 실질적인 변화를 가져올 수 있도록 협력하고 지원해야 한다. 사회복지사들은 인권옹호자로 활동하게 된다. 실제 권리의 주체자들의 삶에 영향을 미치는 결과를 가져오는 것이 핵심이 되어야 한다.

사회복지시설에서의 인권 경영은 노동자로서의 사회복지종사자의 인권보장도 중요하게 다뤄져야 한다.

사회복지시설에 인권 경영 체계가 구축되었다고 해서 인권 경영이 끝난 것은 아니다. 지속 가능한 인권 공동체를 위해 끊임없이 인권적 관점에서 점검하고 예방하고 적용하기 위해 노력해야 하며 인권 체계의 작동이 형식적으로 이루어지지 않도록 끊임없는 점검이 필요하다.

7. 사례와 토론

사회복지사가 경험하는 인권 침해 경험

보건복지부와 한국사회복지사협회가 발간한 『2020 사회복지사 통계연감』에서 사회복지사가 조직 내·외부 인권 침해 경험에 대해 보고한 내용 중 일부이다. 사회복지사들은 주민, 동료, 상급 관리자, 유관 기관 담당자로부터 다양한 형태의 폭력을 경험하는 것으로 조사되었다.

〈표 14-10〉은 상급 관리자로부터의 인권 침해 경험에 관한 내용이다. 『2020 사회복지사 통계연감』을 통해 주민, 동료, 유관 기관 담당자로부터 경험하는 인권 침해에 관한 통계를 확인할 수 있다.

〈표 14-10〉 인권 침해 경험 여부: 상급 관리자로부터 (단위: 명, %)

구분			폭언(언어적)		폭행(신체적)		성희롱, 성추행		직장 내 괴롭힘	
			있음	없음	있음	없음	있음	없음	있음	없음
시설 사회 복지사	생활 시설	보건복지부	92 (7.5)	1,140 (92.5)	1 (0.1)	1,229 (99.9)	11 (0.9)	1,219 (99.1)	49 (4.0)	1,180 (96.0)
		여성가족부	22 (8.8)	227 (91.2)	0 (0.0)	249 (100.0)	1 (0.4)	249 (99.6)	19 (7.7)	229 (92.3)
		소계	114 (7.7)	1,369 (92.3)	1 (0.1)	1,478 (99.9)	12 (0.8)	1,468 (99.2)	68 (4.6)	1,409 (95.4)
	이용 시설	보건복지부	177 (10.2)	1,552 (89.8)	9 (0.5)	1,721 (99.5)	27 (1.6)	1,703 (98.4)	114 (6.6)	1,612 (93.4)
		여성가족부	55 (12.7)	378 (87.3)	2 (0.5)	431 (99.5)	11 (2.5)	422 (97.5)	41 (9.5)	392 (90.5)
		소계	232 (10.7)	1,930 (89.3)	11 (0.5)	2,152 (99.5)	38 (1.8)	2,125 (98.2)	155 (7.2)	2,004 (92.8)
사회복지 전담 공무원			60 (19.4)	249 (80.6)	4 (1.3)	305 (98.7)	27 (8.7)	282 (91.3)	49 (15.9)	260 (84.1)

특정 영역 사회복지사	82 (23.8)	263 (76.2)	5 (1.4)	340 (98.6)	25 (7.2)	320 (92.8)	83 (24.1)	262 (75.9)
합계	488 (11.4)	3,809 (88.6)	21 (0.5)	4,275 (99.5)	102 (2.4)	4,195 (97.6)	355 (8.3)	3,935 (91.7)

출처: 2020 사회복지사 통계연감(2020).

다음은 2020년 경기복지재단이 실시한 「인권 친화적 사회복지시설 운영 방안 연구: 인권 책무를 중심으로」 연구에 참여한 사회복지 현장 실무자들의 목소리이다.

"그래서 뭔가 부당하게 취급받고 있는 것은 개선되어야 되고, 그렇지 않으면 바보 같은 느낌이 드는 그런 경향으로 만들어 가고 있는 것들이 없지 않아 있는 것 같아요……."

"고충처리위원회라는 그 기구를 어쨌든 신뢰하고 의견을 내라고는 하지만, 노동자의 입장으로서는 아무리 그 기구를 믿는다는 전제가 있어도 어느 정도 그걸 솔직하게 그 기관한테 안건을 제안하거나 할 때 익명을 보장하지 않는다면 주저하는 건 분명히 있을 거라는 생각을 하거든요. 그런 부분에서 그런 기관들은 아마 원활하게 운영되기 힘들지 않을까라는 생각을 하긴 하거든요."

"분기별 1회 고충처리위원회나 이런 활동들을 통해서 인권에 대한 부분을 직원들의 의견을 수렴하는 과정들로 되어 있어요. 고충처리위원회랑 노사협의회가 있고요, 여기에서는 직원들이 혹시 직원 간에, 직원과 이용자 간에 발생할 수 있는 인권 침해 사례들에 대해서 본인들이 겪었던 것들에 대해서 의견을 개진하고요. 그런 사항에 대해서 기관 안에서 처리 절차들이 마련되어 있어요."

"내부에서 처리되는 수준의 고충 처리 안건 그 이상의 것이 발생하게 되면 사실 내부에서 그걸 해결하는 건 절대 불가라고 생각을 하고요. 외부에서 그걸 지원해 주는 기구가 있다면 안전이 보장된다는 전제하에 그걸 종사자들이 이용할 수 있다면……. 보호가 정말 완벽하게 된다는 전제하에 그런 기구가 있다면 활용할 수 있지 않을까 싶은데……."

"조례나 법적으로, 제도적으로 지원받을 수 있으면 좋을 것 같아요. 트라우마 같은 경우는 교육이라기보다는 치료 차원에서 들어가야 해요. 그리고 트라우마를 인지하지 못할 수 있기 때문에 이런 업무를 하고 있는 사람은 매년 치료를 받거나, 상담 프로그램에 참여하는 등의 회복을 위한 정기적인 점검이나 정기적으로 에너지를 강화시킬 수 있는 그런 제도가 있으면 좋을 것 같아요."

토론하기

☑ 사회복지사의 인권 침해는 왜 일어나는가? 근본 원인을 탐색해 보시오.

☑ 사회복지사의 인권 침해가 발생하지 않도록 누가 어떻게 해야 하는가(국가, 시설, 시설장, 동료 등)?

☑ 만약 사회복지사에게 인권 침해가 발생했다면 어떻게 구제할 수 있는가? 현재 존재하는 제도는 어떤 것들이 있는가? 현재는 없지만 필요하다고 생각하는 제도가 있는가(기관 차원, 법인 차원, 지자체 차원, 정부 차원)?

고용노동부(2019). 더 나은 미래를 위한 일: ILO 일의 미래 보고서.

국가인권위원회(2003). 실무자를 위한 인권 핸드북.

국가인권위원회(2004). 국가인권기구: 인권 증진 및 보호를 위한 국가기구 설치와 강화 관련 안내서.

국가인권위원회(2007a). 유엔장애인권리협약 해설집.

국가인권위원회(2007b). 경제적, 사회적 및 문화적 권리: 국가인권기구를 위한 안내서.

국가인권위원회(2014a). 노인요양병원 노인인권 상황 실태 조사.

국가인권위원회(2014b). 인권 경영 가이드라인 및 체크리스트.

국가인권위원회(2014c). 인권 경영 길라잡이.

국가인권위원회(2014d). 인권과 국제 개발 협력−유엔과 개발원조 기관의 정책 소개.

국가인권위원회(2016). 세계 각국의 국가인권기구 설립 및 운영 현황 연구.

국가인권위원회(2017a). 노인의 권리에 관한 협약 성안 연구.

국가인권위원회(2017b). 노인인권 종합 보고서 작성을 위한 실태 조사.

국가인권위원회(2017c). 이주민과 인권: 사이버 인권 교육 보조교재.

국가인권위원회(2017d). 인권 길라잡이.

국가인권위원회(2017e). 이주 인권 가이드라인 재구축을 위한 연구.

국가인권위원회(2017f). 다르지만 평등한 이주민 인권 길라잡이. 다문화 인권 교육 기본교재.

국가인권위원회(2017g). 장애인 탈시설 방안 마련을 위한 실태 조사.

국가인권위원회(2018a). 공공기관 인권 경영 매뉴얼.

국가인권위원회(2018b). 노인인권 종합 보고서.

국가인권위원회(2018c). 유엔 세계 인권 교육 프로그램 행동 계획.

국가인권위원회(2018d). 사이버 인권 교육 보조교재: 세계인권선언.

국가인권위원회(2019a). 사회권의 눈으로 본 인권.

국가인권위원회(2019b). 제2차 이주 인권 가이드라인.

국가인권위원회(2019c). 인권의 이해: 인권 교육을 위한 핸드북. [(사) 인권정책연구소 번역].

국가인권위원회(2019d). 법원의 국제인권기준 적용 심포지엄 자료집.

국가인권위원회. 국가인권위원회 결정례집(제1집~제10집).

국제아동인권센터(2020). 대한민국 제5~6차 국가 보고서에 대한 유엔아동권리위원회 최종 견해 아동 친화버전. 보건복지부.

권영복(2000). 아동의 인권에 관한 헌법적 고찰. 동국대학교.

권혜령(2018). 인권 개념의 '세대'적 접근에 대한 비판적 고찰. 법학연구, 56, 87-113.

기업과 인권실무그룹 보고서 (2017). 초국적 기업 및 기타 사업체의 인권에 대한 실무그룹의 대한민국 방문 보고서. 인권이사회 35차 회기.

김남희(2017). UN 사회권 심의 NGO 대응 활동 소개. UN 사회권 규약위원회 4차 최종 견해 평가 및 이행 방안 토론회 자료집, 3-18.

김성미(2014). 사회적 보호 지표 개발을 위한 기초연구. 한국사회복지협의회.

김수정(2015). 사회복지사의 노동권 확보를 위한 FGI 연구. 한국사회복지행정학, 17(2), 59-87.

김수정(2019a). 사회복지법제와 실천. 서울: 학지사.

김수정(2019b). 사회복지종사자의 인권. 사회복지 현장: 누구나 어디서나 언제나 인권, 97-130. 한국 사회복지사협회.

김영화, 박태정, 장경은(2015). 사회복지 정책론(제2판). 경기: 공동체.

김원규(2019). 인권업무를 바라보는 새로운 관점. 2019 인권옹호자회의 자료집, 87-121. 국가인권 위원회.

김은희(2018). 언론, 인권옹호자로서의 사명을 기대하며. 제53차 언론인권포럼 자료집. (사)언론인 권센터

김인숙, 김희성, 오선영, 조민선(2011). 아동권리협약과 함께하는 아동청소년의 권리워크북. 보건복 지부, 보건복지인력개발원.

김인숙, 오선영, 송수진, 정필현(2004). 유엔아동권리협약 이행방안 연구, 보건복지부.

김중섭, 박재영, 홍성수(2018). 인권 제도와 기구. 서울: 도서출판 오름.

김지혜(2019). 선량한 차별주의자. 경기: 창비.

김현경(2011). 한국 유학생들의 '인종 차별 경험' 이해에 관한 질적 사례 연구: 영국의 대학교를 중심으로. 사회과 교육, 50(1), 13-30.

김현경(2015). 사람, 공간, 환대. 서울: 문학과 지성사.

김형식(2008). 사회복지와 인권: 실천적 접목의 과제. 사회복지 영역에서의 인권인식 확산과 활성화 방안 세미나 자료집, 6-20.

김형완(2018). 지자체 인권 정책 강화를 위한 방안. 8차 세계인권도시포럼 자료집.

김형완(2020). 지방자치단체 인권기구의 위상과 역할. 서울: (사)인권정책연구소.

대한민국 관계 부처 합동(2019). 포용 국가 아동 정책-내일만큼 오늘이 빛나는 우리. 국정현안점 검조정회의 자료.

대한민국 정부(2017). 제5·6차 유엔아동권리협약 국가보고서.

대한민국 정부(2018). 인종 차별 철폐 협약 제17, 18, 19차 국가 보고서.

류은숙(2009). 교육권에 대한 유엔사회권위원회 일반 논평 13. 인권운동 사랑방 인권 문헌 읽기 143호.

류은숙(2019). 사람을 옹호하라. (국가인권위원회 기획). 서울: 코난북스.

문용훈(2014). 인권과 사회복지. 한국사회복지사협회.

바스피아(2007). RBA핸드북-권리에 기반한 접근(RBA)의 개념과 적용에 대한 이해.

박경태(2007). 인권과 소수자 이야기: 우리가 되지 못하는 사람들. 서울: 책세상.

박재영(2007). 유엔과 국제기구. 경기: 법문사.

박주원(2003). 푸리에에서 맑스로? 맑스에서 푸리에로: "팔랑쥬(phalange)": 즐거운 노동공동체의 가능성과 한계. 한국정치학회보, 37(2), 149-173.

박주원(2013). 19세기 유토피아 사상의 정치철학적 토대: 푸리에(C, Foruier) 사상에서의 열정, 열정의 계열, 열정인력법칙의 개념적 연구. 시민사회와 NGO, 11(2), 177-206.

박찬운(2006). 국제인권법에서 바라본 사회권의 법적 성격: 사회권에서의 국가의 의무를 중심으로. 인권과 정의, 364, 102-116.

박찬운(2018). 사회권의 사법 구제 가능성 강화를 위한 사법부의 역할. 법학논총, 35(4), 27-54.

백태웅(2012). 아시아 인권 공동체를 찾아서. 경기: 창비

법무부(2018). 제3차 국가 인권정책 기본 계획.

보건복지부(2017). 아동 복지 시설 아동 인권 보호 매뉴얼.

보건복지부(2018). 통계로 보는 사회보장 2018.

보건복지부(2019a). 2019 보건복지통계연보.

보건복지부(2019b). OEDC Health Statistics 2019(소책자).

서울특별시 사회복지협의회(2019). 사회복지시설 운영 규정 표준안.

세이브더칠드런(2013). Getting it Rights for children-A practitioner's guide to child rights programming(아동 권리 프로그래밍을 위한 실무 지침서). 세이브더칠드런.

손정인, 김창엽(2016). 인권의 불가분성, 상호의존성, 상호연관성. 보건과 사회과학, 43(1), 139-174.

손제연(2018). 법적 개념으로서의 인간 존엄(Human Dignity as a Legal Concept). 서울대학교 박사학위 논문.

신지은(2016). 푸리에의 팔랑스테르를 통해 본 노동과 열정, 정치와 문화의 관계. 인문연구 (78), 185-216.

안동현(1997). 아동의 권리-필요성, 역사성 및 과제. 한국아동권리학회 창립 기념 학술대회. 한국아동권리학회.

양옥경(2017). 아동청소년 인권 국제 기준 인식도 조사. 국가인권위원회.

언론인권센터(2020). 경찰관을 위한 인권교육 기본서. 경찰청 인권센터.

오선영(2016). 개발 협력-인권. 세계 시민 첫걸음 필독서-국제 개발 협력 입문(pp. 66-82). (개정증보판). KOICA ODA 교육원, KCOC.

오선영(2018). 인권 친화적인 사회복지 생태계를 꿈꾸며. 2018 한국사회복지학회 춘계학술대회 자료집.

오선영(2019). 인권 기반 사회복지시설 경영. 사회복지 현장: 누구나 어디서나 언제나 인권(pp. 133-165). 한국사회복지사협회.

오선영, 안동현, 김인숙, 한지숙(2009). 아동권리협약과 함께하는 아동청소년의 권리(일반공통). 보건복지부.

유엔사회권위원회(2017). '기업 활동의 관점에서 경제적·사회적·문화적 권리에 관한 국제규약에 따른 국가 의무에 대한 일반 논평 24' (비공식 번역본).

유엔아동권리위원회(2013). 아동 권리에 대한 기업 부문의 영향과 관련된 국가 의무에 대해 일반 논평. 비공식 번역본.

유엔인권위원회, 권리 기반의 주거 전략에 관한 보고서(A/HRC/37/53, 한국도시연구소 번역본).

윤홍식, 남찬섭, 김교성, 주은선(2019). 사회복지 정책론. 서울: 사회평론 아카데미.

이동우(2017). UN 사회권 규약위원회 제4차 최종 견해 분석 및 향후 과제-국가인권위원회의 대응을 중심으로. UN 사회권 규약위원회 4차 최종 견해 평가 및 이행 방안 토론회 자료집, pp. 19-38.

이상수(2019). 헌법재판소 결정문을 통해서 본 인간 존엄의 의미. 서강법률논총, 8(1), 111-156.

이상헌, 한국노동연구원, 국제노동브리프, 국제노동브리프(2005). Decent work: 무엇을 어떻게 측정할 것인가?(Vol, 3, No, 7); 2005, 07; 4-11(8 pages).

이성훈(2016). 국제 개발 협력: 더불어 사는 세상을 위한 소중한 첫걸음 심화 편. 경기: 시공미디어.

이주영(2017a). 발전권, 평화권, 환경권 개념의 발전과 연대권 논의의 함의. 다문화 사회연구, 10(2), 33-57.

이주영(2017b). 사회권 관련 국제 기준 동향. 제6회 유엔 인권 권고 분야별 이행 사항 점검 심포지엄 자료집.

이주영(2019). 사회권의 재판 규범성. 노동법 연구(46), 223-257.

이준일, 김정혜, 유승익, 박진아, 이승택, 노진석(2015). 인권 행정 길라잡이-국가 기관 편. 국가인권위원회.

이지은(2014). 세계 사회적 보호 보고서(World Social Protection Report 2014-14): part III, 보편적 복지 실현을 위한 사회적 보호. 월간 노사정 11호, 60-64

이혜원(2006). 아동 권리와 아동 복지. 서울: 집문당

인권정책연구소(2012). 인권 10강.

인권정책연구소(2019a). 인권대화.

인권정책연구소(2019b). 지방자치단체 인권정책 현황 연구. 국가인권위원회.

인권정책연구소(2020a). 인권기본계획 보고서: 인권실태조사 및 제2차 경기도 인권보장 및 증진 기본 계획 수립 연구. 경기도.

인권정책연구소(2020b). 인권영향평가 보고서: 인권실태조사 및 제2차 경기도 인권보장 및 증진 기본계획 수립 연구. 경기도.

임지봉(2008). 민주주의와 헌법재판소의 사법적극주의. 공법연구, 27(2), 83-112.

장태영(2019). '국제화된 사법부' 'de facto 국제 인권재판소'를 지향하며-국제인권조약의 효력, 적용, 해석에 관하여-. 법원의 국제인권기준 적용 심포지엄 자료집, 109-149.

정재황(2002). 한국에서의 인간 존엄성의 보장. 세계 헌법연구, vol.7, pp. 5-146.

조윤화, 김용진, 오윤지, 왕영민, 김태용(2019). 2019 장애통계연보. 한국장애인개발원.

조효제(2007). 인권의 문법. 서울: 후마니타스.

조효제(2016). 인권의 지평. 서울: 후마니타스.

중앙노인보호전문기관(2019). 2018 노인 학대 현황 보고서 가이드북.

지속가능발전위원회(2019). 한국지속가능발전 보고서. 환경부 지속가능발전위원회

최순옥(2017). 서울시 마을공동체 지원사업의 추진결과와 발전방향. 서울시마을공동체정책 웹
    진 2017년 10월호(창간호).

통계청(2019). 2019년 이민자 체류 실태 및 고용 조사 결과.

통계청, 여성가족부(2019). 2019 통계로 보는 여성의 삶.

하승수(2011). 청소년을 위한 세계 인권사. 서울: 두리미디어

한국보건사회연구원(2018). 2018년 빈곤통계연보.

황옥경, 구은미, 이은주, 김형욱(2017). 아동·청소년과 인권. 경기: 나남.

황준욱(2005), ILO의 '일다운 일(Decent Work)'에 대한 발전적 논의. 노동리뷰 4월호, 21-34.

Bieri, P. (2014). 삶의 격. (문항심 역). 서울: 은행나무.

Bustamante, J. (2007). Report of the Special Rapporteur on the human rights of migrants, Jorge
    Bustamante. *HUMAN RIGHTS COUNCIL Fourth session Item 2 of the provisional agenda.*

Cannataci, J. (2019). 사생활보호에 관한 특별 보고관이자 UN 프라이버시권 특별 보고관의
    2019년 7월 15~26일 방한 결과에 관한 기자회견 모두발언문.

CERD (2018). 인종 차별 철폐협약 제17, 18, 19차 국가 보고서에 대한 위원회 최종 견해(국문 번역본).

DIHR (2007). *Applying a Rights-Based Approach, Danish Institute for Human Rights.*

Farha, L. (2019). 적정한 생활 수준에 대한 권리의 구성 요소, 그 맥락에서의 차별 없는 권리에
    관한 유엔 주거권 특별 보고관의 보고서. 인권이사회(Human Rights Council) 제40차 회의(주
    거권 실현을 위한 한국 NGO 모임 번역본).

Hussain, A. (1995). 의사 표현의 자유에 관한 권리의 보호와 증진에 관한 특별 보고관 아비드 후
    세인("모든 형태의 구속과 구금 상태에 처해 있는 모든 사람의 인권에 관한 문제", UN 문서
    번호 E/CN.4/1996/39/Add.1). 유엔경제사회이사회(ECOSOC) 유엔인권위원회.

ILO (2014). World Social Protection Report 2014-15: Building economic recovery.
    inclusivedevelopment and social justice. Geneva, International Labour Office.

ILO (2017). World Social Protection Report 2014-15: Universal social protection to achieve
    the Sustainable Development Goals. *inclusivedevelopment and social justice.* Geneva,
    International Labour Office.

International Save the Children Alliance (1996). UN Convention on the Rights of the Child -An
    International Save the Children Alliance Training Kit, International Save the Children Alliance.

Janet, E. L., Katherine, N. G., Joelle, M. B., Valerie, L. K., & Allsion, S. deFranco/Nanacy

Flowers, Editor (2005). 유엔장애인권리협약에 기초한 국제 장애인 인권 매뉴얼 Human Rights. Yes!. (한동대학교 통일과 평화연구소 역, 2016). 경기: 공동체.

KOICA, ODA 교육원, KCOC(2016). 세계 시민첫걸음 필독서.

Marcinkutée, L. (2011). THE ROLE OF HUMAN RIGHTS NGO'S:HUMAN RIGHTS DEFENDERS OR STATE SOVEREIGNTY DESTROYERS?. *BALTIC JOURNAL OF LAW & POLITICS VOLUME 4*, NUMBER 2 (2011) ISSN 2029-0454.

OECD-TUAC(2012). OECD 다국적 기업 가이드라인-노동조합 지침(한국노동조합총연맹 번역본).

OECD 장관회의(2011). OECD 다국적 기업 가이드라인(한국어 번역본).

Ruggie, J. G. (2013). 기업과 인권. (이상수 역). 서울: 필맥.

Ruteere, M. (2015). 현대적 형태의 인종주의, 인종 차별, 외국인 혐오 및 이와 관련한 불관용에 관한 특별 보고관의 보고서. Human Rights Council Twenty-ninth session.

Theis, J. (2004). Promoting Rights-Based Approaches. *Save the Children.*

UN & HABITAT (2017). *HUMAN RIGHTS IN CITIES HANDBOOK SERIES 1: The Human Rights-Based Approach to Housing and Slum Upgrading.*

UN (1982). Vienna International Plan of Action on Aging.

UN CEDAW (2010). CEDAW/GC/27, para. 42.

UN CESCR (2006). 노인의 경제적·사회적·문화적 권리에 관한 일반 논평 제6호., para. 30.

Unicef (2017). Unicef Child Friendly Cities and Communities initiative Toolkit for National Committees.

UN OHCHR (1997). Fact Sheet No.10 [UN Office of the High Commissioner for Human Rights (OHCHR) Rev. 1]. The Rights of the Child.

UN OHCHR (2008a). 인권에 기반하는 빈곤 퇴치 전략 원칙 및 지침(국가인권위원회 번역본).

UN OHCHR (2008b). Frequently Asked Questions on Economic. *Social and Cultural Rights.* Geneva: Office of the United Nations High Commissioner for Human Rights United Nations.

UN OHCHR (2016). A Practical Guide for Civil Society: Civil Society Space and the United Nations Human Rights System.

UN OHCHR, Center for Economic and Social Rights (2013). Who will be Accountable?: Human Rights and the Post-2015 Development Agenda. 국가인권위원회역. 2014. 누구의 책무성인가? 인권과 Post-2015 개발의제.

UN OHCHR, IBP. (2017). Realizing Human Rights Through Government Budgets.

UN OHCHR, GMG (2018). *Principles and Guidelines migrants in vulnerable situations.* supported by practical guidance, on the human rights protection. OHCHR, GMG.

Vasak, K. (1986). 인권론. (박홍규 역). 경기: 실천문학사.

WHO (2007). 건강과 인권에 관한 25가지 질문과 답변. (국가인권위원회 번역). 국가인권위원회.

Wisecarver, J. (1999). The UN CRC & Training on Children Rights. 유엔아동권리협약 10주년 기념학술대회자료집. 한국아동권리학회.

찾아보기

인명

내용

✎ 김수정(Kim Soo Jung)

이화여자대학교 및 동대학원 사회복지학과에서 공부했다. 국회의원 비서관 및 한국사회복지사협회에서 근무하고 시민 단체 활동을 하면서 불평등과 차별을 만드는 사회 구조에 관심을 갖게 되었다. 그리고 인권이 사회 구조를 변화시키기 위한 가장 중요한 기반이 된다는 것을 체득하게 되었다. 인권 실천가로서 사회복지사들이 역할을 다하고 사회 구조를 변화시키는 데 적극적으로 참여하기를 희망하며 자신의 연구가 이를 지원하는 역할을 하고 싶다는 소망을 가지고 있다. 현재 공공기관 인권경영위원 및 서울시 시민인권침해구제위원회 위원으로 활동 중이며 국제사이버대학교 사회복지학과 교수로 재직 중이다. 저서로는 『사회행동입문』(공저, 한국사회복지사협회, 양서원, 2006), 『사회복지법제와 실천』(학지사, 2019) 등이 있으며, 주요 논문으로는 「사회복지사의 노동권 확보 방안 모색을 위한 연구」(2015), 「사회복지 분야 내부 공익제보자 경험 연구」(2018), 「인권 관점에서 살펴본 장애아동 성폭력범죄 판례 연구」(2인 공동, 2018), 「사회복지시설종사자 성범죄 양형」(2020), 「사회복지법인 및 사회복지시설의 횡령·배임죄 양형 연구」(2020) 등이 있다.

✎ 오선영(Oh Sun Young)

사회복지학과 시민사회학(NGO학)을 공부했다. 아동 인권을 위해 일하는 국제NGO의 한국본부와 지역사회복지관, 국내 인권단체에서 일했다. 아동권리교육, 조사, 연구, 옹호 사업을 주로 했으며, 그중 가장 기억나는 활동은 다양한 환경에서 생활하고 있는 아동들의 목소리를 담은 대한민국 아동 보고서를 만들고 유엔아동권리위원회에 제출하고 아이들과 함께 유엔아동권리위원회 사전 회의에 참여했던 일이다. 지금은 모두의 존엄이 지켜지는 일상, 일터, 삶터가 될 수 있도록 사회복지사, 공무원, 공기업 및 공공기관 임직원, 시민을 위한 인권교육활동가(인권여행안내자)의 길을 걷고 있다. 현재 경희대학교 공공대학원에서는 개발(국제개발협력)과 인권을 가르치고 있고 몇몇의 공기업과 공공기관에서 인권경영위원으로 활동 중이다.

✎ 김은희(Kim Eun Hee)

이화여자대학교 법과대학 및 동대학원 석사(헌법) 과정을 수료했다. 2004년 국가
인권위원회 인권상담센터에서 본격적인 '인권'의 일을 시작했다. 제1기 진실화해
위원회 운영 기간 동안 인권침해조사국 조사관으로 근무하였고, 2011년 지금의
(사)인권정책연구소를 함께 설립하고 현재까지 활동하고 있다. 우리 사회 인권의
지평이 '제대로' 열리기를 바라는 마음이 간절하고, 그래서 인권 교육과 인권 연구
로 몸과 마음이 앓고 있는 중이랄까. 인권정책연구소의 여러 활동을 통해 인권에
대한 뜻과 마음을 함께하는 동료들을 만날 수 있어 인생의 축복이라는 생각을 늘
한다. 우리 사회, 특히 사회복지를 공부하는 이들 중에 이런 동료들이 더 많아질
수 있기를 기대하며, 부족하고 부끄러우나 이렇게 또 나누고 싶은 인권의 이야기
를 적어 내는 일에 용기를 내었다.

✎ 김대심(Kim Dai Sim)

서울시립대학교 사회복지학과를 졸업하고 동 대학원 박사과정 공부 중이다. 종합
사회복지관 팀장 및 노인종합복지관 부장을 역임하면서 학대받는 아동과 노인, 장
애인, 빈민을 가까이에서 만났고 사회복지사가 하는 일이 인권에 닿아 있음을 깨
달았다. 주요 관심사는 사회적 약자 및 소수자의 (들리지 않는) 목소리가 세상에
잘 들리도록 잇는 역할을 하는 것이다. 인권정책연구소를 통해 같은 고민을 하는
동료들을 만나 함께하고 있으며, 공공 분야, 사회복지 분야, 노인 분야 인권 강의
를 다수 진행한 바 있다. 현재는 서울특별시 인권담당관에서 재직 중이며, 지방정
부와 공기업이 시민의 인권을 보장하고 책무를 다하도록 노력하고 있다.

사회복지와 인권

Human Rights and Social Welfare

2021년 3월 1일 1판 1쇄 발행
2023년 10월 20일 1판 4쇄 발행

지은이 • 김수정 · 오선영 · 김은희 · 김대심
펴낸이 • 김 진 환
펴낸곳 • ㈜ **학지사**

04031 서울특별시 마포구 양화로 15길 20 마인드월드빌딩 5층

대표전화 • 02) 330-5114　　팩스 • 02) 324-2345

등록번호 • 제313-2006-000265호

홈페이지 • http://www.hakjisa.co.kr
인스타그램 • https://www.instagram.com/hakjisabook

ISBN 978-89-997-2350-6 93330

정가 19,000원

출판미디어기업 **학지사**

간호보건의학출판 **학지사메디컬** www.hakjisamd.co.kr
심리검사연구소 **인싸이트** www.inpsyt.co.kr
학술논문서비스 **뉴논문** www.newnonmun.com
원격교육연수원 **카운피아** www.counpia.com